21世纪全国高等院校财经管理系列实用规划教材

证券投资学

主　编　陈汉平　蔡金汉
副主编　吕志平　刘　源

内 容 简 介

本书从中国证券市场的现状以及投资人的角度出发,紧抓证券投资学的基本脉络,详细叙述了证券投资的基本原理、投资分析的方法,以及证券投资工具的基本特点、证券市场运行的基本规律。本书在叙述时引用了大量的历史资料、最新发展动态和相关理论,将内容、问题、案例以及我国证券投资的实践融为一体,体现了理论与实际紧密结合的特征,突破了传统教材只注重理论与知识介绍的固化模式,具有新颖性、前沿性及实践性的特点。本书是一本适合中国人思维方式和阅读习惯、联系中国证券市场实际的证券投资学教材,是一本能给广大读者带来切实帮助的投资理念介绍和投资实战指南。

本书的读者对象是大学本科生,也可作为金融与经济管理部门工作者的参考用书。

图书在版编目(CIP)数据

证券投资学/陈汉平,蔡金汉主编.—北京:北京大学出版社,2011.12
(21世纪全国高等院校财经管理系列实用规划教材)
ISBN 978-7-301-19967-1

Ⅰ.①证… Ⅱ.①陈…②蔡… Ⅲ.①证券投资—高等学校—教材 Ⅳ.①F830.91

中国版本图书馆 CIP 数据核字(2011)第 269645 号

书　　　　名:	证券投资学
著作责任者:	陈汉平　蔡金汉　主编
总　策　划:	第六事业部
执行策划:	王显超　李　虎
责任编辑:	李　虎
标准书号:	ISBN 978-7-301-19967-1/F·3010
出　版　者:	北京大学出版社(地址:北京市海淀区成府路 205 号　邮编:100871)
网　　　址:	http://www.pup.cn　http://www.pup6.cn　E-mail:pup_6@163.com
电　　　话:	邮购部 62752015　发行部 62750672　编辑部 62750667　出版部 62754962
印　刷　者:	北京京华虎彩印刷有限公司
发　行　者:	北京大学出版社
经　销　者:	新华书店
	787mm×1092mm　16 开本　23.75 印张　543 千字
	2011 年 12 月第 1 版　2017 年 7 月第 3 次印刷
定　　　价:	45.00 元

未经许可,不得以任何方式复制或抄袭本书之部分或全部内容。
版权所有,侵权必究　　举报电话:010-62752024
　　　　　　　　　　　电子邮箱:fd@pup.pku.edu.cn

21世纪全国高等院校财经管理系列实用规划教材

专家编审委员会

主 任 委 员 刘诗白

副主任委员 （按拼音排序）

韩传模	李全喜	王宗萍
颜爱民	曾　旗	朱廷珺

顾　　问 （按拼音排序）

高俊山	郭复初	胡运权
万后芬	张　强	

委　　员 （按拼音排序）

程春梅	邓德胜	范　徵
冯根尧	冯雷鸣	黄解宇
李柏生	李定珍	李相合
李小红	刘志超	沈爱华
王富华	吴宝华	张淑敏
赵邦宏	赵　宏	赵秀玲

法律顾问 杨士富

前　　言

《证券投资学》是一部研究证券投资特征与投资原理、揭示证券市场运行规律、阐述证券投资分析方法和技巧的教材。

证券市场是一个高收益与高风险并存的博弈场所。在这里，鲜花与陷阱并存、希望与谎言共处。在这里，人的谋略与癫狂、理性与贪婪、先觉与幻觉等各种本性得到尽情展露，并不断谱写着一曲又一曲成功与失败的动人故事。成功者功成名就，令人仰慕；落魄者功亏一篑，使人叹息。

是什么原因使成功者在股市获取财富如囊中取物进而富能敌国呢？又是什么原因使失败者在股市如泥牛入海、有去无回？这其中的原因，除了智力、运气、心理素质、思维模式和自我约束等原因之外，更重要的恐怕还在于人潜在素质方面的差距。在高风险领域经常获得高回报的投资者，靠的不是一时盲动，不是投机取巧，也不是运气，而是一种恒心、一种智慧、一种战胜自我的控制力以及对证券投资内在原理和门道的悟性。成功投资者所依靠的这些潜质，没有深入系统的学习，是难以养成的。

出版一本好教材，帮助更多的人更好地获取成功投资的潜质，尽快提高对证券投资内在原理和门道的悟性，了解中国证券市场过去与现在的全貌，准确判断未来发展的趋势，树立正确的投资理念，不盲从不轻信，靠自己的才能在证券市场的投资中搏取较大的收益，在控制和防范各种风险的前提下，能够最大化地享受投资成功的喜悦，是本书编者的追求。为了实现这个追求，本书编者一直在孜孜不倦地努力。现在呈现的这本教材，正是这种努力的结果。

本书编者认为，一本好的教材，不但要体现教学内容的规定性（客体），同时还要体现教学方法和学生的认识规律，要能充分体现投资思维和现代创新理念，要有自己独特的理论体系，并从新的角度启发读者，不断进行教材内容的创新。本书编者在多年的专业教学中，深深感受到我国证券投资学学科里，始终存在着课程和教材内容跟不上时代发展、与中国实际联系不紧密、理论讲解枯燥无味的问题。理论与实际两张皮，必然使理论失去鲜活的生命力、魅力和穿透力，难以真正指导投资实践。本书在编写的过程中，力图弥补已有同类教材的不足，在理论联系实际上着力下工夫，增强教材的可读性，改变教材古板的固有面貌。编者以最新的标准，将最新的知识、最新的成果写入教材，突出实用性和可操作性，让学生学而有用，学而能用，在编写过程中有机融入最新的实例以及操作性较强的案例，对实例进行有效分析，将理论讲解简单化，注重讲解理论的来源、出处、用处、以及与其他理论的关联、区别等，案例选择突出时代性和趣味性，以提高学生思维能力和运用概念解决问题的能力，提高学生对理论学习的兴趣和效果，避免与传统证券投资学教材重复。

因此，本书的内容既不同于以往缺乏实际、单一介绍理论的传统证券投资学教材，也不同于市场上流行的缺乏理论根基的"操作秘籍"。本书编者站在投资者的角度，按照人类认识事物的一般规律，由浅入深，从一般到个别，对证券市场投资原理的来龙去脉结合实际案例进行论述，努力将证券投资理论与中国股市的实际情况结合起来，在系统阐述证券投资理论、原理方法和操作技巧的同时，使用大量图表，提炼典型案例进行分析说明和解读讨论，力图符合广大学习者的阅读和思维习惯，以帮助投资者对理论知识有全面深刻的领悟，体会理论的魅力，将理论转化为自身能力。

本书主要内容包括四篇。第一篇是资本市场的基础理论，即第 1 章至第 3 章。这一篇整合了我国经济学学界近年来在资本属性、功能，市场经济条件下资本市场的功能及其实现条件，政府与资本市场的关系，中国资本市场特殊性等方面的一些最新研究成果，目的在于使读者对资本运行在一国经济发展中的作用与中国证券市场的发展趋势有一个整体的领悟。第二篇是资本市场运行机理，包括第 4 章至第 7 章。这一篇阐述了股票市场、债券和基金市场、金融衍生品市场和企业购并市场运行的运行机理等主要内容。第三篇是资本市场理论，包括第 8 章至 11 章。这一篇介绍了现值分析理论、效率市场假说、资本结构理论、风险收益权衡理论。第四篇是证券投资分析，即第 12 章至 15 章。这一篇介绍了证券投资基本分析、技术分析、证券投资技术指标分析的原理和应用。

本书主要有以下特点。

一是内容新颖和联系实际，有鲜明的时代感。书中内容紧贴股市现状，反映市场运行热点，力图通过分析众人熟悉的"现状"、"热点"来揭示中国证券市场发展的趋势。

二是系统性和独特性。本书全面介绍了市场经济与证券市场的基础理论、证券投资原理和方法，系统介绍了中国股市的独特环境；教材结构体系完整，编写风格独特，能从投资者的角度讨论和论述相关知识，富有启发性。

三是突出可操作性。书中穿插了大量的图表说明技术方法的应用，选用的图示和案例均来自我国证券市场和编者的实践，有利于读者领悟技术指标原理和指导实际操作，方便读者学习和模拟练习。

四是强调技术分析。在阐述基本分析的基础上，重点探讨了如何使用技术指标和图形分析股价走势，选择买卖时机。

密切结合中国证券投资市场的现状探讨中国证券市场成功投资之道，以实用性和趣味性为原则，结合翔实的投资案例，系统而全面地讲述与普通老百姓密切相关的投资学知识，为成功投资提供切实可行的帮助，是本书的可贵之处；对中国证券市场问题进行系统分析，探讨规避风险的可行操作，使投资获益来得更理性、更安全，是本书编者的一个大胆尝试。可以预计，本教材的出版，既可以为初学者提供一本好教材，又可以为专业研究者深化我国证券投资学教材建设提供启迪和帮助。

本书 4 个编者都是在大学一线长期从事证券投资教学的教师，也是武汉市最早的一批证券投资者，具有近二十年证券投资的实战经验。编者长期从事理论教学与投资实践的双重背景，为编写本书打下了良好的基础。参加本书编写的是江汉大学陈汉平、江汉大学蔡金汉、华中科技大学武昌分校吕志平、江汉大学刘源。本书由陈汉平、蔡金汉担任主编。吕志平、刘源担任副主编。第一篇由陈汉平执笔，第二篇由吕志平执笔，第三篇由刘源执笔，第四篇由蔡金汉执笔。其中蔡金汉对第二篇进行了部分修改，陈汉平对全书进行了审稿、统稿、总纂和定稿。

为了方便教材使用者进行教学、预习和复习，本书有配套的 PPT、作业练习与答案。配套的 PPT 免费提供，作业练习与答案需另外购买。

本书之所以能够出版，得益于江汉大学学术委员会教材建设项目经费的资助以及梁东、于敏、胡俊文等教授的热诚支持；编者也从许多学者的出版物中受到启示，吸收了他们许多研究成果，在此谨向他们表示衷心的感谢。

由于编者水平有限，编写时间仓促，书中不足之处在所难免，恳请广大读者批评指正。

编　者
2011.9

目 录

第1篇 资本市场基础 ····· 1

第1章 资本与资本运动 ····· 1
- 1.1 资本一般 ····· 2
  - 1.1.1 从资产负债表中的"自有资本"谈起 ····· 2
  - 1.1.2 资本的类别 ····· 6
  - 1.1.3 资本的属性 ····· 9
  - 1.1.4 资本在经济运行中的地位 ····· 11
- 1.2 资本运动 ····· 12
  - 1.2.1 资本运动动力 ····· 12
  - 1.2.2 资本运动规律 ····· 12
  - 1.2.3 资本运动速度、规模与社会经济发展 ····· 14
- 1.3 资本的两面性 ····· 16
  - 1.3.1 资本运动是社会发展的动力 ····· 16
  - 1.3.2 资本泡沫破灭对社会发展有巨大的破坏力 ····· 17
  - 1.3.3 驯服资本,让资本为经济发展服务 ····· 20
- 本章小结 ····· 20
- 习题 ····· 21

第2章 资本市场与证券市场 ····· 23
- 2.1 资本市场及其构成 ····· 24
  - 2.1.1 资本市场含义 ····· 24
  - 2.1.2 资本市场的结构 ····· 27
  - 2.1.3 资本市场与证券市场 ····· 30
- 2.2 证券市场与一般市场的联系与区别 ····· 31
  - 2.2.1 证券市场与一般市场的区别 ····· 31
  - 2.2.2 证券市场的投资与投机问题 ····· 33
- 2.3 证券市场功能及其实现条件 ····· 36
  - 2.3.1 证券市场功能及其意义 ····· 36
  - 2.3.2 实现证券市场功能的条件 ····· 42
- 本章小结 ····· 43
- 习题 ····· 44

第3章 我国证券市场 ····· 46
- 3.1 我国证券市场的建立和发展 ····· 47
  - 3.1.1 我国建立证券市场的背景 ····· 47
  - 3.1.2 我国证券市场发展阶段和经历的重大事件 ····· 50
  - 3.1.3 宏观经济政策对我国股市影响的历史考察 ····· 55
- 3.2 我国证券市场现状 ····· 59
  - 3.2.1 我国证券市场取得的成就 ····· 59
  - 3.2.2 我国证券市场存在的问题 ····· 60
  - 3.2.3 我国需要一个健康发达的证券市场 ····· 65
  - 3.2.4 我国证券市场发展方向和前景 ····· 67
- 3.3 学习证券投资学的意义 ····· 68
  - 3.3.1 学习证券投资学的意义 ····· 68
  - 3.3.2 基础知识准备 ····· 70
- 本章小结 ····· 73
- 习题 ····· 74

第2篇 资本市场运行 ····· 77

第4章 股票市场运行 ····· 77
- 4.1 股票概述 ····· 78
  - 4.1.1 股票的概念及起源 ····· 78
  - 4.1.2 股票的特征 ····· 79
  - 4.1.3 股票的分类 ····· 80

    4.1.4 股票的价格 ………… 83
  4.2 股票价格指数 ………………… 83
    4.2.1 股票价格指数的定义 …… 83
    4.2.2 股票指数的计算方法 …… 84
    4.2.3 世界著名的股票指数 …… 85
    4.2.4 我国主要的股票指数 …… 87
  4.3 股票发行市场 ………………… 90
    4.3.1 股票发行目的 …………… 90
    4.3.2 股票的发行条件 ………… 91
    4.3.3 股票的发行定价 ………… 93
  4.4 股票流通市场 ………………… 94
    4.4.1 股票流通市场的概念 …… 94
    4.4.2 股票流通市场的分类 …… 94
    4.4.3 股票交易程序 …………… 96
  本章小结 ……………………………… 100
  习题 …………………………………… 100

第5章 债券和基金市场 …………… 103
  5.1 债券市场 ……………………… 104
    5.1.1 债券概述 ………………… 104
    5.1.2 债券发行市场 …………… 109
    5.1.3 我国国债市场的现状 …… 113
  5.2 证券投资基金 ………………… 114
    5.2.1 证券投资基金的起源与
         发展 ……………………… 114
    5.2.2 证券投资基金的概念与
         特征 ……………………… 116
    5.2.3 证券投资基金当事人 …… 117
    5.2.4 证券投资基金的分类 …… 118
    5.2.5 证券投资基金的费用与
         收益 ……………………… 124
  本章小结 ……………………………… 127
  习题 …………………………………… 128

第6章 金融衍生品市场 …………… 130
  6.1 金融衍生品概述 ……………… 131
    6.1.1 金融衍生品的概念及
         特征 ……………………… 131
    6.1.2 金融衍生品的基本
         功能 ……………………… 132
    6.1.3 金融衍生品的最新发展
         趋势 ……………………… 133

  6.2 期货市场 ……………………… 134
    6.2.1 期货交易概述 …………… 134
    6.2.2 期货交易的分类 ………… 135
    6.2.3 期货交易与现货交易、
         远期交易的比较 ………… 137
    6.2.4 期货交易制度 …………… 138
  6.3 期权市场 ……………………… 140
    6.3.1 期权的概念 ……………… 141
    6.3.2 期权的种类 ……………… 141
    6.3.3 期货和期权的区别 ……… 143
    6.3.4 权证 ……………………… 144
  本章小结 ……………………………… 146
  习题 …………………………………… 147

第7章 企业购并市场 ……………… 148
  7.1 企业购并市场 ………………… 150
    7.1.1 企业购并的概念 ………… 150
    7.1.2 企业购并的效应 ………… 150
    7.1.3 美国市场的企业购并 …… 152
  7.2 企业购并动机的理论解释 …… 154
  7.3 企业购并的分类 ……………… 155
  7.4 企业购并的交易过程 ………… 158
    7.4.1 购并的出资方式 ………… 158
    7.4.2 反购并策略 ……………… 160
  本章小结 ……………………………… 162
  习题 …………………………………… 163

第3篇 资本市场理论 ………………… 165

第8章 现值分析理论 ……………… 165
  8.1 现值分析理论概说 …………… 166
    8.1.1 收入资本化 ……………… 167
    8.1.2 货币的时间价值 ………… 168
    8.1.3 评估资产内在价值的
         方法 ……………………… 170
  8.2 债券定价原理 ………………… 171
    8.2.1 债券的价格决定 ………… 171
    8.2.2 债券定价的分类 ………… 173
  8.3 股票定价原理 ………………… 174
    8.3.1 贴现现金流模型 ………… 174
    8.3.2 市盈率估值模型 ………… 175

  8.3.3 股息贴现模型 …………… 177
本章小结 ………………………………… 180
习题 ……………………………………… 181

第9章 效率市场假说 …………… 184

 9.1 效率市场假说的前提条件 …… 185
  9.1.1 效率市场 ………………… 186
  9.1.2 有效资本市场的前提
     条件 ……………………… 186
  9.1.3 证券市场效率的衡量
     标志 ……………………… 190
 9.2 效率市场假说内容 …………… 191
  9.2.1 有效市场假说的含义和
     前提条件 ………………… 191
  9.2.2 效率市场假设的类型 …… 192
 9.3 效率市场假说的实证检验 …… 194
  9.3.1 弱式效率市场假说的实证
     检验 ……………………… 194
  9.3.2 半强式效率市场假说的
     实证检验 ………………… 195
  9.3.3 强式效率市场假说的
     实证检验 ………………… 195
 9.4 效率市场假说的意义 ………… 196
  9.4.1 效率市场理论评析 ……… 196
  9.4.2 有效资本市场理论的
     启示 ……………………… 196
 9.5 效率市场理论的发展 ………… 197
本章小结 ………………………………… 199
习题 ……………………………………… 199

第10章 资本结构理论 …………… 203

 10.1 MM 定理 ……………………… 204
  10.1.1 MM 定理的假设
      条件 …………………… 205
  10.1.2 MM 定理的简单
      反证 …………………… 207
  10.1.3 MM 定理的意义 …… 207
  10.1.4 MM 模型的两种
      类型 …………………… 208
 10.2 MM 理论的发展 ……………… 208
  10.2.1 有税 MM 理论 ……… 208
  10.2.2 权衡理论 ……………… 209

  10.2.3 优序融资理论 ………… 214
  10.2.4 信号传递理论 ………… 216
本章小结 ………………………………… 218
习题 ……………………………………… 218

第11章 风险资产定价理论 ……… 222

 11.1 现代投资组合理论 …………… 223
  11.1.1 证券组合理论的
      产生 …………………… 223
  11.1.2 证券组合理论的原
      理及其证券组合理
      论要点 ………………… 224
  11.1.3 证券组合理论的基本
      假设 …………………… 225
  11.1.4 证券组合理论的均值
      标准差模型 …………… 225
  11.1.5 证券组合有效边界 … 227
  11.1.6 最佳证券组合的
      确定 …………………… 229
 11.2 资本资产定价模型 …………… 230
  11.2.1 模型的基本假设 …… 230
  11.2.2 资本市场线 …………… 231
  11.2.3 证券市场线 …………… 232
  11.2.4 资本市场线与证券市场
      线的区别 ……………… 233
 11.3 套利定价理论 ………………… 233
  11.3.1 套利定价理论的
      意义 …………………… 233
  11.3.2 套利定价理论的基本
      机制 …………………… 234
  11.3.3 套利定价模型 ………… 234
本章小结 ………………………………… 235
习题 ……………………………………… 235

第4篇 证券投资分析 …………… 240

第12章 证券投资的一般分析 …… 240

 12.1 证券投资主体 ………………… 241
  12.1.1 个人投资者 …………… 241
  12.1.2 机构投资者 …………… 242
 12.2 证券投资媒体 ………………… 244

12.2.1 证券投资媒体的
分类 …………… 244
12.2.2 中国证券投资媒体的
现状 …………… 249
12.3 证券投资机理 …………… 254
12.3.1 证券投资的动机与
目的 …………… 254
12.3.2 证券投资过程 …… 255
12.3.3 证券交易的基本
方式 …………… 256
本章小结 …………………… 257
习题 ………………………… 258

第13章 证券投资基本分析 …… 260

13.1 基本分析概述 …………… 261
13.1.1 基本分析的概念及其
优缺点 …………… 261
13.1.2 影响股票价格的
基本因素 ………… 262
13.2 宏观经济分析 …………… 263
13.2.1 经济周期分析 …… 263
13.2.2 国内生产总值分析 … 265
13.2.3 通货膨胀分析 …… 265
13.2.4 货币政策分析 …… 266
13.2.5 财政政策分析 …… 268
13.3 行业分析 ………………… 268
13.3.1 行业周期分析 …… 268
13.3.2 行业生命周期分析 … 269
13.4 公司分析 ………………… 270
13.4.1 公司背景因素 …… 270
13.4.2 公司行业选择 …… 271
13.4.3 公司股利发放状况、新
股发行和流通、股票分
割和股票合并 …… 271
13.4.4 除息除权 ………… 271
13.4.5 公司的产品和市场
分析 …………… 272
13.4.6 公司的管理能力
分析 …………… 273
13.4.7 公司重大资产重组及
公司领导机构变更 … 273
13.5 公司财务状况分析 ……… 274

13.5.1 上市公司的主要财务
报表及其分析重点 … 274
13.5.2 上市公司财务报表
分析技巧之一：横
向比较和纵向比较 … 275
13.5.3 上市公司财务报表分
析技巧之二：财务比
率分析 …………… 277
本章小结 …………………… 283
习题 ………………………… 284

第14章 证券投资技术分析 …… 286

14.1 技术分析概述 …………… 287
14.1.1 技术分析的三大基本
假设 …………… 287
14.1.2 技术分析的四大
要素 …………… 288
14.1.3 技术分析方法的
分类 …………… 289
14.1.4 技术分析的优点、局
限性及应用时注意的
问题 …………… 290
14.1.5 基本分析与技术分析的
比较 …………… 291
14.2 道氏理论 ………………… 292
14.2.1 道氏理论的主要
内容 …………… 292
14.2.2 道氏理论的意义 … 293
14.3 K线理论 ………………… 294
14.3.1 K线图的画法及主要
形状 …………… 294
14.3.2 K线的应用 ……… 298
14.4 切线理论 ………………… 303
14.4.1 切线理论的内容 … 303
14.4.2 应用切线理论应注意
的问题 …………… 310
14.5 形态理论 ………………… 310
14.5.1 反转突破形态 …… 311
14.5.2 持续整理形态 …… 316
14.5.3 缺口 …………… 321
14.6 量价关系理论 …………… 324
14.6.1 成交量变化八规律 … 324

目 录

  14.6.2 成交量与股价趋势的
     一般关系 ………… 325
  14.6.3 涨跌停板制度下量价
     关系分析 ………… 326
 本章小结 …………………………… 329
 习题 ………………………………… 330

第15章 证券投资技术指标分析 …… 332
 15.1 投资运作的主要技术指标 …… 333
  15.1.1 移动平均线(MA) …… 333
  15.1.2 平滑异同移动平均
     线(MACD) ………… 336
  15.1.3 相对强弱指标(RSI) … 337
  15.1.4 威廉指标(W%R) …… 339
  15.1.5 随机指标(KDJ) …… 340
  15.1.6 动向指数(DMI) …… 341
  15.1.7 乖离率指标(BIAS) … 343

  15.1.8 能量潮指标(OBV) … 344
 15.2 证券投资的心理行为误区
   与调节 ………………………… 345
  15.2.1 证券投资心理行为
     误区 ………………… 345
  15.2.2 投资心理行为误区的
     调节 ………………… 346
 15.3 证券投资策略与技巧 ………… 348
  15.3.1 常见的证券投资策略
     与技巧 ……………… 348
  15.3.2 江恩理论 …………… 352
  15.3.3 正确选股与选时 …… 353
 本章小结 …………………………… 360
 习题 ………………………………… 361

参考文献 ………………………………… 363

第1篇 资本市场基础

第1章 资本与资本运动

教学目标

通过本章的学习,了解资本的一般属性,重点掌握所有者权益的概念及其内容,重点掌握资本的经济功能,掌握马克思关于资本是经济增长第一推动力理论以及凯恩斯关于投资的乘数作用和加速原理,熟悉资本分类标准及类别。同时,掌握资本运动对社会经济发展的两面性原理。

教学要点

知识要点	能力要求	相关知识
所有者权益的内容	(1) 透彻理解净资产概念 (2) 能辨析股本、股份和股票的区别	(1) 所有者权益的构成及其相互关系 (2) 自有资本对企业的意义
资本的职能	对资本职能空间并存性的理解	资本的三大职能
资本分类标准及类别	具备对资本分类标准及类别的表达能力	(1) 资本的分类标准 (2) 资本的分类类别
资本在经济运行中的地位	(1) 理解资本在经济运行中的地位 (2) 理解并会应用人性与资本属性结合理论	(1) 马克思关于资本是经济增长第一推动力理论 (2) 凯恩斯关于投资的乘数作用和加速原理
资本运动与社会经济发展	能表述资本运动与经济发展的关系	资本运动与社会经济发展关系的两面性

> 谁控制了货币，谁就控制了世界。
>
> ——美国前国务卿基辛格

 基本概念

资本一般 资产 净资产 股东权益 股本 资本公积金 盈余公积金 任意盈余公积金 资不抵债 法定公益金 资本积聚和资本集中 "郁金香泡沫" "南海泡沫" 密西西比股市泡沫

 导入案例

贪婪的猴子

在阿尔及尔地区的长拜尔有一种猴子，非常喜欢偷食农民的粮食。当地农民发明了一种捕捉猴子的巧妙方法：把一只葫芦形的细颈瓶子固定好，系在大树上，再在瓶子中放入猴子们最爱吃的花生，然后就静候佳音。

到了晚上，猴子来到树下，见到瓶中的花生十分高兴，就把爪子伸进瓶子去抓花生。这瓶子的妙处就在于猴子的爪子刚刚能够伸进去，等它抓到一把花生时，爪子却怎么也拉不出来了。贪婪的猴子绝不可能放下已到手的花生，就这样，它的爪子也就一直抽不出来，它就死死地守在瓶子旁边。直到第二天早晨，农民把它抓住的时候，它依然不会放开爪子，直到把那花生放进嘴里才罢休。

点评：过度贪婪，适得其反

有人会嘲笑猴子，只有愚蠢至极的猴子才会屡错屡犯，聪明的人类怎么可能会屡屡上当？但是，如果把花生换成股市里的巨额金钱呢？

动物有欲望，人也有欲望。欲望强烈，就是贪婪。人的贪婪，在一定程度上是人类进步、社会前行的原动力。但是过度贪婪，聪明的人也会变成愚蠢的猴子。

1.1 资本一般

学习证券投资学，必然涉及资本的概念。什么是资本呢？

资本（capital）是经济生活中最普通、最广泛使用的基本概念之一，也是最容易引起歧义的概念之一。自系统的经济分析理论形成以来，资本理论就成为经济学中最有争议的一个领域。本章讨论的资本一般，是从资本的一般属性即资本的自然属性来分析资本的性质，强调的是资本的物质内容，认为资本是用于生产过程的生产要素，是一种中性的工具。

1.1.1 从资产负债表中的"自有资本"谈起

一张资产负债表，既反映某一时刻公司的资金来源，又反映其资金运用，还反映公司质量。认识资产负债表，不仅是证券投资者的必修功，而且是一切与公司有业务往来的相关部门及其人士（如银行及其该公司的原材料供应商、产品销售商）的必修功。

1. 资产负债表简介

资产负债表是反映公司在生产经营的某一时点(通常是月末、季末、年末)的资产与负债情况的报表。资产负债表按照"资产＝负债＋所有者权益"的原则编制。

表1-1是一张经过简化的资产负债表。

表1-1 资产负债表(示意简表)

左边　　　　　　　　　　　　　　　　　　右边
20××年12月31日　　　　　　　　　　　　单位：人民币万元

资产	行次	年初数	年末数	负债及股东权益	行次	年初数	年末数
一、流动资产：				一、流动负债：			
现金	1	880	950	短期借债	14	200	150
短期投资	2	132	150	应付账款	15	600	400
应收账款	3	1 080	1 510	应付工资	16	180	300
预付账款	4	200	250	应付股利	17	500	800
存货	5	808	1 080	一年内到期的长期负债	18	120	150
流动资产合计	6	3 100	3 940	流动负债合计	19	1 600	1 800
二、长期投资：				二、长期负债：			
长期投资	7	300	500	应付债券	20	100	200
固定资产原价	8	2 500	2 800	长期借债	21	200	300
减：累计折旧	9	750	880	长期借债合计	22	300	500
固定资产净值	10	1 750	1 920	三、股东权益			
三、无形资产固定资产：				股本	23	500	1 800
无形资产	11	50	40	资本公积	24	500	700
固定资产	12			盈余公积	25	800	1 000
				未分配利润	26	500	600
				股东权益合计	27	3 300	4 100
资产合计	13	5 200	6 400	负债及股东权益合计	28	5 200	6 400

2. 资产负债表的结构、概念和相互关系

1) 资产负债表的结构及其相互关系

表1-1的右边，揭示了公司的资金来源；表1-1的左边，揭示了公司的资金运用。公司筹集资金的目的，是投入生产为企业赢利。所以，资产负债表必然存在这样的关系：右边＝左边，即资金来源＝资金运用，也就是负债及股东权益＝资产。

资产负债表按流动性的强弱,自上而下排列。流动性强的科目排在上面,流动性弱的科目排在下面。

从表1-1的右边可以看出,公司的资金来源只有两块,一是借来的,二是自己的。公司借来的资金,构成了资产负债表的"负债"科目;公司的自有资本,构成了资产负债表的"股东权益"科目。所以,资产负债表的右边,可以以"股东权益"科目为界,分成上下两部分。上边的负债部分,又称为企业的债务资本;下边的股东权益部分,又称为企业的权益资本。

显然,在资产负债表中,存在以下的关系:

$$资产=负债+股东权益 \qquad (1-1)$$

在市场经济条件下,企业无论是向银行、外商还是社会借资金,一般都需要有抵押担保。债务人可靠的抵押担保物是自有资本,债权人借给债务人的资金数额,一般不会超过企业的自有资本。否则,超过企业自有资本以上的金额就处在无抵押担保的风险之中。因此,经济学界有一个共识:一般企业稳妥的资金来源,应该是外借资金不超过自有资本,即外借资金占全部资金来源的比重,其上限为50%。因此,一般企业资产负债率在50%或以下,被认为是安全的借债规模。

2) 资产负债表中的概念

(1) 资产:企业资本性资金和债务性资金投入使用后的转化形式。

(2) 股东权益:即自有资本。从法律的角度来讲,权益是指当事人依法享有的权利和利益,表示当事人由于付出某种代价,可对关系自身利益的行为施加影响,并且依法从该项行为的结果中取得利益。股东是指依法持有公司股份的人。股东按其所持有股份的种类和数量享有权利、承担义务。我国《公司法》规定,公司股东按其投入公司的资本额享有所有者的资产受益、重大决策和选择管理者等权利。股东权益就是股东基于其对公司投资的那部分财产而享有的权益。在资产负债表中,股东权益是指企业的资产总额减去负债以后的净额,也叫"所有者权益"或"净资产",即企业总资产中投资者所应享有的份额。"每股净资产"则是每一股份平均应享有的净资产的份额。

从股东权益的内容上看,所谓股东对公司净资产权利,包含三层含义:股东对公司净资产的所有权;股东依股东权益而对现金和财产的分配权;公司清算时股东对剩余资产的索取权。

从股东权益的构成上看,股东权益包括投资人投入的股本以及形成的资本公积金、盈余公积金、法定公益金和未分配利润四项。

(3) 股本:即企业注册资本,是公司股东权益最重要的组成部分。它决定投资人各自投入资金的比例,决定投资人在公司拥有权利和责任的大小以及对公司净资产、收益与承担风险比例的大小。在资本保全原则的制约下,注册资本在公司正常经营期间不得冲减和抽回。公司注册资本如需增加,应报经有关部门批准。

股本、股份与股票三个概念,既有联系,又有区别。将公司的全部股本划分为基本的等额单位就是股份,股本代表的是公司所有的全部股份,股份乘以发行量为股本。股份可以通过股票形式表现其价值。股票与股份是形式与内容的关系。每一股拥有同等权利,即同股同权同利。股份的含义有三层:第一,股份是公司股本的构成成分,每一股份所代表的金额相等；第二，股份代表了股东的权利与义务；第三，股份通过股票这种证券形式表现出来。

（4）资本公积金：反映公司在筹集资本金以及生产经营过程中形成的属于投资者所有的资本性积累，是一种资本储备形式，包括公司超面值发行股票所得的溢价部分、资产评估的增值部分、现金和其他资产的捐赠及其他款项。资本公积金的形成与企业盈余没有关系，可以按法定程序转增股本，按股东原有股份比例向股东发送新股。

（5）盈余公积金：从公司税后利润提取的公积金，包括法定盈余公积金和任意盈余公积金。法定盈余公积金是指按照《公司法》规定，公司必须根据当年税后利润，以减去弥补亏损后的余额的10%强制计提的公积金。法定盈余公积金只有达到注册资本的50%以后，才可以免提。任意盈余公积金指根据公司章程或股东大会决议而从税后利润中自由计提的公积金，其目的是为了应付经营风险和不测。

（6）法定公益金：指公司按照《公司法》规定，按5%～10%的比例从当年税后利润中提取的用于福利设施支出的基金。它属于公司投资者权益范畴，但不向投资者分配，用于修建职工宿舍、职工食堂、幼儿园等集体福利设施。

（7）未分配利润：公司留待以后年度分配的利润或待分配利益。其权益归公司全体投资者所有。

（8）资不抵债：个人或企业的全部债务超过其资产总值以致不足以清偿债权人的财务状况。由资产＝负债＋股东权益，可得到

$$\text{净资产} = \text{资产} - \text{负债} \tag{1-2}$$

如果净资产是负数，就是资产比负债小，也就是资不抵债，即公司的全部资产不足以偿还全部债务，这时候公司基本上就濒临倒闭了。

资不抵债的着眼点是资债比例关系及因此而产生的风险，其偿还能力仅以实有财产为限，不考虑信用、能力等其他的偿还能力。计算债务的数额，不考虑是否到期，均纳入总额之内。

3. 企业自有资本的意义

企业是经营资本并追求资本增值的经济组织。在企业运用中，资本具有重要的经济功能。

（1）资本是企业赖以存在的基础。没有自有资本，企业就失去了承担民事主体的财产依据，也就失去了存在的依据。

（2）资本是确定企业产权关系的根据。一个股份代表企业的一份财产。在股份制企业中，谁拥有的股份比重最大，这个企业的产权就归谁。

（3）资本是企业承担经营风险、承担债务的财产基础。因此，有无资本以及资本的充实程度，直接决定了企业是否具有承担清偿债务风险的能力。

（4）企业自有资本的多少，无论对单个企业还是对一个国家的众多企业而言，都是有重大意义。

自有资本多和少，可以用绝对和相对两个指标来衡量。

衡量自有资本多少的绝对指标是每股净资产值的大和小。同一企业，今年比去年每股

净资产值大、同一行业中 A 企业比 B 企业每股净资产值大，就为自有资本多，否则就为自有资本少。

衡量自有资本多少的相对指标是股东权益率。

$$股东权益率 = 股东权益/资产 \times 100\% \tag{1-3}$$

一般而言，股东权益率大于 50%，为自有资本比较多；股东权益率小于 50%，为自有资本比较少。

1) 自有资本多少对单个企业的意义

在不送红股的条件下，单个企业股东权益一年比一年大，说明该企业每股含金量越来越多，在市净率不变的情况下，每股市价越来越高，给投资者带来的财富效应越来越明显；企业股东权益一年比一年大，该企业借债能力就越来越大，企业扩大生产的能力也越来越强。同样在不送红股的条件下，单个企业股东权益一年比一年小，说明该企业每股含金量越来越少，在市净率不变的情况下，每股市价越来越低，给投资者带来的赊财效应越来越明显；企业股东权益一年比一年小，该企业借债能力也越来越小，企业扩大生产的能力也越来越弱。如果股东权益比率过小，表明企业过度负债，容易削弱公司抵御外部冲击的能力；如果单个企业股东权益小到负值，公司就陷入了资不抵债的境地，这时，公司的股东权益便消失殆尽。如果实施破产清算，股东将一无所得。

2) 一个国家一般企业股东权益比率的意义

一个国家一般企业的股东权益比率，揭示了这个国家一般企业资金来源中直接融资与间接融资的比重，反映了资本市场在该国的相对规模和地位。

工商总局给我一组数字，从 1999 年到 2009 年我们国家所有工商企业包括外资注册资本每年增加 14% 左右，我相信是真实的。只不过每年增加 14%，贷款每年增加 16% 左右，固定资产投资增加 22%，2009 年这一年，社会资本增加了 15%，贷款增加了 31%，社会固定资产投资增加了 30%，如此下去意味着我们国家工商企业的资产负债率是越来越高，难以为继，难以参与全球竞争，也很难有更多的资本、人民币去投资。将来海外投资不但是外汇，而且人民币是个投资的货币，我们的资本充足率都不足，怎么对外投资呢？所以社会很需要把社会资金变成资本。

——戴相龙 2010 年 06 月第三届中国股权投资基金论坛上的讲话

1.1.2 资本的类别

1. 资本的定义

资本范畴的内涵十分丰富和复杂，而且随着社会经济的发展，资本范畴的内涵也在变化和发展，人们对资本范畴的认识和理解也在逐步深化。

梳理古今经济理论史上的各种资本定义，大体上可归纳为以下几种。

(1) 资本就是产生利息的"本钱"。据奥地利经济学家庞巴维克介绍，资本源于 caput 一词，是用来表示贷款的本金，与利息相对。1678 年出版的《凯奇·德佛雷斯词典》，最早把资本定义为产生利息的"本钱"。

(2) 资本等同于货币。例如古典经济学的创立者威廉·配第在其名著《政治算术》中就将资本视同于流通中的货币。

（3）把资本视为资本品。例如，休谟最早确认了资本除了包括货币外，还应包括财货；大卫·李嘉图认为，"资本是国家财富中用于生产的部分"。新古典代表人物萨谬尔森认为，"资本一词通常被用来表示一般的资本品"。

（4）把资本视为价值额。重农学派的主要代表人物之一的杜尔阁认为，"资本是积累起来的价值"，"可动的财富"；法国庸俗经济学创始人萨伊认为，资本是产业上装备的已经存在的物品的价值。

（5）资本是一种财富或收入。亚当·斯密认为，资本是人们储存起来取得收入的那部分资财；杜尔阁也认为，资本是"可动的财富"；新古典学派的创始人马歇尔认为，从个人观点看，资本是期望获得收入的那部分资产，从社会观点看，资本是生产收入的收入。

（6）资本是一种生产手段。奥地利学派主要代表人物庞巴维克认为，资本是"生产出来的获利手段"，或者说"资本是用作获利的生产出来的产品集合体"；瑞典学派的创始人维克塞尔认为，资本是"被生产的生产手段"。

（7）资本是带来剩余价值的价值。这是马克思主义的代表性观点。马克思从不同角度给资本下过多种定义，但主要是从揭示资本主义制度灭亡的剩余价值学说的角度，认为资本是带来剩余价值的价值，同时也认为资本不仅是物，而且体现着资本家与工人之间的剥削与被剥削关系。

（8）资本是一切可以带来未来收入的资产市值。资本的产权状况将影响资本的市值，最终影响未来的收入。张五常教授在评价欧文·费雪贡献的时候，认为他把资本的概念一般化：凡是可以导致收入的都是资产，而收入折现后的现值是资本，也是资产的市价。土地是资产，劳力是资产，知识是资产，医生牌照是资产，相貌是资产，家庭是资产……这些都会带来收入，把收入以利率折现就是资本了（张五常，1969．2002）。欧文·费雪的"资本"理论扩展了人们的理解，它的范围不仅仅包括有形要素：劳动力、资金（产）、土地等；而且还包括无法直接观察（或者直接观察的成本较高）的知识、人力资本、声誉、信用等无形的要素。所以，资本其实就是一切可以带来未来收入（流）的（市值）资产。资本是资产的市值，没有市场交易就不存在真正意义的资本。资本不仅仅是通过所有权系统确立的、一种开展新的生产的抽象潜能；还是一种财富存量，它的形式可以多样化。

这些资本定义是不同时代的经济学家从不同角度在不同条件下对资本所做的解释，都有各自的道理，无所谓对错。随着社会进步和经济发展，资本的作用会发生变化，人们对资本内涵的认识也将深化。

知识链接

《辞海》上关于"资本"的定义有三个：①带来剩余价值的价值；②投于企业的固定资产和流动资产的价值形态；③会计学上，企业主投到企业的资本金以及由此形成的资本公积金，即企业所有者权益。

英国学者戴奇在1735年编著的英语词典中对资本下的定义认为，资本在贸易公司中主要指股本，即"被章程所规定的用于贸易的货币储备资金或基金"。

2. 资本的分类

资本大体有以下几种分类方式。
(1) 按照运作内容分：实业资本、金融资本、产权资本。
(2) 按照资本状态分：存量资本与增量资本。
(3) 按照循环的职能形式分：货币资本、生产资本、商品资本。
(4) 按照存在形态分：有形资本、无形资本。
(5) 按照部分与整体角度分：个人资本、社会资本。
(6) 按照资本的主体分：国家资本、法人资本、个人资本、外商资本。各自的含义如下。
① 国家资本：有权代表国家投资的政府部门或机构，以国有资产投入的资本。
② 法人资本：其他企业法人以其依法可支配的财产，投入本企业的资本。事业单位和社会团体，以国家允许其用于生产经营的资产向本企业投入的财产，亦属法人资本。
③ 个人资本：社会个人或企业内部职工以个人合法财产投入企业的资本。
④ 外商资本：中国境外的法人和个人以其外币、设备、无形资产或其他资产投入的资本。

在马克思主义经济学中，还有固定资本与流动资本；可变资本与不变资本；货币资本、生产资本、商品资本；生息资本、借贷资本；工业资本与银行资本相结合的金融资本；实际资本与虚拟资本；等等。

在其他经济学中还有众多的资本名词，如：知识资本与人力资本；私人资本与官僚资本；自有资本与借入资本；国内资本与国际资本；等等。

3. 资本存在的基本形态——实际资本与金融资本

人类经济活动可以划分为实际层面和货币层面两个层面。所谓实际层面是指经济活动的实际内容，也就是社会再生产活动，它是社会财富的根源，是支撑经济发展的基础；所谓货币层面是指为实际经济活动服务和充当媒介的层面，它虽然不是实际内容，但却是实际经济活动不可缺少的，是实际经济活动的前提和结果。

从这个角度出发，资本也可以划分为两大类：与前者对应的是"实际资本"，与后者对应的是"金融资本"。

"实际资本"是以物质形态存在的资本，也就是前述众多经济学家所说的创造财富的"资本品"、"生产手段"等，或者就是通常所说的"生产要素"，这也是现代经济学中的主流观点。

"金融资本"实际上就是从价值角度来看的资本，或者说是以货币形态存在的资本，是以取得收益和增值为目的而进入金融市场交易且最终进入实际产业部门的那部分资本，具体表现为银行资本、证券资本以及其他证券化的金融资产。

实际资本一般是物质化的有形资本，金融资本一般是非物质化的、同质的无形资本；实际资本一般是经济学意义上的资本概念，金融资本则是金融学意义上的资本概念。

实际资本和金融资本是资本存在的两种基本形态，两者之间纷繁交错、相互转化。一方面，实际资本发挥作用借助于各种不同的职能形态，并且在这些具体形态上相互转化；另一方面，金融资本实际上是一种所有权资本，其所有权和使用权是可以分离的，在不同所有者之间也是流动的；而且更重要的是，实际资本和金融资本两个层面之间也是不断转化的，资本时而由货币形态转化为实物形态，时而由实物形态转化为货币形态。

实际资本又可以称为实体资本，金融资本又可以称为虚拟资本。

虚拟资本具有以下特征。

第一，虚拟资本是市场经济发展到一定阶段的产物，它建立在信用发展的基础上，同时也促进了信用的发展。

第二，虚拟资本与实体资本有本质的不同。虚拟资本本身没有价值，不过是资本所有权证书，是实体资本的纸质副本。它们代表的资本已经投资生产领域，自身作为可以买卖的金融资产滞留在资本市场。

第三，虚拟资本存在着自我膨胀机制，股票尤其是金融衍生品等虚拟资本，作为有权取得未来价值的所有权证书，其价值表现了人们对尚未创造出来的价值的提前承认。因而，把许多还未实现的未来收入加入到现实价值中，使虚拟资本迅速膨胀成为可能。当虚拟资本过度膨胀，超过实体经济的承受能力，就会产生泡沫经济，而泡沫经济是不可能持久的，一旦破灭就会引发金融危机，对实体经济造成巨大的破坏。

马太福音中的故事

一个国王远行前，交给三个仆人每人一锭银子，吩咐他们："你们去做生意，等我回来时，再来见我。"国王回来时，第一个仆人说："主人，你交给我的一锭银子，我已赚了10锭。"于是国王奖励了他10座城邑。第二个仆人报告说："主人，你给我的一锭银子，我已赚了5锭。"于是国王便奖励了他5座城邑。第三个仆人报告说："主人，你给我的一锭银子，我一直包在手巾里存着，我怕丢失，一直没有拿出来。"于是，国王命令将第三个仆人的那锭银子赏给第一个仆人，并且说："凡是少的，就连他所有的，也要夺过来；凡是多的，还要给他，叫他多多益善。"

这就是著名的马太效应。

这个故事说明，要想致富必须投资，只有让钱流动起来才能创造更多的财富。马太效应告诉人们应如何管理财富。

第一，富者越富，穷者越穷，赢者通吃。财富总是流向能产生最高回报的"财富管家"。这是财富的趋利性，也是其最本质的特点。

第二，要用钱积极地进行投资，让钱流动起来，不能成为死钱。

1.1.3 资本的属性

资本属性有"特殊"与"一般"的区别。

资本特殊属性，反映着特定的生产关系。马克思主义政治经济学认为，资本所体现的是资本主义的生产关系，反映了资本家对劳动者的剥削关系。这是从资本特殊属性来分析资本的本质。

资本一般属性,体现着资本的自然属性即增值性。从资本一般属性来分析资本的性质,强调的是资本的物质内容,认为资本是用于生产过程的生产要素。资本和市场一样,是一种中性的工具,任何资本,不管如何划分,无论是实际资本还是金融资本,都具有一些本质上的共性,具体如下。

(1) 增值性。追求价值增值是资本的根本目的,也是资本的内在本性。资本不同于货币的根本特征,在于它在运动中要带来剩余价值。如果不能在运动中带来价值增值,也就不称其为资本了。资本的增值性适应了社会化大生产的客观要求,正因为如此,资本增值才成为社会化商品经济即市场经济条件下财富增长的一般和基本的形式。

(2) 运动性。资本增值是在运动中实现的,运动性是资本的生命力所在,是资本的重要特征。资本的运动性表现在资本循环和周转的无限性及资本向外转移、扩张的开放性两个方面。首先,资本对于价值增值的无尽追求决定了资本不断地、周而复始地进行循环。资本的各种职能形态在空间上并存、在时间上继起,形成了资本的各种循环形式内在统一的画面。资本运动的内容包括实物形式运动(即物质替换)和价值形式运动(即价值补偿)两个方面,是价值补偿和实物替换的统一。马克思对此曾作过精彩的描述。其次,资本为了追求高利润率而不断在不同部门间进行横向转移,资本的运动具有跨地区、跨国界的全面开放性。资本运动的开放性,一方面促进了社会分工的范围日益扩大,形成了国内分工和国际分工体系;另一方面使得市场范围越来越广,形成了国内市场和国际市场相统一的全面的市场体系。资本的开放性,有利于资本的迅速积聚和集中,有利于资本规模的扩大与发展。资本的横向流动,不断促进着资本增量调整和存量调整,促进着产业结构和经济结构的合理化,促进着资源的优化配置。

(3) 竞争性。资本的增值本性决定了资本与资本之间必然要展开竞争。当竞争一旦形成,对资本的存在与运动又会转化为一种外在的强制力。所以,竞争性既是资本内在本性的要求,又是其面临外在压力的反应。资本的竞争分为部门内部的竞争和部门之间的竞争。竞争的目的是追求超额利润,寻求最佳的投资场所;竞争的结果是社会平均利润率的形成,实现等量资本要求等量利润的平等权力。

(4) 独立性和主体性。资本的存在形式和运动形式具有独立性的特点。从资本存在形式来看,资本各种职能形式之间及各个不同的资本之间必须有清晰的价值量界定关系。微观资本要求有清晰的利益和产权界区,要求独立承担自负盈亏的责任。这是资本发挥职能,实现价值增值的必要条件,如果资本的价值量、利益和产权关系模糊,资本的增值就缺乏基础,就无法计量和比较,也就谈不上资本的运动和竞争了。从资本的运动形式看,微观资本或个别资本独立地进行投资,独立地进行循环和周转,独立地发生增值,独立地进行积累和扩大再生产,从而表现为独立的利益主体、独立的经营决策主体和独立的法人产权主体。也就是说,在资本独立性基础上表现出真正的主体性。可见,资本是市场经济的一般主体和真正主体。资本不仅对企业而且对各类经济组织来说都是生命力的源泉和根本。资本不仅是生产主体、流通主体,而且是分配和消费主体。资本流到哪里,哪里就有活力,哪里就兴旺发达。所以,在市场经济中,把资本作为经济运行主体具有极为重要的意义。

从资产负债表的分析中，我们可以看出，企业的生产经营只是资本运动的物质基础或外在表现形式，企业的土地、厂房、产品等是资本存在的载体和物化形式，也就是说，企业的一切形态总是和资本相连，企业的生存和发展体现在资本的运动过程中。只要是企业就不能例外。

资本的天性虽然是逐利的，但驾驭资本的是人。资本与人性中的非理性一面（无限贪婪和恐惧）结合，放大了资本的属性。

马克思在《资本论》中，引用邓宁格的话说："资本害怕没有利润或利润太少，就像自然界害怕真空一样。一旦有适当的利润，资本就胆大起来。如果有10%的利润，它就保证到处被使用；有20%的利润，它就活跃起来；有50%的利润，它就铤而走险；为了100%的利润，它就敢践踏一切人间法律；有300%的利润，它就敢犯任何罪行，甚至冒绞首的危险。如果动乱和纷争能带来利润，它就会鼓励动乱和纷争。走私和贩卖奴隶就是明证。"因此，马克思说："资本来到世间，从头到脚，每个毛孔都滴着血和肮脏的东西。"这两段广为传诵的经典名句，形象地揭示了资本与人的非理性结合所产生的贪婪嗜血属性。

1.1.4 资本在经济运行中的地位

1. 资本的投入，在一国经济发展中发挥着重要作用

社会经济的发展，企业扩大再生产，不可缺少资本的追加投入。资本积累在一国经济发展中发挥着重要的作用。根据各种实证分析可知，资本投入对国家经济增长的贡献率在百分之五十左右。

投资是经济增长的动力和基础，是促进经济增长的主要因素。

马克思把货币资本的投入看做是经济增长的第一推动力，因为任何一项投资或生产活动首先要从货币资本的投入开始。

凯恩斯不仅认为投资是经济增长的推动力，而且还论述了投资对经济增长具有乘数作用；收入和消费增加会引起投资增加的加速原理。

凯恩斯的乘数理论认为：投资过程可以刺激需求的增长，投资完成后又可以增加供给。投资乘数与边际消费倾向同方向变化，边际消费倾向越大，乘数越大；投资乘数与边际储蓄倾向呈反方向变化，边际储蓄倾向越大，乘数越小。

凯恩斯的加速原理揭示储蓄是投资的源泉。随着收入的增长，边际消费倾向递减，边际储蓄倾向递增的规律，使投资增长快于收入的增长。加速原理说的是收入变化如何引起投资的变化。

2. 在社会生产的三要素中，资本处于统治地位

在社会生产的三要素——土地、劳动、资本中，资本处于统治地位。社会资源中的人力、物力、财力都可以用货币来体现。调动资本就是调动社会资源；资本的分配就是人们物质利益、财富的分配。

1.2 资本运动

1.2.1 资本运动动力

人的趋利性是资本运动的动力;资本的本性和运动,是社会发展的动力。

在荷兰阿姆斯特丹,有一个全欧洲最大的鲜花交易市场。每天上午,欧洲各地生产的鲜花被源源不断地运到这里。下午,通过"荷兰式拍卖",所有鲜花的价格都被确定,然后这些鲜花被迅速地分装、打包,运往世界各地。第二天清晨,无论是欧洲的伦敦或巴黎、还是美洲的纽约或温哥华,或者是世界各地的任何一个主要城市的街头,都会不约而同地准时出现从阿姆斯特丹运来的鲜花。

是谁将鲜花准确无误地送到了这些城市?是市场,是"无形的手"将鲜花送到这些需要它们的地方。鲜花如此,资本亦如此。

高效的资本市场会将社会的资本资源准确无误地送到需要这些资源的场所。人的趋利性和资本本性的结合及其运动,成为社会发展的动力。

1.2.2 资本运动规律

马克思在《资本论》第二卷中,以产业资本为研究对象,从单个资本一次运动过程——资本循环,到单个资本多次重复的运动过程——资本周转过程,对资本运动规律进行了全面论述。

资本循环理论阐述了单个资本运动的过程和运动条件。资本循环理论认为,任何资本运动都表现为 $G—G'$ 的增值运动,而产业资本一次运动轨迹则是 $G—W\cdots P\cdots W'—G'$ 的过程,这种单个资本自始点 G(货币资本)出发,顺利经过上述轨迹的各个环节,最后实现增值后重新回到始点货币资本形态的一次运动过程就是资本循环,如图1.1所示。

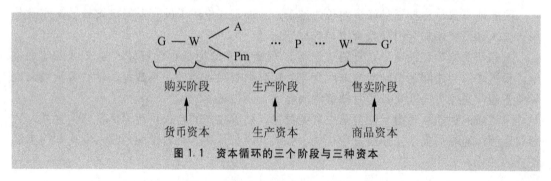

图1.1 资本循环的三个阶段与三种资本

资本循环抽象地概述了资本的一次完整运动过程,从过程中可以清晰地看出,产业资本只有依次完成购买阶段、生产阶段和售卖阶段三个阶段组成的资本循环才能实现增值的目的。资本循环的三种形态如图1.2所示。

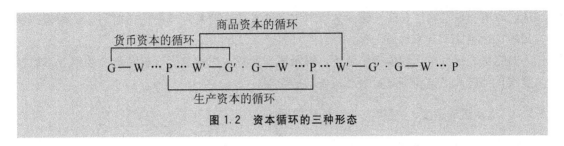

图1.2 资本循环的三种形态

在图1.2中,购买阶段是货币资本执行购买生产要素职能,为资本增值运动的准备阶段;生产阶段是资本执行生产职能,为资本运动的增值创造阶段;售卖阶段是资本发挥销售职能,为资本运动的增值实现阶段。三个阶段中,生产阶段是决定性阶段,因为它是生产领域,是劳动过程,也是价值增值过程,产品价值和财富的增加只能来源于这个阶段;售卖阶段是资本循环的关键性阶段,因为这一阶段是把已生产出的商品通过市场售卖转化为增值了了货币,实现了资本运动的终极目的。

从资本循环过程看,只有三个阶段运动过程是连续的,即在时间上的继起性,循环才顺利,资本的增值目的才能达成。然而,资本运动的无限性决定了资本循环是不断重复的,为此,三个阶段中分别发挥不同职能的资本必须保持在空间上的并存,即并存性,否则将直接导致资本在某一阶段的运动缺乏物质基础,从而使资本运动过程出现中断。所以,继起性和并存性是资本循环的两个前提条件。

资本周转理论剖析了单个资本运动速度快慢的经济效应及其制约因素。资本周转理论认为,"资本的循环,不是当作孤立的行为,而是当作周期性的过程时,叫做资本的周转。"(《资本论》第二卷174页)一定量的资本周转越快,资本在每一个循环中花费的时间就越少,相同时间内资本实际使用量增加,增值规模就越大,而且资本还会不断地把新增加的剩余价值加入到原预付资本中一起参加新的周转,这样就使得剩余价值产生的速度越快、数量越大。因此,加快资本周转速度、缩短周转时间就成为资本所有者的必然选择。图1.3所示的资本周转示意图就形象地展示了资本日夜不停周转的运动过程。

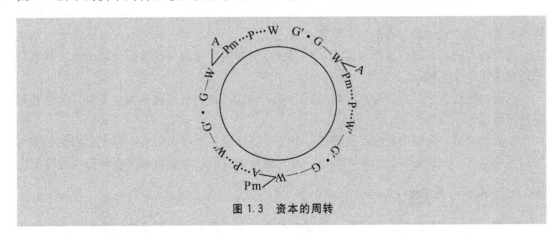

图1.3 资本的周转

根据资本周转理论,既定量的资本要追求更多财富就必须加快资本周转速度,这就要求资本所有者在生产领域通过采用新科技、探索新工艺等方法来缩短生产时间;在流通领域通过改革交通运输工具和建设发达资本市场的方式来缩短资本的流通时间，从而加速资本周转，达到资本效率的最大化。

马克思关于资本运动规律的论述，揭示了加速资本周转速度、提高资源使用效率以及发展实体经济和虚拟经济对社会经济生活的影响。

1.2.3 资本运动速度、规模与社会经济发展

1. 个别资本增大的形式

个别资本以资本积聚和集中两种形式增大。

资本积聚是指个别资本依靠自身的积累，即通过剩余价值的资本化来增大自己的总额。资本集中是指把若干已经存在的规模较小的资本合并成较大的资本。资本集中的方式有两种：一是通过大资本吞并小资本的方式实现；二是通过资本联合的和平方式实现，如组建股份公司等。

竞争和信用是加速资本集中的两个杠杆。

在竞争中，由于大资本具有很多优越条件，生产的产品质量好、数量多、成本低，因此在竞争中容易打败中小资本，使其破产，然后通过种种办法把它们合并起来。

信用制度的发展使信用吸收大量社会闲散的资金，通过贷款的形式，加强大资本的竞争实力，加速大资本吞并小资本的过程；另一方面，信用又促使社会上大量的中小资本联合起来，组成规模巨大的股份公司。

信用制度的发展，促进了西方资本市场制度的成熟和发达。

回顾近几个世纪的世界发展史，有一个发人深省的"资本洼地"现象。

17世纪，全球资本涌入荷兰，弹丸之地的荷兰随后崛起，成为欧洲海上霸权。

18世纪，全球资本涌入英国，英国一跃成为日不落帝国。

19世纪，全球资本流入美国，美国崛起成为世界第一强国。

但是，光有资本是不够的，还需要一个有效的资本融通市场。

全球资本涌入荷兰，虽然成就了荷兰的海上霸权，却由于缺乏有效的资本融通市场，终究昙花一现，以"郁金香泡沫"草草收场。

全球资本涌入英国，虽然成就了200年的帝国梦想，终因一战前后伦敦资本市场被纽约超越而让位于美国。

而美国依托一个强大的资本市场，近百年来推动经济滚滚不停地向前发展，迄今还能保持世界第一强国的地位。

今天的中国，为加快社会经济发展，迫切需要建设一个强大的资本市场，以加快资本的循环和周转，加快资本的集中和积聚，加快储蓄向投资、金融资本向实际资本的转化

2. 金融市场是现代经济的核心

所谓金融，简单地讲就是指资金的融通或者资本的借贷，是资金由资金的盈余单位流向资金短缺单位的过程。融资主要有直接融资和间接融资两种形式。它所要解决的核心问题就是：如何在不确定的环境下对资源进行跨期的最优配置。

经济学家莫迪利亚尼、布伦博格与安多共同创建了生命周期理论，他们用下面一个简图（图1.4），说明了借助市场在不确定的环境下对资源进行跨期最优配置的必要性。

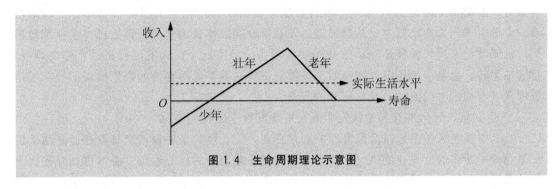

图1.4 生命周期理论示意图

图1.4说明，人一生收入差别很大，但一生实际生活水平相差却不大。人们都存在借助市场进行收入资源跨期配置的需求。

市场是一个交易机制的概念，任何一种有关商品和劳务的交易机制都可形成一种市场。市场是商品经济的产物，"市场"最初的含义是指商品交易的场所，"市"就是买卖，"场"就是场所，"市场"即买者和卖者于一定的时间聚集在一起进行交换的场所。

金融市场是指金融工具交易领域。金融交换领域既包括金融交易关系，又包括有形金融市场和无形金融市场，是对金融市场一般定义上的概括。金融交易关系包括三个环节：第一个环节是交易双方发生联系，确定交易的对象和数额；第二个环节是双方讨价和还价，共同决定交易对象的价格；第三个环节是买卖成交，买方付钱，卖方交货。可见，交易本身便已包含确定价格的过程。

1) 金融市场是储蓄向资本转化的关键环节

金融市场是储蓄者和投资者之间的传递机制。它通过各种金融技术、金融工具和金融机构把成千上万的储蓄组织起来，并把这些储蓄输送到投资者手中。高度发达、影响广泛和运行灵活的金融市场在将储蓄资金转移到投资领域的过程中起着至关重要的作用。一个有效金融市场使得工商业能够对未来进行投资，通过资金的融通及时把握、利用每一个可能的获利机会，于是投资规模的外在边界被极大地扩展了，实体经济的发展也获得了一个极为广阔的空间。另一方面，从储蓄者的角度来看，金融资产获得的收益意味着明天更高的消费，一个有效的金融市场鼓励节俭，它允许个人通过延迟当期消费以获取未来的更多财富。客观上，有效的金融市场为整个经济系统积累了更多的剩余，它使得经济系统得以在更大的规模上展开再生产，从而推动了社会经济的进步。于是，就经济整体而言，一个有效的金融市场意味着更大的产出和更高的消费（也即更高的生活水准），没有发达的金融体系，现代意义上的经济增长和生活水准提高将是不可思议的。

2) 金融市场是市场机制的主导和枢纽

古典经济学家认为，金融部门是实体经济部门的附属品，经济决定金融。他们用简单两分法的眼光来看待经济与金融之间的关系，货币被看作是面纱，对实体经济不产生影响。随着经济货币化程度的提高，金融部门在社会经济系统中所扮演的角色也越来越重要。从今天金融活动的实践来看，金融部门已经远远不是面纱了。金融市场发育的好坏直接影响着整个社会经济系统的正常运转与否。金融市场在市场机制中扮演着主导和枢纽的角色,发挥着极为关键的作用。在一个有效的金融市场上,金融资产的价格和资金的利率能及时、准确和全面地反映所有公开的信息,资金在价格信号的引导下迅速、合理地流动。金融市场作为货币资金交易的渠道,以其特有的运作机制使千百万居民、企业和政府部门的储蓄汇成巨大的资金流,推动和润滑着商品经济这个巨大的经济机器,使之顺畅、持续地运转。金融市场还以其完整而又灵敏的信号系统和灵活有力的调控机制引导着经济资源向着合理的方向流动,优化资源的配置。

3) 金融资产巨大的交易量决定了其在资源配置中的核心地位

社会财富越来越多地以金融资产的形式存在,流动性的金融资产交易量在经济活动的交易总量中所占的巨大比例决定了资本市场在资源配置中的核心地位。资本市场是现代金融体系运行的核心,是激活整个金融体系的最重要力量,金融体系大部分活力来自资本市场。资本市场的发展与成熟推动着金融体系的演进,只有资本市场的持续发展才能从根本上调整和改革现有的金融体系。

1.3 资本的两面性

资本有与生俱来的两面性。一方面,资本激发了生产,调节了市场,能够推动生产力发展,带来社会繁荣。另一方面,资本的逐利性又有不择手段、唯利是图的自发倾向。资本并不可怕,可怕的是资本与人非理性的结合,给人类经济发展带来经济失衡的巨大灾难。

1.3.1 资本运动是社会发展的动力

资本积极的一面表现为资本具有推进社会进行扩大再生产的强大动力。资本推动社会发展的动力主要依赖于人的贪欲。资本运动创造财富,给拥有资本的人带来利益。人们扩大资本运动规模、追求利益的活动,成为了社会发展的动力;资本成功地通过利用人们的欲望创造出了海量财富,促进了生产的发展,刺激了人们获取利益的积极性,刺激了人们的消费;资本的自由流动,改变了人身依附,使社会活力增加,生产力得到发展。

为了资本的自由流动,人类发明了资本市场。可以说,资本市场是人类经济史上重要的里程碑之一。迄今为止,资本市场被证明是人类经济社会资源配置最为有效的一种制度安排,也是市场经济的最高形式。

与物理的市场不同,资本市场将人类经济活动中的一切要素都变成了证券。一个公司的价值可以由上市后的股票价格来显现,信用可以由债券来度量,权利、义务、责任,甚至人力资源都可以由金融衍生品如期权等来表现。更为重要的是,这些要素在资本市场这一平台上进行交换。社会经济资源得以在更广阔的平台上寻求高效配置。近几十年来,资本市场更是跨越了国界,扩展到全球。

资本市场上围绕资本发生的利益博弈,往往源于人性中贪婪和自私的一面,也往往表现出各种非理性和狂热。但是,资本市场正是将这些人性中本来存在的东西有效地组织了起来,并转化为推动人类社会前进的动力。这正是资本博弈得以伟大的真正原因。

人们到资本市场博弈，是为逐利而来。但在人类本性驱动的资本利益博弈过程中，资本的配置效率在客观上被优化了，社会经济向前发展了。从这个意义上说，人类社会的历史首先是一部资本博弈的历史。

美国经济发展的早期，几乎每一次经济热潮或技术进步，都是依托资本市场发展起来的。从19世纪早期大规模修建运河和铁路带动经济高速增长，到后来钢铁和化工等行业的兴起推动了美国重工业化进程，美国经济起飞过程中的每一个阶段，都与华尔街密切相关。特别是19世纪后半叶，依托于华尔街的美国钢铁工业迅速崛起。进入20世纪70年代后，世界经济发展模式发生了深刻变化，出现了以高科技为龙头的全新的经济增长模式。但令人惊讶的是，近几十年的高科技产业，从计算机到网络、从生物到纳米，不仅无一例外都是在美国兴起的，而且美国始终在全球保持领先地位。事实表明，并不是美国的科学家比其他国家的科学家优秀，而是美国拥有高效的资本市场以及与之相关的风险投资产业，拥有将科技转化为产业和不断推动创新的强大机制。

"资产阶级在它的不到一百年的阶级统治中所创造的生产力，比过去一切世代创造的全部生产力还要多，还要大。"（马克思语）人们应该承认和尊重资本的价值，充分运用资本有利于生产力发展的功能，不断深化对资本运行规律的认识，发挥资本的积极作用。

1.3.2 资本泡沫破灭对社会发展有巨大的破坏力

资本本身不考虑社会利益，资本在肆无忌惮地追求利益的同时，藐视一切社会道德。

马克思说准了资本主义社会的内核和表象——金融危机、拜金主义、物欲横流、贪婪无耻、道德沦丧。嚣张的资本必然会导致严重的贫富分化。

资本过度运动带来资本泡沫。三百年来，西方国家发生的金融危机数以百计。资本贪婪是资本负面性的集中表现，不断有其历史和现实的表现。17世纪荷兰的郁金香狂潮，1720年，英国发生"南海泡沫"事件，形成了近代资本主义史上首次大规模金融危机，创造了"泡沫经济"这个名词。

知识链接

荷兰郁金香泡沫的产生与崩溃

17世纪荷兰郁金香泡沫是人类最早有案可查的泡沫案例。郁金香属百合科植物，16世纪中叶自土耳其传入欧洲，贵妇人在衣服上别一只娇艳的郁金香花成为最时髦的服饰，郁金香品种的珍贵成为地位和身份的象征。

郁金香有两种繁殖方法。一种是通过种子繁殖，另一种是通过郁金香的根茎繁殖。利用根茎繁殖的郁金香栽到地里，每年四五月间就会开花，花期不过十天左右。如果通过种子繁殖，要经过7～12年才能得到比较理想的球茎。郁金香市场上交易的不是花，而是球茎。园艺家们在郁金香的栽培过程中发现，利用一些自然开裂的球茎往往可以培育出特殊的新品种，开出非常鲜艳的花朵。这实际上是那些开裂的球茎受到某种花叶病毒的感染之后产生的异变。这种异变只能通过球茎繁殖来传承，不能通过种子来繁殖。因此，被感染后的球茎成为稀有品种，被交易者和收藏者所珍视。从1636年10月份开始，郁金香的价格开始大幅度上升，不仅珍贵品种的价格快速攀升，普通的郁金香球茎也开始快速上涨。在短短一个多月时间内，郁金香球茎的价格被抬高了十几倍，甚至几十倍。最贵的郁金香价值10头牛外加一辆崭新的马车、两匹灰马和一套完整的马具。人们购买郁金香已经不再是为了其内在的价值或作观赏之用，而是期望其价格能无限上涨并因此获利。

但是，当人们意识到这种投机并不能创造财富，而只是转移财富时，郁金香所形成的价格泡沫就到了破灭的时候。郁金香球茎的疯狂上涨仅仅维持了一个冬天，1637年开春之后，倒买倒卖郁金香期货合约的人逐渐意识到郁金香交货日期就快要到了，一旦把郁金香的球茎种到地里，也就很难再转手买卖。球茎价格开始急剧下降，有些郁金香品种的球茎价格从最高峰的几千荷兰盾跌到不到一个荷兰盾的价格。

这就是"郁金香价格崩溃"的泡沫破灭事件。

(资料来源：J. K. 加尔布雷斯. "泡沫"的故事——金融投机历史回顾(一). 改革, 1994(4))

法国的密西西比股市泡沫

法国密西西比股市泡沫出现在1719年。约翰·劳是苏格兰的一个金融天才，在法国政府的特许下，于1716年在巴黎成立了一家名为"通用银行"的私人银行。这家银行拥有发行银行券的特权，由于其银行券可以兑换硬通货和付税，极具信用，并广泛流通，从而成为名副其实的货币。此后，约翰·劳向政府提出设立密西西比公司的申请，要求公司享有法国在北美的殖民地密西西比河、俄亥俄河及密苏里河流域的贸易特权。约翰·劳的要求得到议会批准，密西西比公司得到贸易特许。这个公司组织垄断了法国在欧洲以外的所有贸易。一方面，劳氏发行密西西比公司股票，用其收入来购买政府国债；另一方面，通过皇家银行大量发行货币，这些货币用来给那些股票购买者提供贷款。这个机制运作的初期，因为人们对密西西比公司可取得的预期收益十分乐观，尽管公司几次发行新股，股票仍然都被抢购一空，股票价格也节节攀升。

在大量发行股票的同时，皇家银行也大量发行银行券。经过了一个很短的滞后期，严重的通货膨胀降临法国。商品零售价格指数从1719年7月的116.1上涨到1920年9月的203.7。严重的通货膨胀动摇了民众的信心。1720年1月，密西西比公司的股票价格开始暴跌。劳氏开始大量发行货币，把股票价格强行固定在9 000里弗尔的高价位上，并且维持了两个多月。1720年5月，如此高的股价再也无法维持，约翰·劳宣布股价进行有计划的贬值。到1721年5月，股价跌到500里弗尔，重新回到1719年5月的水平。纸币信誉下降，挤兑继续发生，几乎每天都发生挤死人的事件。政府发布公告，纸币贬值一半。国家进入紧急状态。

史学家写道："投机狂潮过后，法国经济陷于萧条，经济和金融生活处于混乱状态……在之后的一个世纪里，在法国，一谈起银行，人们脸上就不免流露出怀疑的神色。"密西西比泡沫的破产导致银行在民众中失去信用，这一结果导致了法国银行业发展的放慢，减缓了工业的扩张速度，降低了经济恢复和增长的速度。

(资料来源：彼得·加伯. 泡沫的秘密. 陈小兰译. 华夏出版社, 2003)

南海公司股票炒作与英国的南海泡沫

南海泡沫(South Sea Bubble)是1717年发生在英国的大型股票投机活动，它与法国的"密西西比泡沫事件"(Mississippi Bubble)是两个相互关联的事件。与约翰·劳一样，南海公司的经理也用殖民地的金银矿藏、迅速致富的美梦来引诱投资者。两者唯一的区别在于，约翰·劳很信任自己的货币体系，并且是在非常贫穷的情况下离开巴黎的，而南海公司的幕后操纵者则是用阴谋诡计来蓄意骗取广大投资者的巨额财富。

1711年，英国战争负债1 000万英镑，为了应付债务，英国政府与南海公司协议债券重组计划，由南海公司提供贷款，作为回报，英国政府对该公司经营的酒、醋、烟草等商品实行了永久性退税政策并给予南海公司与这些地区进行远洋贸易的垄断权。

作为强大竞争对手的英格兰银行也向英国下院递交了办理同样业务的申请，但还是南海公司获得了与英国政府重组债券的计划。挤掉英格兰银行的竞争后，南海公司的股价逐渐上涨，随着下院讨论的进行，还在以惊人的速度继续攀升。1720年4月新股顺利发行，南海公司用所得收益的一部分向英国政府提供了贷款。

当英国议会通过南海公司议案后，南海公司的股价随即升至128%，在这期间投机者又将股价从300%抬高到320%。

从1720年1月起，南海公司的股票价格直线上升，接着，董事会又以400%的价格发行了第二个100万。几个小时之内，竟然在这个价位上卖掉150万份认购单。1720年7月，也就是首次认购后的三个月，南海公司的股价涨幅高达800%。手中还握有南海公司股票的首批买主，其投资在三个月的时间里就翻了8番。1720年7月，南海公司又以1000%的价格发行了500万股。当时交易所里人们的投机热情已经高涨到了极点。人们高呼着：天呀！让我们签字认购股票吧，是什么公司无所谓了！

当南海公司股票被疯狂追捧的时候，英国迅速出现了一些其他的商业公司，它们纷纷发行股票。这些"公司"的成立极其简单，仅仅是在报纸上做一个广告，说明什么时间什么地点发行股票，然后到了当天就有大量的投机者前去购买这些新成立公司所发行的股票。有些公司在得到大量的现金之后就销声匿迹。在创建公司的高潮时期，所有英国泡沫公司的总市值高达3至5亿英镑。5亿英镑是全欧洲（包括英国）货币流通量的约5倍。

泡沫公司的出现，使得投资者的资金开始从南海公司分流。政府制定了《泡沫公司禁止法》并解散泡沫公司。泡沫公司的解散，使人们对于股票的信心迅速下降，同时期的法国密西西比泡沫开始崩裂。1720年8月底，南海公司的股票开始暴跌，几个月后每股仅124英镑，仅仅是最高价时的1/7。随后，英国议会强令南海公司资产改组，南海公司股票泡沫彻底破灭。南海泡沫使伦敦的股票交易所长时间陷入动荡之中。当英国的股票再次达到1720年的市价时，时间过了一个世纪。

（资料来源：[德] 彼得·马丁，布鲁诺·霍尔纳格. 资本战争. 天津教育出版社，2008年）

20世纪80年代日本发生了金融危机，1997年爆发了亚洲金融危机。此次美国引发的金融风暴，实际上就是一次金融资产价格泡沫破灭的实证。华尔街很多公司已经在金融泡沫破灭中倒闭了。2009年，美国新总统奥巴马在就职演说中承认当前金融危机是华尔街银行的"贪婪和不负责任"的结果。这个席卷全球的金融危机说明了不受约束的资本危害之烈。

在现代社会，没有资本不行，放任资本也不行，科学地运用资本，将繁荣社会、造福人类。听任资本的原始性和破坏性，将危害社会、祸及大众。

投资故事

牛顿炒股先赢后亏

1711年，有着政府背景的英国南海公司成立，并发行了最早的一批股票。由于人人都看好南海公司，其股票价格从1720年1月的每股128英镑左右，迅速攀升，涨幅惊人。面对如此好事，牛顿用自己大约7000英镑的资金，果断购买了南海公司的股票。不出牛顿所料，仅过了两个月，股票价格涨了一倍，牛顿把这些股票立即脱手，一下赚了7000英镑。这笔钱，是他当造币厂厂长年薪的3.5倍。

刚抛掉股票，牛顿后悔了。因为到了7月，股票价格达到了1000英镑，几乎增值了8倍。于是，牛顿加大股市资金的投入，追涨南海公司的股票。然而，牛顿万万没有想到的是，没过多久，南海股票一落千丈，到了12月份，股价从高处最终跌到约124英镑，从终点回到起点，许多投资人血本无归，牛顿也未及脱身，亏了2万英镑！这笔钱相当于牛顿当英格兰皇家造币厂厂长十年年薪。事后，牛顿慨叹："我能计算出天体运行的轨迹，却难以预料人们的疯狂。"

1.3.3 驯服资本，让资本为经济发展服务

资本本身是无辜的，但资本自我扩张、自然垄断、快速增值的倾向，与人天性中的贪婪结合，就会侵蚀资本所有者。资本所有者如果不能理性地约束自己的贪婪，其认识世界的眼光就会与常人不同，资本的逐利性与贪婪渗透到血液，就会像吸毒一样极易上瘾，如同阿尔及尔地区那种贪婪的猴子，癫狂无法收手。

要避免资本殃及驾驭资本所有者的品行，必须对资本采取适当的措施，限制其自由。否则，社会必然倒退，人间癫狂的悲剧会不断重现。

资本必须用资本来制约。驯服资本，让资本为社会发展服务，必须营造市场经济法制、平等的资本运行环境。公平竞争是市场经济的灵魂。只要资本是自由的，资本之间就会有抗衡。只有让资本自由地公平竞争，让舆论自由地监督资本，让法治解决与资本有关的冲突，实现对垄断资本的约束，才能缩小贫富两极分化，削弱其破坏力，使之驯服。

马克思说资本的本质就是把所有的东西都货币化，需要政府去抑制资本的消极影响，用国家权力来节制资本。要防止资本与权力结合，以致变成空前专横的权力。

资本是一种权力，国有资本也是一种权力，也需要被驯服。国有资本是特种资本，特就特在它跟公权力的距离最近，甚至它们往往本身就直接掌握着公权力，自己就可以制定法律和政策，因而在公共领域拥有巨大的自由裁量权。在中国特色之下，最容易失控的资本是国有资本，因此对国有资本必须保持警惕。

一个基本原则必须确立：国有资本不是经济动物，它的主要职责是公益而不是赚钱。国有资本要回归公共服务的天职，避免国有资本成为与民争利的工具。

跟公权力距离最近、甚至自己就直接掌握着公权力的国有资本，是世界上最强悍的资本。需要同样强悍的社会力量，才能使它有所忌惮。让资本服务于社会而不是统治社会，让国有资本服务于社会而不是统治社会，应该成为我们的常识。

本 章 小 结

证券投资学是研究证券投资原理和操作规律的学科。证券市场的买卖对象，说到底是资本品。作为全书的开篇，本章从资产负债表开始，由一个企业的生产经营活动涉及的资本概念推广到全社会实体经济活动资本范畴，介绍了资本与资本运动、资本分类、资本属性的基本知识，介绍了马克思经济增长第一推动力理论、凯恩斯关于投资的乘数作用和加速原理以及马克思产业资本运动规律理论。说明人性与资本属性的结合，使资本对人类社会的发展有正反两面性的作用。人们既要运用资本的正面性创造财富、造福人生，又要防范资本的负面性，避免资本破坏社会经济发展、祸及大众。

资产负债表的知识可以简单地概括为：资产＝负债及股东权益。

一个资产负债表反映的是一个企业的生产经营活动。无数企业的资产负债表反映的是社会实体经济活动。专门从事为无数企业提供资金来源的活动，称为社会实体经济的金融活动。为金融活动工具提供交易、变现的活动，称为虚拟经济活动。

第1章 资本与资本运动

名人名言

经济学如能在资本的理论方面取得一致意见,那么,其他所有问题就将迎刃而解了。

——布利斯(C. J. Bliss)

在人类几千年的商业文明中,最伟大而又精巧的发明就是股票。

——凯恩斯

投机活动营造了一个近乎完美的体系,股价也是一路高歌猛进。

——彼得·马丁《资本战争》

每一分钟都有人上当受骗。

地球上每一秒钟都会有一个傻瓜产生。

——杂技师肖曼·巴纳姆

习 题

一、选择题

1. 很多情况下人们往往把能够带来报酬的支出行为称为(　　)。
   A. 支出　　　　　B. 储蓄　　　　　C. 投资　　　　　D. 消费

2. 证券投资通过投资于证券将资金转移到企业部门,因此通常又被称为(　　)。
   A. 间接投资　　　B. 直接投资　　　C. 实物投资　　　D. 以上都不正确

3. 直接投融资的中介机构是(　　)。
   A. 商业银行　　　　　　　　　　　B. 信托投资公司
   C. 投资咨询公司　　　　　　　　　D. 证券经营机构

4. 投资的特点有(　　)。
   A. 投资是现在投入一定价值量的经济活动　　B. 投资具有时间性
   C. 投资的目的在于得到报酬　　　　　　　　D. 投资具有风险性

5. 按照投资来源的不同,投资可分为(　　)。
   A. 国家投资　　　B. 国内投资　　　C. 国外投资　　　D. 企业投资

6. 产业资本循环所经历的3个阶段是(　　)。
   A. 购买阶段　　　　　　　　　　　B. 资本积累阶段
   C. 生产阶段　　　　　　　　　　　D. 售卖阶段

7. 对 G—W—G′资本总公式的分析,可以发现(　　)。
   A. 它以追求剩余价值为目的
   B. 资本是带来剩余价值的价值
   C. 剩余价值是在流通中产生的
   D. 剩余价值不是在流通中产生的,但不能离开流通

8. 产业资本在循环中采取的职能形式有(　　)。
   A. 货币资本　　　B. 生产资本　　　C. 商业资本　　　D. 商品资本

9. 以超过票面金额发行股票所得溢价款应列入公司(　　)。
   A. 股本　　　　　　　　　　　　　B. 法定公积金
   C. 任意公积金　　　　　　　　　　D. 资本公积金

二、判断题

1. 证券市场是价值直接交换的场所。（　）
2. 股份有限公司的资本划分为股份，每一股股份的金额相等。（　）
3. 虚拟资本的价格总额等于其所代表的真实资本的账面价格。（　）
4. 股票与股份是两个相同的概念。（　）
5. 在资产负债表中，是否存在以下关系：
   A. 注册资本＝股本（　）　　　　　　B. 股东权益＝净资产（　）
   C. 资金＝资产（　）　　　　　　　　D. 股本＝股份＝股票（　）
   E. 股票面值＝股票价格（　）　　　　F. 资不抵债中的"资"＝资本（　）
6. 有价证券是虚拟资本的一种形式。（　）

三、问答题

1. 你认为投资不同的金融产品，股票平均收益率＞企业债券平均收益率＞国债平均收益率＞银行一年期存款利率的一般规律是否成立？为什么？
2. 净资产高低对于企业有何意义？
3. 为什么无本不能求利？
4. 人们投资购买股票，买的是股本、净资产还是资产？为什么？
5. 实际投资与金融投资有何不同？

四、讨论题

1. 你认为资本的属性是什么？
2. 人们投资购买股票，对企业有何意义？对个人有何意义？

五、案例分析题

北京首创股份有限公司1998年上市，上市前评估资产为8亿元人民币，发行3亿流通股，每股9.00元，筹资27亿元（3亿×9.00元）。

问题：

(1) 上市后该公司拥有的净资产总额为多少？股份为多少？

(2) 通过发行新股，该公司获得的溢价收益为多少？

(3) 新股发行之后，该公司平均每股净资产为多少？上市前评估资产为8亿元人民币，每股增加净资产多少？公司从发行上市中获得了哪些好处？

第 2 章　资本市场与证券市场

教学目标

通过本章的学习，重点了解资本市场与证券市场的定义、特征、构成等基本知识，掌握证券市场的层次结构、品种结构；了解多层次资本市场的含义；熟悉证券市场与一般市场的联系与区别，掌握证券市场的功能与作用，理解实现证券市场功能的条件。

教学要点

知识要点	能力要求	相关知识
资本市场及其构成	(1) 资本市场概念的概括和理解能力 (2) 资本市场结构的概括和细分能力	(1) 资本市场的含义 (2) 资本市场的结构 (3) 资本市场与证券市场
证券市场与一般市场的联系与区别	(1) 对证券市场与一般市场的区别的理解 (2) 对证券市场的投资与投机问题的实际运用	(1) 证券市场与一般市场的区别 (2) 证券市场的投资与投机问题
证券市场功能及其实现条件	(1) 对证券市场功能的理解 (2) 对实现证券市场功能的条件的理解和应用	(1) 证券市场的功能 (2) 实现证券市场功能的条件

> 人类一直以来的不变天性就是贪婪，贪婪是推动社会进步的力量，也是摧毁人类的力量。
>
> ——凯恩斯

基本概念

资本市场　证券市场　直接融资与间接融资　投资与投机　证券市场的功能　融资——投资功能　资源配置功能　价格发现　分配功能　晴雨表功能　三公原则

导入案例

海蒂·格林的故事

《伟大的博弈》讲述了华尔街历史上最富有的女人海蒂·格林的故事。她是一个典型的葛朗台式的吝啬鬼。为了财富，她牺牲掉所有的亲情和友谊。无疑，在她身上有许多人性中丑陋的东西。但是，这并不妨碍她成为资本市场中出色的投资者。她说："在决定任何投资前，我会努力去寻找有关这项投资的任何一点信息。赚钱其实没有多大的窍门，你要做的就是低买高卖。你要节俭、要精明，还要持之以恒。"

点评：资本市场的历史是一部资本博弈的历史

海蒂·格林之所以能够投资成功，无非是她对上市公司进行了成功的研究、筛选和判断。她在买卖之间，已经将资金向优质公司转移。当股市中成千上万的人这样做的时候，社会的金融资源便得到了更高效率的配置，从而推动经济不断向前发展。

资本市场中还有很多钻游戏规则的漏洞、与市场规则或监管者博弈的规则"套利"者，而且在历史上从未断绝过。因为在任何博弈中，最容易取胜的方法，莫过于钻游戏规则的漏洞或破坏游戏规则。实际上，正是有了这些规则"套利"者的存在，规则制定者和监管者才得以发现市场规则中的漏洞和不足，不断去修订并加强监管。

2.1 资本市场及其构成

资本市场是现代金融体系的核心和基础，是现代金融的一个重要切入点。它催生着现代金融体系的形成与发展。资本市场发达与否是一国金融体系是否由传统架构走向现代架构的标志。国家振兴、经济复苏以及改革和发展的所有指标和实质性内涵，都和资本市场密切相关。

2.1.1 资本市场含义

1. 资本市场的含义

在中国投资理论中，资本市场理论是最年轻的。因为中国资本市场"不成熟"而又"变幻莫测"，许多方面还处在试验、争鸣、探索的过程中，对它进行定义是个困难的事。尽管对资本市场的定义见仁见智，但还是有一个确定的内涵。从最一般的意义上讲，资本市场是全部中长期资本(一年以上)交易活动的总和,其融通的资金主要作为扩大再生产的资本使用。资本市场是通过对收益的预期来导向资源配置的机制。资本市场形成的根本原因在于交换产权,资本市场就是产权交易市场。

根据以上定义可以看出,资本市场有广义和狭义之分。广义的资本市场是一种资金交易市场,包括信贷市场、股票市场、债券市场;狭义的资本市场是指以中长期金融工具为媒介,融资期限在1年以上的资金交易市场,包括股票市场、债券市场、基金市场和中长期信贷市场,其融通的资金主要作为扩大再生产的资本使用。

在对资本市场进行定义时,之所以强调金融工具的投融资期限在1年以上,是因为只有长达1年以上,筹资者才能运用所筹资金进行诸如建造厂房、购置机器设备等形成固定资产、扩大生产能力的活动。而期限在1年以内的融资活动,通常只能形成企业的流动资金,用于维持现有生产能力,对资本的形成基本上没有贡献。

与货币市场相比较,资本市场有以下特点:①交易工具期限长,至少在一年以上;②交易的目的主要是解决长期投资性资金供求矛盾,充实固定资产;③融资数量大,以满足长期投资项目需要;④资本市场金融工具既包括债务性工具,如政府债券、公司债券等,也包括股权性工具,即股票;⑤资本市场的金融工具与短期金融工具相比,收益高、风险大、流动性差。

2. 资本市场在金融市场中的位置

市场由卖方和买方构成,资本市场只不过是众多市场形态中的一个。

1) 资本市场在现代金融体系中的位置

金融市场并不是一个固定不变的大市场,而是由许多具体的子市场组成的庞大的金融市场体系,由此便引出金融市场的结构(即分类)问题。随着金融工具的多样化以及交易方式的复杂化,金融市场也变得日益复杂。依据金融交易的对象、方式、条件、期限、程序、时间及空间的不同,形成了不同类型的金融市场。

图2.1是按一般标准对金融市场作的分类。

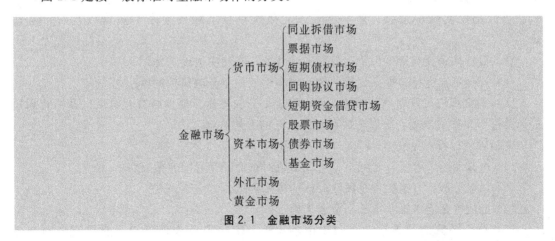

图2.1 金融市场分类

从图2.1可以看出,资本市场是金融市场的重要组成部分,是与货币市场相对应的概念,在西方发达资本主义国家,资本市场的交易几乎覆盖了全部金融市场。因此在理解资本市场概念时不能简单化,不能将资本市场等同于证券市场,也不能将资本市场等同于直接融资市场。资本市场除了包括直接融资市场(通过证券市场)和长期信贷市场(主要通过商业银行来进行)外,还包括产权市场等。

2) 直接融资与间接融资

按融资方式来分类,金融市场可分为直接融资市场和间接融资市场,如图2.2所示。

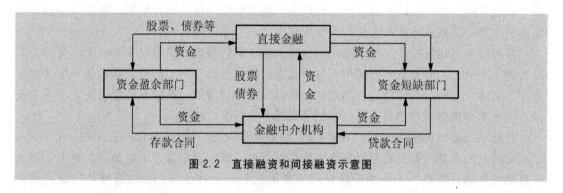

图 2.2 直接融资和间接融资示意图

图2.2说明,直接金融市场与间接金融市场的差别并不在于是否有中介机构的介入,而主要在于中介机构作用的差异。直接金融市场上也有金融中介机构,只不过这类公司不像银行那样成为资金的中介,而是成为信息中介和服务中介。间接融资中的资金供求双方不直接构成债权债务关系,而是分别与银行中介机构发生债权债务关系。银行金融中介机构在间接融资中同时扮演债权人和债务人的双重角色。

间接融资的特点见表2-1。

(1) 贷款条件高,需要较硬的抵押条件(土地证、固定资产)。融资成本的高低主要取决于银行调整利率政策,特别在银行紧缩银根、利率提高的情况下,就会使企业的融资成本刚性上涨。

(2) 资金使用受限制。通常银行为了保证银行贷款的及时归还,对贷款用途有明确的规定,如流动资金贷款、固定资产贷款等,使企业难以灵活运用资金。资金需求者获得的是短期资金来源;新兴产业、高风险项目的融资要求一般难以及时、足量满足。

(3) 银行体系具有货币创造功能,对经济增长有切实的促进作用。

(4) 社会资金运行和资源配置的效率较多地依赖于金融机构的素质。

间接融资即银行贷款进行积累,则存在企业产权不清、缺少所有者约束以及银行承担的风险过于集中的弊端,难以形成对国有企业的有效监督。

直接融资的特点见表2-1。

(1) 产权明晰、有所有者约束,可以形成对企业经营者的有效监督。

(2) 风险分散,直接融资是风险分散的重要渠道。

(3) 能使资金需求者获得长期资金来源。

(4) 受公平原则的约束,有助于市场竞争,引导资金合理流动,推动资金的合理配置。

(5) 股票市场的运行便利了收购与兼并,使经营良好的企业具有更大的动力,经营不善的企业面临直接的市场压力，具有加速资本积累的杠杆作用，使社会生产规模迅速扩大，从而推动资本的积累和国民经济的发展。

表2-1 直接融资和间接融资的差异

直接融资	间接融资
优点	优点
① 需求双方联系紧密，有一定的产权约束 ② 风险分散 ③ 优化配置 ④ 筹资成本较低，投资回报高，融资是金融资产，是信用担保物	① 灵活便利② 安全性高③ 规模经济
缺点	缺点
① 受到融资数量、期限、利率的限制 ② 流动性不足 ③ 投资者承担投资风险	① 割断了资金供求双方的直接联系，减少了资金使用者的压力，无产权约束 ② 增加了筹资者的成本，减少了投资者的收益，风险集中 ③ 企业普遍短期行为，在报表上显示是金融负债

发达国家的直接融资比重一般要占到整个融资额的50%～80%，我国近10年来直接融资比重只维持在10%～15%的水平，"大银行小证券"的格局并没有因为股票市场规模已经名列全球第二而改变。从长期来看，间接融资比重过高会导致不良资产总量的上升，威胁金融安全。

特别提示

资本市场有些方面是银行间接融资所不能替代的，比如青岛海尔、四川长虹、青岛啤酒这样一些上市公司，已经发展成为不仅是全国性的，也是全球性的市场占有率的上市公司。四川长虹在绵阳那么一个小城市，如果依托银行贷款发展的话永远到不了今天。没有资本市场，这些企业将永远发展不起来。

资本市场还是银行的"救星"，只有在银行上市之后，它们才扩大了资本规模，减少了宏观金融风险。

2.1.2 资本市场的结构

所谓资本市场结构，广义上即资本市场体系架构，狭义上是指资本市场中各构成要素（主要包括中长期借贷市场和证券市场，后者主要包括股票市场、国债市场和企业债券市场）的相互关系及构成比例。

资本市场结构可以从不同的角度考查，如图2.3所示。

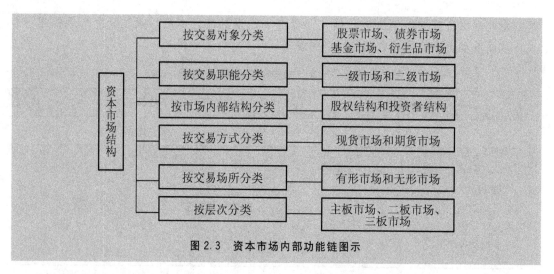

图 2.3　资本市场内部功能链图示

（1）从交易对象的品种结构上看，我国目前资本市场金融品种比较单一，金融品种主要包括股票、债券、基金，其他的金融产品有股指期货等，但企业债券市场发展缓慢。

（2）按照交易职能划分，资本市场分为一级市场和二级市场。一级市场又称为"发行市场"，是发行人以筹集资金为目的，按照一定的法律规定和发行程序，向投资者出售新证券所形成的市场。二级市场又称为"流通市场"或"初级市场"，是已发行证券通过买卖交易实现流通转让的市场。

发行市场和流通市场相互依存、相互制约，是一个不可分割的整体。发行市场是流通市场的基础和前提。流通市场是证券得以持续扩大发行的必要条件。此外，流通市场的交易价格制约和影响着证券的发行价格，是证券发行时需要考虑的重要因素。

（3）按交易方式分为现货市场和期货市场。现货市场是指对与期货、期权和互换等衍生工具市场相对的一个统称。现货市场交易的对象是期货市场标的资产，期货是相对现货而言的，它们的交割方式不同。现货是现钱现货，期货是合同的相互转让。期货在到期以前是合同交易，而到期日却是要兑现合同进行现货交割的。所以，期货的大户机构往往是现货和期货都做的，既可以套期保值也可以价格投机。期货的普通投资人往往没有资金到期交割，只是纯粹投机，而商品的投机价值往往和现货走势以及商品的期限等因素有关。

（4）按交易活动是否在固定场所进行分为有形市场和无形市场。有形市场称为"场内市场"，指有固定场所的证券交易所市场。有形市场的诞生是证券市场走向集中化的重要标志之一。把无形市场称为"场外市场"，指没有固定场所的证券交易所市场。目前，场内市场与场外市场之间的截然划分已经不复存在，因此出现了多层次的证券市场结构。

（5）根据上市公司规模、监管要求等差异，资本市场层次结构可以分为主板市场、二板市场（创业板或中小板）等。

目前，我国证券交易市场体系初步形成了3个方面的层次结构。

第一层次由上海、深圳两家证券交易所构成我国证券市场的主板市场。主板市场对发行人的营业期限、股本大小、盈利水平、最低市值等方面的要求标准较高，上市企业多为大型成熟企业，具有较大的资本规模以及稳定的盈利能力。相对创业板市场而言，主板市场是资本市场中最重要的组成部分，很大程度上能够反映经济发展状况，有"宏观经济晴雨表"之称。

第二层次是由中小板、创业板组成的二板市场。与主板市场相比，二板市场具有前瞻性、高风险、监管要求严格、具有明显的高技术产业导向等特点。国际上成熟的证券市场与新兴市场大都设有这类股票市场，国际上最有名的二板市场是美国纳斯达克（NASDAQ）市场。二板市场为具有高成长性的中小企业和高科技企业融资服务，是针对中小企业的资本市场。与主板市场相比，在二板市场上市的企业标准和上市条件相对较低，中小企业更容易上市募集发展所需资金。二板市场具有不同于主板市场的特点，其功能主要表现：一是作为承担风险资本的退出渠道的作用；二是作为资本市场所固有的功能，包括优化资源配置、促进产业升级等作用。

第三层次也就是"新三板"市场。这个市场原指中关村科技园区非上市股份有限公司进入代办股份系统进行转让的试点市场。因这个市场转让的高科技企业股票有别于原老三板转让退市企业的股票，故被称为"新三板"。

2010年6月初，中国证监会发布信息，称有关部门正在研究将"新三板"扩大。"新三板"扩容后，试点园区将由目前的中关村向全国56个国家高新区及苏州工业园区扩展。每年扩容500～1 000家，使新三板成为中国的纳斯达克。因此，新三板是指在科技园区中为高科技企业提供股份转让服务的柜台交易市场。

多层次资本市场的建立，体现了资本市场发展的区域分布、覆盖公司类型、上市交易制度以及监管要求的多样性。

（6）股票市场内部的结构及优化。股票市场内部结构主要包括股权结构、市场结构、投资者结构和上市公司结构。

① 股权结构。我国上市公司的股权结构分为国家股、法人股、内部职工股、社会公众股。我国的国有股、法人股在相当长的时间内是不能上市流通的。国有股、法人股的股权比例比较大，大致相当于社会公众股股权的两倍。

我国特殊的股权结构

我国现行的股票按投资主体不同有国有股、法人股、公众股和外资股等不同类型。

一、国有股

国有股是指有权代表国家投资的部门或机构以国有资产向公司投资形成的股份，包括公司现有国有资产折算成的股份。在我国企业股份制改造中，原来一些全民所有制企业改组为股份公司，从性质上讲，这些全民所有制企业的资产属于国家所有，因此在改组为股份公司时，就折成国有股。另外，国家对新组建的股份公司进行投资，也构成了国有股。国有股由国务院授权的部门或机构持有，或根据国务院决定，由地方人民政府授权的部门或机构持有，并委派股权代表。

国有股从资金来源上看，主要有3个方面：第一，现有国有企业整体改组为股份公司时所拥有的净资产；第二，现阶段有权代表国家投资的政府部门向新组建的股份公司的投资；第三，经授权代表国家投资的投资公司、资产经营公司、经济实体性总公司等机构向新组建的股份公司的投资。

二、法人股

法人股是指企业法人或具有法人资格的事业单位和社会团体以其依法可支配的资产向股份有限公司

非上市流通股权部分投资所形成的股份。法人股是法人经营自身财产的一种投资行为。法人股股票以法人记名。

如果是具有法人资格的国有企业、事业及其他单位以其依法占用的法人资产向独立于自己的股份公司出资形成或依法定程序取得的股份,则可称为国有法人股。国有法人股也属于国有股权。

作为发起人的企业法人或具有法人资格的事业单位和社会团体,在认购股份时,可以用货币出资,也可以用其他形式资产,如实物、工业产权、土地使用权作价出资。

三、公众股

公众股也可以称为个人股,它是指社会个人或股份公司内部职工以个人合法财产投入公司形成的股份。社会公众股是指股份公司采用募集设立方式设立时向社会公众(非公司内部职工)募集的股份。在社会募集方式情况下,股份公司发行的股份,除了由发起人认购一部分外,其余部分应该向社会公众公开发行,因此,公司内部职工以外的个人认购的股份,就构成了社会公众股。《公司法》规定,社会募集公司向社会公众发行的股份,不得少于公司股份总数的25%,公司股本总额超过人民币4亿元的,向社会公开发行股份的比例在15%以上。

② 投资者结构。根据投资群体的不同属性可将股票市场投资者划分为机构投资者和个人投资者。我国证券市场机构投资者,特别是大型机构投资者比例偏低,而中小投资者所占比例偏高。所以,应发展壮大大型机构投资者。管理层已经推出一系列措施,包括逐步实行基金的设立和发行的注册制,拓展、拓宽基金管理公司业务范围,允许设立私募基金,允许设立中外合资基金公司和中外合资证券公司,创造条件吸引和扩大保险基金和养老基金入市等,增大机构投资者比例。

③ 上市公司结构。包括行业结构、地区结构和上市公司规模结构。

2.1.3 资本市场与证券市场

1. 资本市场与证券市场的联系与区别

证券市场在本质上属于资本市场,是金融市场的一个重要子市场,是资本市场的主要部分和典型形态。证券市场是为解决资本供求矛盾和流动性而产生的市场,是进行资本化有价证券的发行和流通的场所。证券市场以证券发行与交易的方式实现了筹资与投资的对接,有效地化解了资本的供求矛盾和资本结构调整的难题。

在中国,资本市场与证券市场两个概念没有明显的区别。即使在西方,也有许多专家将资本市场界定为证券市场。例如,1995年世界银行发表的专题报告《中国新兴的资本市场》中,相当多的专家认为,证券市场是现代市场经济、同时也是资本市场的最核心部分。

2. 证券市场的结构

如图2.4所示,我国资本市场与证券市场的结构具有类似性。

由于我国资本市场与证券市场与两个概念的区别不明显,因此两个市场按市场职能分类,都分为一级市场和二级市场;按层次分类,都分为主板市场、二板市场、三板市场;按交易对象分类,都分为股票市场、债券市场、基金市场、衍生品市场。

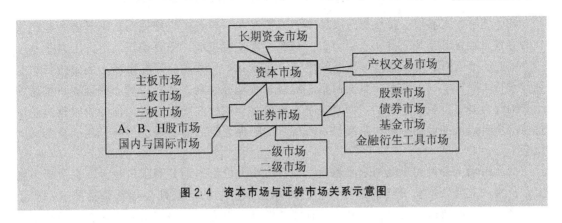

图 2.4 资本市场与证券市场关系示意图

2.2 证券市场与一般市场的联系与区别

2.2.1 证券市场与一般市场的区别

产品市场和生产要素市场合称为商品市场。产品市场是指可供人们消费的最终产品和服务的交换场所及其交换关系的总和。生产要素市场有生产资料市场、金融市场(资金市场)、劳动力市场、房地产市场、技术市场、信息市场、产权市场等。

1. 与一般商品市场相比,证券市场具有其自身的一些特征

表 2-2 概括地显示了证券市场和一般商品市场的区别。

表 2-2 证券市场和一般商品市场的区别

	证券市场	一般商品市场
交易对象	股票、债券	实物商品
购买目的	获取股息、利息、资本增值	消费其使用价值
流动性	强	弱
定价依据	发行人经营状况、前景、社会政治、经济、心理因素	成本+利润
购买后的风险	强	弱
资源配置	证券属于虚拟资本,不直接参与社会资本的循环,但它的运行可以引导社会资本流向经济效益高的企业、行业或部门,实现资源优化配置,加快社会经济增长	商品市场上的交易是产业资本循环中的一个阶段,能够实现商品的价值,使社会资本不断循环下去,实现社会经济增长

(1) 交易对象不同。商品交易市场的交易对象是具有使用价值的商品,人们是为消费而购买它;证券市场上的交易对象是各类有价证券,证券本身不能供人们消费,它只是一种定期取得股息或利息的权益凭证,证券市场是价值凭证的交易场所。

(2) 交易方式不同。商品交易市场上的买卖双方一般需要直接见面，不需委托经纪人代为办理；而证券市场上的买卖双方，一般都不能直接见面，需要委托经纪人代为办理。

(3) 定价依据不同。商品市场上的定价依据是成本＋利润；证券市场上的定价依据是证券发行人经营状况、前景、社会政治、经济、心理等因素。证券市场上的证券价格通常不是围绕着基本价值上下波动，而是在基本价值之上进行波动，这就为证券价格远离基本价值的攀升以及随后的沉重回跌提供了基础，同时也为投机活动提供了高风险和高利润的机会。

商品市场上价格越走低需求量越大，证券市场上价格越走高需求量越大。在股票市场上，价格的上升会推动价格的进一步上升；相反，价格的下跌则会导致价格的进一步下跌。换言之，股票市场的内在机制以一种特殊的马太效应方式表现出来，它直接导致了股票价格背离基本价值而大升深跌、暴升暴跌。

(4) 市场风险不同。证券市场是风险转嫁的场所。

(5) 流动性不同。商品市场流动性弱，证券市场流动性强。

(6) 资源配置职能不同。商品市场上的交易是产业资本循环中的一个阶段，它能够实现商品的价值，使社会资本不断循环下去，实现社会经济增长；证券属于虚拟资本，不直接参与社会资本的循环，但它的运行可以引导社会资本流向经济效益高的企业、行业或部门，实现资源优化配置，加快社会经济增长。

(7) 体现的交易关系不同。商品市场上购买者和出售者的关系短暂而且简单，购买者支付现金领取商品后，买卖双方的关系即告终结，购买者也不与商品的生产者发生关系；而证券市场上的交易关系则要复杂得多。如果证券的出售者就是证券的发行者，在买卖成交后，双方的关系并未告终，证券出售者作为证券发行人，还必须定期向证券购买者支付股息或利息。如果出售者不是发行者，那么在买卖成交后，在买卖双方关系终结的同时，新的购买者与发行者的关系就成立了。

(8) 交易次数不同。商品市场上的交易多为一次性交易，商品购入后便投入了消费；而在证券市场上，证券反映的是一种财产所有权关系，在证券到期前，这种关系始终存在，证券持有者既可保留权利，也可将权利转让出去，证券一般会在证券流通市场上多次易手。

2. 证券市场与借贷市场的区别

(1) 交易性质不同。借贷市场上的资金供求交易，只是借与贷的关系，只涉及资金使用权；而证券市场上的资金交易是买与卖的关系，是资金所有权、使用权的买卖。

(2) 承担的风险不同。借贷市场上的投资者是以存款方式通过银行向筹资者投资，投资风险由银行承担，资金供求双方形成一种间接的金融关系；而证券市场上的投资者以购买证券方式向筹资者投资，风险自负，形成一种直接的金融关系。

(3) 收益来源不同。借贷市场上资金供给者的收益来自利息；而证券市场上资金供给者的收益不仅来自利息或股息，还有可能来自证券价格波动的差价收益。

(4) 双方关系的确定性不同。在借贷市场上，借款合同一经签订，债权人与债务人便固定不变；在证券市场上，由于证券的可转让性，使资本所有者和债权人的可变性大大提高。

2.2.2 证券市场的投资与投机问题

分清投资与投机这两个看似简单的概念是从业余走向职业的第一步,因为所有的理念和分析系统都是以此为基础向不同方向展开的。

 特别提示

股票这个市场中有太多的辉煌与失败,辉煌的成功对我们有着巨大的诱惑,而失败的痛苦却极易忘却。

1."投资"与"投机"的基本含义

格雷厄姆看来,投资的确切定义应该蕴涵着3个彼此关联、密不可分的重要因素。首先,投资必须建立在"详尽分析"的基础之上。所谓详尽分析,即指以既定的安全和价值标准对投资对象进行的研究工作。其次,投资应该具有"安全性"的保障。当然,证券市场上的投资始终充满着和伴随着各种风险,从来也没有绝对的安全。但经过详尽分析以后被选定的投资对象应该具有投资的"内在价值",应该存在着相对安全的价值空间,而这正是保障其在通常和可能的情况下没有较大的风险、避免意外损失的安全保障。第三,投资的结果是必须能够得到"满意的回报"。这种令理性投资者满意的回报,具有更广泛的含义,即不仅包括了利息和股息,而且也包括了资本增值和利润。由此,格雷厄姆得出的定义是:"投资是指经过详尽分析后,本金安全且有满意回报的操作。"相反,与之不合的就是投机。

投资的基本要求是"物有所值"。"物"即公司,公司应该有良好的发展前景,有可以信赖的盈利预期。公司现在业绩好固然重要,但更重要的是未来业绩更加优良。不着眼于未来,光看现在,往往掉入陷阱。"值"即价格合适,公司值这么多钱。投资大师巴菲特的经验是,以买下整个公司的标准买入公司的部分股票,达到此标准,则股票具备投资价值;达不到此标准,则股票价格被高估。由此方式估算出的投资价值,才是可信的、托底的、货真价实的。用其他方式估算出的股票投资价值,可能都含有水分或别的什么成分。

真正的投资人关注的是公司的经营状况,而不是股票价格的日常波动。如果公司状况没有变坏或越来越好,但股票价格出现下跌,真正的投资人会欢欣鼓舞,兴高采烈。因为他们能够以更低廉的价格买到更多的好股票。

投机,是指利用市场价差从事买卖(特别是短线买卖)而获利的行为。投机是抓住机会。投机的基本前提是存在机会。"机"即机会、机遇。只有发现了机会,碰到了机遇,才能投入资金。所以,投机操作的重要课题,是寻找机会,挖掘机会,或者等待机遇。

2."投资"与"投机"的区别

"投资"与"投机"都是证券市场交易活动的基本活动形式,两者之间的最基本的区别或核心区别,就在于能否获得安全性的收入。格雷厄姆关于投资的定义与众不同的是,他着重指出"投资"所特意强调的这种安全的保障,不能建立在市场虚假的信息、毫无根据的臆断、内部小道消息的传播甚至十足的赌性上;"投资"的安全性必须取决于投资对象是否具备真正的内在价值或存在一个价值变化的空间,而要确切地把握这一关键之处或达到"边际安全",只有通过利用客观标准对所能够掌握的信息进行详尽分析。格雷厄姆认为,反思1929年前美国股票市场的过热和随之而来的大崩溃,其中的一个重要原因就在于投资者不能正确区分投资与投机的概念,将这两个截然不同的概念混淆,使投资操作缺乏理性指导,最终不仅导致投资者金钱上的重大损失,而且也促成了市场的整体崩溃。由此,汲取历史的教训,真正认识投资与投机的本质区别,对于投资者树立科学、理性、安全、有效的投资理念就至关重要。

投资指个人或集团将眼前一部分或全部财富投入于所从事事业的一种经济行为。

投机是指对同一商品便宜时买进,高价时卖出的经济行为。投机在证券市场上是指利用证券价格的波动,低价买进、高价卖出以赚取价差为目的的经济行为。

投资与投机的区别如下。

投资是将投入目标锁定在投资对象上,其动机是通过投资对象的生产过程实现价值创造,使财富增加,资本增值。买价值是投资,表现形式为:货币→物→物(另一物)↑→货币↑。

投机则是将投入目标锁定在投资机会上,其动机是以小博大,获取更多利益,买供求关系是投机,表现形式为:货币→物→物(原来的物)↑→货币↑。

投机没有物质的生产过程,它不创造财富和价值,投机的资本增值只不过是一种价值转移,或是价值的再分配。

投资具有时间和收益的可预测性,而投机则带有很大的不确定性。

3. 证券市场投机活动的意义

投机对于证券市场实现价格发现功能具有重要作用。只有通过投机,才能发现和形成真实的价格,才能使发现真实价格者得到报偿,因为这种投机者对资源配置作出了贡献,他们搜集、整理、分析、判断了信息。证券定价的一些模型恰恰建立在所谓的套利行为的基础上,这种套利实质上就是投机。

投机对于分散风险也十分重要,所以市场上出现了专业投机的投资机构,如对冲基金等,它们是风险接受者。更重要的是,这些风险接受者往往是富裕阶层和专业人员,而且建立在市场专门化的基础上,所以风险被限制在一定的范围内。也正因为如此,普通股票市场等基础市场上的风险反而更小了。

投机是股票市场的动力所在。股市的运行没有了投机,就缺少了动力。赚钱是一切经济主体生存发展的必需。股票市场设计的基本理论就在于:它按照企业发展资本社会化和组织形式股份化规律的要求,把无数单个分散的小资本利用资本市场的运作机制集中起来,变成企业发展的大资本,利用人们抓住机会赚钱的投机心理,在股票交易的瞬间把投机变成了投资。投机是股市运行的第一要素,因为它不断地推动股民买进或卖出股票,是货币和资本之间进行转化的动力。赌场是无论如何也做不到把投机转化为投资机能的,这也是股市与赌场的本质区别。股票市场就是把投机与投资有机地结合在一起的一架设计非常精巧的机器。它的精巧之处就在于:不管你的投机心态多么强烈,无论是想以一赚十,还是赚百、赚千、赚万,一旦你把资金投进股市,购买了股票,那么在客观上就立即变成了投资。股票市场的运作设计正是充分利用了人们投机赚钱的强烈欲望,从心理和企业业绩两个方面吸引了大量的资金,使之变成实体经济的发展资本。

4. 投资与投机活动的有关理论

投资依据的理论就是内在价值理论。内在价值就是未来价值的现值。内在价值理论认为:每一种投资对象,无论是普通股票还是不动产,都有某种称为内在价值的稳固基点,可以通过仔细分析现状和预测未来而确定。当市场价格低于(或高于)这一内在价值时,就会出现买进(或卖出)的机会。因为这一波动最终会被纠正。这个理论的逻辑是:先找到不变的价值,再把变动的价格与其比较。

与投资理论相对应的是投机理论,又称"空中楼阁理论"。它的鼻祖应追溯到20世纪30年代著名的经济学家和成功的投资家凯恩斯爵士。他的观点是,专业投资者并不愿把精力都花费在估算内在价值上,而愿意分析大众投资者未来可能的投资行为,以及在景气时他们如何在空中楼阁上寄托希望。成功的投资者估计何种投资形式适宜公众建筑空中楼阁,并抢先买进选中的股票成交。

知识链接

选美理论与空中楼阁理论

选美理论

在股票投资操作中,凯恩斯将经济学放在了次要地位,而将主要精力集中于心理学和行为学。他认为股票市场的运动不是基于内在价值,而是基于群体心理。凯恩斯用参加报纸选美比赛的比喻通俗地表明了股票投资中分析和把握群体心理的重要性。他把选股比做报纸上的选美比赛:"报纸上刊出一百帧相片,请读者从中选出最漂亮的美女;谁的选择与最后结果接近,谁就得奖;在这种情形下,每名竞猜者都不选他自己认为最漂亮的人,而选多数人认同的美女。每个竞猜者都持此想法,于是都不选他们本身认为最美丽者,亦不选一般人认为最美丽者,而是运用智力,推测参与竞猜者认为最漂亮者……"这样的选美结果是,选出了"大众情人",选出了大多数参赛者都会喜欢的脸蛋。用这种理论选股,就是研究大众的投资行为,从中获利。其精髓在于"他人愿支付乃一物之价值也"。马尔基尔(Malkiel)把凯恩斯的这一看法归纳为博傻理论。比如说,我傻,用高价买入高出其真实价值的股票,但我预计,还有人比我更傻,他愿意用更高的价格买下我手中刚买入的股票,以此类推。

空中楼阁理论

凯恩斯认为,股票价格是虚拟经济的表现,股票价格并不是由其内在价值决定的,而是由投资者心理决定的,故此理论被称为空中楼阁理论,以示其虚幻的一面。他认为,股票价格虽然在理论上取决于其未来的收益,但由于长期预期相当困难和不准确,故大众投资应把长期预测划分为一连串的短期预测。大众通过对一连串的短期预测修改判断、变换投资,获得短期内的相对安全,这些短期投资造成了股票价格的波动。空中楼阁理论完全抛弃股票的内在价值,强调心里构造出来的空中楼阁。凯恩斯认为,与其花精力估算并不可靠的"内在价值",不如细心分析大众投资未来可能的投资行为,抢在大众之前,买进或卖出。

投资的"内在价值理论"和投机的"空中楼阁理论"很难分清优劣。学术界也争论不休,由内在价值理论支撑的基础派拿出大量的例证来说明技术指标学说指导的操作与闭眼掷飞镖得到的结果没什么两样,而由投机理论支撑的技术指标派也拿出同样多的历史数据说明股市的行情波动和国家的经济指标多次背道而驰。

5. 投机与投资的相互转化

投资与投机是一对孪生兄弟,投资中含有投机要素,投机中也含有投资要素。

投资虽创造财富,但它往往无法实现资源的有效配置,也无法协调价值的分配和再分配。投机虽然不创造价值,却能润滑经济,协调财富创造和价值分配。投机是市场经济中最本质的活动。最小付出、最大获得的投机意识,是人的天性所致,符合生命价值观,但过度投机会对社会和经济产生巨大破坏。

投机过度的失败导致投资机会的到来,投资成功的轰动效应又逐渐导致投机的盛行以致最终的失败。投资和投机在不断变化的环境下也不断发生着转化,带来机遇,也带来疯狂。

许多投机者有一个误区,以为自己是"投资者",所以经常犯两种错误。一种是没有机会或没有好机会时,也去"投"。那既不是投资,也不是投机,而是赌博,结果是让资金随风飘逝。另一种是不会止损,不愿意止损,不能止损。机会就是事情发生的概率,概率的估算带有明显的人为性质。而且机会本身是变化的,甚至是瞬息万变的。当估算错误时,当机会消失后,已经无"机"可"投"了,一定要迅速离场,割肉止损在所不惜。投机的本质要求之一就是止损。明确操作的投机性质后,止损实属自然,实属必然。一套牢就被迫成为"投资者"的人,几乎必定损失惨重。

在股市操作中,投资和投机经常纠缠在一起,所谓"投资投机两相宜"甚至难解难分。这种"两相宜"应该有前置条件。针对一个投资目标,在其价格处于投资区域时,投资和投机可以混合操作。但在其价格处于投机状态时,投资和投机是水火不容的,只可以进行投机操作,而绝不能傻乎乎地"投资"。

2.3 证券市场功能及其实现条件

2.3.1 证券市场功能及其意义

证券市场功能,是指证券市场客观具备的功效与能力。证券市场作为市场经济的高级市场组织形态,是市场经济条件下资源合理配置的重要机制。世界经济发展的历史证明,它不仅可以推动本国经济的迅速发展,而且对国际经济一体化也具有深远的影响。

1. 证券市场功能的一般理论

经济理论认为,"理性人"的买卖行为产生证券市场功能。其基本观点是,由于证券市场的投资者理性投资,使证券价格能够正确评估企业的经营水平并与宏观经济运行相协调,因而证券价格是企业的经营发展状况和实体经济运行周期的反映,证券市场的信息收集传播以及证券价格的变化对上市公司经营者形成外部约束,有助于改善公司治理结构。上市公司经营的好坏直接通过证券价格反映出来。经营不善的企业,其证券价格下跌,可能导致收购、兼并或重组行为的发生。证券市场让有能力的管理团队在较短时间内控制大量的资源，表现差的经理将被取代。企业一旦不能为股东利益服务，将会被市场淘汰。同时证券市场还会通过社会公众及舆论媒体对上市公司经营起到监督作用，使企业经营者偏离股东目标的行为受到约束。证券市场通过以下几个方面激励与约束上市公司行为，提高经营绩效。一是价格机制。证券价格是上市公司经营业绩的反映，上市公司要从证券市场获得回报，就必经不断提高经营水平和创新能力，以提高企业的业绩，获得投资者的认可。二是收购机制。在证券市场，一旦上市公司的证券价格降低到一定水平，该公司就存在被其他公司收购的可能，作为上市公司的管理人员为了不被市场竞争所淘汰，也必须提高公司的经营水平，以防止被收购而带来的损失。三是舆论机制。证券市场具有快速收集企业经营信息并通过证券价格进行传播的特征，如果上市公司损害投资者利益，就会受到股东及社会的谴责。公司管理人员为了给公众树立良好的形象，必须对投资者负责，规范经营行为。

2. 证券市场的功能

1）融资—投资功能

融资功能指证券市场能为资金需求者筹集资金。债券、股票及其金融衍生品的发行，就是利用证券市场的金融技术将未来收益变现、将"财富"转换成"资本"，增加社会财富总量和现有的投资能力。

股市的融资功能主要体现在一级市场的新股发行融资和二级市场的持续融资环节上。一级市场融资，是上市公司出让自己的一部分股份，将这些股份未来收益的索取权变现，取得一笔巨额的新股发行收入，直接用于公司的生产。这既解决了公司扩大生产的资金瓶颈，增加了上市公司的净资产，扩大了公司的借债能力，又使资金剩余者的消费资金直接转化为生产资金；二级市场的持续融资，包括股票增发、配股等形式。企业在发展过程中，遇到开发新产品、上新项目等有利于迅速增强公司实力的机会、需要在短时间内迅速筹集巨额资金时，显然，证券市场新股发行融资和二级市场的持续融资功能，比从银行融资能显示出更大的优越性。

证券市场提供的是一种直接、高效率的融资方式。在证券市场中，联结筹资人与投资人的中介是同一证券，即财产形式本身，而不是第三个经济主体。证券市场的直接融资大大降低了融资费用，这是证券市场融资的特色之一。证券流通市场所具有的使证券能够"方便"地转变为现金的能力以及市场价格波动所提供的赢利机会，使大量的中短期资金有可能投入长期资本市场，其结果是：一方面大量的短期资金获得了新的投资渠道；另一方面长期筹资可支付短期筹资水平的利息，从而有可能大大降低筹资成本。这是证券市场融资特色之二。通过发行股票筹集的资金通常无需返还，因而股票市场作为资金来源渠道比其他融资渠道更具长期性和稳定性。这是证券市场融资特色之三。由于这些特色，证券市场的融资功能，无论是在能力上或是在效率上，都有其他金融市场不可比拟的优越性。

证券市场的金融技术和制度，能使四大类"财富"转换成"资本"。一是土地和自然资源；二是企业财产和未来收入流；三是社会个人和家庭的未来劳动收入；四是政府未来财政收入。

投资功能指使投资者在购买股票、成为企业股东后,分享到企业投资获利收益以及投资后财富的增值效应。购买证券虽然会使投资人遇到风险、蒙受损失,但是从总体上看,人们在证券市场上的收益大于风险。证券市场投资功能主要包括两个方面:一是家庭或个人购买能够带来利息和红利的有价证券,实现保值增值,获得比其他市场大的收益,达到积累财富的目的。二是证券市场为整个社会财富积累创造条件。证券市场可以最大限度地动员社会暂时闲置的资本,并可把短期资本转化为长期资本,为最大限度的资金投入创造条件,促进财富的快速积累。

有了股票市场之后,财富增长的空间发生了根本改变。由于股权价格是未来无穷多年的利润预期的总贴现值,资本也可以瞬间转换成财富,所以这种靠股权赚钱的方法远比靠传统商业利润赚钱来得快、来得大。证券市场巨大的聚财、生财的财富效应,极大地激励着人类的发明创造能力,成为高科技的孵化器,推动了一国科技创新和生产力不断发展。

融资和投资是证券市场基本功能不可分割的两个方面。实现资金短缺者筹资和资金盈余者投资的双赢,是实现证券市场基本功能的不二法则。股市既要给企业带来低成本的融资,又要给投资人总体上以合理的回报;既是有效的融资场所,又是有效的投资场所。忽视其中任何一个方面,都会导致证券市场基本功能的严重缺陷。

2)资源配置功能

资源配置是证券市场最基本的功能。从理论上说,由证券市场所实现的是所有权的直接市场交换,在本质上就是资源的配置和再配置。

此功能具有两个层面的含义。

第一层含义是指融资功能或资本集中功能,即证券市场在社会金融体系中,通过在投资者和融资者之间架设直接的通道,使储蓄转化为投资,实现社会闲置资金向生产投资领域的转移。借助证券市场对生产资金的引导,企业和政府方可通过股票和债券的发行与转让,将消费者手中的闲置资金和企业在社会再生产活动中的闲置资金集中起来,转化为生产资金或政府公用资金。而且,证券作为名义资本的特性,在一级市场上的产权分割和二级市场上产权的不间断复合,使短期资金沉淀为稳定的长期投资,增强了生产的连续性。因此,证券市场有利于资本的积累、流动和集中,为市场经济条件下企业的生产和扩大创造了条件,从而促进社会经济的不断发展。

第二层含义是指证券市场的优化资源配置功能或提高资源配置效率功能。资金资源的相对稀缺性,使得实际的和潜在的筹资者在筹资时存在着直接或间接的竞争关系,这种竞争的结果是:能产生高投资回报的资本,市场的需求就大,相应的证券价格就高;反之,证券的价格就低,其结果是只有那些经营良好的筹资者方能从证券市场上不断筹集到资金。这一结果根源于投资者自利动机的市场调节机制,通过证券价格的波动,引导资金流向能够提供高收益或高利率的筹资者,促使资金由低效益的部门向高效益的部门流动,流动的本质就是资源或生产要素的优化配置。

进一步看,大量投资者基于证券市场公开信息的共同判断,使得投资决策的成本得以降低,决策的准确性和及时性得以提高,从而促使投资结构得以优化,进而优化产业结构和整个经济结构。证券市场上资金的有效配置,不仅通过证券投资者对各类证券的投资选择来实现,还通过调节社会资金在各个市场间的流动来实现,市场利率的高低调动着资金自发地进出于证券市场和借贷市场。

因此,运作良好的证券市场通过准确的证券定价机制,反映资金供需结构的变动,从而引导资金的合理流动,进而达到资源优化配置的目的。市场给股票定价准了,证券市场就有了优化资源配置功能。

证券市场通过以下方式引导资金流向合理化。其一,投资人总是力求把资金投入到最有利可图的企业、行业和地区。因此,符合社会经济增长需要、受国家产业政策扶助和经济效益好的企业、行业和地区,就能够比较容易地通过发行新股、债券和配股等方式筹集资金,这就有效地促成了社会资金结构向增大社会经济效益的方向调整。其二,财团、实力雄厚的股份公司通过股票市场收购低效益企业,以此促使落后企业改变经营方式,调整产品结构,从而实现对社会存量资本的重新优化配置。其三,企业在证券二级市场上既可以作为投资人买入股票,又可以作为资本兑现者卖出股票,这就会在一定程度上增强企业资金的流动性和优化企业资本的流向。其四,资金投向合理、营运得法的企业,其股票的市场价格相对就会较高,这就会形成社会示范效应和市场竞争压力,促使其他企业(包括上市企业和非上市企业)积极改善投资结构并努力提高资本运营效率。在这里,股票二级市场提供的价格信号间接推进了社会资本的合理流动。其五,证券市场还具有调节资金余缺的功能。当银根松动时,社会游资会增加,证券市场就会成为资金流入的场所;当银根紧缩时,证券市场资金就有可能转投其他领域。同样,对于居民收入中消费与投资的比例的变动,证券市场也会起到类似的调节作用。此外,证券在异地的发行和流通也会促使资金在不同区域周转。资金余缺的调剂以及资金流动性的相应增强都将有效地提高社会资金的配置效率和使用效率。

证券市场的出现很大程度上削弱了生产要素部门间转移的障碍。在证券市场中,企业产权已证券化,资产采取了有价证券的形式,可以在证券市场上自由买卖,实物资产凝固和封闭的状态被打破,资产具有了最大的流动性。一些效益好、有发展前途的企业可根据市场需要,通过控股、参股方式实行兼并和重组,发展企业集团,开辟新的经营领域。在市场经济条件下,资本存量与增量的配置是以利润率为导向的。利润率高的行业或企业会扩充其资本存量与增量,而利润率低的行业或企业的资本存量会向前者转移。其转移机制是:通过股票所有权的转让,使企业的产权从一个行业或企业转向利润率高的行业或企业,从而提高资源的利用效率。另外,在证券市场上,通过发行债券和股票广泛吸收社会资金,其资金来源不受个别资本数额的限制,打破了个别资本难以进入一些产业部门的障碍。这样,证券市场就为资本所有者自由选择投资方向和投资对象提供了十分便利的活动舞台,而资金需求者也冲破了自有资金的束缚和对银行等金融机构的绝对依赖,有可能在社会范围内广泛筹集资金。随着证券市场运作的不断发展,其对产业结构调整的作用将大大加强,同时得到发展的产业结构又成为证券市场组织结构、交易结构、规模结构的经济载体,促进证券市场的发展。这种证券市场与产业结构调整的关系,就在于它使资产证券化,从而有助于生产要素在部门间的转移和重组。兼并使高效率的资本爆炸式增长。美国利用证券市场展开了人类历史上的五次大兼并,高效率的资本爆炸式增长,使其成为了世界强国。

3) 价值发现功能

价值发现功能是指在证券市场上一支股票的价格体现的是企业的现实和潜在的价值,

而从社会的角度说，它所表现的是将未来企业价值"变现"。这种价值发现使人们能够看到某一行业、某一企业的内在价值。价值发现和帮助企业将未来的价值"变现"，也是股市推动创新的关键所在。

证券交易价格是在证券市场上通过证券需求者和证券供给者的竞争所反映的证券供求状况最终确定的。这种竞争的结果是：能产生高投资回报的资本，市场的需求就大，相应的证券价格就高；反之，证券的价格就低。因此，证券市场提供了资本的合理定价机制。

证券市场为经营者的投资决策提供了一种信号。也就是说，证券市场的价格波动会影响经营者的投资决策。一方面，证券市场是企业的一个融资来源，股价的变动会影响企业的资本成本；另一方面，如果经营者的目标是股东利益最大化，证券市场对企业价值的估价变动会影响现有股东的利益。因而，经营者的投资决策必须考虑证券市场的反应。

投资案例

微软在纳斯达克上市前，不过是美国众多中小 IT 企业中的一个。成功登陆上市后，微软的价值得到了充分发现，比尔·盖茨也因此一度成为世界首富。微软成为纳斯达克创造财富神话的经典范式之一。很多年后，内地搜索引擎企业百度，也通过登陆纳斯达克完成了企业发展过程中质的飞跃。

点评

以上案例清晰地印证了纳斯达克培育中小企业"明星"的价值发现功能。

在股市发挥"充分发现企业价值"这一作用的同时，企业自身也完成了将未来价值"变现"的过程。一个企业拥有潜力巨大的新技术，如果不借助股市，靠自身发展，要到达成功的彼岸或许还要经历一个非常漫长的过程，这无疑影响整个社会的财富积累速度。但如果它通过股市的"价值发现"机制，将新技术在未来的价值提前"变现"，在很短的时间内完成资产增值的过程，企业获得足够资金来开拓市场和跟进研发，那么它获得成功所需走的路会大大缩短。而当这一机制持续地发挥作用时，社会创新将获得源源不断的推动力。

4）分配功能

分配功能表现在以下两个方面。

一是财富的再分配。

这是通过金融市场价格的波动来实现的。股市涨涨跌跌在很大程度上是一场财富转移的游戏。股票指数从 2 000 点涨到 4 000 点再回到 2 000 点，指数没有变。但参与这个过程的投资人的财富发生了变化。有的人财富增加，有的人财富减少。财富在投资、投机成功者与失败者之间重新分配。

二是风险的再分配。

证券既是一定收益权利的代表，也是一定风险的代表。证券交换在转让出一定收益权的同时，也把该有价证券的经营风险、价格起伏的风险转让出去。所以，证券市场是风险的直接交换场所。

对于上市公司来说，通过证券市场融资可以将经营风险部分地转移和分散给投资者，公司的股东越多，单个股东承担的风险就越小。企业还可以通过出售一定的证券，减少对银行信贷资金的依赖，保持资产的流动性和提高盈利水平，提高企业对宏观经济波动的抗风险能力。

对于投资者来说，可以通过买卖证券和建立证券投资组合来转移和分散资产风险。投资者往往把资产分散投资于不同的对象，证券作为流动性、收益性都相对较好的资产形式，可以有效地满足投资者的需要，而且投资者还可以选择不同性质、不同期限、不同风险和收益的证券构建证券组合，分散证券投资的风险。风险厌恶程度较高的人，可以利用证券市场各种金融工具，把风险转嫁给风险厌恶程度较低的人，从而实现风险的再分配。

证券市场将社会闲散资金集中于此沉淀，减少了充裕流动性对商品市场的冲击而形成的物价暴涨。证券市场将银行集中的居民储蓄分流，既化解了银行的集中风险，又减少了银行的利息支出。

风险分散是证券市场最核心的功能。

5) 晴雨表功能

证券产品是信息决定产品，证券市场是一个信息场。证券市场不仅是一个资本和生产要素的配置场所，而且是一个国家乃至世界政治、经济、军事、文化信息的集散地。股票二级市场的价格与这些信息的质量正相关。

进入证券市场的投资者来自四面八方、各行各业，各种有关政治、经济和社会的信息都在证券市场上迅速地扩散传播。这些信息高度灵敏地影响着证券价格，影响着股票市场动态。反过来，人们也根据股票市场观察政治、经济和社会动态。正因为如此，人们把股票市场看作经济的"晴雨表"。

不仅一般民众，不仅企业家而且政治家，不仅国内各界而且国际各方，只要和其所在国的利益相关，都会关注这个市场。在市场经济崇尚资本至上的旗帜下，资本的选择是最敏感的。在市场经济推崇公平、公正、公开的交易准则下，这一信息的反映在理论上说也是最公平、最准确的。

证券市场的风向标和晴雨表功能，表象上是市场经济条件下人们进行交易、判断的重要的参照系，实质上则是一个社会政治状况、经济形势的反映。

在成熟的市场经济体系中，资源的配置主要依靠市场体系完成，经济发展的动力与约束力在相当程度上来自市场规模与市场机制的作用。完善的市场体系是经济繁荣的基础。证券市场的重要作用，不仅在于它是资本这一基本生产要素合理流转的通道和场所，也不仅因为它是社会资源有效配置必不可少的条件，而且因为它是现代市场经济整个制度体系建设的一个必不可少的基础。现代市场经济的微观基础是以公司制度为主体的现代企业制度，公司制度的主体是以有限责任为根本的股份制。因此，没有股份制就不可能建立现代企业制度，而没有证券市场则没有完整意义上的股份制。由此可见，证券市场是建立现代企业制度的一个不可缺少的条件。

但是，由于以下原因，证券市场的功能具有双刃性。

（1）证券市场是一个虚拟资本市场，投机性强，价格波动幅度大。

（2）证券市场是一个信息不完全市场，投资者有盲目性，易受操纵，市场失败的概率高。

(3) 证券市场的交易手段先进，成交迅速，各种金融创新工具层出不穷，市场监管困难。

(4) 证券市场的全球化，使各国证券市场相互影响，市场风险和金融危机得以迅速传播。

3. 证券市场的消极作用

证券市场的消极影响，主要体现在以下三方面。

1) 加剧投机和欺诈行为

对于股票发行者来说，他不仅通过股票价格总额和实际资本之间的差额来获得差额利润，而且利用上市时资本高估等手段掠夺普通股东。在证券市场监管不完善的情况下，市场上可能会出现投机盛行的情况。

2) 形成金融寡头的统治

证券市场容易成为大财团控制和掠夺中小投资者的工具。在某些情况下，一些人可以运用所掌握的股票控制和支配比自有资本大几倍、几十倍的资本，渗透到交通、能源等各个行业，最终形成金融寡头的统治。

3) 加剧经济的波动性

证券市场的运行往往受到政治、经济、军事等因素的影响，引起股票市场的大幅度涨落。股票市场的剧烈起伏，反过来又会影响经济的稳定。当股票市场涨落失控时，就会引起公众心理恐慌，引发股票市场危机，进而导致经济的波动。

因此，在发挥证券市场的积极作用的同时，应注意抑制其消极影响。

2.3.2 实现证券市场功能的条件

1. 三公原则是证券市场实现其功能的前提条件

公开、公平、公正三原则简称"三公原则"。公开是实现公平、公正的前提，公平是实现公开、公正的基础，公正是实现公开、公平的保障。证券市场之所以具有资本增值功能并吸引社会资本，其原因是"三公原则"制约下的上市公司能够创造价值。离开了"三公原则"制约下的上市公司，证券市场就成为无水之源，其价值投资功能也就无从体现，更谈不上优化资源配置和促进经济增长功能了。在成熟的市场经济国家，证券市场作为一项制度创新，之所以具有强大的生命力，正是因为上市公司在"三公原则"制约下的规范运作。如果"三公原则"不能严格执行，证券市场的功能就难以实现。

2. 三公原则的含义

1) 公开原则

公开原则，又称为信息公开原则。其核心是要求市场信息公开化，市场具有充分的透明性，为此，要求信息披露应及时、完整、真实、准确。根据公开原则，筹资者必须公开与证券及其价格有关的各种信息，包括首次发行时的"信息的初期披露"和证券发行后的"信息的持续披露"，供投资者参考。根据公开原则，监管者也应当公开有关监管程序、监管身份以及对金融市场的违规处罚，并努力营建一个投资信息系统，为投资者创造一个信息畅通的投资环境。应当说，公开是市场经济的基本原则。公开原则是证券市场发挥其功能的核心和精髓所在。

2）公平原则

公平原则是指在证券发行和证券交易中双方当事人的法律地位平等、法律待遇平等、法律保护平等，以及所有市场参与者的机会平等。

证券市场的公平有两个重要特色：一是证券市场监管对公平性的要求更高。因为证券市场监管的严与松，所有参与者的地位、权益、责任是否平等，与参与各方的切身利益紧密相关。在这种背景下，如果监管中不能杜绝徇私舞弊行为，不能维护市场参与者的合法权益，就会导致证券市场价格急剧波动，最终使证券市场功能全部落空。二是证券市场监管公平性实现的难度较大。这是由证券市场交易的对象具有特殊性所决定的。由于证券市场交易所涉及的环节较多，且受中介的影响颇大，在现实生活中，证券市场监管的更高公平性要求往往与极不公平性现实之间形成鲜明对照。因此，监管机构有责任去努力营造公平的市场气氛。

3）公正原则

公正原则，即要求监管部门在公开、公平原则的基础上，对一切被监管对象给予公正待遇，不偏袒任何一方。根据公正原则，立法机构应当制定体现公正精神的法律、法规和政策；证券市场监管部门应当根据法律授予的权限履行监管职责，要在法律的基础上，对一切证券市场参与者给予公正的待遇；对证券市场违法行为的处罚，对纠纷或争议事件的处理，都应当公正地进行。不少国家的实践证明，在证券市场监管中树立公正观不仅比其他市场更为重要，而且难度更大。这是因为证券市场是一个收益性较高的市场，在融资活动中，参与各方从各自立场和利益出发，出现越权、越位经营的概率要比其他市场高得多，有时在超高利润的吸引之下，甚至不惜以身试法；另外，由于证券市场是一个风险较大的市场，如果监管当局对频繁出现的违法、违规行为视而不见，轻者会挫伤参与者的积极性，重者则会引发金融危机、经济危机乃至引致社会动荡。所以，要求执法者要在法律的框架内公正执法。

本 章 小 结

本章主要从资本市场及其构成、证券市场与一般市场的联系与区别、证券市场功能及其实现条件等角度介绍了资本市场与证券市场。资本市场及其构成主要介绍了资本市场含义、资本市场结构、资本市场与证券市场的关系等知识。证券市场与一般市场的联系与区别部分主要介绍证券市场与一般市场的区别、证券市场的投资与投机问题，包括"投资"与"投机"的基本含义；"投资"与"投机"的区别；证券市场投机活动的意义；投资与投机活动的有关理论；投机与投资的相互转化。证券市场功能及其实现条件部分，主要介绍证券市场的五大功能的含义、实现机制及其功能意义，并讨论了实现证券市场功能的一般条件。

名人名言

中国重视发展资本市场。即使最困难的时候，我们也没有放松资本市场改革。去年又推出了创业板。改革的目标，就是要将间接融资为主，变成间接融资与直接融资相结合，充分发挥资本市场的作用。

——温家宝　03月22日中国发展高层论坛2010年会

别人赚得巨额钞票的现象会对自己的思维方式产生影响。

——罗伯特·希勒《非理性繁荣》

科学原理依事实而定，金融市场中对决策的评价则取决于参与者们歪曲的见解。金融市场拒绝了科学方法，却包容了炼金术。

——（美）乔治·索罗斯《金融炼金术》

建立证券市场的原始目的是为了"便利人与人之间旧有投资之转让"，证交所能"把许多投资，每天重新估价一次"，使得私人常有机会变更其已投之资。

——凯恩斯

炒作就像动物世界的森林法则，专门攻击弱者，这种做法往往能够百发百中。

——（美）乔治·索罗斯

习　题

一、选择题

1. 证券是指（　　）。
   A. 各类记载并代表一定权利的法律凭证
   B. 权利的凭证
   C. 用以证明或设定权利而做成的书面凭证
   D. 用以证明持有人或第三者有权取得该证券拥有的特定权益的凭证
2. 有价证券之所以能够买卖是因为它（　　）。
   A. 具有价值　　　　　　　　　　　　B. 具有使用价值
   C. 代表着一定量的财产权利　　　　　D. 具有交换价值
3. 资本市场包含以下部分（　　）。（不定项选择题）
   A. 证券市场　　B. 货币市场　　C. 长期信贷市场　　D. 保险市场
4. 证券市场的基本功能有（　　）。
   A. 筹资——投资功能　　　　　　　　B. 定价功能
   C. 资本配置功能　　　　　　　　　　D. 规避风险功能
5. 按投资主体的性质分类，股票可分为（　　）。
   A. 普通股　　B. 国家股　　C. 法人股　　D. 优先股
6. 公开原则的核心要求是（　　）。
   A. 上市公司的信息披露及时　　　　　B. 证券公司公开业务
   C. 实现市场信息公开化　　　　　　　D. 证券交易实现社会化
7. 有价证券是（　　）的一种形式。
   A. 真实资本　　　　　　　　　　　　B. 虚拟资本
   C. 货币资本　　　　　　　　　　　　D. 商品资本

二、判断题

1. 一般情况下，虚拟资本的价格总额总是小于实际资本额，其变化通常反映实际资本额的变化。（　）
2. 从风险的角度看，证券市场是风险的直接交换场所。（　）
3. 根据投资理论，只有买入之后股票马上上涨，能实现低买高卖，就应该买入。（　）
4. 证券市场的运行形成了证券需求者和证券供给者的竞争关系，这种竞争的结果是：能产生高投资回报的资本，市场的需求就大，相应的证券价格就高；反之，证券的价格就低，这说明了证券市场提供了投资——融资机制。（　）
5. 按证券进入市场的顺序而形成的结构关系划分，证券市场的构成可分为主板市场、二板市场、三板市场。（　）
6. 流通市场是证券得以持续扩大发行的基础和前提。（　）
7. 融资是证券市场最基本的功能。（　）

三、问答题

1. 什么是资本市场？资本市场有哪些分类？
2. 与货币市场相比，资本市场有何特点？
3. 比较说明直接融资和间接融资的优缺点。
4. 为什么股票市场的内在机制会呈现出一种特殊的马太效应？
5. 说明证券市场融资—投资功能的相互关系。
6. 说明证券市场能够优化资源配置的原因。
7. 说明证券市场风险分散功能的意义。

四、讨论题

1. 试讨论我国发展证券市场的必要性。
2. 试讨论证券投资的基本功能。
3. 如何看待证券市场的投资与投机理念？

五、案例分析题

三千万可能卖到三个亿吗？

某企业投资了五千万建造，现已经生产多年。折旧之后，账面上净资产还有三千万。在没有证券市场的情况下，企业资产的交易按重置价值来交易。谁买都可以，价格必须给三千万。现在有了证券市场，如果这个资产有很强的盈利能力，这三千万可能就会卖到三个亿。

问题：

(1) 三千万卖到三个亿的理论依据是什么？
(2) 这个案例体现了证券市场的什么功能？
(3) 在哪些前提条件下，三千万才能卖到三个亿？

第3章 我国证券市场

教学目标

通过本章的学习，了解我国证券市场产生的背景、历史、现状和未来发展趋势；了解我国证券市场发展阶段和经历的重大事件。掌握我国证券市场历史发展过程中的主要特点和与宏观调控的关系。了解我国证券市场与西方国家证券市场的差距。掌握证券投资分析必备的基本看图和术语知识。

教学要点

知识要点	能力要求	相关知识
我国证券市场的建立和发展	(1) 对我国证券市场建立背景的概括和理解能力 (2) 宏观经济政策对我国股市影响的运用能力	(1) 我国建立证券市场的背景 (2) 新兴股市发展的阶段理论 (3) 我国证券市场发展阶段和经历的重大事件 (4) 宏观经济政策对我国股市影响的历史
我国证券市场现状	(1) 对我国证券市场取得的成就和存在问题的理解 (2) 对我国需要一个健康强大证券市场的实际运用	(1) 我国证券市场取得的成就 (2) 我国证券市场问题 (3) 我国需要一个健康强大的证券市场 (4) 我国证券市场发展方向和前景
学习证券投资学的意义	(1) 学习证券投资学的意义的理解 (2) 分时图和相关变量的理解和应用	(1) 学习证券投资学的意义 (2) 分时图和相关变量

第3章 我国证券市场

> 在人类几千年的商业文明中,最伟大而又精巧的发明就是股票。
>
> ——凯恩斯

基本概念

"8·10事件"　内盘　外盘　换手率　量比　委比　市盈率　股权分置

导入案例

世界上最伟大的力量是复利

这是流传在印度的一个古老传说。

舍罕王打算奖赏国际象棋的发明人——宰相西萨·班·达依尔。国王问他想要什么,他对国王说:"陛下,请您在这张棋盘的第1个小格里,赏给我1粒麦子,在第2个小格里给2粒,第3小格给4粒,以后每一小格都比前一小格加一倍。请您把这样摆满棋盘上所有的64格的麦粒,都赏给您的仆人吧!"

国王觉得这要求太容易满足了,就命令给他这些麦粒。

当人们把一袋一袋的麦子搬来开始计数时,国王才发现:就是把全印度甚至全世界的麦粒全拿来,也满足不了那位宰相的要求。

宰相要求得到的麦粒到底有多少呢?

总数为:1+2+4+8+…+…=18 446 744 073 709 551 615(粒)。

人们估计,全世界两千年也难以生产这么多麦子!

点评: 复利告诉我们有关投资与收益的伟大哲理

投资具有长期竞争优势的企业,并耐心地等待股价随着企业的发展而上涨。其作用类似于复利累进的巨大力量,将会为长期投资者带来巨额财富。

3.1 我国证券市场的建立和发展

3.1.1 我国建立证券市场的背景

西方发达国家的股票市场,是遵循股票市场发展的自然规律,在市场经济的土壤里自然生成的"天然产品"。而中国的股票市场,则是在中国经济体制转轨时期,在以社会主义公有制经济为主体、同时探讨公有制经济多种实现形式的土壤里,既要学习借鉴西方发达国家股票市场发展的自然规律,又要考虑中国国情、遵循中国经济发展的自然规律,"摸着石头过河"的过程中催生的"人工产品"。这就决定了中国股票市场是有中国特色的股票市场。

中国的股票市场是国有企业股份制改革的产物。经过解放初30多年的国家投资、国家重建,到20世纪80年代,中国已经形成了覆盖各个领域的庞大的国有企业体系,并在以国家独资为资本组织形式的制度基础上,形成了对应的社会分配机制、储蓄和投资运行机制。20世纪80年代中期,中国经济体制改革和机制转换过程中产生的各种问题和矛盾也日趋突出地显现出来,具体表现在:一方面,国有企业因传统的计划运行机制的弊端和改革没能取得根本性的突破,面临着经营困难、亏损面增大、负债率过高、资产结构不合理的困境;另一方面,在金融领域,因长期实行单一的银行信用体制和国有企业普遍存在的"预算软约束",国家银行独自承受的金融风险日渐增大,其他国家不时爆发的区域性金融危机也一再为中国敲响警钟。为了解决这些矛盾和问题,中国先后进行了一系列改革尝试:在国有企业领域先后推行放权让利、租赁制、承包制、转换国有企业经营机制等多项改革措施;在国有银行领域,先后推行中央银行与专业银行分离、对国有银行进行企业化改革等多种尝试。但是这些改革效果都不理想。在这种情况下,处于改革开放前沿阵地的经济特区先行尝试进行了股份制改革。

背景链接

改革初期,国家对国有企业改革在资金、利润分配方面作了以下两项改革:一是对企业放权让利,实行利润按比例分成的分配制度,以改变国有企业在统收统支的传统体制下没有任何资金使用自主权的状况;二是将原来对企业的财政拨款(包括固定资产投资和流动资金)改为银行贷款,以改变企业无偿占用国家资金的状况。但是,改革没有收到预定的效果。国有企业按一定比例留下来的资金,由于失去了所有者的约束,企业管理者更倾向于将钱作为工资和奖金分配给个人,而企业扩大生产所需要的资金主要依靠银行的贷款。但银行本身的改革滞后,致使银行的债权对企业的财务约束也并不像期望的那么强。企业普遍负债过高。各级政府再也不给原有的国有企业注入资本金,同时在确定建设项目时,也没有能力给新建企业注入资本金。地方政府靠指令银行和其他金融机构给这些项目贷款。这些企业从建立之日起就处于所谓无本经营的状况。国有商业银行和其他金融机构无权参与项目的确定,只是奉命给没有资本金、因而没有任何资产担保的企业提供贷款。在这种情况下,既然是奉命贷款,就没有理由让银行和其他金融机构完全承担回收贷款的责任。其实,银行和其他金融机构一般也很少考虑去履行这种责任,因此,银行和其他金融机构的风险日积月累,呆账和坏账不断增加,资产质量日渐下降。事实上,银行和其他金融机构对企业的债权约束很弱的原因,是相当多的企业认为项目是政府定的,项目是否有效益责任在政府,一旦项目不成功,企业既无力也不想归还银行的本金和利息。对于一个完全靠银行贷款建立的企业,企业经理人员会认为企业并不属于没有实际投入资金的政府,也不属于最终要求企业归还贷款的银行。他们也许认为企业应该属于企业全体员工,所以企业产权关系很不清楚。其结果是企业经理实际掌握了企业利润分配的权力,但却把企业负债的风险扔给了银行,这当然既不利于企业改革,也不利于银行体制的改革。

对于国有企业来说,靠国家的所有权约束和靠国有商业银行的债权约束,都无法转变国有企业的经营机制。要改变国有企业无本经营的状况,在国民收入分配格局已经发生很大变化的情况下,靠国家财政不无可能。

当在传统计划经济体制下主要依靠政府进行社会积累的机制被打破以后,应当建立怎样的有利于社会发展的积累机制这个问题就凸现出来了。靠间接融资即银行贷款进行积累除了存在着企业产权不清、缺少所有者约束、银行承担的风险过于集中的弊端之外,由于银行本身机制转换的滞后而难以形成对国有企业的有效监督。在这种背景下,我国经济学界普遍达成共识,即应该发展直接融资,通过证券市场融资的方式将社会储蓄转化为投资,同时促使上市公司建立有效的治理结构。可以说,中国证券市场是改革发展到一定的阶段形成的必然产物。

背景故事

1990年1月,为进一步推动改革开放,小平同志在上海过春节期间提出:"请上海的同志思考一下,能采取什么大的动作,在国际上树立我们更加改革开放的旗帜。"小平同志此番讲话后,经过近一年的准备,上海证券交易所成立了。

1) 意识形态上还受到很大的约束

20世纪80年代的中国,主流意识形态对于股票市场具有很大的敌意,当时的经济政治体制(行政计划的公有制)是排斥股票市场的。有股票市场"姓社姓资"的争论,出于"白猫黑猫"的实用主义,在公有制经济占主导地位、寻求扩大发展非公经济的股份公司、上市公司、促进所有制体制的改革的经济框架中,才有对股票市场"不争论,大胆试"的想法。但是那时,市场经济理论在中国还属于禁区,在刚刚经历了一场政治风波背景下破茧而出的股市,不可避免地会产生扭曲和变形,甚至与市场经济的本质要求发生冲突。

2) 市场的形成、规则的制定具有自发性

深圳上海两个市场开始时是地方性的市场,上市公司都是当地的企业,股份票面额的额度(100元/股),发行价的高低(平价发行),回报率的匹配(不低于一年期存款利率),上市公司的确定(如万科)、交易规则的制定(10‰~1‰涨跌停板制度),股权结构制度的设计(全流通、半流通、各种所有制都有)都带有自发的性质。

新兴股市发展的几个阶段

美国学者安托尼·阿格迈依尔对发展中国家股票市场发展阶段的划分方法,把发展中国家股票市场划分为以下几个阶段。

1) 休眠阶段

股票市场发育初期,仅有少数人知道股票市场的存在,交易进行缓慢,上市挂牌的公司极少,价格保持在票面价水平,股价被低估。随后,当一般的投资者发现股息收益超过其他投资形式的收益时,开始较踊跃但谨慎地购买股票。

2) 操纵阶段

一些证券经纪商和交易商发现,由于股票不多,流动性有限,只要买进一小部分股票就能哄抬价格。只要价格持续高涨,就会吸引其他人购买,这时操纵者抛售股票就能获取暴利。因此,他们开始哄抬或打压市价,操纵市场,获取暴利,获利后迅速离开市场。

3) 投机阶段

由于操纵的作用,股价常常被哄抬至超过基本的价位,并开始波动。于是出现人为制造价位差价的投机现象。此阶段由于投资者迅猛增加,所以股票价格大大超过实际的价值,交易量扶摇直上。新发行的股票也往往被超额认购,吸引了许多公司都来发行股票,原来惜售的持股者也出售股票以获利,于是扩大了上市股票的供应。

4) 萧条阶段

投机发展到一定程度,可用于投资的资金枯竭,新发行的股票已无法被充分认购,投资者开始认识到股价升得太高,已与其基本价值失去联系,于是价格开始下跌,进入调整阶段。如果股票价格调整幅度过大,时间过长,股市就会崩溃。

5) 成熟阶段

随着股票市场调整的稳定,公众开始对股票市场重新恢复信心,更多的个人和机构投资者加入市场活动,交易量稳定增长,股票供给范围增大。价格尽管有波动,但幅度较小。至于调整时期的长短视价格跌落的幅度、购买新股票的刺激、机构投资者的行为等因素而定。股市的暴跌使有些投资者损失惨重，他们只得做长期投资，寄希望于未来股票价格的回升，投资者开始变得谨慎了。一些没有经历过崩溃阶段的新的投资者开始加入进来，机构投资者的队伍也扩大了，这样成熟阶段就开始了。成熟阶段的特点是股票供应增加，流动性更大，投资者更有经验，交易量更稳定，股价不像以前那样激烈了，而是随着经济和企业的发展上下波动。

阿格迈依尔的理论具有一定的普遍性，在许多国家和地区股票市场的实践中得到了多次的证实，用这个理论来看我国股票市场，有一定的指导意义。

（资料来源：美国·安托尼·阿格迈依尔．发展中国家和地区的证券市场．中国金融出版社，1988）

3.1.2 我国证券市场发展阶段和经历的重大事件

中国股票市场作为新兴市场，也会表现出股票市场发展的阶段性规律。中国社会主义市场经济的发育、发展过程的特点，使中国股票市场发展呈现出两大时期五个阶段的特征。

第一时期为1990年年末—2001年年底，从1990年年末沪、深交易所相继建立，到2001年年底中国加入WTO，是新兴市场的发育时期；第二时期为2002年至今，是更加开放、规范和国际化的发展时期。在这两大时期，中国股票市场发展可以划分为五个阶段。

1. 1990年—1991年是股市的初创阶段

1) 起止的标志性事件

1990年12月和1991年7月沪、深证券交易所相继挂牌营业，股票集中交易市场正式宣布成立。

2) 这一阶段的特点

（1）受到所有制问题的困扰，对中国发展资本市场存在思想认识上的分歧。分歧点在于：资本市场里资本主义的有些东西，社会主义制度能不能拿过来用。

（2）资本市场在自发状态中，搭建资本市场体系，探索建立各项基本制度。市场规模较小，以分隔的局部试点为主；发行和交易缺乏全国统一的法律法规；缺乏统一规范和集中监管。

3) 这一阶段的突出事件

（1）只有13只股票，即所谓的老八股，老五股（上海八只股票分别为：延中实业、真空电子、飞乐音响、爱使股份、申华实业、飞乐股份、豫园商城和浙江凤凰；深圳五只股票分别为：深发展、深万科、深金田、深安达、深原野。）在上海、深圳两个证券交易所试行流通。

（2）试行的1‰~10%涨跌幅限制或放开涨跌幅限制，上证指数从96点开始，经过两年到达1429点，后来从1429点跌到386点，跌幅高达80%左右。

2. 1992年—1997年是股市的试验阶段

1) 起止的标志性事件

（1）1992年1月19日开始，邓小平对深圳进行了为期4天的考察，在了解了深圳股市情况后，他指出："有人说股票是资本主义的，我们在上海、深圳先试验了一下，结果证明是成功的。看来资本主义有些东西，社会主义制度也可以拿过来用，即使错了也不要紧嘛！错了关闭就是，以后再开，哪有百分之百正确的事情。"邓小平同志讲话一锤定音，为当时踟蹰迈步的股市定了调。打开了资本市场进一步发展的空间。

(2) 1997年9月中共十五大第一次认可"股份制是公有制的一个特殊形式"，股票市场的地位正式确立。

2) 这一阶段的特点

(1) 中国确立经济体制改革的目标是"建立社会主义市场经济体制"，股份制成为国有企业改革的方向，更多的国有企业实行股份制改造并开始在资本市场发行上市。

(2) 1993年，股票发行试点正式由上海、深圳推广至全国。地方性的市场试验成为全国性的市场试验。（试行有国有股、法人股、社会公众股股权分置的制度；新股网上发行制度、按市盈率溢价审核发行的制度；发行指标额度制度等。）

(3) 1992年—1997年由中央与地方、中央各部门共同参与管理向集中统一管理的过渡。股市监管机制开始形成，监管体系初具雏形，并规定了涨跌幅及交易量限制。

(4) 1997年9月中共十五大第一次认可"股份制是公有制的一个特殊形式"。

(5) 1996年5月迎来了大牛市行情。

(6) 在供求机制和市场监控机制尚未形成成型完善之时，高速发展的股市出现了股市价格暴涨暴跌，投机之风盛行，黑市行为大量滋生等诸多问题。

3) 这一阶段的突出事件

(1) 1992年5月21日，上海取消了涨跌幅限制，当天大盘高开，涨幅高达100%，指数从600点涨到1200点，其中，几个新股的发行狂升3 000%左右。

(2) 1992年"8·10事件"；1993年"宝延风波"；1994年"三大救市政策"；1995年2月23日的"327风波"；1995年"5.18井喷"；1996年12月16日，第一次用人民日报社论形式干预股市。

知识链接

"8·10事件"

1992年8月6日，深圳对外公布将发售500万张共5亿元额度的新股认购抽签表，一张抽签表的价格为100元，每张身份证限购一张抽签表，每人限持10张身份证，每10张中签表可认购1 000股股票。当时在一级市场申购到新股，就意味着在二级市场财富的成倍增值。

8日起，超过120万的当地及全国各地的准股民在全市302个发售网点前排起长龙。排队的人不管是男是女、是老是少、已婚还是未婚，都无所顾忌地前胸与后背紧紧贴在一起。尽管有时烈日暴晒，有时大雨倾盆，但人们被巨大的财富梦鼓舞着，千辛万苦不在话下。

8月10日上午，原本准备发行三天的抽签表，居然半天就卖完了。经历两天两夜排队的投资者只有极少数人买到了抽签表，事后查实共有4 180名干部职工私自截留抽签表达10多万张。这天傍晚，数千名没有买到抽签表的股民在深圳市深南中路游行，打出反腐败和要求公正的标语，对市政府和人民银行进行围攻。这就是震惊全国的"8·10事件"。

"8·10事件"是人们渴求财富天真又疯狂的写照，也是投资者对中国股票发行行政管制不严导致腐败的一次宣泄，更是为我们提出了到底应当如何发展证券市场的问题。8·10事件之后直至今日，我国新股发行仍然没有放开行政管理。此事件对中国股市发展影响之深,由此可见。

(资料来源:根据尚晓娟《回首中国证券市场20年,想起那些事》改写)

"宝延风波"

1993年9月的上海,本是绵绵秋雨一片,沉淹于几个月凄迷市道中的上海股市却隐隐有走强的态势,上海新发布通知允许机构入市。于是仿佛有一只"手",一只无形无影的"手",在慢慢拉动大盘上升,其中的个股——延中实业表现得最为突出。

9月6日,延中开盘9.20元,收盘9.45元,成交量371 600股,价升量增,走出长期低迷徘徊的8.8元盘局,而且明显有庄家进驻迹象,吸筹建仓明显。

9月17日,延中股价最高摸至9.89元,成交量异常放大,达1 020 900股。此后,主力机构加快购买速度,在10元以下大量吸进筹码。

9月21日,延中股价突破10元大关,当日成交量达1 304 400股。

9月24日,延中股价飚升,摸高11.88元,成交量达5 057 900股,创短期内新高。延中的走强,引起了所有投资者的关注,大批炒手和机构也开始大举入市将价位不断拉升,29日收盘价为12.05元。

9月30日,延中以12.11元开盘,10点过后即升至12.58元,11点跃过13元。11时15分,市场传出消息,由于机构持有的延中普通股已超过5%,上交所令延中暂时停牌,延中股价瞬间跌至12.92元。

"犹抱瑟瑟半遮面,千呼万唤始出来"。9月30日中午,宝安上海公司第一次正式公告,宝安公司已持有的延中普通股在5%以上。下午开盘后,延中股价开始疯涨,最高达19.99元,成交量为9 663 600股,再创近期天量。

10月4日,宝安集团上海公司再次公告,宣称宝安已实际持有延中总股本的16%,成为延中的第一大股东,而且宝安公司将继续购进并长期持有延中股票。10月5日,宝安集团在上海举行新闻发布会,重申宝安无意与延中发生对立,宝安收购延中的目的是要做延中的第一大股东,参与延中的经营管理。

10月6日,宝安集团与延中公司领导层首次面对面接触。宝安上海公司总经理何彬表示,作为第一大股东,宝安要求参与延中的管理和决策,并提出首先要了解延中的经营和财务状况。延中董事长则认为,此次"大陆首例收购是一件对股份制有贡献的事情",但必须在法律规定的范围内进行,延中公司将不排除通过诉讼程度来维护自身权益,另外,延中公司已聘请香港宝源投资有限公司有关专家作为公司的反收购顾问,谋划反击行动。

10月7日,延中态度明朗的第一个交易日,股价从21.98元飚升到42.2元。到8日,出现大幅震荡,收市大幅回落至24.00元。

10月22日,轰动全国的"宝延事件"终于有了结果。中国证监会官员宣布:经调查,宝安上海公司通过在股票市场买入延中股票所获得的股权是有效的,但宝安上海公司及其关联企业在买卖延中股票的过程中,存在着违规行为,为此,中国证监会对宝安公司进行了惩戒。

"宝延大战"开辟了中国证券市场收购与兼并的先河,成为中国证券市场首例通过二级市场收购达到成功控制一家上市公司的案例,也为后来中国产权市场日趋活跃的兼并重组响了"第一枪"。

"5·18井喷"

1995年5月18日,沪市指数会用三天时间从582点冲到900点,升幅达到了50%左右,成交金额会从1.5亿突破100亿,手法之凶狠让股民与管理层跌坏了好几副眼镜。这就是著名的5·18井喷行情。

人民日报以社论形式干预股市

1996年12月16日,《人民日报》发表特约评论员文章《正确认识当前股票市场》,以社论的方式对疯狂投机的股市行为予以打压。社论将股市的暴涨定性为"机构大户操纵市场、银行违规资金入市、证券机构违规透支、新闻媒介推波助澜、误导误信股民跟风"等。此文一出,股市暴跌,沪深股市大幅跳空低开,绝大部分股票收在跌停板。

3. 1998 年—2001 年是股市的规范阶段

1) 起止的标志性事件

1998 年 4 月起建立了全国集中统一的证券监管体制,国务院确定中国证监会作为国务院直属单位,成为全国证券期货市场的主管部门,同时其职能得到了加强。

2001 年年底,中国证券期货市场初步形成了以《公司法》、《证券法》为核心,以行政法规为补充,以部门规章为主体的系统的证券期货市场法律法规体系。

2) 这一阶段的特点

启用法律法规手段规范管理股票市场。

3) 这一阶段的突出事件

(1) 519 行情从 1999 年一直持续到 2001 年。股市出现一次 2 年的牛市行情。

(2) 1999 年 7 月《证券法》的颁布。

(3) 股市的作用被定义为"国企解困"的一个重要途径。

(4) 股市严重脱离基本面的支持,市盈率奇高,大量违规行为也不断被暴露出来。

(5) 出现银广夏事件、蓝田事件、水仙退市等重大事件和"赌场论"与"推倒重来论"的争论。

知识链接

5·19 行情

1999 年 5 月 18 日,证监会开会转达了朱镕基总理包括基金入市、降低印花税等 8 条利好消息。中国股市启动了一轮壮观的牛市行情。第二天,沪市上涨 51 点,深市上涨 129 点。随后,在网络股的带领下,沪深股市一扫低迷,走出大幅攀升行情,30 个交易日内股指上涨 65%,其中相当多的个股股价已翻了一倍。这就是一直为股民所津津乐道的"5·19"行情。

1999 年 6 月 15 日,《人民日报》再次发表特约评论员文章,重复股市是恢复性上涨,对当年的牛市起到了推波助澜的作用。此后,这种方式被多次运用,但效应已经逐渐递减。

水仙退市

2001 年 2 月,中国证监会紧急出台《亏损上市公司暂停上市和终止上市实施办法》,对连续 3 年亏损的上市公司,就暂停上市、恢复上市和终止上市的条件、法律程序、信息披露、处理权限等事宜做了详细规定,这为退市机制的建立提供了政策环境,标志着证券市场的退市通道正式开启。同年 4 月 23 日,"PT"水仙在沪市消失了。水仙公司成为中国证券市场上第一只被摘牌的股票,是我国规范和发展证券市场历程中的一个重大成果,具有重大而深远的意义。

"赌场论"与"推倒重来论"

2001 年年初,经济学家吴敬琏在接受《经济半小时》采访时称,中国股市很像一个赌场,甚至还不如赌场,因为赌场里面也有规矩,比如你不能看别人的牌。而中国的股市有些人可以看到别人的牌,可以作弊和操纵。这就是著名的"股市赌场论"。此外,中金公司的经济学家许小年因对股市严厉批判,被人扣上了要把股市"推倒重来"的帽子,"赌场论"和"推倒重来论"的舆论和市场压力,推进了证券行业立法和规范化的进程。

4. 2002年—2004年是股市的转轨阶段

1) 起止的标志性事件

(1) 股票价值被严重低估,价格甚至一度低于面值,股市不仅没有达到资源优化配置功能的要求,甚至连最基础的融资功能也没有实现。

(2) 2004年1月国务院发布《关于推进资本市场改革开放和稳定发展的若干意见》(简称"国九条"),表明了政府推进资本市场改革发展的决心,以促使资本市场的运行更加符合市场化规律。

2) 这一阶段的特点

(1) 这一阶段,中国股票市场运行中不健康因素集中反应。社会各界对中国股票市场功能发挥的现状有颇多不满。

(2) 股票市场的地位被提升到改革与发展全局的高度来考虑。中央高层领导提出股票市场不仅要为国有经济改革服务,而且要为国家的经济结构战略性调整服务。中国股票市场被赋予了新的功能,它不仅是筹资的工具,而且股指的上涨还能带来财富效应,刺激消费增长,有助于改善企业公司治理结构等。要促使中国股票市场发挥经济结构优化调整、资源优化配置的高层次、综合性功能发挥作用。

3) 这一阶段的突出事件

(1) 新一届中国证监会着手制定解决股权分置问题的方案。

(2) 2003年年底至2004年上半年,南方、闽发、"德隆系"等证券公司长期积累的问题和风险集中爆发。

背景链接

"南方证券"等21家券商倒闭

2006年8月16日,负债高达228亿元人民币的南方证券资不抵债正式破产。由此,持续5年的券商清理整顿告一段落。伴随五年熊市,曾经在股市上纵横驰骋的大鹏证券,以及闽发证券、汉唐证券等21家券商都先后退出了证券舞台,这意味着以"坐庄"为主要盈利模式的一个时代的终结。

21家券商倒闭的原因,是千方百计地套取资金,如向社会集资、挪用股民账户上的保证金、假委托理财延揽资金、违规国债回购套资金等,然后利用资金优势肆无忌惮地操纵股票价格,结果被严重套牢,导致资金链断裂,被迫走上倒闭或被接管之路。此后,券商不再是股市主力,基金等新的机构开始登场。

德隆事件

2004年4月,中国最大民营企业"德隆帝国"轰然倒下,成为资本市场乃至中国经济史上的一个重要事件。

1996年到1997年，实业起家的德隆相继入主新疆屯河、沈阳合金及湘火炬，并陆续在3只股票上建仓，开始疯狂操纵股票。其间，德隆还收购新疆金新信托，并进而控制多家金融机构，最多时德隆旗下拥有177家子公司和19家金融机构，被称为"股市第一强庄"。2004年4月14日，德隆系股票湘火炬、合金投资和屯河股份首度全面跌停，德隆危机全面爆发。2004年8月26日，新疆德隆、德隆国际、屯河集团被中国华融托管，旗下金融机构也相继被托管经营，其负责人唐万新锒铛入狱。

德隆事件，成为中国民营企业发展与金融机构经营的一个分水岭。此后，民营企业被严格限制染指金融机构。

5. 2005年至今是股市的重塑阶段

1) 起止的标志性事件

2005年5月开始股权分置改革。

2) 这一阶段的特点

中国股市进入了一个蓬勃发展的时代，正在承担分流银行资金和加快直接融资步伐的功能。尤为重要的是，股权分置改革以后，资本市场的融资和资源配置功能得以实现。

3) 这一阶段的突出事件：

（1）股权分置改革基本完成，进行了提高上市公司质量、大力发展机构投资者、改革发行制度等一系列改革。

（2）人民币不断升值。

（3）出现了2005年—2007年大牛市行情。

（4）顺利发行一大批超级大盘股，如中国银行、工商银行、中国国航等，中国资本市场进入了蓝筹时代。

从我国股票市场发展的过程来看，我国股票市场的功能经历了从国有企业改革试点、建立直接融资渠道、促进储蓄向投资转化的基础性功能；到促进国有企业转机建制、为搞活国有经济服务；再到促进经济结构战略性调整这样一个逐步演进的历程。

3.1.3 宏观经济政策对我国股市影响的历史考察

1. 相对宽松的财政货币政策对股市的影响（1990年4月—1993年6月，如图3.1所示）

1990年4月实行了改革开放以来的第一次利率下调，1990年8月、1991年4月又连续两次下调利率，货币供应量加大。1992年春邓小平南巡讲话和1992年10月中共十四大提出"建设有中国特色的社会主义市场经济"，宏观政策进入相对宽松的阶段。投资和出口扩张，1992年经济增长率达14.2%。

上述这些宏观背景造就和延续了股市的牛市行情。股市在此期间迎来了第一次和第二次大涨。上证指数从1991年1月2日的128.84点飙升至1992年的6月1日429点的第一次大涨后，出现了1992年10月期间第一次大跌，回落至386点；随后，上证指数呈明显的上升趋势，于1993年的2月16日到达1 558.95点，升幅相当于1991年1月2日128.84点的1 110%。

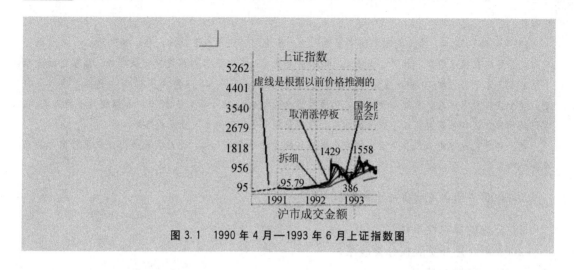

图 3.1　1990 年 4 月—1993 年 6 月上证指数图

2. 治理整顿对股市的影响(1993 年 6 月—1996 年 4 月，如图 3.2 所示)

1993 年 6 月至 1996 年 4 月是处于三年治理整顿时期，在恶性通胀环境下，市场利率高达 20%以上。中央政策宏观调控的中心是严控通胀，投资、消费全面紧缩，财政、货币政策都"适度从紧"，经济增长率持续回落。1995 年的 GDP 增长率由 11.8%回落到 10.2%，通胀率则由 21.7%回落到 14.8%；1996 年 GDP 增长为 9.8%，通胀率下降到 6.1%。GDP 从 1993 年—1996 年平均每年下降 1 个百分点左右。

这段时期，沪、深股市经历了较长时间的调整，期间虽有 1994 年 7 月底政府推出的稳定股市的"三大政策"措施，但股指只是维持了 1 个半月的反弹，却改变不了股指的运行趋势，股指继续呈下降趋势。直至 1996 年年初，宏观经济形势才开始缓慢恢复。股市于 1996 年 1 月见底后，开始走出低谷。

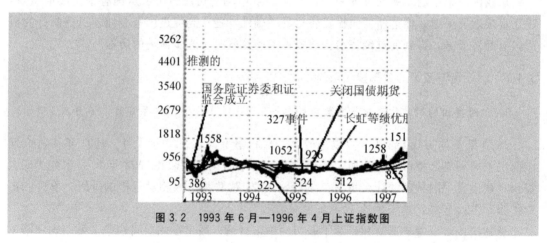

图 3.2　1993 年 6 月—1996 年 4 月上证指数图

3. 积极财政政策对股市的影响(1996 年 4 月—2004 年 4 月，如图 3.3 所示)

从紧的政策使经济增长率不断下滑，这促使宏观政策由紧向松转变。1996 年 5 月，央行第二次下调利率，于是大批资金向股市回流，形成了 1996 年 4 月—1997 年 5 月的大涨行情,上证指数又重新回到1500点。但是,当时股市投机现象比较严重,国务院从1997年5月10日起,将证券交易印花税从原来的3‰调整到5‰,股指由此一路下滑,在40个交易日内跌去将近400点,跌幅达27%左右。1997年5月,发生东南亚金融危机,为了大力支持香港特区的同时防止金融风暴波及中国内地,央行于1997年10月第三次下调利率。1998年央行将商业银行法定准备金由13%降至8%。1998年3月、7月、12月央行共计3次降低利率。1998年下半年启用以增发国债扩大基础设施建设投资为主的财政政策。1999年两次下调利率,开征利息税,并于11月将法定存款准备金由8%下调至6%。2000年央行继续执行"稳健的货币政策",配合积极的财政政策以拉动内需,启动国民经济。在上述宏观政策环境下,2003年年底至2004年年初,中国经济出现了投资过快、局部过热、通胀压力加大的新情况,宏观政策又开始由松向紧转变。

这段时期股指的总体运行趋势是上升,造就了1999年5月至2001年6月长达两年的牛市行情(即"5·19"行情)。上证指数曾上涨到2245.43点(2001年6月)。

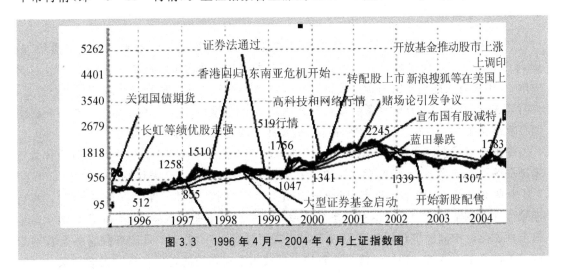

图3.3　1996年4月—2004年4月上证指数图

4. 双稳健的财政、货币政策对股市的影响(2004年4月—2007年10月,如图3.4所示)

2004年12月的中央政治局会议为2005年定下双稳健的财政、货币政策基调。积极财政政策正式淡出。

2005年5月股权分置改革试点工作正式启动。6月6日,上证指数探底998.23点后企稳。7月21日人民币汇率形成机制改革确立,人民币开始不断升值。11月中央经济工作会议明确提出:继续加强和改善宏观调控。2006年4月央行全面上调各档次贷款利率0.27个百分点。此次加息针对的是经济运行中投资增长过快、货币信贷投放过多、外贸顺差过大等矛盾做出的调控,有助于经济运行的稳定。拉开了股市随后的主升行情的序幕。股市走出长达4年的熊市行情。2007年,人民币升值速度加快(2006年升幅为3.35%,2007年升幅达6.9%),股市的牛市行情愈加火爆。2007年中国基金业也爆炸式增长,基金开户数超过1亿,股指不断被推高。至2007年10月16日上证指数上涨至6124.04点的历史最高点,相对于2005年6月998.23点的底部,最大涨幅达513%。

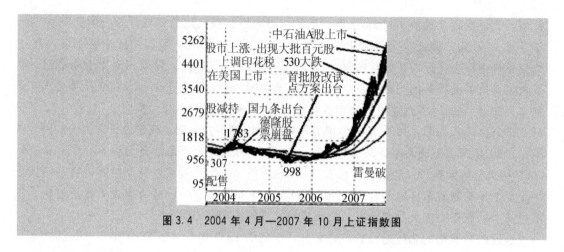

图 3.4　2004 年 4 月—2007 年 10 月上证指数图

5."积极"财政政策、"适度宽松"货币政策对股市的影响（2007 年 11 月—2008 年 12 月，如图 3.5 所示）

2007 年 11 月美国次贷危机开始向全球蔓延。中国经济下行的不确定因素显著增加。12 月中央经济工作会议明确了 2008 年要"实施稳健的财政政策和从紧的货币政策"。这是中国 10 年来首次提出从紧的货币政策。2007 年内中国第六次上调存贷款基准利率。此外，央行还连续 10 次上调存款准备金率，使其达到历史最高 14.5%。2008 年 1 月央行再次上调存款准备金率 0.5%。上证指数在此后短短的一周之内下跌了近千点。

中国政府根据国际金融危机影响持续加深、外部需求显著减少、中国传统竞争优势逐步减弱等形势，将 2008 年宏观调控的任务定位为"双防"（防通胀和经济过热）。2008 年 7 月中央政治局会议将下半年宏观调控任务定位为"一保一控"（保增长和控通胀）。央行连续 4 次下调金融机构人民币存款准备金率，5 次下调存贷款基准利率。9 月美国金融危机全面恶化，中国经济也同样受到波及，出现了快速的下滑。11 月国务院常务会议对宏观政策进行重大调整，保持经济平稳较快发展成为宏观调控的首要任务。财政政策从"稳健"转为"积极"，货币政策从"从紧"转为"适度宽松"。公布了今后两年总额达 4 万亿元的庞大投资计划，并出台 10 项强有力的扩大内需之举。12 月中央经济工作会议，宏观政策基调被完善为"保增长、扩内需、调结构"。2008 年中国政府的宏观调控政策及手段，具有频次快、范围广、力度空前的特点。

由于美国次贷危机而引发的全球金融危机的外部环境，致使世界各大重要市场股指"跌跌"不休，政府宏观经济政策对证券市场的运行产生了影响。中国股市自身的问题，如大小非解禁等问题考验着市场的承受力。所有这些因素，促使股指的恐慌下跌。2008 年 10 月 28 日上证指数创出本轮下跌的历史新低点 1 664.93 点。2008 年 12 月底，上证指数收于 1 820.81 点。

2007 年年底的 5 261.56 点跌至 2008 年年底的 1 820.81 点，上证指数全年下跌了 65.39%，创同年世界跌幅之最和中国证券市场历史跌幅之最。

通过对中国股市历次大涨大跌的梳理，不难看出，股市的大涨大跌都跟国家政策因素密切相关。

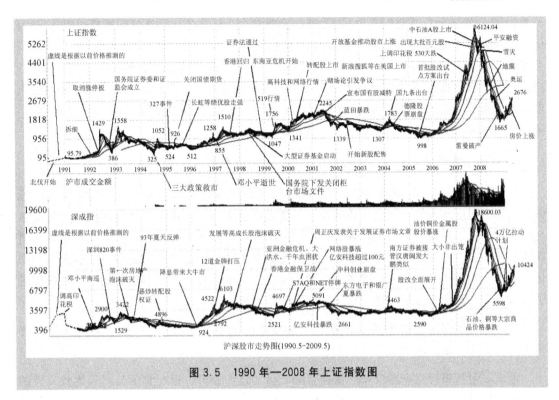

图 3.5　1990 年—2008 年上证指数图

资料来源　鲁晨光　上证指数

3.2　我国证券市场现状

3.2.1　我国证券市场取得的成就

1. 我国在旧经济体制的荒漠上建立起了一个初具规模的证券市场

30年前的中国，资本还非常贫乏，除了一些外资和外商，中国境内真正具备资本属性的企业与资源还相当匮乏。这种匮乏主要表现在两个方面：一是资本数量太少。资金不能转化为资本，资产不能转化为资本，资源不能转化为资本，资信也不能转化为资本。二是资本机制缺失。资本的生成机制、资本的组合机制、资本的竞争机制与资本的增值机制都很难产生，也不具备发挥作用的土壤和条件。我国在旧经济体制的荒漠上建立起了一个初具规模的证券市场。从一个资本穷国发展成了一个资本大国。我国股市已经形成了沪深两个证券交易所和主板市场、中小企业板市场、创业板市场并存与协调的格局，从中央到地方、从一线到二线的市场监管格局也已经基本形成。截至 2010 年年底，内地证券市场上市公司 2 063 家（我们国内上市公司数量是美国国内现在上市的公司数量的一半，这是美国股市用 100 多年走完的历程）；总市值为 26.54 万亿元，日均交易额达 2 254 亿元。流通市值 20 万亿元，全球排名第二。2010 年年底，中小企业板上市公司已达 494 家。对 4 000 多万家中国民营企业、乡镇企业起了巨大的榜样与促进作用。106 家证券公司总资产为 1.97 万亿元，净资产为 5 663.59 亿元，净资本为 4 319.28 亿元，受托管理资金本金总额为1 866.29亿元；基金管理公司62家，管理着657只基金，资产管理规模达到2.51万亿元。2010年年底，投资者开户数为1.3亿户，相当于中国总人口数量的9%左右，相当于城市人口数量的20%左右。若以城市中平均一家三口来计算，再抵扣一人在沪深两市开户的重复计算，那么至少30%以上的家庭都直接或间接参与了股市，这在全世界来看比例也是相当高的。再加上公募基金、私募基金、社保基金、保险资金等一大批机构投资者，中国股市的参与者队伍已经达到了空前规模。

2. 在一个完全没有资本观念的国度培育了整个社会的金融意识

这对中国经济和社会的长远发展意义深远。投资意识、投机意识、利率意识、风险意识和信用意识已经在整个社会大为普及，投资者已经成为现代市场经济体制的最主要支撑与最稳定力量。股票现货市场与期货市场的同时存在使得市场的价值发现功能和套期保值功能初步形成，市场与社会对资本市场特别是股票市场的认识也有了更进一步的提高与深化。资本市场促进了中国企业的发展，尤其是促进了中国现代公司制度的建设，不仅促进了国有企业的改变和发展，还促进了民营企业的发展。

3. 促进了企业家队伍的形成和发展，培育了大量的懂市场、会经营、具有国际视野的企业家、金融家、风险投资家

形成了包括银行、证券公司、基金管理公司、投资公司、资产管理公司等比较完善的金融机构体系。发展了其他的金融中介机构，包括为资本市场服务的会计事务所、律师事务所、评估机构等专业人员，这些精英对中国的经济发展、对中国资本市场的发展起了非常大的作用。

4. 改变了人们的观念，形成了资本市场的文化

人们懂得了什么是投资、如何投资，懂得了什么是风险、如何防范风险，形成了庞大的投资者队伍。我们已经有了《公司法》、《证券法》等一系列法律和法规，有了"国九条"这一发展股份经济的纲领性文献，并且进行了具有深远意义的股权分置改革。如果说，股权分置的形成为中国股市取得了生存权的话，那么，股权分置改革就为中国股市取得了发展权，使得中国股市在与国际惯例接轨与完善整个市场的运行机制上迈进了一大步，并且为中国股市的进一步发展奠定了客观和必要的体制基础。

20多年的中国股市经历了多次的大起大落，但中国股市作为市场经济大厦的基石，已经使现代市场经济取向的改革具有了完全不可逆转的功能，这是中国股市对中国改革与发展的最重大成果。

3.2.2 我国证券市场存在的问题

市场经济的精髓，是多元的逐利主体在没有垄断的环境中，依靠平等竞争自发地达到生产要素的优化配置。因此，一个市场要有效和有序运行，必须具备："多元主体逐利的市场灵魂；平等竞争的主导机制；优化资源配置的目标"3个条件。政府的职责不在于去市场参与逐利，而在于限制和防止垄断，维护竞争的公平性，保障市场有效、有序运行的

3个条件的实现。

我国证券市场主要有3个问题,一是证券市场仍然没有成为我国资源配置的主渠道和主机制;二是行政管制过多过频繁,证券市场资源配置的职能,过多地受到政府"政策市"的困扰。三是中国股市聚财、用财和生财通道始终也没有打通,上市公司不能给投资者以正常与合理的回报。

1. 证券市场没有成为我国资源配置的主渠道和主机制

在金融资源配置的银行与市场两种方式与机制中,银行曾经长期是我国金融资源配置的主渠道与主机制。

银行作为金融资源配置的主渠道与主机制,是一个低效率配置资源的机制。我国银行的人事安排大都由政府来进行选择,银行的资金也必须先满足政府需要然后才能考虑市场需求,即使是已经上市的银行,管理层在面对政府与股民的不同诉求时,也往往是首先满足政府。四大国有银行的信贷资金首先是满足国有大企业。无论中国的宏观货币政策是紧还是松,国有大企业都能得到必要或需要的资金,国有企业不仅垄断了稀缺资源,而且还在相当大的程度上垄断了国家金融,使得银行作为资源配置的主渠道与主机制在相当大的程度上阻碍着市场的竞争,这使得整个社会的资源配置机制很难产生应有的效率,产能过剩、结构扭曲、新经济增长点和新的产业群难以形成,是这种资源配置方式与机制的必然后果。

银行作为金融资源配置的主渠道与主机制,是一个风险集中的机制。银行从全社会吸收闲散资金,集中于自身,然后贷给企业,这是风险集中的过程。风险集中化在银行自身再贷出去,还不了钱的话,只能由银行一家承担责任。根据"银行不良资产亲经济周期性"特性,在经济扩张期,银行抵押的房地产股票价格会走高,银行的不良资产会降低;在经济的回落期,银行的不良资产又会升高。银行不良资产升高,又会加剧经济的波动性。以间接融资为主导,会加剧经济波动的风险。发展直接融资,可以分散风险,避免整个社会的经济波动的风险集中在银行里,加大一个国家抵御经济风险的能力。

直接融资比重低,就导致了金融体系结构的失衡,降低整个金融体系配置资源的效率,加大金融风险的隐患和通货膨胀的压力。从资产负债表的角度看,贷款形成的是债权,股票市场形成股权。间接融资过分发达的市场,是负债率比较高的市场。企业负债率较高的特点是,经济内在的脆弱性比较高,企业承担不了太大的波动。没有资本金,就算是有再优秀的企业家、产业也很难运作。高负债的企业,一旦面临经济波动,就很可能把风险转嫁给银行,使这个国家很快出现经济问题。负债率比较高的国家,一般是比较容易出现金融危机的国家。

从企业生命周期理论的角度看,贷款这种融资方式比较适合企业的成熟、发展这个阶段。在这个阶段企业有抵押担保,有透明的财务数据,有正的现金流。在此之前的阶段包括创业、成长阶段,不适合用贷款来承担风险。贷款的收益本来就低,不可能承担股本或者创业资本所承担的风险。贷款的特性决定了其承担的只能是低风险。

在我国过去多年的改革中,一个重大的缺陷是银行在金融资源配置中的作用没有随着资本市场的产生与发展而进行相应的角色调整。根据中国银监会2009年提供的数据,中国银行业的资产规模已经超过了 90 万亿元，相当于中国股市总市值的 3.26 倍。我国 1995 年—2009 年的融资结构如图 3.6 所示。

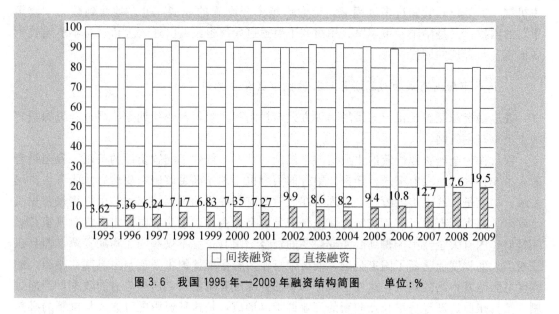

图 3.6　我国 1995 年—2009 年融资结构简图　　单位：%

数据来源：央行中国金融市场发展报告

从图 3.6 可以看出，2001 到 2007 年，我国直接融资额占间接融资的比重分别为 7.27％、9.9％、8.6％、8.2％、9.4％、10.8％、12.7％，2008 年为 17.6％；2009 年为 19.5％；近十年来，国内企业融资 80％以上是来源于银行贷款的间接融资，而股票、债券等直接融资的比重，仅在 11％左右，远低于发达国家直接融资 50％～80％的比重。

发达国家的普遍经验证明，依靠资本市场发行债券、股票融资的直接融资和依靠银行的间接融资应该是各占半壁江山。50％对 50％，才是一个稳健的融资结构。银行单腿难以撑起一个现代金融的天下。

我国的直接融资比重偏低，制约了资本市场在经济发展中优化资源配置和分散风险基本功能的作用发挥。

2. 行政管制过多过频繁，证券市场资源配置的职能，过多受到政府"政策市"的困扰

政策市一直是我国股市最主要和最基本的特征。近年来，随着国家宏观调控政策的不断变化，我国股市的政策市特征也在不断强化。市场与投资者唯政策马首是瞻。政策的突然性与巨额游资的叠加作用使得市场时而井喷式狂涨，时而瀑布式暴跌。政策市的功能越强化，市场的功能与机制就越弱化，整个市场的资源配置效率就越低下，这就使股市所本应具有的功能与作用被大大削弱，股市在运行与发展中越来越成为行政权力的附庸而不是真正的资源配置场所。

中国证监会集政策的制定者、政策的实施者与政策的监管者于一身，这就使中国股市的监管机制与监管体系发生了严重的缺位与错位现象，使得中国股市的正常预期很难形成，而政府预期在很多情况下和很大程度上代替了市场预期并且成为整个市场的主导

预期。

（1）股权分置、新股行政化发行和部分上市等证券交易制度的设计，成了证券市场功能发挥作用的障碍。股权分置是最具中国特色的制度设计。1990年开放了股票市场，害怕股票的流动会造成"国有资产流失"，担心私有化，只允许增量发行的社会新股流通，不允许存量国有股流通。1992年出台的《股份有限公司规范意见》规定：公司的股份按投资主体分为国有股、法人股和社会公众股。为了维护以公有制为主体的经济体制，上市公司的股权设置约定俗成地变为国有股或法人股占三分之二，社会公众股占三分之一，而且一开始国有股和法人股不上市交易，只有社会公众股上市流通交易。即上市公司的股份被分割为非流通股和流通股。国有股和法人股是非流通股，社会公众股是流通股。由此造成了长期的流通股股价畸形上升和国有股因不许流通而形成的实际贬值，留下了国有股流通的难题。

从理论上说，股份公司的股东是有共同的利益取向的，是平等的，都是按自己的股份取得权利。但是股权分置却把国有股变成了与个人股不同的利益主体。在这种制度下，大股东的利益来源于流通股股东。在股权分置的条件下，大股东有巨大的收益却没有相应的风险，而中小股东有巨大的风险却只有较小的收益，违背了收益与风险匹配性原则，从而使上市公司以及整个资本市场失去了发展的动力。这就是进行股权分置改革的原因。

2005年股权分置的改革中，采取"对价"、"送股"、"缩股"等方式，为10多年不许流通的国有股换回一个"全流通"，但这一改革所要达到的目标并没有真正完成。股权分置改革有3个方面的基本任务：一是变模糊的产权为明晰的产权；二是变集中的产权为分散的产权；三是变呆滞的产权为流动的产权。对于在市场中处于绝对控制地位的国有企业来说，这3个方面的任务都远没有实现。

新股行政化发行和部分上市，是中国股市在产生中带来的制度性问题。现在，20多年过去了，行政化发行和部分上市问题，也没有得到解决。2009年以来的几次新股发行改革，由于没有触及行政化发行和部分上市这个最主要的弊端，使高价格、高估值、高募资的"三高"问题更为严重。大量的社会资金源源不断地流向很多找不到投向的上市公司，导致资源配置浪费现象更加严重。行政化发行和部分上市问题不解决，市场的自身运行规律就很难形成，中国股市的资源配置功能就很难实现。

（2）证券市场价格评价机制，受到政府的干扰。任何一种充分竞争的市场，价格都是合理有效配置要素的信号，因为价格反映了要素的内在价值。资本市场上更是如此。

证券的价格首先应该反映公司的基本状况，也就是说要反映公司的内在价值（公司基本面）；其次，证券的价格也应该反映宏观经济的基本面，也就是说证券价格与宏观经济的景气指数具有相关性。这是证券价格波动的基本基础或者说证券价格的波动不能离开这两项基本内容，否则就是不正常的。不正常的证券价格波动将导致不合理的、低效率甚至是无效率的资源配置。

我国资本市场市场化程度低，主要表现为发行市场的政府控制；价格非完全市场化。上市公司股票价格严重扭曲，股票价格不反映公司基本面。政府行为显著影响股市价格，导致"政策市"现象。

我国股市仍然是资金推动型，而不是利润推动型，我国股市的升降主要不是由上市公司的利润来决定的。

政府的政策决定了中国股票市场到底有多少钱可以用来买股票。中国股票市场的初期，政府是明令禁止国有资金进入股市的，1994年证监会出台三大救市政策，其中之一是证券公司融资，有些证券公司通过各种方式动用了一些国有资金。一直到20世纪90年代后期(以1999年的5·19政策为标志)才为国有资金进入股市打开了一条小小的门缝。到现在中国股市的资金来源依然是敏感话题，股市好一点就查违规资金，一查违规资金股市就下来了。政策对于股票市场资金来源的影响非常明显。

价格信号失灵导致深沪股市资源配置效率低下。浓厚的投机氛围扭曲了我国股市的价格信号；大量的资金涌向垃圾股让劣质企业支配稀缺的资金，形成了对资本市场配置功能大的扭曲。在国内股市，由于绩优绩劣股票的股价无法拉开，资源配置功能自然无法得到体现。

3. 中国股市聚财、生财渠道没有打通，上市公司不能给投资者以正常合理的回报

为国企服务与为保增长服务经常被提升为股市运行与发展的主导战略，甚至成为发展股市的第一要务。我国没有将保护投资者尤其是保护中小投资者的利益提升为股市发展国家战略，虽然已经进行了股权分置改革，但大股东忽视甚至漠视中小股东利益的问题并没有真正得到解决。市场的发行制度、分配制度、融资制度没有围绕保护投资者利益的目标来进行。中国证券市场的现有制度安排，缺乏上市公司的强制性分红制度、对市场弄虚作假行为的严厉惩治制度、健全的民事诉讼与团体诉讼制度，证券市场投资功能得不到正常发挥。多年来，股市的财富效应很少得到体现。

人们出钱向上市公司投资，一个重要目的是要分享上市公司创造的利润。从长期来看，只要投资了，都应该取得回报，应该赚钱。整个证券市场不是零交易，应该是增量的。证券市场如果能成为为股民提供长期投资、长期获取收益的友好环境和场所，流入企业的资金就会源源不断。

2001年年初，上证综合指数是2 073点，到了2011年3月，仍然在2 900点左右徘徊。这十年加在一起累计上涨仅仅是42%，而同一个时期，巴西的股指上涨了345%；印度上涨了356%；俄罗斯上涨了1 348%。美国从1990年的第四季度开始，资本市场开始了长期单边上涨的十年，道琼斯指数从当时的2 400点，到2000年增长到11 723点，十年涨幅达到了3.9倍。1861年到2000年前后，美国股市给投资者提供的平均年回报是6%左右，理论上不仅收益率高于债券，风险也高于债券，只要持有时间足够长的话，投资者都应该是挣钱的。

从长期、整体上看，我国上市公司给予个人投资人的回报，低于一年期存款的利率。不能使投资者享受到正常的投资回报、缺乏投资价值。

一个市场是投资还是投机不是由股民自己决定的。而是由市场创造的条件决定的。一个市场创造的条件，投资的风险大于投机的风险，大家都会去投机，投资的收益小于投机的收益，大家也都会投机，而反过来大家都会投资。

中国的换手率世界第一，中国股市在过去八年中的平均换手率高达500%以上，十倍于发达股市的平均水平。也就是说每只股票在一年之中被转手交易了五次以上，即股票的

平均持有期只有两个多月。而在其他主要发达股市中,股票的持有期限平均是在两年左右,新加坡与加拿大股市中更是长达三年之久。这种情况造成中国的证券市场股市很不稳定,应该说中国的资本市场、股市明显是典型的投机市场,而不是投资市场。

3.2.3 我国需要一个健康发达的证券市场

证券市场发展虽然经历了漫长的历史,但是从来没有像今天这样受到如此强烈的关注。在经济全球化和经济金融化的今天,证券市场已成为国家之间和各经济体之间金融博弈的核心平台,而金融博弈则是21世纪国际经济竞争的支点。现代金融的核心是证券市场,它在资源配置过程中发挥着难以替代的重要作用,愈来愈成为现代经济的强大发动机。这种强大发动机集增量融资、存量资源调整、财富创造和风险流量化等功能为一身,以精美绝伦的结构性功能推动着日益庞大的实体经济不断向前发展。证券市场在推动实体经济成长的同时也在杠杆化地创造出规模巨大、生命力活跃的金融资产,并据此催生着金融结构的裂变,推动金融的不断创新和变革。证券市场通过改变风险的流动状态而使风险由存量化演变成流量化,这使风险配置成为一种现实的可能,现代金融因之成为一种艺术,而金融结构设计则成了一种国家战略。一个健康发达的证券市场对于中国经济社会可持续发展具有重要而深远的意义。

1. 我国由经济大国发展成经济强国,需要强大的自主创新能力和现代化的金融体系

强大的自主创新能力和现代化的金融体系是我们由经济大国发展成经济强国的两部发动机,两者缺一不可。

(1) 资本市场发现价值、创造价值、将未来收入变现的功能,是对人的本性的根本激励,给科技发明以源源不断的动力。人类的经济史证明,资本市场的激励,是对人类发明创造最好的激励。资本市场以"股权致富"对人发明创造的巨大激励,成为了人们永远充满创造活力的源头活水。

资本市场的金融技术将未来收入提前变现,增加社会财富总量。债券、股票及其金融衍生品的发行,就是将未来收益变现,增加社会财富总量和现有的投资能力(财富创造)。

谁能以更低的成本把更多的未来收入证券化变成今天的钱,谁就能在未来拥有最多的发展机会。证券融资是对人的发明创造的奖励,这种奖励将为未来发展创造更多的空间。哪个国家的证券市场越发达,哪个国家对人的发明创造奖励的就越及时越有效。

资本市场是高科技的孵化器。以股市为特色的美国金融就是围绕科技创新而起的。上市给美国带来许多传奇式的个人创业故事、个人或团队的创新精神,带来一个个活生生的财富故事,然后通过媒体激发整个民族的创新激情和创业文化。

在过去150年里,美国股市几乎是一部连续不断的科技创新史,这背后是资本市场给发明人演绎的一部部财富创造的故事,比尔·盖茨、戴尔能在二十几岁就成为亿万富翁的核心原因就是健康资本市场的实际效果是给具有发明创造能力的人提供一个"股权致富"的通道。

根据2004年美联储的数据,美国资本市场的规模已远远超过美国的国内生产总值。

2004年，美国股市的市值达到17万亿美元，占美国GDP的143%；美国债市市值接近37万亿美元，占到美国GDP的307%。也就是说，美国经济之所以能够保持长期可持续发展，是源于一个强大的虚拟经济的推动。

在被称为"咆哮的90年代"的时期，道琼斯工业指数从1990年的2 000多点起步，持续上涨到2000年的12 000点左右，上涨接近6倍，市值占全球市值的一半以上。这是美国股市一日千里的时代，也是给美国经济带来革命性变化的时代。资本和科技高度有效的结合，让美国实现了从传统经济向新型经济的转变，并使其在全球范围内一路保持领先。

(2) 资本市场分散风险，化解风险，扶植风险投资的功能，对人们冒险创新的激励，使证券市场成为高科技源源不断转化成生产力的动力。中国要成为未来的经济强国，除了必须在科学技术方面拥有强大的自主创新能力以及将这种强大的自主创新能力有效地转变成经济竞争力的制度以外，还必须拥有一个既能有效地配置资源，又能有效地分散风险，同时还能将现有经济资源转变成财富的现代金融体系。强大的自主创新能力和现代化的金融体系是我们由经济大国发展成经济强国的两大推动力，两者缺一不可。强大的自主创新能力是经济增长的原动力，而集增量融资、存量资源调整、财富创造和风险流量化于一身的现代金融体系则是经济增长的强大助推器，将大大地提高资源配置的效率和财富增长的速度。这种现代金融体系的核心和基础就是健康而发达的资本市场。可以说，没有资本市场就没有现代金融体系，没有现代金融体系，在当今的世界就难以成为经济上强大的国家。过去中国的金融体系长期高度依赖于以银行为主的间接金融体系，没有对风险投资予以支持，今后，大力发展资本市场，提高直接融资比重，完善金融体系，防范金融风险，就是在寻找未来经济的强大发动机。

概括地说，我国现在需要大力发展资本市场的两个原因，一是中国有高新科技产业化这个任务根本没有完成，二是我们在承接发达国家的一些高新科技产业化的成果，需要有大规模的融资。

2. 解决我国经济发展的深层次问题，亟需一个健康强大的资本市场

我国经济发展所面临的深层次问题，与我国资本市场不够健康强而不大密切相关。

1) 内需不足

中国人民银行副行长苏宁在2006年11月23日举行的"推动协调增长"中国论坛上说："目前经济增长过度依赖投资和出口，国内消费需求相对不足。我国最终消费占GDP的比重已从20世纪80年代超过62%下降到2005年的52.1%，居民消费率也从1991年的48.8%下降到2005年的38.2%，均达历史最低水平。储蓄率则从2001年的38.9%上升到2005年的47.9%，5年间快速增长了9个百分点。消费率过低造成储蓄率过高，进而又促使高储蓄率转化为高投资率，导致经济增长主要依靠投资拉动，粗放式的经济增长难以转变。"

财富效应理论告诉我们，人们资产越多，消费意欲越强。在金融资产和实物资产两种财富中，股票价格上升，消费者的金融财富增加。如果其他条件不变，则总财富也增加。消费者可用资源增加，就必然带动消费支出增加。

我国内需不足，正是我国资本市场没有持久财富效应的反映。

2) 对外贸易不平衡，经济发展过于依赖对外贸易

根据 WTO（世界贸易组织）和 IMF（国际货币基金组织）的测算，全球平均贸易依存度 2003 年接近 45%，其中，发达国家为 38.4%，发展中国家为 51%，中国 2004 年和 2006 年的外贸依存度分别为 68.44% 和 65.51%，高出世界平均水平较多，不仅远高于发达国家，而且也高于绝大多数发展中国家。我国外贸依存度之所以高，在于产业结构调整滞后；在于资本市场在兼并重组、调整产业结构的作用没有发挥出来。

3) 储蓄转化为资本的数量和规模，不能满足我国经济发展本身所需的投资需求

人均国内生产总值到 2020 年比 2000 年翻两番，需要资本市场满足经济持续高速增长带来的融资需求。我国传统经济是国家投资、银行贷款，投资主体单一；国家承担了过多的投资风险；而商业银行的贷款，作为长期资本潜藏着风险随时有爆发的可能。经济发展需要的资本缺口，需要借助于资本市场。然而，我国资本市场设计的制度缺陷，制约了储蓄转化为资本的数量和规模，使资本市场化解银行潜藏的风险能力不能充分发挥。

为解决我国经济发展当前所面临的深层次问题，避免我国 30 年经济体制改革的成果功亏一篑，我国亟需一个健康强大的资本市场。

3.2.4 我国证券市场发展方向和前景

我国的人口多、市场大，我们的总市值在世界上名列前茅，所以应该看好中国证券市场的前景。我国证券市场发展有很大需求的潜力。我国有大量的企业要公司化改造，我国现在国有企业和国有控股的还有 30 多万家，民营企业是 500 多万家，加起来注册的有 600 多万家，现在上市公司 2 200 多家，大概只占到万分之三，一万家只有三家上市，中国有大量的企业需要筹集资本。很多企业做大、做强，需要依靠证券市场。

我国证券市场发展有很大供给的潜力。目前中国的城乡居民收入为 20 万亿，钱存到银行里面，就那么一点点利息，如果投资买基金买股票有 5%、10% 的分红，人们当然要买股票了。民营资本 2 万亿存款也可以用在资本市场流动。这些都是拉动股市提升的潜力所在。

过去，中国股票市场的发展推动了企业的发展壮大和行业的整合，改善了国有企业运营与国有资产管理模式，促进了民营企业的发展，上市公司日益成为中国经济的重要组成部分，推动了中国金融结构的转型，提高了直接融资比重，增强了金融体系的抗风险能力，改善了金融机构的盈利模式。现在，中国资本市场的发展，引领了中国经济和社会发展中的许多变革。资本市场的发展带动了股份制公司在中国的普及，推动了现代企业管理制度在中国经济体系中的确立。资本市场开始走入中国社会的千家万户，财富效应初步显现，理财文化悄然兴起。中国股票市场发育、发展过程中的探索经验，是中国经济改革宝贵经验的重要组成部分。将来，中国调配社会的资源，调配企业的资源，更多要利用资本市场。可以预期，在服务于中国经济健康稳定和可持续发展的同时，中国资本市场必将日益繁荣完善，不断发展壮大。中国资本市场的前途是光明的。

3.3 学习证券投资学的意义

3.3.1 学习证券投资学的意义

1. 中国证券市场是一条凭个人聪明才智获取丰厚回报的难得投资渠道

(1) 中国证券市场中的优秀上市公司存在投资机会，如果成功投资，就能够有尊严地生存，体现个人价值。

如图 3.7 所示列出了中国股市 20 年的最牛 20 股。

证券代码	证券简称	涨跌幅(%) (1990 至 2010-10-29)	首发上市日期
600652.SH	爱使股份	18684.3795	1990-12-19
600651.SH	飞乐音响	18373.5228	1990-12-19
600601.SH	方正科技	14077.724	1990-12-19
600653.SH	申华控股	12718.7178	1990-12-19
000568.SZ	泸州老窖	9760.2601	1994-05-09
000538.SZ	云南白药	6670.3573	1993-12-15
600547.SH	山东黄金	5891.1102	2003-08-28
600739.SH	辽宁成大	5315.5583	1996-08-19
600656.SH	ST方源	5080.8871	1990-12-19
600887.SH	伊利股份	4869.0339	1996-03-12
600111.SH	宝钢稀土	4692.7606	1997-09-24
000002.SZ	万科A	4687.7995	1991-01-29
600741.SH	华域汽车	4338.8929	1996-08-26
002024.SZ	苏宁电器	3746.3658	2004-07-21
600089.SH	特变电工	3522.0428	1997-06-18
000423.SZ	东阿阿胶	3472.4531	1996-07-29
000527.SZ	美的电器	3446.0889	1993-11-12
000425.SZ	徐工机械	3421.8397	1997-09-04
000402.SZ	金融街	2960.1964	1996-06-26

图 3.7 股市 20 年最牛 20 股(来源：《投资有道》杂志)

我国股市有投资价值的股票，绝对不止这 20 股。只要投资者能准确选股并长期持股，就一定能分享中国经济高速发展的成果，享受到投资中国股票市场的快乐。

(2) 中国证券市场存在大量的投机机会。即使是中国股市 20 年的最熊 20 股，也存在投机机会。图 3.8 中小板指数图反映的是从 2006 年至 2011 年的运行轨迹。

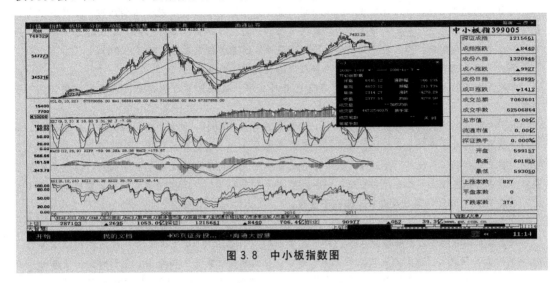

图 3.8　中小板指数图

可以看到，我国中小板指数自从运行以来，一直在上升轨道中运行，有投资价值。即使在 2006 年 1 月至 11 月下降幅度达 66％的运行中，也存在投机价值。

特别提示

重视投资，学习投资，不断地努力付诸实践，你的命运会因此在这里转弯。

2．证券投资可以抵御温和的通货膨胀

在通货膨胀的早期，证券投资是可以抵御通货膨胀的。因此，世界级财富人物最近都在纷纷购入股票。

3．证券投资有利于理财

参与证券市场投资的操作实践，能深刻理解中国经济运行的本质，是个人、家庭理财避免风险、减少损失、少走弯路的必需。证券市场是各种经济主体利益纷争的场所。各种矛盾在这里集中，各种本来面目在这里暴露。不进入其中进行投资操作实践，就很难深刻理解中国经济运行的本质。家庭理财要避免风险，首先要在实践中了解风险，不经历实践，要在家庭理财减少损失、少走弯路就往往成为空话。

知识链接

证券投资可以抵御温和通货膨胀

我们来看世界财富版顶级人物最近在做什么？

巴菲特在做什么呢？他最近持续投资了大量电力能源项目，又大手笔收购了美国第二大铁路营运商北伯林顿铁路公司。亚洲首富李嘉诚最近用 614 亿元收购了法国电力公司在英电网。

他们为什么要买基础设施资产呢？

很简单因为要通货膨胀了，这也说明了这次通货膨胀不单单是在中国，而且是世界性的。

对付通货膨胀唯一的方法是投资，持有货币只能是贬值。那么应该去投资哪些品种才能规避通货膨胀呢？比较直观的是农产品，因为这是人类的必需品，无论农产品的价格怎么高，它的需求是不会下降的，这是个典型的钢需。所以农产品是能够抵御通胀的，这是罗杰斯看好农产品的原因。

那么为什么巴菲特、李嘉诚不去投资农产品而去投资基础设施行业呢？

如果弄懂了这个原因，也就知道了为什么巴菲特、李嘉诚是世界级的富翁，而罗杰斯却只是个小角色。

我们来计算一下，假如通货膨胀了50%，那么农产品涨了50%，基础设施行业价格也涨了50%，似乎投资这两个行业是没什么区别的。而实际上农产品行业是一个低储存的行业，也就是它上涨的只是目前生产出来的产品。而没有以前储存，或者储存的量非常少，而且储存成本也非常的高，即便是涨价了获益也非常有限。假设一个农产品企业，一年产量的价值是10亿元，而储存了5亿元，储存成本是1亿元，价格上涨是50%，那么我们来计算一下收益。

$$收益=(10\times 50\%)+(5\times 50\%)-1=6.5（亿元）$$

而基层设施投资是以前陆续投入的，有很多企业的项目甚至是20年前投资的，这就相当于储存了20年的产量，同时由于我国基础设施行业相对落后，目前还处于投资的高峰期，他们大量借贷资金投资于5年后的行业，这些借贷的资金目前借的是10亿元，未来还的其实就是10/1.5=6.6亿元了。

假设一个基础设施行业的企业一年产量的价值是10亿元，其已经储存了10年的产量，并且目前在建项目相当于5年的产量。我们来计算一下收益。

$$收益=10\times 50\%+10\times 10\times 50\%+5\times 10\times (1-1/1.5)=38.7（亿元）$$

现在我们清楚了为什么巴菲特、李嘉诚是世界级的富翁，而罗杰斯只是个小角色了。

3.3.2 基础知识准备

1. 认识大盘分时图（如图3.9所示）

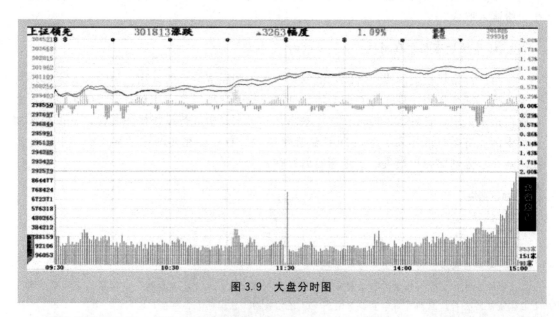

图3.9 大盘分时图

指数分时图中有一种称为股指领先指标图，该图上有两条曲线，一条为白线，是大盘加权指数曲线(即证交所公布的股价指数曲线);一条为黄线,是不含加权的大盘指数。其意义为:①白线显示大盘股价的基本走势,供投资人进行形态分析;②黄、白线的相对位置显示小盘股与大盘股涨跌的差距,黄线在白线之上,表示小盘股涨幅较大或跌幅较小,黄线在白线之下,表示大盘股涨幅较大或跌幅较小。在白黄线附近还有红绿柱线,表示指数上涨或下跌的强弱程度。当红柱线逐渐增长时,显示指数上涨力量逐渐增强;当绿柱线增长时,显示指数下跌力量增强。在走势图的下方,设有黄色柱线,表示每一分钟内的成交量。

委买手数是指所有个股现在委托买入的前五档的总和(由高到低排序)。

委卖手数是指所有个股现在委托卖出的前五档的总和(由低到高排序)。

$$委比＝(委买手数－委卖手数)(委买手数＋委卖手数)×100\%$$

当委比数值为正值时,表明买盘强于卖盘,当正委比值较大时,预示股指上涨几率大;当委比数值为负值时,情况则相反。

2. 认识个股分时图(如图 3.10 所示)

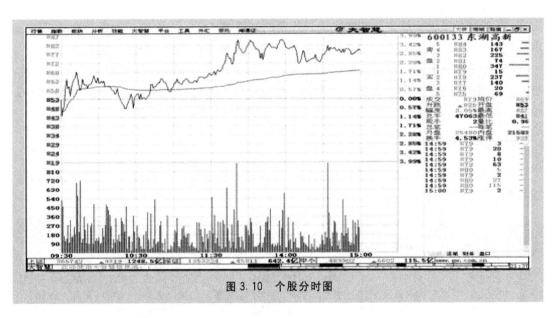

图 3.10　个股分时图

个股分时图相关概念的含义具体如下。

卖盘:委托卖出的五档价格及委托数量。

买盘:委托买进的五档价格及委托数量。

成交:现在即时成交的价格,红色代表现成交价格高于上一交易日的收盘价,绿色则好相反,白色则为持平。

均价:当时的平均价格。

升跌:当时价格与上一交易价格相比升跌的价差。

总手:表示当日该时刻为止的成交总手数,其中一手等于 100 股,目前国内的卖入股票交易最少单位为一手,卖出则不限制。

现手：表示当前成交的手数量。

内盘：以买入价成交的交易，买入成交数量统计加入内盘，一般以红色来标志。

外盘：以卖出价成交的交易，卖出量统计加入外盘，一般以绿色来标志。

内盘、外盘这两个数据大体可以用来判断买卖力量的强弱。若外盘数量大于内盘，则表现买方力量较强；若内盘数量大于外盘，则说明卖方力量较强。通过外盘、内盘数量的大小和比例，投资者通常可能发现主动性的买盘多还是主动性的抛盘多，并在很多时候可以发现庄家动向，是一个较有效的短线指标。但外盘、内盘的数量并不是在所有时间都有效。

换手率："换手率"也称"周转率"，指在一定时间内市场中股票转手买卖的频率，是反映股票流通性强弱的指标之一。其计算公式为：

$$周转率（换手率）= \frac{某一段时期内的成交量}{发行总股数} \times 100\%$$

例如，某只股票在一个月内成交了 3 000 万股，而该股票的总股本为 1 亿股，则该股票在这个月的换手率为 30%。

换手率的高低往往意味着这样几种情况。

(1) 股票的换手率越高，意味着该只股票的交投越活跃，人们购买该只股票的意愿越高，属于热门股；反之，股票的换手率越低，则表明该只股票少人关注，属于冷门股。

(2) 换手率高一般意味着股票流通性好，进出市场比较容易，不会出现想买买不到、想卖卖不出的现象，具有较强的变现能力。然而值得注意的是，换手率较高的股票，往往也是短线资金追逐的对象，投机性较强，股价起伏较大，风险也相对较大。

3. 认识板块行情图

当我们想查看某一行业股票的行情时，可以调看块行情图。如图 3.11 所示是房地产板块个股行情图。

序号	房地产*	今开盘	代码	昨收盘	总金额	外盘	内盘	外内比	振幅%	委比	委量差	换手率%	市盈率
1	房地产	392696	991007	390891	953240	-	-	-	0.93				
2	万 科A*	937	000002	928	39315	225606	194972	1.16	0.65	-17.32	-8908	0.44	20.37
3	世纪星源	535	000005	531	5043	43262	51815	0.83	1.69	-24.05	-1707	1.04	1337.50
4	深振业A	1018	000006	1013	4197	20537	20877	0.98	1.09	-7.13	-284	0.84	23.69
5	ST零七	704	000007	694	2301	21314	10667	2.00	3.89	-88.54	-6055	1.73	21.13
6	中国宝安	1065	000009	1058	19160	99048	78300	1.26	3.78	-14.67	-690	1.79	35.20
7	深物业A	940	000011	938	2374	12275	12911	0.95	2.03	12.09	206	1.80	24.08
8	沙河股份	1313	000014	1300	2550	8010	11659	0.69	2.31	71.23	1124	0.98	41.54
9	招商地产*	2281	000024	2270	16690	35417	37906	0.93	1.32	58.29	2334	1.13	40.30
10	深深房A	633	000029	630	2200	18702	16026	1.17	1.27	43.96	2386	0.39	416.45
11	中粮地产	947	000031	943	7536	39301	39993	0.98	1.91	10.70	829	0.44	-2387.50
12	*ST华控	574	000036	570	2475	24047	18916	1.27	1.23	-33.10	-1691	0.38	17.43
13	深 长 城	1953	000042	1940	2720	7985	5955	1.34	1.55	-74.63	-647	0.58	16.51

图 3.11 板块个股行情图

如图 3.11 所示中几个概念的含义具体如下。

第3章 我国证券市场

量比：量比是衡量相对成交量的指标。它是开市后每分钟的平均成交量与过去5个交易日每分钟平均成交量之比。其计算公式如下。

量比＝现成交总手／[（过去5个交易日平均每分钟成交量）×当日累计开市时间（分）]

当量比大于1时，说明当日每分钟的平均成交量大于过去5日的平均值，交易比过去5日火爆；

当量比小于1时，说明当日成交量小于过去5日的平均水平。

委比：委比＝$(A-B)/(A+B)\times 100\%$

A＝某股票当前委托买入下五档手数之和

B＝某股票当前委托卖出上五档手数之和

当委比数值为正时表示委托买入之手数大于委托卖出之手数，换言之，买盘比卖盘大，股价上涨几率较大。当委比数值为负时表示委托卖出之手数大于委托买入之手数，换言之，卖盘比买盘大，股价下跌几率较大。

市盈率："P/E Ratio"表示市盈率；"Price per Share"表示每股的股价；"Earnings per Share"表示每股收益，即股票的价格与该股上一年度每股税后利润之比（P/E），该指标为衡量股票投资价值的一种动态指标。理论上，股票的市盈率愈低，愈值得投资。比较不同行业、不同国家、不同时段的市盈率是不大可靠的。比较同类股票的市盈率较有实用价值。

本 章 小 结

本章主要介绍了我国证券市场，包括我国证券市场的建立和发展、我国证券市场现状、学习证券投资学的意义等内容。我国证券市场的建立和发展部分，主要介绍了我国建立证券市场的背景、新兴股市发展的阶段理论、我国证券市场发展阶段和经历的重大事件、宏观经济政策对我国股市影响的历史等知识。我国证券市场现状主要介绍我国证券市场的成就及其问题，我国需要一个健康强大的证券市场原因以及我国证券市场发展方向和前景，其目的是让读者对我国证券市场历史、现状、前景有一个清晰、客观、全面的了解；对于学习证券投资学的意义，主要提示了理解学习意义的方向；为了给读者在后面的专业学习中扫清障碍，本章对证券分析软件普遍采用最基本图形所涉及的基础知识，进行了介绍。

名人名言

向后看得越远，那么向前看得也越远。投资对于每一个中国人都十分重要！

——原全国人大常委会副委员长、著名经济学家 成思危

中国经济在一段时间内还会高速增长。……中国人已经迎来最好的投资时代

——"股神"沃伦·巴菲特（Warren E. Buffett）

中国的各项发展令人激动。虽然中国还有很长的道路要走，但中国人口基数庞大，新的事物正层出不穷，毋庸置疑，中国将迎来最好的投资时代。

——微软公司主席比尔·盖茨（William Henry Bill Gates III）

我认为中国的经济还是能够继续保持良好的发展势头。2010年中国发生了很多大事件，比如股指期货的推出、房地产新政，这些都会给中国带来深远的变化，当然，都是有益的。

——传奇投资家、量子基金前合伙人吉姆·罗杰斯（Jim Rogers）

习　题

一、选择题

1. 上海证券交易所和深圳证券交易所先后于（　　）年和（　　）年正式开业。
   A. 1990；1991　　　　　　　　　　B. 1991；1990
   C. 1991；1992　　　　　　　　　　D. 1992；1991
2. 证券市场属于（　　）。
   A. 货币市场，与资本市场无关　　　B. 货币市场，与资本市场有关
   C. 资本市场，与货币市场无关　　　D. 资本市场，与货币市场有关
3. 在发达的市场经济国家，资金的融通主要通过（　　）来完成。
   A. 商品市场　　　　　　　　　　　B. 货币市场
   C. 技术市场　　　　　　　　　　　D. 资本市场
4. 在股价既定的条件下，股票市盈率的高低，主要取决于（　　）。
   A. 每股税后赢利　　　　　　　　　B. 投资项目的优劣
   C. 资本结构是否合理　　　　　　　D. 市场风险大小
5. 股票市场供给方面的主体是（　　）。
   A. 证券交易所　　　　　　　　　　B. 证券公司
   C. 上市公司　　　　　　　　　　　D. 准备出售股票的投资者

二、判断题

1. 1997—1998年的中国证券市场处于规范调整时期，证券市场监管机关将整顿和规范摆在首要位置。　　　　　　　　　　　　　　　　　　　　　　　　　　　　　　　　　　　（　　）
2. 股票虽然具有永久性特征，但股东构成并不具有永久性。　　　　　　　　　　（　　）
3. 股票的换手率越低，则表明该只股票投机性较强，风险也相对较大。　　　　（　　）
4. 当委比数值为正值时，表明卖盘强于买盘。　　　　　　　　　　　　　　　　（　　）
5. 若外盘数量大于内盘，则表现卖方力量较强。　　　　　　　　　　　　　　　（　　）

三、讨论题

1. 20世纪90年代初的时代背景，对我国证券市场的建立产生了什么影响？
2. 影响我国证券市场发展的最主要问题是什么？
3. 我国证券市场存在"政策市"问题吗？表现在哪些方面？

四、问答题

1. 我国为什么需要一个健康发达的证券市场？
2. 外盘、内盘的数量在什么时候有效？什么时候无效？

3. 证券市场成为我国资源配置的主渠道和主机制有什么意义?

4. 根据图3.5(1990—2008年上证指数图),说明我国上海股市五次大涨大跌的时间和幅度。

五、案例分析题

1. 从"3·27"事件中,能悟到什么教训?

"3·27"国债是指1992年发行的三年期国债92(三),1995年6月到期兑换。1992—1994年中国面临高通胀压力,银行储蓄存款利率不断调高,国家为了保证国债的顺利发行,对已经发行的国债实行保值贴补。保值贴补率由财政部根据通胀指数每月公布,因此对通胀率及保值贴补率的不同预期,成了"3·27"国债期货品种的主要多空分歧。以上海万国证券为首的机构在"3·27"国债期货上作空,而以中经开为首的机构在此国债期货品种上作多。

当时虽然市场传言财政部将对"3·27"国债进行贴息,但在上海当惯老大的管金生就是不信这个邪。由于长期身处证券市场,管金生对市场传闻的不相信是一种与生俱来的感觉。于是管金生出手,联合辽国发等一批机构在"3·27"国债期货合约上作空。

1995年2月23日,传言得到证实,财政部确实要对"3·27"国债进行贴息,此时的管金生已经在"3·27"国债期货上重仓持有空单。

面对中经开为首的机构借利好杀将过来,本来管金生还能勉强稳住阵脚,但此时万国证券的重要盟友辽国发突然翻空为多,联盟阵营的瓦解让空方始料不及,管金生面对巨额亏损。于是,在下午4∶22分,短短的8分钟之内,万国证券抛出大量的卖单,最后一笔730万口的卖单让市场目瞪口呆(国债期货交易1口为2万元面值的国债,730万口的卖单为1460亿元,而当时"3·27"国债总共有240亿元),在最后8分钟内,万国证券共抛空"3·27"国债1 056万口(共计总市值2 112亿元的国债,1 056万口的空单需要52.8亿元保证金,万国证券拿不出这么多钱。)"3·27"国债期货收盘时价格被打到147.40元。万国证券由16亿元巨额转为42亿元巨额赢利。当晚10点多钟,上交所宣布最后7分钟的交易无效,当天收盘价为151.30元。这一天,许多人在千万身家的暴发户与债台高筑的穷光蛋之间转了个来回。

"3·27"国债期货事件被人们称为"中国的巴林银行事件"。

问题:

(1)"3·27"国债期货事件的起因就是万国证券持仓过重,导致巨额亏损。当时上证所规定:会员单位在国债期货每一品种上的持仓不能超过5万口,但万国证券却获得40万口的特别优待。据说在"3·27"国债期货事件的当天,万国证券实际持有200万口。万国证券比别的公司持口多说明什么?

(2) 国债期货赖以存在的是利率机制市场化,而直到今日我们的利率市场化尚未实现,可以想象国债期货当时的情况。这个事实给我们什么警示?

(3) 市场信息公开化是保证市场交易公平的前提,在与有财政部背景的中经开的对峙中,万国证券明显在市场信息的取得上处于劣势,机构尚且如此,那么众多的散户呢?

(资料来源:根据王炜《"3·27"国债期货事件九周年之祭》改写)

2. 看图3.12回答问题。

(1) 该股的每股净资产值是多少?总股本是多少?写出计算算式。

(2) 根据市盈率为15.74的数据,计算该股去年每股的赢利水平。

(3) 写出换手率为2.92%的计算算式,并简要说明换手率高低的意义。

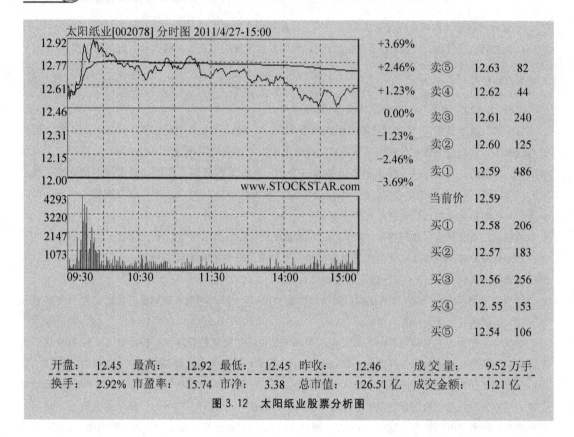

图 3.12 太阳纸业股票分析图

第 2 篇　资本市场运行

第 4 章　股票市场运行

教学目标

通过本章的学习，了解股票的一般概念、特征，掌握股票的分类，重点掌握我国主要的股票价格指数，了解股票发行市场及股票流通市场的相关知识，熟悉股票的交易程序。

教学要点

知识要点	能力要求	相关知识
股票概述	(1) 了解股票的起源 (2) 股票的概念及特征的理解能力 (3) 掌握股票的分类 (4) 了解股票的票面要素及价格等相关内容	(1) 股票的概念及起源 (2) 股票的特征 (3) 股票的分类 (4) 股票的价格
股票价格指数	(1) 理解股票价格指数的定义并掌握其计算方法 (2) 了解世界著名的股票指数 (3) 重点掌握我国主要的股票指数，并能实际运用	(1) 股票价格指数的定义和计算方法 (2) 世界著名的股票指数 (3) 我国主要的股票指数
股票发行市场	(1) 了解股票发行的目的及条件 (2) 对股票的发行定价的理解	(1) 股票发行的目的 (2) 股票发行的条件 (3) 股票的发行定价
股票流通市场	(1) 理解股票流通市场的概念 (2) 掌握股票流通市场的分类 (3) 熟悉股票的交易程序并能运用	(1) 股票流通市场的概念及分类 (2) 股票交易程序：开户、委托、竞价成交、清算交割、过户

> 股票市场并非一能精确衡量价值的"称重计",相反它是一个"投票机",不计其数的人所作出的决定是一种理性和感性的掺和物,有很多时候这些抉择和理性的价值评判相去甚远。投资的秘诀就是在价格远远低于内在价值时投资,并且相信市场趋势会回升。
>
> ——本杰明·格雷厄姆

基本概念

普通股　优先股　蓝筹股　收入股　成长股　记名股票　无记名股票　国家股　法人股　社会公众股　A股　B股　上证综合指数　深圳综合股票指数　深圳成分股指数　沪深300指数　股票价格指数　道琼斯股票指数　纳斯达克股票价格指数　股票发行　询价制　场内交易市场　场外交易市场　创业板市场　第三方存管　清算　交割　过户

导入案例

爱因斯坦与三个人的对话

话说伟大的物理学家爱因斯坦死后进入了天堂,上帝把他安排到一间四个人的房子里。爱因斯坦向第一个人问道:"你的智商是多少?"那人回答:"160。"爱因斯坦喜出望外地说:"太好了!我正在担心在这里找不到一起探讨相对论呢。"他又问第二个人,那人说自己的智商是120。爱因斯坦显然有些失望,他叹了口气说:"也好,我们还是可以讨论一些数学问题的。"最后,他问第三个人,那人说他的智商还不到80。于是,爱因斯坦皱起了眉头,过了很久才继续说道:"看来我们只能聊聊股市了。"

点评:

股票投资不是一场智力游戏,智商160的人并一定能击败智商80的人。

4.1 股票概述

4.1.1 股票的概念及起源

股票是股份有限公司发行的用以证明投资者的股东身份和权益,并据以获得股息和红利的一种书面凭证。股份有限公司发行股票进行融资,所筹集到的资金成为股本。公司的股本按相等金额划分为若干单位,成为股份,然后以股票的形式为股东所有。股票是金融市场上主要的长期信用工具之一,也是投资者进行投资的基本选择方式。

知识链接

股票起源于1602年荷兰东印度公司。大约在1600年,荷兰一个国家的商船数量就大约相当于英、法两国商船数量的总和,这表明当时荷兰的海运业非常繁荣。

荷兰东印度公司是世界上第一家公开发行股票的公司,它发行了当时价值650万荷兰盾的股票,它在荷兰的6个海港城市设立了办事处,其中最重要的一个当然就是阿姆斯特丹了,在这里发行的股票数量占总数的50%以上。当时，几乎每一个荷兰人都去购买这家公司的股票，甚至包括阿姆斯特丹市市长的佣人。

股票的产生源于对财富的渴望和对风险的恐惧。当时荷兰的海上贸易把别国市场上缺少的东西运过去，再把本国市场缺少的东西运回来，这其中的利润是十分可观的。但是，仅仅凭着一叶轻舟，要在海上航行数万公里，无论前面的利润有多么可观，那些出没无常的狂风巨浪会给远航的贸易带来无法回避的巨大风险。远航带来的超额利润是所有人都希望得到的，而获取它所必须承担的巨大风险又是所有人无法逃避的，那么，有没有一种办法既能够获得足够的利润又能够把风险控制在一定程度呢？

于是，股份制的公司、股票以及股票市场就在人们这种分散投资的需求中诞生了。

1611年，荷兰的阿姆斯特丹出现了股票交易所的雏形；1773年，在伦敦柴思胡同的约那森咖啡馆，股票商们正式成立了英国的第一个证券交易所，即现在伦敦证券交易所的前身；1792年，24名纽约经纪人在纽约华尔街的一棵梧桐树下订立协定，成立经纪人卡特尔，也就是现在纽约证券交易所的前身。

4.1.2 股票的特征

1. 不可偿还性

股票属于权益证券，代表了投资者作为股东对公司的所有权，它反映的不是债务债权关系，而是所有权关系。因此，股票一经买入，只要股票发行公司存在，任何股票持有者都不能向股票发行公司要求退还股本。投资者可以在金融市场上出售股票，但这只是股权的转让，并不会减少公司的资本。

2. 流通性

股票可以在股票交易市场上随时转让，进行买卖，也可以继承、赠予、抵押，但不能退股。股票是一种具有颇强流通性的流动资产。股票的流动性是股票的生命力。

3. 收益性

股票投资者的投资收益来自两个方面：一是公司派发的股息和红利；二是股票持有者可通过低买高卖赚取价差利润。

4. 风险性

任何一种投资都是有风险的，股票投资也不例外。股票的风险性是与股票的收益性相对应的。股票的收益往往具有较大的不确定性，它随公司的经营状况和赢利水平等而波动，公司经营状况好，投资者获得的股息和红利一般就越多；公司经营不善，投资者的收益就会减少，如果公司破产，投资者甚至可能血本无归。股票的价格除了受制于企业的经营状况之外，还受经济、政治、社会甚至人为等诸多因素的影响，处于不断变化的状态中，大起大落的现象也时有发生。因此，欲入市投资者，一定要谨慎从事。

5. 责权性

股票所有者作为公司的股东，享有对公司的剩余索取权和剩余控制权。所谓剩余索取权，就是对公司净利润的要求权。在公司经营状况良好时，其有义务向股东分配股息和红利，但若公司破产，股东则将一无所得，股东应以当初投资入股的那部分资金对公司债务进行清偿，股东的个人财产不受追究，即仅仅负有限责任。剩余控制权是指对公司经营决策的参与权。股东有权投票决定公司的重大经营决策，如选举公司的董事会、企业并购等。股东参与公司经营决策的权利大小，取决于其所持有股份的多少。

4.1.3 股票的分类

1. 按股东权利分类，股票可以分为优先股和普通股

1）优先股

优先股是股份公司发行的在分配红利和剩余财产时比普通股具有优先权的股份。优先股也是一种没有期限的所有权凭证，优先股股东一般不能在中途向公司要求退股（少数可赎回的优先股例外）。

优先股的主要特征有以下几点。

（1）优先股通常预先定明股息收益率。由于优先股股息率事先固定，所以优先股的股息一般不会根据公司经营情况而增减，而且一般也不能参与公司的分红，但优先股可以先于普通股获得股息，对公司来说，由于股息固定，它不影响公司的利润分配。

（2）优先股的权利范围小。优先股股东一般没有选举权和被选举权，对股份公司的重大经营无投票权，但在某些情况下可以享有投票权。

（3）优先股是剩余资产分配优先权。股份公司在解散、破产清算时，优先股具有公司剩余资产的分配优先权，不过，优先股的优先分配权在债权人之后，而在普通股之前。只有还清公司债权人债务之后，有剩余资产时，优先股才具有剩余资产的分配权。只有在优先股索偿之后，普通股才参与分配。

2）普通股

普通股是"优先股"的对称，它是股份公司资本构成中最重要、最基本的股份，亦是风险最大的一种股份。普通股的投资收益不像优先股的股息，它不是固定的，而是随企业利润变动而投资收益变动的一种股份。普通股的基本特点是投资利益（股息和分红）不是在购买时约定，而是事后根据股票发行公司的经营业绩来确定，公司的经营业绩好，普通股的收益就高；而经营业绩差，普通股的收益就低。

一般可把普通股的特点概括为如下四点。

（1）持有普通股的股东有权获得股利，但必须是在公司支付了债息和优先股的股息之后才能分得。普通股的股利是不固定的，一般视公司净利润的多少而定。当公司经营有方，利润不断递增时普通股能够比优先股多分得股利，股利率甚至可以超过50%；但当公司经营不善的时候，也可能连一分钱都得不到。

（2）当公司因破产或结业而进行清算时，普通股东有权分得公司剩余资产，但普通股

东必须在公司的债权人、优先股股东之后才能分得财产,是剩余财产最后索取人,剩余财产多时多分,少时少分,没有则只能作罢。由此可见,普通股东与公司的命运更加息息相关,荣辱与共。

(3) 普通股东一般都拥有发言权和表决权,即普通股股东有权就公司重大问题进行发言和投票表决。普通股东持有一股便有一股的投票权,持有两股便有两股的投票权。任何普通股东都有资格参加公司最高级会议——每年一次的股东大会,但如果不愿参加,也可以委托代理人来行使其投票权。

累积投票制(Cumulative Voting)是一种选举公司董事的投票制度。股东将其股份数与投票选举的董事职位数相乘得到其选票,他可将全部选票投给一位董事或在所选择的一组董事中分配。例如,一位拥有10股股票的股东名义上可以将其10张选票投给董事会12位提名人的每一位,这样他就拥有了120张选票。根据累积投票制的原则,他可以将120(10×12)张选票全部投给一位提名人,也可以给2位提名人每人投60票,给3位提名人每人投40票,或其他任何一种他所愿意的分配方式。在美国,部分州已将累积投票制写入公司法,并且,这一制度已在多数州得到执行。

(4) 普通股东一般具有优先认股权,即当公司增发新普通股时,现有股东有权优先(可能还以低价)购买新发行的股票;在发行新股票时,具有优先认股权的股东既可以行使其优先认股权,认购新增发的股票,也可以在认为购买新股无利可图时,听任优先认股权过期而失效。公司提供认股权时,一般规定股权登记日期,股东只有在该日期内登记并缴付股款,方能取得认股权而优先认购新股。

在普通股和优先股向一般投资者公开发行时,公司一般使投资者感到普通股比优先股能获得较高的股利,否则,普通股既在投资上冒风险,又不能在股利上比优先股多得,那么还有谁愿购普通股呢!一般公司发行优先股,主要是以"保险安全"型投资者为发行对象,对于那些比较富有"冒险精神"的投资者,普通股更具魅力。总之,发行这两种不同性质的股票,目的在于更多地吸引具有不同兴趣的资本。

2. 按票面形态分类,股票可以分为记名股票、无记名股票

1) 记名股票

这种股票在发行时,票面上记载有股东的姓名,并记载于公司的股东名册上。

记名股票的特点就是除持有者和其正式的委托代理人或合法继承人、受赠人外,任何人都不能行使其股权。另外,记名股票不能任意转让,转让时,既要将受让人的姓名、住址分别记载于股票票面,还要在公司的股东名册上办理过户手续,否则转让不能生效。显然这种股票有安全、不怕遗失的优点,但转让手续繁琐。这种股票如需要私自转让,例如发生继承和赠予等行为时,必须在转让行为发生后立即办理过户等手续。

2) 无记名股票

此种股票在发行时,在股票上不记载股东的姓名。其持有者可自行转让股票,任何人一旦持有便享有股东的权利,无须再通过其他方式、途径证明有自己的股东资格。这种股票转让手续简便,可以通过证券市场的合法交易实现转让。

3. 按股票收益水平和风险特征分类,股票可以分为蓝筹股、成长股、收入股及投机股

1) 蓝筹股

蓝筹股是指历史较长、信誉卓著、资金实力雄厚的大公司发行的股票,这类股票具有稳定的盈余记录,能定期分派较优厚的股息,是市场上的热门股票,又称为"绩优股"。

2) 成长股

成长股是指这样一些公司所发行的股票,它们的销售额和利润额持续增长,而且其速度快于整个国家和本行业的增长。虽然这种公司需要大量的留存资金来满足发展的需要,股息发放较少,但是它们的股票极具成长潜力。

3) 收入股

收入股是指当前发放股利较多的股票,特点是稳定性较好,受股价暴涨暴跌的影响相对要小,发行收入股的公司一般是有较好赢利能力的公司。收入股留存较少,大量的利润被用作股利的分配,较受妇女、老人欢迎。

4) 投机股

投机股是指一些赢利情况极不稳定且未来收入难以确定的公司发行的股票。这类股票易被投机者操纵,价格暴涨暴跌,风险较大,适合于偏好高风险的投资者。

4. 按股票投资主体分类,股票可以分为国有股、法人股和社会公众股

见本教材第29页,知识链接:我国特殊的股权结构。

5. 按上市地点分,我国上市公司的股票有A股、B股、H股、N股、S股等的区分,这一区分主要依据股票的上市地点和所面对的投资者而定

(1) A股的正式名称是人民币普通股票。它是指由我国境内的公司发行的,供境内机构、组织或个人(不含台、港、澳投资者)以人民币认购和交易的普通股股票。

(2) B股的正式名称是人民币特种股票,它是指由境内注册和上市的公司发行的,投资者限于外国和我国香港、澳门、台湾地区的人民币特种股票,该种类型的股票是以人民币标明面值,以外币认购和买卖,其在我国境内的上海、深圳证券交易所上市交易。在上海证券交易所的B股以美元计价和交易,在深圳证券交易所的B股以港元计价和交易。经国务院批准,中国证监会决定自2001年2月下旬起,允许境内居民以合法持有的外汇开立B股账户,交易B股股票。

知识链接

B股于1992年建立,2001年2月19日前,仅限外国投资者买卖;包括外国的自然人、法人和其他组织,中国香港、中国澳门、中国台湾地区的自然人、法人和其他组织,定居在国外的中国公民,中国证监会规定的其他投资人。2001年2月19日后,B股市场对国内投资者开放,中国大陆居民如果持有外汇也可以开设B股账户,投资B股股票。

(3) H股，即注册地在内地，股票发行和上市地在香港的股票。因香港的英文是 Hong Kong，取其字首，故我国公司在香港上市股票就叫做 H 股。

以此类推，纽约的第一个英文字母是 N，新加坡的第一个英文字母是 S，我国公司在纽约和新加坡上市的股票就分别叫做 N 股和 S 股。

4.1.4 股票的价格

1. 股票面值

在我国法律规定股票面值都为1元。我国发行的每股股票的面额均为一元人民币，股票的发行总额为上市的股份有限公司的总股本数。

2. 股票净值

股票的净值又称为账面价值，也称为每股净资产。由于账面价值是财务统计、计算的结果，数据较精确而且可信度很高，所以它是股票投资者评估和分析上市公司实力的重要依据之一。

3. 股票发行价

股票发行价是股票发行、第一次卖给投资者的价格。

4. 股票市价

股票的市价，是股票在二级市场交易的成交价。股票的市价直接反映着股票市场的行情。由于受众多因素的影响，股票市价每天处于变化之中。股票价格是股票市场价值的集中体现，因此这一价格又称为股票行市。

5. 股票清算价格

指股份公司破产或倒闭后进行清算时，每股股票所代表的实际价值。从理论上讲，股票的每股清算价格应与股票的账面价值相一致，但企业在破产清算时，其财产价值是以实际的销售价格来计算的，而在进行财产处置时，其售价一般都会低于实际价值。所以股票的清算价格就会与股票的净值不一致。股票的清算价格只是在股份公司因破产或其他原因丧失法人资格而进行清算时才被作为确定股票价格的依据，在股票的发行和流通过程中没有意义。

4.2 股票价格指数

4.2.1 股票价格指数的定义

股票价格指数是由证券交易所或金融服务机构编制的表明某一类股票平均价格变动的一种供参考的指标。

由于股票价格起伏无常，投资者必然面临市场价格风险。对于具体某一种股票的价格变化，投资者容易了解，而对于多种股票的价格变化，要逐一了解，既不容易，也不胜其烦。投资者有市场价格变动指标的需要，一些金融服务机构就利用自己的业务知识和熟悉市场的优势，编制出了反映市场价格变动的股票价格指数并公开发布。投资者可以以此为参考指标，结合社会政治、经济发展形势，预测股票市场未来的动向。

4.2.2　股票指数的计算方法

编制股票指数，通常以某年某月为基础，以这个基期的股票价格作为100，用以后各时期的股票价格和基期价格作比较，即以计算期样本股市价总值除以基期市价总值再乘上基期指数而得到的。

股票价格指数一般有3种计算方法：简单算术股价平均数、修正的股价平均数、加权股价平均数三类。

1) 简单算术股价平均数

简单算术股价平均数是将样本股票每日收盘价之和除以样本数得出的，即

$$简单算术股价平均数 = (P_1 + P_2 + P_3 + \cdots + P_n)/n$$

世界上第一个股票价格平均数——道·琼斯股价平均数在1928年10月1日前就是使用简单算术平均法计算的。

现假设从某一股市采样的股票为A、B、C、D四种，在某一交易日的收盘价分别为10元、16元、24元和30元，计算该市场股价平均数。将上述数值置入公式中，即得

$$\begin{aligned}股价平均数 &= (P_1 + P_2 + P_3 + P_4)/n \\ &= (10+16+24+30)/4 \\ &= 20(元)\end{aligned}$$

简单算术股价平均数虽然计算较简便，但它有两个缺点。

一是它未考虑各种样本股票的权数，从而不能区分重要性不同的样本股票对股价平均数的不同影响。

二是当样本股票发生股票分割派发红股、增资等情况时，股价平均数会产生断层而失去连续性，使时间序列前后的比较发生困难。例如，上述D股票发生以1股分割为3股时，股价势必从30元下调为10元，这时平均数就不是按上面计算得出的20元，而是(10+16+24+10)/4=15(元)。这就是说，由于D股分割技术上的变化，导致股价平均数从20元下跌为15元(这还未考虑其他影响股价变动的因素)，显然不符合平均数作为反映股价变动指标的要求。

2) 修正的股价平均数

修正的股价平均数有两种。

一是除数修正法，又称道式修正法。这是美国道·琼斯在1928年创造的一种计算股价平均数的方法。该法的核心是求出一个常数除数，以修正因股票分割、增资、发放红股等因素造成股价平均数的变化，以保持股份平均数的连续性和可比性。具体做法是以新股价总额除以旧股价平均数，求出新的除数，再以计算期的股价总额除以新除数，这就得出修正的股价平均数。即

$$新除数 = 变动后的新股价总额/旧的股价平均数$$
$$修正的股价平均数 = 报告期股价总额/新除数$$

在前面的例子中除数是 4,经调整后的新的除数应是

新的除数=(10+16+24+10)/20=3,将新的除数代入下列式中,则

修正的股价平均数=(10+16+24+10)/3=20(元)得出的平均数与未分割时计算的一样,股价水平也不会因股票分割而变动。

二是股价修正法。股价修正法就是将股票分割等变动后的股价还原为变动前的股价,使股价平均数不会因此变动。美国《纽约时报》编制的 500 种股价平均数就采用股价修正法来计算股价平均数。

3)加权股价平均数

加权股价平均数是根据各种样本股票的相对重要性进行加权平均计算的股价平均数,其权数(Q)可以是成交股数、股票总市值、股票发行量等。

以基期成交股数(或发行量)为权数的指数称为拉斯拜尔指数;以报告期成交股数(或发行量)为权数的指数称为派许指数。目前世界上的大多数股票指数都是派许指数。

4.2.3 世界著名的股票指数

1. 道琼斯股票指数

道琼斯股票指数是世界上历史最为悠久的股票指数,它的全称为股票价格平均数。它是在 1884 年由道·琼斯公司的创始人查尔斯·亨利·道(Charles Henry Dow)开始编制的。其最初的道琼斯股票价格平均指数是根据 11 种具有代表性的铁路公司的股票,采用算术平均法进行计算编制而成,发表在查理斯·道自己编辑出版的《每日通讯》上。其计算公式为:

股票价格平均数=入选股票的价格之和/入选股票的数量

现在的道琼斯股票价格平均指数是以 1928 年 10 月 1 日为基期,因为这一天收盘时的道·琼斯股票价格平均数恰好约为 100 美元,所以就将其定为基准日。而以后股票价格同基期相比计算出的百分数,就成为各期的投票价格指数,所以现在的股票指数普遍用点来做单位,而股票指数每一点的涨跌就是相对于基准日的涨跌百分数。

目前,道琼斯股票价格平均指数共分四组,第一组是工业股票价格平均指数。它由 30 种有代表性的大工商业公司的股票组成,且随经济发展而变大,大致可以反映美国整个工商业股票的价格水平,这也就是人们通常所引用的道琼斯工业股票价格平均数。第二组是运输业股票价格平均指数。它包括 20 种有代表性的运输业公司的股票,即 8 家铁路运输公司、8 家航空公司和 4 家公路货运公司。第三组是公用事业股票价格平均指数,是由代表着美国公用事业的 15 家煤气公司和电力公司的股票所组成。第四组是平均价格综合指数。

2. 纽约证券交易所股票价格指数

纽约证券交易所股票价格指数。这是由纽约证券交易所编制的股票价格指数。它起自 1966 年 6 月,先是普通股股票价格指数,后来改为混合指数,包括在纽约证券交易所上市的 1 500 家公司的 1 570 种股票。具体计算方法是将这些股票按价格高低分开排列,分别

计算工业股票、金融业股票、公用事业股票、运输业股票的价格指数,最大和最广泛的是工业股票价格指数,由1093种股票组成;金融业股票价格指数包括投资公司、储蓄贷款协会、分期付款融资公司、商业银行、保险公司和不动产公司的223种股票;运输业股票价格指数包括铁路、航空、轮船、汽车等公司的65种股票;公用事业股票价格指数则有电话电报公司、煤气公司、电力公司和邮电公司的189种股票。

纽约股票价格指数是以1965年12月31日确定的50点为基数,采用的是综合指数形式。纽约证券交易所每半个小时公布一次指数的变动情况。虽然纽约证券交易所编制股票价格指数的时间不长,但因它可以全面及时地反映其股票市场活动的综合状况,所以较受投资者欢迎。

3. 纳斯达克股票价格指数

纳斯达克股票价格指数是以公司市值(最新的股票卖价×发行的股票股数)所占整个市场总体市值比重为加权数来进行汇总计算的。这就意味着每个公司的股票都以其在整个市场中所占市值比重的大小为权数来影响股指的走向。

纳斯达克股票价格指数(以下简称为纳市股指或股指)计算公式为:

纳市股指=(最新整个市场市值/基期调整的市场市值基数)×纳市股指基数

比如,昨天一个基数为100的股指开始运作,昨天收盘时的股指所包含的股票的总市值为10美元,由于今天这些股票价格上涨,使得股指包括的股票的总市值上涨到11美元,那么在股指基数为100的情况下,其股指就上涨到110。

纳斯达克指数家族中包括了按照不同的行业划分的指数种类,包括综合指数、NASDAQ—100指数、NASDAQ—金融业100指数、工业指数、银行业指数、计算机业、保险业、电信业、生物医药业和运输业指数等。各个指数都代表了在纳斯达克上市的某个行业的公司股票的总体走势。

纳斯达克股市建立于1971年2月8日,最初的股票指数为100点,十年后突破200点,2000年3月10日创造了5 048.62点的最高纪录。

4. 日经道·琼斯股价指数(日经平均股价)

日经道·琼斯股价指数指由日本经济新闻社编制并公布的反映日本股票市场价格变动的股票价格平均数。该指数从1950年9月开始编制。最初根据在东京证券交易所第一市场上市的225家公司的股票算出修正平均股价,当时称为"东证修正平均股价"。1975年5月1日,日本经济新闻社向道·琼斯公司买进商标,采用美国道·琼斯公司的修正法计算,这种股票指数也就改称"日经道·琼斯平均股价"。1985年5月1日在合同期满10年时,经两家商议,将名称改为"日经平均股价"。

按计算对象的采样数目不同,该指数分为两种,一种是日经225种平均股价。其所选样本均为在东京证券交易所第一市场上市的股票,样本选定后原则上不再更改。1981年定为制造业150家,建筑业10家、水产业3家、矿业3家、商业12家、路运及海运14家、金融保险业15家、不动产业3家、仓库业、电力和煤气4家、服务业5家。由于日经225种平均股价从1950年一直延续下来,因而其连续性及可比性较好,成为考察和分析日本股票市场长期演变及动态的最常用和最可靠指标。该指数的另一种是日经500种平均股价。这是从1982年1月4日起开始编制的。由于其采样包括有500种股票，其代表性就相对更为广泛，但它的样本是不固定的，每年4月份要根据上市公司的经营状况、成交量和成交金额、市价总值等因素对样本进行更换。

5. 伦敦《金融时报》股票价格指数

伦敦《金融时报》股票价格指数的全称是"伦敦《金融时报》工商业普通股股票价格指数"，是由英国《金融时报》公布发表的。该指数包括3个股价指数：①30种股票的指数；②100种股票的指数；③500种股票的指数。通常所说的《金融时报》股票指数是指第一种指数，由30种有代表性的工业和商业股票组成。它以1935年7月1日作为基期，其基点为100点。在交易所营业时，每小时计算一次，下午5时再计算一次收盘指数。该股票价格指数以能够及时显示伦敦股票市场动态而闻名于世。

6. 香港恒生指数

香港恒生指数是香港股票市场上历史最久、影响最大的股票价格指数，由香港恒生银行于1969年11月24日开始发表。恒生股票价格指数包括从香港500多家上市公司中挑选出来的33家有代表性且经济实力雄厚的大公司股票作为成分股，分为四大类——4种金融业股票、6种公用事业股票、9种地产业股票和14种其他工商业（包括航空和酒店）股票。这些股票占香港股票市值的63.8%，因该股票指数涉及香港的各个行业，具有较强的代表性。恒生股票价格指数的编制是以1964年7月31日为基期，因为这一天香港股市运行正常，成交值均匀，可反映整个香港股市的基本情况，基点确定为100点。其计算公式为

$$恒生指数＝（计算日的股票总市值/基期股票总市值）×100$$

由于恒生股票价格指数所选择的基期适当，因此，无论股票市场狂升或猛跌，还是处于正常交易水平，恒生股票价格指数基本上都能反映整个股市的活动情况。自1969年恒生股票价格指数发表以来，已经过多次调整。由于1980年8月香港当局通过立法，将香港证券交易所、远东交易所、金银证券交易所和九龙证券所合并为香港联合证券交易所，因此在目前的香港股票市场上，只有恒生股票价格指数与新产生的香港指数并存，香港的其他股票价格指数均不复存在。

4.2.4 我国主要的股票指数

1. 上证综合指数

上证综合指数是上海证券交易所股票价格综合指数的简称，是由上海证券交易所编制的股票指数，该指数的前身为上海静安指数，是由中国工商银行上海市分行信托投资公司静安证券业务部于1987年11月22日开始编制的，1990年12月19日正式开始发布。该股票指数的样本为所有在上海证券交易所挂牌上市的股票，其中新上市的股票在挂牌的第二天纳入股票指数的计算范围。该股票指数的权数为上市公司的总股本，所以总股本较大

的股票对股票指数的影响就较大。其计算公式为

今日股价指数＝(今日市价总值/基日市价总值)×100

上海证券交易所股票指数的发布几乎是和股票行情的变化相同步的,它是我国股民和证券从业人员研判股票价格变化趋势必不可少的参考依据。

上证综指：中国证券市场风向标

中国改革开放以来,包括证券指数在内的各种各样的指数如雨后春笋般地涌现,令人目不暇接。然而,令中国投资者普遍接受并广泛使用的,还属上证综合指数。

为什么有的指数昙花一现,而上证综合指数则得以生存,经久不衰？究其原因,一是其牌子老,是改革开放后第一个由上海证券交易所编制并于1991年7月15日发布的指数,它见证了中国证券市场近19年来的荣耀和曲折、悲喜和哀乐。俗话说得好,人是越年轻越好,牌子是越老越好。二是其自身的编制特点符合当时的实际情况。三是满足了投资者和市场发展的需要,并赢得了投资者和市场的认可,经过不断考验,变成了中国证券市场的风向标。四是管理层、上海证券交易所和中证指数有限公司对其呵护有加。

积累的数据是宝贵财富

作为一个指数编制的爱好者和研究者,以及上海证券交易所和中证指数有限公司指数专家委员会委员,前些年曾有朋友建议应取消上证综合指数,理由是它有缺陷,我当时就亮出了自己明确的观点,上证综合指数是不能取消的,因为它见证了改革开放以来我国证券市场的发展历史,它所积累的数据,是一笔宝贵的历史财富,是国内外投资者和研究者了解我国证券市场动态演变的极其重要的工具,谁取消了它,谁就是历史的罪人。道琼斯平均指数中最具影响力的为道琼斯工业平均指数(DJIA),它创立于1884年,媒体所称的道琼斯指数就是这个具有百年历史的指数,它被看成是一种权威性的股价指数,被认为是反映美国政治、经济和社会行情的最敏感的股价指数,被用来作为观察分析西方市场动态和进行投资、投机的重要参考依据。但是,它也存在着一些明显的不足之处。例如,其平均数的计算未加权,致使少数几种股价的大幅度变动会对平均数产生很大的影响；又如,拆股时用除数修正法计算,调整时导致了各种股票的相对重要性发生变化,但这些并没影响道琼斯指数的权威性。追求完美是大家的目标和理想,但世界上十足的完美真的很少。

具有三大特点

在现代证券市场指数发展过程中,指数可按其使用功能的不同分为两大类：第一类是基准指数(Benchmark Index),其主要目的是反映目标市场的整体波动,因此它市场覆盖范围广、代表性好、行业分布均衡。另一类指数是投资指数(Investment Index),其主要目的是用于指引投资者进行证券投资,投资指数主要用于指数基金(Index Funds)、指数期货和期权(Index Futures ＆ Options)、交易所交易基金(ETFs)等衍生产品和结构产品。投资指数在编制时除了要考虑指数的市场覆盖范围和行业代表性外,还必须重点考虑指数的可投资性,即有较好的流动性和较低的复制成本。

我曾担任过《辞海》统计学分科的主编,作为指数的研究者,我认为上证综合指数属于基准指数,具有表征功能,是中国证券市场的风向标和晴雨表。这是由上证综合指数的目标定位、功能和编制特点所决定的。

上证综合指数的目标定位是全面反映和表征在上海证券交易所挂牌上市的全部股票价格的综合动态

演变，那么，以上海证券交易所全部上市的包括 A 股和 B 股在内的股票作为编制对象是必要并可行的。这种做法有其优点，即能比较全面、准确地反映某一时点股票价格的全面变动情况，能广泛地考虑行业分布，兼顾公司的不同规模和实力，因而具有广泛的代表性。它很好地体现了统计指数的三大特点，即综合性、平均性和动态性。同时，采用全部股票作为采样股的客观原因是由于当时上海证券市场正处于起步阶段，上市股票只有 8 只，无法采用样本股来编制指数。上证综合指数基期定为 100 点，这也是国际惯例之一，比较容易被人接受和理解。

针对上证指数，监管层一直是呵护有加，单新股计入指数的时间就有多次修订：浦发银行 1999 年 11 月 10 日上市之前，新股自上市满 1 个月后计入指数；1999 年 11 月 8 日开始，上市新股自上市后第二日起计入指数；而自 2002 年 9 月 23 日起，新股上市首日即纳入指数计算。

为了平滑新股上市对指数带来的虚增现象，监管层认真听取意见，于 2007 年又推出了新的计入指数规则：2007 年 1 月 6 日，上海证券交易所发布了修改新股计入指数规则的公告：即自当天起，新股于上市第十一个交易日开始计入上证综合、新综指及相应上证 A 股、上证 B 股、上证分类等指数。新股上市首日虚增上证指数的时代告别市场，取而代之的将是更真实地反映市场走势的上证指数。

（资料来源：《中国证券报》2009 年 6 月 3 日 A02 版　作者：徐国祥）

2. 深圳综合股票指数

深圳综合股票指数是由深圳证券交易所编制的股票指数，以 1991 年 4 月 3 日为基期。该股票指数的计算方法基本与上证指数相同，其样本为所有在深圳证券交易所挂牌上市的股票，权数为股票的总股本。由于它以所有挂牌的上市公司为样本，其代表性非常广泛，且与深圳股市的行情同步发布，因此是股民和证券从业人员研判深圳股市股票价格变化趋势必不可少的参考依据。在前些年，由于深圳证券所的股票交投不如上海证交所那么活跃，深圳证券交易所现已改变了股票指数的编制方法，采用成分股指数，其中只有 40 只股票入选并于 1995 年 5 月开始发布。现深圳证券交易所并存着两个股票指数，一个是老指数深圳综合指数，一个是现在的成分股指数，但从最近三年来的运行势态来看，两个指数间的区别并不是特别明显。

3. 深圳成分股指数

深圳成分股指数是从所有上市公司中按一定标准选出 40 种有代表性的公司编制而成的，它以成分股的可流通股数为权数，实施综合法进行编制。成分股指数按照股票种类分为 A 股指数和 B 股指数。它以 1994 年 7 月 20 日为基期，基期指数为 1 000 点。该指数的分布内容包括前日收市、今日开市、最高指数、最低指数和当前指数。其计算公式为

即日成份股指数＝（即日成分股可流通总市值／基日成分股可流通总市值）×1 000

4. 沪深 300 指数

沪深 300 指数是由上海和深圳证券市场中选取 300 只 A 股作为样本编制而成的成分股指数。

沪深 300 指数样本覆盖了沪深市场六成左右的市值，具有良好的市场代表性。沪深 300 指数是沪深证券交易所第一次联合发布的反映 A 股市场整体走势的指数。它的推出，丰富了市场现有的指数体系，增加了一项用于观察市场走势的指标，有利于投资者全面把

握市场运行状况，也进一步为指数投资产品的创新和发展提供了基础条件。

5. 上证 30 指数

上证 30 指数是由上海证券交易所编制，以在上海上市的所有 A 股股票中最具代表性的 30 种样本股票为计算对象，并以流通股数为权数的加权综合股价指数，取 1996 年 1 月至 1996 年 3 月的平均流通市值为指数基期，基期指数为 1 000 点。上证 30 指数自 2002 年 7 月 1 日起不再编制，在其基础上编制新的上证 180 指数。

6. 上证 180 指数

上海证券交易所于 2002 年 7 月 1 日对外发布的上证 180 指数用以取代原来的上证 30 指数。新编制的上证 180 指数的样本数量扩大到 180 家，入选的个股均是一些规模大、流动性好、行业代表性强的股票。该指数不仅在编制方法的科学性、成分选择的代表性和成分的公开性上有所突破，同时也恢复和提升了成分指数的市场代表性，从而能更全面地反映股价的走势。统计表明，上证 180 指数的流通市值占到沪市流通市值的 50%，成交金额占比也达到 47%。它的推出，将有利于推出指数化投资，引导投资者理性投资，并促进市场对"蓝筹股"的关注。

4.3 股票发行市场

4.3.1 股票发行目的

股票发行的目的比较复杂，除了筹集资金、满足企业发展需要这一主要目的以外，其他的一些原因如调整公司的财务结构、进行资产重组、维护股东利益等都可引起股票发行。概括起来主要有以下几个目的。

(1) 新建股份有限公司筹集资金，满足企业经营需要。股份有限公司的成立有两种形式：一种是发起设立，即由公司发起人认购全部股票。发起设立程序简单，发起人出资后公司设立即告完成；另一种是募集设立，即除发起人本身出资外，还需向社会公开发行股票募集资金，按照我国公司法的规定，以募集设立方式设立股份有限公司的发起人，认购的股份不得少于股份总额的 35%。

(2) 现有股份公司为了改善经营而发行新股。其主要目的有：①增加投资，扩大经营；②调整公司财务结构，保持适当的资产负债比率，优化资本结构；③满足证券交易所的上市标准；④维护股东的直接利益，如配股、送股等；⑤其他目的。比如当可转换优先股票或可转换公司债的转换请求权生效后，股份公司须承诺办理、发行新股来注销原来可转换优先股票或可转换公司债；又如为了争取更多投资者而降低每股股票价格并进行股票分割，或在公司吸收合并时，需要发行新股票来替换原来发行的老股票等。

(3) 改善公司财务结构，保持适当的资产负债比例。当公司负债率过高时，通过发行股票增加公司资本，可以有效地降低负债比例，改善公司财务结构。

(4) 满足证券上市标准。股票在证券交易所上市需要满足的条件很多，其中一个重要的方面就是股本总额。我国公司法规定,股份有限公司的股票要在证券交易所上市,其股本总额不得少于人民币3 000万元。因而有些公司为了争取股票在证券交易所挂牌上市,就要通过发行新股票的方式来增加股本总额,满足上市标准。

(5) 公积金转增股本及股票派息。当股份有限公司的公积金累计到一定水平时,在留足了法律规定的比例以后,可以将其余的公积金转为资本金,向公司现有股东按比例无偿增发新股。另外,当公司需要资金用于扩大投资时,会选择将为分配利润以股票的形式送股而不是现金来分红派息。

4.3.2 股票的发行条件

在我国,股票发行实行核准制。我国《公司法》、《证券法》和相关的法规对首次公开发行股票、上市公司配股、增发、发行可转换债券、非公开发行股票,以及首次公开发行股票并在创业板上市的条件分别作出规定。

1. 首次公开发行股票并在主板上市的条件

我国《证券法》规定,公司公开发行新股,应当具备健全且运行良好的组织机构,具有持续赢利能力,财务状况良好,最近3年财务会计文件无虚假记载,无其他重大违法行为以及经国务院批准的国务院证券监督管理机构规定的其他条件。

为规范首次公开发行股票并上市的行为,中国证监会于2006年5月制定并发布《首次公开发行股票并上市管理办法》,对首次公开发行股票并上市公司的主体资格、独立性、规范运行、财务指标作出规定。

《首次公开发行股票并上市管理办法》规定,首次公开发行股票的发行人应当是依法设立并合法存续的股份有限公司;持续经营时间应当在3年以上(有限责任公司按原账面净资产值折股,整体变更为股份有限公司的,持续经营时间可以从有限责任公司成立之日起计算);发行人最近两年连续赢利,最近两年净利润累计不少于一千万元,且持续增长;或者最近一年赢利,且净利润不少于五百万元,最近一年营业收入不少于五千万元,最近两年营业收入增长率均不低于百分之三十。净利润以扣除非经常性损益前后低者为计算依据;且最近一期末净资产不少于两千万元,且不存在未弥补亏损;股份公司发行后股本总额不少于三千万元;且注册资本已足额缴纳;生产经营合法;最近3年内主营业务、高级管理人员、实际控制人没有重大变化;股权清晰;发行人应具备资产完整、人员独立、财务独立、机构独立、业务独立的独立性;发行人应规范运行。

发行人的财务指标应满足以下要求。

(1) 最近3个会计年度净利润均为正数且累计超过人民币3 000万元,净利润以扣除非经常性损益后较低者为计算依据。

(2) 最近3个会计年度经营活动产生的现金流量净额累计超过人民币5 000万元;或者最近3个会计年度营业收入累计超过人民币3亿元。

(3) 发行前股本总额不少于人民币3 000万元。

(4) 最近一期末无形资产(扣除土地使用权、水面养殖权和采矿权等后)占净资产的比例不高于20%。

(5) 最近一期末不存在未弥补亏损。

2. 首次公开发行股票并在创业板上市的条件

按照 2009 年 3 月发布的《首次公开发行股票并在创业板上市管理暂行办法》（以下简称《管理办法》），首次公开发行股票并在创业板上市主要应符合如下条件。

(1) 发行人应当具备一定的赢利能力。为适应不同类型企业的融资需要，创业板对发行人设置了两项定量业绩指标，以便发行申请人选择。第一项指标要求发行人最近两年连续赢利，最近两年净利润累计不少于 1 000 万元，且持续增长；第二项指标要求发行人最近 1 年赢利，且净利润不少于 500 万元，最近 1 年营业收入不少于 5 000 万元，最近两年营业收入增长率均不低于 30%。

(2) 发行人应当具有一定的规模和存续时间。根据《证券法》第五十条关于申请股票上市的公司股本总额应不少于 3 000 万元的规定，《管理办法》要求发行人具备一定的资产规模，具体规定最近 1 期末净资产不少于 2 000 万元，发行后股本不少于 3 000 万元。规定发行人应具备一定的净资产和股本规模，有利于控制市场风险。

《管理办法》规定发行人应具有一定的持续经营记录，具体要求发行人应当是依法设立且持续经营 3 年以上的股份有限公司。有限责任公司按原账面净资产值折股，整体变更为股份有限公司的，持续经营时间可以从有限责任公司成立之日起计算。

(3) 发行人应当主营业务突出。创业企业规模小，且处于成长发展阶段，如果业务范围分散，缺乏核心业务，既不利于有效控制风险，也不利于形成核心竞争力。因此，《管理办法》要求发行人集中有限的资源主要经营一种业务，并强调符合国家产业政策和环境保护政策。同时，要求募集资金只能用于发展主营业务。

(4) 对发行人公司治理提出从严要求。根据创业板公司特点，在公司治理方面参照主板上市公司从严要求，要求董事会下设审计委员会，强化独立董事职责，并明确控股股东责任。

(5) 发行人应当保持业务、管理层和实际控制人的持续稳定。规定发行人近两年内主营业务和董事、高级管理人员均没有发生重大变化，实际控制人没有发生变更。

(6) 发行人应当资产完整，业务及人员、财务、机构独立，具有完整的业务体系和直接面向市场独立经营的能力。发行人与控股股东、实际控制人及其控制的其他企业间不存在同业竞争，以及严重影响公司独立性或者显示失公允的关联交易。

(7) 发行人及其控股股东、实际控制人最近 3 年内不存在损害投资者合法权益和社会公共利益的重大违法行为。发行人及其控股股东、实际控制人最近 3 年内不存在未经法定机关核准，擅自公开或者变相公开发行证券，或者有关违法行为虽然发生在 3 年前，但目前仍处于持续状态的情形。

3. 上市公司公开发行股票的条件

为规范上市公司证券发行行为，中国证监会于 2006 年 5 月制定并发布《上市公司证券发行管理办法》，对上市公司发行证券的一般性条件及上市公司配股、增发，发行可转换债券、认股权证和债券分离的可转换公司债券以及非公开发行股票的条件作出了规定。

(1) 上市公司公开发行证券条件的一般规定。包括上市公司组织机构健全、运行良好；上市公司最近 36 个月内财务会计文件无虚假记载、不存在重大违法行为；上市公司募集资金的数额和使用符合规定；上市公司不存在严重损害投资者的合法权益和社会公共利益的违规行为。

(2) 向原股东配售股份（配股）的条件。除一般规定的条件以外，还有以下条件：①拟配售股份数量不超过本次配售股份前股本总额的 30%；②控股股东应当在股东大会召开前公开承诺认配股份的数量；③采用《证券法》规定的代销方式发行。

(3) 向不特定对象公开募集股份（增发）的条件。除一般规定的条件以外，还有以下条件：①最近 3 个会计年度加权平均净资产收益率平均不低于 6%，扣除非经常性损益后的净利润与扣除前的净利润相比以较低者为计算依据；②除金融类企业外，最近 1 期末不存在持有金额较大的交易性金融资产和可供出售的金融资产、借予他人款项、委托理财等财务性投资的情形；③发行价格应不低于公告招股意向书前 20 个交易日公司股票均价或前一交易日的均价。

(4) 非公开发行股票的条件。上市公司非公开发行股票应符合以下条件：①发行价格不低于定价基准日前 20 个交易日公司股票均价的 90%；②本次发行的股份自发行结束之日起，12 个月内不得转让；控股股东、实际控制人及其控制的企业认购的股份，36 个月内不得转让；③募集资金使用符合规定；④本次发行导致上市公司股权发生变化的，还应当符合中国证监会的其他规定。非公开发行股票的发行对象不得超过 10 名。发行对象为境外战略投资者的，应当经国务院相关部门事先批准。

4.3.3 股票的发行定价

2004 年 8 月，中国证监会下发《关于首次公开发行股票试行询价制度若干问题的通知》。我国股票的发行定价采用股票询价制度，即股票发行申请经中国证监会核准后，发行人公告招股意向书，开始进行推介和询价。询价分为初步询价和累计投标询价两个阶段。发行人及其保荐机构应通过初步询价确定发行价格区间，通过累计投标询价确定发行价格。

初步询价是指新股发行的公司及保荐机构应通过向询价对象询价的方式确定股票发行的价格区间。询价对象是指符合中国证监会规定条件的证券投资基金管理公司、证券公司、信托投资公司、财务公司、保险机构投资者和合格境外机构投资者等。初步询价相当于机构定价，其中发行人及其保荐机构应向不少于 20 家询价对象进行初步询价，并根据询价对象的报价结果确定发行价格区间及相应的市盈率区间。询价对象应在综合研究发行人内在投资价值和市场状况的基础上独立报价，并将报价依据和报价结果同时提交给保荐机构。初步询价和报价均应以书面形式进行。公开发行股数在 4 亿股（含 4 亿股）以上的，参与初步询价的询价对象应不少于 50 家。

累积投标询价是指事先不固定发行价格，而是由发行者、承销商与投资者进行充分的信息交流，从而根据投资者的价格意愿和需求信息确定发行价格和发行数量。基本流程是初步询价确定一个发行的价格区间之后，承销商继续推销、宣传、披露公司的基本信息，要求投资者在设定的价格区间内申报其意愿的价格和相应的认购数量；承销商收集完所有投资者认购信息后,将所有投资者在不同价格上的申购量累计标出,从而得出不同价格下的相应认购数量;按照总申购金额超过发行额的倍数确定发行价格并相应地配售股份。投资者的有效申购总量大于本次股票发行量,但超额认购倍数小于 5 倍时,以询价下限为发行价;超额认购倍数大于 5 倍时,则从申购价格最高的有效申购开始逐笔向下累计计算,直至超额认购倍数首次超过 5 倍为止,以此时的价格为发行价。累计投标询价相当于在机构询价的基础上让市场定价。

知识链接

中小板和创业板不再累计投标询价。中国证监会 2010 年 10 月 12 日表示,证监会发布《关于修改〈证券发行与承销管理办法〉的决定》,将第十四条修改为:"首次发行的股票在中小企业板、创业板上市的,发行人及其主承销商可以根据初步询价结果确定发行价格,不再进行累计投标询价。"

根据累计投标询价结果确定发行价格,发行人及其保荐机构应向参与累计投标询价的询价对象配售股票。公开发行数量在 4 亿股以下的,配售数量应不超过本次发行总量的 20%;公开发行数量在 4 亿股以上(含 4 亿股)的,配售数量应不超过本次发行总量的 50%。累计投标询价完成后,发行价格以上的有效申购总量大于拟向询价对象配售的股份数量时,发行人及其保荐机构应对发行价格以上的全部有效申购进行同比例配售。配售比例为拟向询价对象配售的股份数量除以发行价格以上的有效申购量,询价对象应承诺将参与累计投标询价获配的股票锁定 3 个月以上;锁定期自向社会公众投资者公开发行的股票上市之日起计算。

4.4 股票流通市场

4.4.1 股票流通市场的概念

股票流通市场是为已经公开发行的股票提供流通转让和买卖机会的市场。股票流通市场也称为股票交易市场,其通常分为证券交易所市场和场外交易市场。其中,在证券交易所上市交易的股份公司称为上市公司,上市公司的股票在证券交易所交易买卖;符合公开发行条件、但未在证券交易所上市交易的股份公司称为非上市公众公司,非上市公众公司的股票将在柜台市场转手交易,也就是在场外交易市场交易买卖。

4.4.2 股票流通市场的分类

1. 场内交易市场

1)场内交易市场概述

场内交易市场又称证券交易所市场,是指在一定的场所、一定的时间、按一定的规则集中买卖已发行证券而形成的市场。

根据我国 2005 年 12 月颁布的《证券法》规定,证券交易所是为证券集中交易提供场所和设施,组织和监督证券交易,实行自律管理的法人。证券交易所的设立和解散由国务院决定。证券交易所作为进行证券交易的场所,其本身不持有证券,也不进行证券的买卖,当然更不能决定证券交易的价格。证券交易所应当创造公开、公平、公正的市场环境,保证证券市场的正常运行。

2)我国证券交易所市场的层次结构

我国在以上海、深圳证券交易所作为证券市场主板市场的基础上,又在深圳证券交易所设置中小企业板块市场和创业板市场,从而形成交易所市场内的不同市场层次。

2. 场外交易市场

场外交易市场是指证券交易所以外的证券交易市场。场外交易市场(Over - The - Counter Market,OTC),又称柜台交易或店头交易市场,指在交易所以外由证券买卖双方直接议价成交的市场。

在早期银行业与证券业未分离时,由于证券交易所尚未建立和完善,许多有价证券的买卖都是通过银行进行的,投资者直接在银行柜台上进行证券交易,所以称为柜台交易。实行分业制后,这种通过柜台进行的证券交易转由证券公司承担。随着通信技术的发展,目前许多场外交易市场并不直接在证券公司柜台前进行交易,而是由客户与证券公司通过电话与电传进行业务接洽,故又称为电话市场。

场外交易市场是进行分散个别交易的流通市场,它在市场的组织方式、市场管理架构、交易方式和交易品种等方面,都有着与证券交易所不同的特点。场外交易市场,最初形成于欧美等国。在证券交易所产生发展的过程中,欧洲的许多国家逐步取消了场外交易市场,但在美国、日本等国,场外交易市场依然十分活跃并不断扩大,其证券交易量甚至远远超过证券交易所的交易量。

与证券交易所相比,场外交易市场具有5个主要特点。

(1)非集中市场。场外交易市场是一个分散的、无固定交易场所的抽象市场或无形市场。它既没有一个供交易的集中固定的场所,也没有统一的交易时间、交易规则和交易秩序,它是由众多彼此独立经营的证券公司分别通过电话、电报、电传和计算机网络进行联系和交易的。

(2)开放式市场。与证券交易所只有会员才能进入场内交易不同,场外交易市场是任何投资者都能进入的开放式市场。实际上,证券交易所采取的交易方式主要是经纪制,即证券交易主要是通过交易双方的经纪人进行的;而场外交易采取的交易方式主要是自营制,投资者买进卖出证券不需通过经纪人,而是直接和证券公司进行交易,证券公司通过自营买卖,实现证券的交易转让。

(3)证券种类繁多。与证券交易所相比,场外交易市场对挂牌证券的限制条件相对较少,这在相当大的程度上满足了众多难以在证券交易所上市的公司及其证券的交易需求。理论上讲,有多少股份公司,就至少有多少种股票。仅股票一项就足以反映场外交易的证券种类繁多,而且数量极大。

(4)议价方式。在场外交易市场上,每笔交易都是由投资者与证券公司之间通过协商议价进行的。证券买进或卖出采用的是"一对一"交易方式,这样对同一种证券的买卖就不可能同时出现众多购买者或出售者,也就不存在竞争性的要价和报价机制。因此,场外交易市场的证券交易价格不是以拍卖的方式竞价确定的,而是由证券公司同时挂出同种证券的买进价与卖出价，并根据投资人是否接受加以调整而形成的。

（5）特殊的管理模式。场内交易的管理，主要借助证券交易所自律管理和国家证券监管机构的强制管理来完成，证券交易所对证券商和交易活动享有很大的管理权。场外交易的管理相对比较宽松，监管机构通常只就交易中的违法行为加以处理，日常的交易活动由证券公司在法律规定的范围内实施，或由证券业协会加以适度的监督。

4.4.3 股票交易程序

股票的交易程序，主要是指投资者通过经纪人在证券交易所买卖股票的交易程序，包括开户、委托、竞价成交、交割清算、过户5个方面。我国有A股和B股两类股票交易，这里主要介绍A股的相关交易流程，如图4.1所示是股票交易的基本流程。

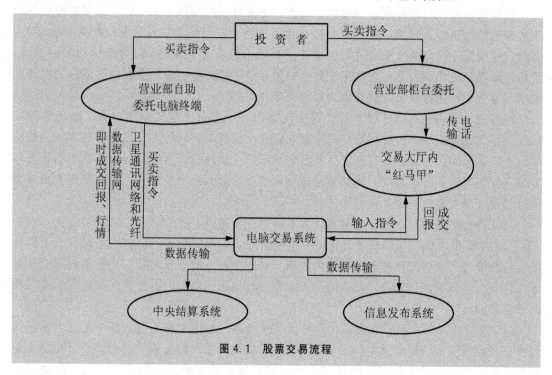

图 4.1　股票交易流程

1. 开户

投资者买卖股票首先要开设证券账户和资金账户，只有在开设了证券账户卡和资金账户之后，才能进行股票买卖。

1）证券账户卡

证券账户卡相当于投资者的证券存折，用于记录投资者所持有的证券种类和数量。除了国家法规禁止的一些自然人和法人之外，其他任何自然人或法人持有效证件到证券登记机构填写证券账户申请表，经审核后即可领取证券账户卡。这个过程俗称"办股东代码卡"。证券账户卡一般经中国登记结算有限公司授权，由投资者所选择的证券公司营业部代为办理。

在我国，投资者开立的证券账户包括上海证券账户和深圳证券账户。

2）资金账户

投资者在开立证券账户卡完成后，就可以在所选的证券公司办理资金账户。资金账户是投资者进行证券交易的一个必须的账户。投资者通过资金账户进行证券的买入或证券的卖出。现在开立资金账户都采用交易结算资金的第三方存管制度，这里的第三方是指除了证券公司和投资者以外的第三方——银行。引入交易结算资金的第三方存管意味着投资者进出资本市场的所有资金的进入和提取都是要通过资金托管银行，这保证了投资者资金的安全性。

第三方存管的概念就是证券公司将客户证券交易结算资金交由银行等独立的第三方存管。实施客户证券交易结算资金第三方存管制度的证券公司将不再接触客户证券交易结算资金，而是由存管银行负责投资者交易清算与资金交易出收。实行客户证券交易结算资金第三方存管制度能确保客户证券交易结算资金不被券商挪用，有效地在证券公司与所属客户证券交易结算资金之间建立隔离墙。这种制度遵循"证券公司管交易、商业银行管资金、登记公司管证券"的原则，由证券公司负责客户证券交易买卖、登记公司负责交易结算并托管股票；由商业银行负责客户证券交易结算资金账户的转账、现金存取以及其他相关业务。

2. 委托

投资者买卖股票不能亲自到交易所办理，必须通过证券交易所的会员（证券商）进行。委托是指投资者决定买卖股票时，以申报单、电话、电报或信函等形式向证券商发出买卖指令。委托的内容包括证券名称、代码、买入或卖出的数量、价格等。现在，许多证券商都为投资者开办了电话委托、触摸屏委托、电脑终端委托等多种自助委托方式。

3. 竞价成交

证券商在接受委托后，将股民的买卖委托指令通过"红马甲"（有形市场）或者直接（无形市场）输入证券交易所的电脑终端机，每一笔买卖委托由五项信息组成：①委托序号（及股民委托时的合同序号，由电脑自动产生）；②买卖区分；③证券代码；④买卖股权；⑤买卖价格。由于买卖同种证券的客户很多，成交价格和数量需通过买卖双方竞价形成。竞价成交机制的内容主要如下。

（1）竞价原则。证券交易竞价的原则是价格优先及时间优先。价格优先的原则为：较高价格买进申报优于较低价格买进申报，较低价格卖出申报优于较高价格卖出申报。时间优先的原则为：同价位申报时，按照时间的先后顺序进行申报。

（2）竞价方式。证券交易所的竞价方式有两种，即集合竞价和连续竞价。这两种方式是在不同的交易时段上采用的。集合竞价是在开盘前一段时间内来确定一个开盘价，而连续竞价是在开盘价确定后的时间内进行的。集合竞价不完全是按照价格优先和时间优先的原则，我国深、沪两地参考价（开盘价）的确定原则是：①高于此价的买入申报和低于此价的卖出申报必须全部成交；②与参考价相同的一方（卖方或买方）必须全部成交；③参考价还必须能使前两条实现的成交量最大；④如果有两个价位满足上述的条件，则取其中间价作为参考价；⑤如果上述原则不能产生参考价时，则用前一个交易日的收盘价作为参考价。

目前，上海、深圳证券交易所同时采用集合竞价和连续竞价两种竞价方式，即对每个交易日上午 9：15 至 9：25 电脑撮合系统接收的全部有效委托进行集合竞价处理，对其余交易时间的有效委托进行连续竞价处理。

> 集合竞价是这样确定成交的：①系统对所有买入有效委托按照委托限价由高到低的顺序排列，限价相同者按照进入系统的时间先后排列；所有卖出有效委托按照委托限价由低到高的顺序排列，限价相同者按照进入系统的时间先后排列。②系统根据竞价规则自动确定集合竞价的成交价，所有成交均以此价格成交。集合竞价的成交价确定原则是：以此价格成交，能够得到最大成交量。③系统依序逐步将排在前面的买入委托与卖出委托配对成交，即按照"价格优先，同等价格下时间优先"的成交顺序一次成交，直到不能成交为止，即所有买委托的限价均低于卖委托的限价。未成交的委托排队等待成交。
>
> 集合竞价后的新委托逐步进入系统，与排队的委托进行连续竞价撮合。连续竞价是这样确定成交价的：对新进入的一个买进有效委托，若不能成交，则进入卖委托队列排队等待成交；若能成交，即其委托买入限价高于或等于卖委托队列的最低卖出价，则与卖委托队列顺序成交，其成交价格取卖方叫价。对新进入的一个卖出有效委托，若不能成交，则进入卖委托队列排队等待成交；若能成交，即其委托卖出限价低于或等于买委托队列的最高买入限价，则与买委托队列顺序成交，其成交价格取买方叫价。这样循环往复，直至收市。

（3）竞价结果。竞价的结果有 3 种可能：全部成交、部分成交、不成交。

全部成交是指委托买卖全部成交，证券经营机构应及时通知委托人，并按规定的时间办理交割手续。部分成交指委托人的委托如果未能全部成交，证券经营机构在委托有效期内应继续执行，直到有效期结束。不成交指委托人的委托如果未能成交，证券经营机构在委托有效期内应继续执行，等待机会成交，直到有效期结束。

4．清算交割

1）清算与交割的含义

清算是指证券买卖双方进行证券买卖成交以后，通过证券交易所将证券商之间买卖的数量和金额分别予以抵消，计算应收应付证券及应收应付金额的一种程序。清算包括资金清算和股票清算两个方面。

证券清算后，可办理交割手续。证券交易中的交割是指证券买卖成交后，买主支付现金得到证券，卖主交出证券换回现金。由于证券的买卖双方都是通过证券代理商进行的，买卖双方并不直接交割，证券的成交和交割等均由证券商代为完成，所以证券的交割分为证券商与委托人之间的交付和证券商之间的交付两个阶段。证券商与委托人之间的交付应该在证券商之间的交付之前进行。证券买方通常在委托证券经纪商买进证券时，就已将其要买进证券的价款存入其交易账户；证券卖方同样是在卖出证券时先将其证券交给经纪商，以避免不能交割的危险。证券商之间的交割一般应当在证券成交的当日收市后并在证券交易所主持下进行。我国证券市场自 1992 年开始实行"无纸化制度"，即实物股票不再流通。投资者所持证券体现为其证券账户中的电子数据记录。因此，交割只是投资者证券账户中证券数据和资金账户中资金数据的账面记加记减。

2）清算与交割的原则

（1）净额交收原则。净额交收又称为差额清算，就是在一个清算期中，对每个证券商价款的清算只计其各笔应收应付款项相抵后的净额及对每一种证券的清算只计应收应付后相抵的净额。这种清算方式的主要优点是可以简化操作手续，提高清算效率。在清算价款时，同一清算期内的不同证券的买卖价款可以合并计算，但不同清算期发生的价款不能合并计算；而在清算证券时，只有在同一清算期内且是同种证券才能合并计算。

（2）钱货两清原则。在证券交易中的钱货两清又称款券两讫、货银对付，就是在办理交收的同时完成证券的交割，这是清算交割业务的基本原则。钱货两清的主要目的是为了防止买空卖空行为的发生，维护交易双方正当权益，保护市场正常运行。

3）交割的方式

（1）当日交割（T+0）。买卖双方成交后当天即办理证券与价款的转移。

（2）次日交割（T+1）。在证券买卖双方交易达成后的下一个营业日进行证券和价款的收付。

（3）例行日交割。证券买卖双方在交易达成后，按所在交易所的规定，在成交日后的某个营业日内进行交割。

（4）特约日交割。证券交易的双方在达成交易后，由双方根据具体情况商定，在从成交日算起15天以内在某一特定契约日实行交割。这种交割方式是为了方便那些无法进行例行交割的客户而设立的。

（5）发行日交割。证券买卖双方对那些已确定发行日但尚未发行的新股在交易所完成买卖后，待发行日进行证券和价款的收付。其目的是给予那些尚未发行但已确定要发行的新股股东以卖出的自由，并将其买卖置于交易所的管理监督之下。

目前，中国证券市场A股采用"T+1"交收制度，即当天买卖，次日交割。投资者T+1日可在证券商处打印交割清单，以核对其T日的买卖活动。若有疑问，亦可向证券结算公司及证券登记机构查证。

5. 过户

股票过户是指投资者买入股票后，办理变更股东名称的手续。我国股票交易是在电脑自动化基础上的无纸化交易，也实行自动化的股票过程。股票成交时，卖出方的股票同时就划进了买入方的名下，至此一次股票买卖的全过程完成了。目前我国证券的过户是由证券登记结算公司来完成的。

知识链接

股权登记日这一天登记在册的股东享有优先配股和出席股东大会的权利，这一天又被称为过户截止日。上市公司宣布送配方案后，在方案实施之前，这种股票被称为含权股票。除权基准日是指从此日起买入股票的投资者不能享受送股、配股的权利，沪市用 XR 表示。除息基准日是指从此日期买入股票的投资者不能享受现金股息，沪市用 XD 表示。若既除权又除息，沪市用 DR 表示。因为除权后的股票不再享有相关权益，除权后股票交易的价格会降低。除权价的计算公式为：

除权价=（除权前市价+配股价×配股比例-现金红利）/（1+送股比例+配股比例）

贴权是指除权后股票市价或股价走势低于除权价，即参与送配的股东受到损失；填权是指除权日股票市价或股价走势高于除权价，即参与送配的股东可以获利。

本 章 小 结

> 　　股票是股份有限公司发行的用以证明投资者的股东身份和权益，并据以获得股息和红利的一种书面凭证。股票是金融市场上主要的长期信用工具之一，也是投资者进行投资的基本选择方式。它具有不可偿还性、流通性、收益性、风险性、责权性等特征。按不同的划分标准，股票可以分为不同种类。
> 　　股票价格指数是由证券交易所或金融服务机构编制的表明某一类股票平均价格变动的一种供参考的指标。世界著名的股票指数主要有道琼斯股票指数、纽约证券交易所股票价格指数、纳斯达克股票价格指数和香港恒生指数等。我国主要的股票指数包括上证综合指数、深圳综合股票指数等。
> 　　股票的交易程序主要是指投资者通过经纪人在证券交易所买卖股票的交易程序，包括开户、委托、竞价成交、交割清算、过户5个方面。

 名人名言

反向投资是孤单寂寞的旅途，但在旅途的终点有利润等着你。

——（美）安东尼·贾利亚

成功的投资所需要的，只是分析今天的事实的普通常识以及执行你的信念。

——（美）麦克·劳尔

如果你的表现不尽如人意，首先要采取的行动是以退为进，而不要铤而走险。

——（美）乔治·索罗斯

习　　题

一、选择题

1. 每股股票所代表的实际资产的价值是股票的（　　）。
   A. 票面价值　　　　B. 账面价值　　　　C. 清算价值　　　　D. 内在价值
2. 股票与其他证券交易的最基本原则是双优先原则，即（　　）的原则。
   A. 时间优先、客户优先　　　　　B. 客户优先、时间优先
   C. 时间优先、价格优先　　　　　D. 价格优先、时间优先
3. 目前，证券交易所在每日开盘时采用（　　）方式，在日常交易中采用（　　）方式。
   A. 集合竞价、连续竞价　　　　　B. 集合竞价、集合竞价
   C. 连续竞价、连续竞价　　　　　D. 连续竞价、集合竞价
4. （　　）是股票买卖过程的最后一道手续。
   A. 报单　　　　　　　　　　　　B. 托管
   C. 清算交割与过户　　　　　　　D. 竞价

5. 上海证券交易所综合股价指数简称（　　），是国内外普遍采用的反映上海股市总体走势的统计指标。
   A. 上证30指数　　　B. 上证成指　　　C. 上证综合指数　　　D. 上证A指
6. 境内公司发行的以人民币标明面值，供境外投资者用外币认购，在香港联合交易所上市的股票称为（　　）。
   A. B股　　　B. H股　　　C. A股　　　D. N股
7. 体现股票生命力所在的是它的（　　）。
   A. 不退还性　　　B. 流通性　　　C. 风险性　　　D. 权益性
8. 我国深沪两家证券交易所的组织形式均是（　　）。
   A. 合伙制　　　B. 公司制　　　C. 会员制　　　D. 法人制
9. 世界上最早、最享盛誉和最有影响的股价指数是（　　）。
   A. 道琼斯股价指数　　　B. 金融时报指数
   C. 日经股价指数　　　D. 恒生指数
10. 在上海的B股是以（　　）交易和结算的。
    A. 人民币　　　B. 港元　　　C. 美元　　　D. 欧元

二、简答题

1. 简述股票的定义与特征。
2. 简述股票发行的目的。
3. 简述我国股票发行定价的机制。
4. 简述我国证券交易所市场的层次结构。
5. 何为全面指定交易制度和证券托管制度？

三、判断题

1. 上海证券交易所早上开市的时间是9∶30。　　　　　　　　　　　　　　　　　　（　）
2. 委托价格主要分为市价委托和限价委托。　　　　　　　　　　　　　　　　　　（　）
3. 我国法律规定，股票的票面价格是1元。　　　　　　　　　　　　　　　　　　（　）
4. 美国的证券交易所是公司制。　　　　　　　　　　　　　　　　　　　　　　　（　）
5. 在我国股票可以采用溢价、平价、折价三种发行方式。　　　　　　　　　　　　（　）
6. 中国股票的发行制度是核准制。　　　　　　　　　　　　　　　　　　　　　　（　）

四、思考题

目前中国所采取的询价制度有什么弊端？

五、案例分析题

2011年3月4日，长江证券(000783)在公开增发前一个交易日的尾盘突然遭到了一笔885.54万股的"离奇"卖单秒杀，收盘集合竞价瞬间下跌5.88%，收于12元/股，距11.8元/股的跌停价仅一步之遥。

尾盘秒杀导致长江证券二级市场股价跌破了其12.67元/股的增发价格。长江证券本次公开增发的第一保荐机构东方证券或被推入"包销"的窘境，很难想象会有投资者在二级市场价格更低的情况下，参与此次增发。

根据长江证券公告，东方证券将以余额包销方式进行此次承销，而长江证券本次公开增发的拟募集资金总额高达76亿元。

该笔"秒杀"的成交额达到了 1.063 亿元。能打出资金量如此之大的"巨蛋",肯定不会是个人所为。

有人分析说:"这一笔单子显然'来者不善'。"首先,这笔单子打在收盘前最后一分钟,即便有想托盘者,看到时也已经来不及了;其次,第二天长江证券将停牌;最后,一般来讲,在增发价格远高于二级市场股价的背景下,可能导致本次增发面临流产风险。"因为看好长江证券公司发展的投资者,也会从二级市场上直接买股票,没必要花冤枉钱去认购公开发行的股票。"

长江证券被"秒杀"的情况马上传递到了同时进行的网上路演现场。长江证券董秘徐锦文对此表示,本次增发仍会按原定计划进行。

若以 12.67 元/股的增发价计算,极端情况下东方证券通过被迫包销,就能超过长江证券现在的第一大股东青岛海尔投资公司的持股数,成为长江证券的第一大股东。

2011 年对东方证券来讲是尤为重要的一年,东方证券的上市进程已进入冲刺阶段。今年年初,东方证券高层人士就向早报记者表示,今年下半年就要开始进行上市的筹备工作。

问题:

1. 从长江证券配股增发失败,探讨一下中国股票的配股价定价机制是否合理。

2. 从长江证券的股权结构上来探讨,它的这次增发失败和利益集团背后的谋略是否有关系?是利益集团所为?机构所为?还是个人投资者不认可配股价所为?

第 5 章 债券和基金市场

教学目标

通过本章的学习,理解债券和基金的概念及特征,重点掌握债券和基金的分类,熟悉债券发行相关知识和我国国债市场的现状,了解证券投资基金当事人、证券投资基金的费用及收益等相关内容。

教学要点

知识要点	能力要求	相关知识
债券市场	(1) 理解债券的概念、基本要素及特征 (2) 掌握债券的分类 (3) 了解债券发行的目的、条件,并熟悉债券发行的流程 (4) 了解我国国债市场的现状	(1) 债券的概念、基本要素及特征 (2) 债券的分类 (3) 债券发行的目的、条件及流程 (4) 我国国债市场的现状
证券投资基金	(1) 了解证券投资基金的起源与发展 (2) 能理解并能概括证券投资基金概念及特征 (3) 了解证券投资基金当事人的职能及当事人之间的关系 (4) 掌握证券投资基金的分类 (5) 了解证券投资基金的费用及收益	(1) 证券投资基金的起源与发展 (2) 证券投资基金的概念与特征 (3) 证券投资基金当事人:投资者、基金管理人及基金托管人 (4) 证券投资基金的分类 (5) 证券投资基金的费用与收益:费用构成、收益来源及分配原则

> 不要忘记你的缺陷与弱点，因为上帝不做债券交易。
>
> ——《查理，一个传奇债券交易员的故事》

基本概念

　　债券　政府债券　公司债券　金融债券　附息债券　贴现债券　信用债券　抵押债券　私募债券　可转换债券　欧洲债券　外国债券　核准制　注册制　证券投资基金　契约型基金　开放式基金　指数型基金　成长型基金　收入型基金　平衡型基金　ETF　LOF　FOF　认购费

导入案例

勤俭岛与浪费岛

　　大海中有两个岛国。姑且称一个叫甲岛，一个叫乙岛，两岛的人口、气候、环境、生活生产方式和观念都完全一样。土地是他们唯一的资源、资产，食品是他们唯一的生活必需品，两岛都有自己的货币，每人每天都工作八小时，他们都过着丰衣足食的日子。

　　某一天，甲岛的人改变了他们生活、生产的传统观念，每天工作16小时。粮食有余就卖给乙岛。乙岛的人慢慢地靠着甲岛的粮食生活，乙岛居民只开出些纸片式的债券，就可以换取粮食，自己又不用干活，何乐而不为？而甲岛居民竟然愿意用自己辛勤的劳动汗水，来换取这些债券纸片。

　　若干年后，甲岛要求乙岛用粮食赎回债券。但乙岛早就不种地了，乙岛的一些聪明人便想多印钞票来稀释债券价值，以此方式赖掉大部分甲岛付出的劳动，或者回到从前八小时的劳动生活。但这些提案都未获乙岛全体居民同意，这些聪明人反被骂为卖国贼。针对乙岛的动向，甲岛纷纷把债券换为乙岛货币，再陆续购买乙岛土地。天下没有白吃的午餐，最终甲岛获得了乙岛的全部土地，乙岛的居民要想继续生活下去，便要在甲岛新雇主的管理下工作，既要生产自己的口粮，还要延长劳动时间，支付土地租金。

点评

　　债券是一种虚拟资本，并不代表真正的资本，但它带来了实物资本的流动和流通交易。

5.1 债券市场

5.1.1 债券概述

1. 债券的概念

　　债券是一种有价证券，是社会各类经济主体为筹集资金而向债券投资者出具的，承诺按一定利率支付利息并到期偿还本金的债权债务凭证。债券所表示的债权债务关系与银行信贷是不同的，债券是一种直接债务关系；而银行信贷通过存款人—银行，银行—贷款人形成了间接的债务关系。

　　债券的发行者为债务人(Debtors)，债券的持有者是债权人(Creditors)。债券的面值一般为100元。虽然债券代表了一定的财产价值，但它是一种虚拟资本，因为债券的本质是证明债权债务关系的证书,在债权债务关系建立时投入的资金已被人占用,债券是实际运用的真实资本的证书。债券的流动并不意味着它所代表的实际资本也同样流动,债券独立于实际资本之外。

债券的基本要素主要由以下4个方面构成。

(1) 票面价值。票面价值包括币种和票面金额,我国发行债券的票面价值一般是每张面值100元人民币。

(2) 债券的到期期限。债券的到期期限是指债券从发行之日起至偿清本息之日止的时间。

(3) 债券票面利率。债券票面利率也称为名义利率,是债券年利息与债券票面价值的比率,通常年利率用百分比表示。中国债券的票面利率按照单利计息。

(4) 债券发行人名称。这一要素指明了债券的债务主体,既明确了债券发行人应履行对债权人偿还本金和利息的义务,也为债权人到期追回本金和利息提供依据。

上述4个要素是债券票面的基本要素,但在发行时并不一定全部在票面印制出来,例如,在很多情况下,债券发行者是以公告或条例的形式向社会公布债券的期限和利率。此外,一些债券还包含有其他要素,如还本付息方式。

2. 债券的特征

债券体现的是债券持有人与债券发行者之间的债权债务关系,其具有以下特征。

(1) 偿还性。债券是一种有约定期限的有价证券。债券代表了债权债务关系,要有确定的还本付息日期。当债券到期时,债务人就要偿还本金。

(2) 流动性。流动性是指债券可以在证券市场上转让流通。债券具有流动性,持券人需要现金时可以在证券市场上随时卖出,或者到银行以债券作为抵押品取得抵押借款。债券的流动性一般仅次于股票。

(3) 收益性。债券的收益性并不完全等同于债券的票面收益,还取决于债券的买卖价格。即债券的收益表现在两个方面:一是指债券持有人可以定期从债券发行者那里获得固定的债券利息(债券的利率通常高于存款利率);二是投资者可以利用债券价格的变动,买卖债券赚取差额。

(4) 安全性。债券的安全性,表现在债券持有人到期能无条件地收回本金。各种债券在发行时都要规定一定的归还条件,只有满足一定的归还条件才会有人购买。为了保护投资者的利益,债券的发行者都要经过严格审查,只有信誉较高的筹资人才被批准发行债券,而且公司发行债券大多需要担保。当发行公司破产或清算时,要优先偿还债券持有者的债务。因此,债券的安全性还是有保障的,比其他的证券投资风险要小得多。

3. 债券的种类

债券的种类很多,在债券的历史发展过程中出现过许多不同品种的债券,不同的债券共同构成了一个完整的债券体系。债券可以依据不同的标准进行分类。

1) 按发行主体分类

债券按发行主体分为中央政府债券、地方政府债券、金融债券和公司债券。

(1) 中央政府债券。中央政府债券的发行主体是中央政府，其也称为国债或国库券，它是指国家为了筹借资金而向投资者出具的、承诺在一定时期支付利息和到期偿还本金的债权债务凭证，其信誉在所有有价证券中最高，且利率优、风险小，又被称为"金边债券"。在我国，中央政府债券一般由政府财政部门代理发行。各国中央政府发行债券的主要目的通常是为了满足弥补国家财政赤字、进行大型工程项目建设和弥补财政偿还旧债本息等方面的资金需要。

知识链接

我国曾在新中国成立初1953年为弥补大规模经济建设资金的不足，国家发行了国家经济建设公债，连续五年发行，共计35.45亿元，年息4%。但由于种种原因，一直到1981年才从新启动国债发行。

(2) 地方政府债券。由各级地方政府发行的债券称为地方政府债券，它是相对国债而言的，发行目的主要是发展区域经济建设，其利息享受免税待遇。在美国，地方政府债券通常是由州政府、市政府或者其他行政分支机构（比如学校、自来水公司等非赢利组织）发行。这些机构通常会将所需资金分散为几期债券连续发行，而每期债券都会根据发行时的市场环境单独设定利率和期限结构。

(3) 金融债券。金融债券是银行或非银行等金融机构作为筹资主体为筹集长期资金而面向个人发行的一种有价证券，其按法定发行手续发行，承诺按约定利率定期支付利息并到期偿还本金，是债务、债权关系的一种凭证。银行和非银行金融机构作为社会信用的中介，它们的资金来源主要靠吸收公众存款和金融业务收入。通过发行金融债券，银行或非银行等金融机构能够较有效地解决资金来源不足和期限不匹配的矛盾，或改变自身的资产负债结构，或筹资用于某种特殊用途。由于金融机构大多信誉较好、资金雄厚，因此，安全性、收益性、流动性均较好，其信用仅次于政府债券，利率也一般要高于同期银行存款利率，而且持券者需要资金时可以随时转让。

(4) 公司债券。指依照法定程序发行、约定在一定期限内还本付息的有价证券。公司债券的发行主体是股份有限公司，但是有些国家也允许非股份制企业发行债券，所以，归类时可将公司债券和企业发行的债券合在一起。公司发行债券的主要目的是为了筹集中长期资金以满足经营需要。由于公司债券的还本付息依赖于公司经营业绩，从理论上讲，它的风险相对较大，且企业的资信水平比金融机构和政府低，因而其利率一般也较高。

知识链接

在我国公司债券的发行是由证监会审核管理，企业债券的发行是由发改委审核监管。

2) 按计息方式分类

债券按计算方式可分为附息债券、贴现债券和累进利率债券。

(1) 附息债券。附息债券是指债券券面上附有息票的债券。息票通常以6个月或1年为一期，债券到派息日时，持有人从债券上剪下息票并据此领取利息，这类债券每年应计的利息额等于该债券面值和利率的乘积。

(2) 贴现债券。也称贴水债券，是指券面上不附有息票，发行时按一定的折扣率以低于票面价值的价格出售，到期按票面价值偿还本金及利息的一种债券。投资者的利息收入为面值和债券买入价格之间的差额。

（3）累进利率债券。它是指随着债券发行后的时间推移，债券利率按既定累进利率的档次累进的债券。一般来说，其后期利率比前期利率更高，有一个递增率，呈累进状态。

3）按债券利率是否固定分类

债券按债券利率是否固定可分为固定利率债券和浮动利率债券。

（1）固定利率债券。固定利率债券指在发行时规定债券利率在偿还期内不发生变化的债券。固定利率债券不考虑市场变化因素，因而其筹资成本和投资收益可以事先预计，不确定性较小。但由于通货膨胀等宏观因素的影响，债券发行人和投资者仍然必须承担市场利率波动的风险。

（2）浮动利率债券。浮动利率债券是指发行时规定债券利率随市场利率定期浮动的债券，它会在某种预先规定基准上定期调整，作为基准的多是一些金融指数，如伦敦同行业拆借利率（LIBOR）；也有以非金融指数为基准的，如按照某种初级产品的价格。对投资者和筹资者来说，采取浮动利率债券形式可以有效地规避利率风险。浮动利率债券往往是中长期债券，其种类也较多，如规定有利率浮动上、下限的浮动利率债券，还有规定利率到达指定水平时可以自动转换成固定利率债券的浮动利率债券，或附有选择权的浮动利率债券，以及在偿还期的一段时间内实行固定利率而另一段时间内实行浮动利率的混合利率债券等。

 知识链接

债券利率随市场利率浮动，采取浮动利率债券形式就可以避免债券的实际收益率与市场收益率之间出现任何重大差异，使发行人的成本和投资者的收益与市场变动趋势相一致。但债券利率的这种浮动性也使发行人的实际成本和投资者的实际收益事前带有很大的不确定性，从而导致较高的风险。

4）按偿还期限分类

债券按偿还期限可分为短期债券、中期债券、长期债券和永续债券。

各国对债券的期限划分不完全相同，一般的划分标准是：偿还期限在一年或一年以下的债券为短期债券；期限在十年以上的为长期债券；期限在一年到十年之间的为中期债券，永续债券也叫无期债券，一般仅限于政府债券，它不规定到期期限，持有人不能要求清偿本金，但可以按期取得利息。

5）按抵押担保方式分类

债券按抵押担保方式可分为信用债券、抵押债券和担保债券。

（1）信用债券。亦称无担保债券，是仅凭债券发行者的信誉，没有抵押品作担保发行的债券。一般政府债券及金融债券都为信用债券。其发行受严格的限制，对发行者的要求相当高，一般只有信誉卓越的大公司才能发行信用债券。

（2）抵押债券。抵押债券是以实物资产作抵押而发行的债券，一旦债券发行人出现偿债困难，则以这部分资产清偿债务。可用于抵押的资产包括动产、不动产与信誉较好的证券等。

（3）担保债券。担保债券是由发行者之外的其他法人实体提供担保而发行的债券。当发行人在债券到期而不能履行还本付息义务时，担保债券的持有者有权变卖抵押品来清偿抵付或要求担保人承担还本付息的义务。这种债券的担保人一般为非银行金融机构或有良好资信的大公司。

6) 按是否公开发行分类

债券按是否公开发行可分为公募债券和私募债券。

(1) 公募债券。公募债券是指按法定手续，经证券主管机构批准在市场上公开发行的债券，债券的认购者可以是社会上的任何人。发行者一般有较高的信誉，除政府机构、地方公共团体外，一般私营企业必须符合规定的条件才能发行公募债券。按照我国2006年新《公司法》和《证券法》规定，以下任意一种情况都属于公募债券：一是向不特定的投资者公开募集的债券；二是向特定投资者超过200人发行的债券。

(2) 私募债券。私募债券是仅以与发行者有特定关系的投资群体为发行对象的债券，其发行和转让均有一定的局限性，流动性较差，但其利率水平一般高于公募债券。按照我国2006年新《公司法》和《证券法》规定，其人数不能超过200人。私募债券的发行手续简单，其发行后的债券一般不能在证券市场上交易。

7) 按是否可转换分类

债券按是否可转换可分为可转换债券和不可转换债券。

(1) 可转换债券。它是可转换公司债券的简称，是一种可以在特定时间、按特定条件转换为其他金融工具的债券。可转换债券兼有债券和股票双重特点，持有者可按一定的条件根据自己的意愿将持有的债券转换成股票。由于可转换债券赋予债券持有人将来成为公司股东的权利，因此其利率通常低于不可转换债券。若将来转换成功，在转换前发行企业达到了低成本筹资的目的，转换后又可节省股票的发行成本。根据我国新《公司法》的规定，发行可转换债券应由国务院证券管理部门批准，发行公司应同时具备发行公司债券和发行股票的条件。

(2) 不可转换债券。与可转换债券相对应，不可转换债券就是不能转化为其他金融工具的债券。由于其没有赋予债券持有人将来成为公司股东的权利，所以其利率一般高于可转换债券。

8) 按债券形态分类

债券按债券形态可分为实物债券、凭证式债券和记账式债券。

(1) 实物债券（无记名债券），具有标准格式实物券面的债券。在其券面上，一般印制了债券面额、债券利率、债券期限、债券发行人全称、还本付息方式等各种债券票面要素。实物债券不记名、不挂失、可上市流通，但由于其发行成本较高，已被逐步取消。

(2) 凭证式债券，它是债权人认购债券的收款凭证，而不是债券发行人制定的标准格式的债券。例如国家储蓄债——凭证式国债收款凭证，其可记名、可挂失，但不可上市流通。如持有期提前支取，按持有天数支付利息。

(3) 记账式债券。记账式债券是无实物形态的票券，利用电子账户通过计算机系统完成债券发行、交易及兑付的全过程，它可记名、挂失，可上市流通、安全性好，我国1994年开始发行。由于记账式国债发行和交易均无纸化，所以交易效率高，成本低，是未来债券发展的趋势。

9）按发行区域分类

债券按发行区域可分为国内债券和国际债券。

（1）国内债券。国内债券是本国政府或本国法人以本国货币为单位在本国金融市场发行、流通的债券。

（2）国际债券。国际债券是一国政府、金融机构、工商企业或国家组织为筹借和融通资金，在国外金融市场上发行的，以外国货币为面值的债券。依发行债券所用货币与发行地点的不同，国际债券又可分为外国债券和欧洲债券。

外国债券是指以债券发行地的货币为面值的国际债券。其中，外国发行者在美国发行的以美元为面值的债券称为扬基债券；外国发行者在日本发行的以日元为面值的债券称为武士债券。

欧洲债券是指在欧洲等国债券市场上由外国借款人发行的、以市场所在国以外的货币为面值的债券，如德国在英国发行的以美元为面额的债券。

5.1.2 债券发行市场

1. 债券的发行目的

债券发行是发行人以借贷资金为目的，依照法律规定的程序向投资人要约发行代表一定债权和兑付条件的债券的法律行为。不同的发行主体债券发行的目的是不一样的。

1）国债发行的目的

（1）平衡财政预算。通过发行债券，可以弥补中央政府财政赤字，平衡财政收支。

（2）扩大政府投资。出于宏观经济调控等方面的考虑，政府会不断地增加投资。发行国债是保证财政政策实施的重要措施之一。

（3）解决临时性资金需要。在财政预算期（如年度）内，由于季节性或其他方面的原因，会导致在某几个月内收不抵支，而在另外的时间内则收大于支。为了调剂不同时间内财政收支短暂的不平衡，需要发行国债，以解决临时性的资金需要。由于是临时性的，债券期可以很短，如 3 个月、6 个月或 9 个月。

（4）归还债务本息。当债务规模较大，依靠财政收入无法保证偿债时，需要发行新债筹集资金偿还已到期债务的本金和利息。这就是所谓的"借新债，还旧债"。

2）金融债券发行的目的

（1）改善金融机构的负债结构，增强金融机构负债的稳定性。金融机构的资金来源主要是存款。存款无论长期、短期均具有根据客户提款要求无条件或有条件随时支付的特征。金融债券与存款不同，除非债务人要求提前偿付，债权人一般无权要求债务人在到期日前偿还债务。因此，金融债券比由存款形成的负债有更高的稳定性。

（2）通过发行金融债券，金融机构可以获得长期资金来源。由于金融债券是一年期以上的金融工具，发行金融债券可以获得长期资金来源。

（3）通过发行金融债券，金融机构可以扩大资产业务。对于金融机构来说，发行金融债券是一种主动负债，不同于吸收存款这种被动负债业务。因此，金融机构可以根据开展资产业务的需要,灵活地发行金融债券进行融资,改变金融机构以负债结构和规模确定资产结构与规模的传统业务特征。

3) 公司债券(企业债券)发行的目的

(1) 多渠道筹集资金。公司筹集资金的途径很多,除了发行股票筹借自由资金,向银行借款取得债务资金,发行商业票据获得短期资金以外,还可以通过发行公司债券获得长期债务资金。

(2) 调节负债规模,实现最佳的资本结构。按照现代公司财务理论,公司可以通过改变负债与资本的比例,使公司的融资成本降低,从而提高公司的价值。通过公司债券这一工具,如改变公司债券的发行规模、期限、种类等,可以有效地实现上述目的。

2. 债券发行的条件

我国债券市场的债券品种有国债、地方债、金融债、公司债、企业债等,其中国债发行和地方债发行由于是国家所主导的,属于国家和政府信用债券,发行条件没有法律规定。而公司债、企业债的发行,其法律规定的比较多。

我国公司债发行按照2006新《证券法》规定,发行公司债券必须依照《证券法》规定的条件,报经国务院授权部门审批。发行人必须向国务院授权的部门提交《公司法》规定的申请文件和国务院授权部门规定的有关文件。2007年8月,中国证监会颁布了《公司债发行试点办法》,《公司债发行试点办法》的颁布实施标志着我国公司债券发行工作正式启动,使我国证券市场有了真正意义上的公司债券。

《公司债发行试点办法》中所称的公司债券是公司依照法定程序发行,约定在1年以上期限内还本付息的有价证券。《公司债发行试点办法》规定公司债券发行采用核准制,实行保荐制度,发行程序简单规范。发债公司可以无担保,也可以分期发行,发行条件比较宽松。对公司债券的票面利率没有限制性规定,发行价格由发行人和保荐机构通过市场询价确定。由市场决定发行价格的制度设计使票面利率的确定有较大的创新空间和自由度,也为公司打开了低成本融资的渠道。

具体而言,发行公司债券应当符合以下条件:公司的生产经营符合法律、行政法规和公司章程的规定,符合国家产业政策;公司内部控制制度健全,内部控制制度的完整性、合理性、有效性不存在重大缺陷;经资产评级机构评级,债券信用级别良好;公司最近1期末经审计的净资产额应符合法律、行政法规和中国证监会的有关规定;最近3个会计年度实现的年均可分配利润不少于公司债券1年的利息;本次发行后累计公司债券余额不超过最近1期期末净资产额的40%;金融公司累计的公司债券余额按金融企业的有关规定计算。

3. 债券发行的流程

1) 债券发行的审核制度

世界各国证券主管机关对债券发行都采取审核制度。审核方式主要有两种:核准制和注册制。

(1) 核准制。核准制即按照"实质管理原则",由主管机关规定若干核准条件,包括:发行人的性质、管理人员的资格、能力,发行人的资产负债结构、发行中介机构所得报酬、债权人和债务人的权利、义务,募集资金投向,资料公开是否充分、真实等。发行人在符合债券发行基本条件的同时,每笔债券发行都需报请主管机关批准,按核准条件审查许可后,债券才能发行。我国公司债和企业债的发行都采取的是核准制。

(2) 注册制。注册制即按照"公开原则",只要符合由主管机关规定的债券发行的法定条件,并依照法定程序注册的,主管机关就必须认可该债券的发行。等级注册须经主管机关审查,如发现严重失实、遗漏、虚报,则发出终止命令,终止其注册;如属一般情节,则通知主持人加以纠正。未予注册或自动生效日之前,发行人不得发行债券。我国人民银行的银行间债券市场的短期融资券的发行都采用的是注册制。

在证券市场发展初期,多数国家采用核准制来管理证券发行。注册制与核准制分别以美国联邦证券法和欧洲国家的公司法为代表。这两种制度并不是完全对立的,有时可以互耗补充。事实上,目前多数国家在证券发行管理上也是综合运用这两种原则,只是侧重点不同而已。

2) 公司债券的发行程序

公司债券的发行程序以发行人与承销商谈判为界,可以分为两个大阶段:第一阶段是债券发行的准备阶段,主要是公司内部就发行债券的金额、用途等问题进行研究决策;第二阶段是债券发行的实施阶段。

(1) 在公司债券发行的准备阶段,其发行程序具体如下。

① 制定发行文件。发行文件主要包括债券发行所筹资金的用途、期限、利率、发行范围、发行方式、公司现有资金、收益分配状况、筹资项目的可行性研究或经济效益预测、还本资金来源等。发行文件是债权发行实施阶段的基础,尤其是与承销机构进行谈判,确定发行内容的主要依据。制定发行文件是发行的首要环节,需要公司周密研究、科学决策。

② 董事会决议。发行公司债,需要经董事会通过决议,而且要有 2/3 以上董事出席以及超过半数的出席董事通过方才有效。董事会的决议应决定公司债券发行的总额、券面金额、发行价格、利率、发行日、偿还期限和偿还方式等内容。董事会的决议必须在公司债发行前形成(实际上,董事会会议往往要与发行谈判穿插进行,因此在实践上与以下过程有交叉)。

(2) 在公司债券发行的实施阶段,其发行程序具体如下。

发行债券的公司在董事会就发行的主要事项形成原则性决议之后,就进入了债券发行的实施阶段,一般需经过以下几个步骤。

① 债券的信用评级。公司发行债券首先要由证券评级机构对其所发行的债券进行评级。债券评级的目的是将发行人的信誉和偿债的可靠程度公诸投资者,保护投资者的利益。对债券的评级主要是评价该种债券的发行质量、发行人的偿债能力和资信状况以及影响投资者承担风险的其他因素。我国债券评级的等级划分见表 5-1。

表 5-1 我国债券信用级别的设置

级别分类	级别等级	级别次序		级别定义
		穆迪公司	标准普尔公司	
投资级	一等	Aaa	AAA	最高级品质，本息具有最大的保障
		Aa	AA	高级品质，对本息的保障条件略逊于最高级债券
		A	A	中上品质，对本息的保障尚属适当，但保障条件不及以上两种债券
	二等	Baa	BBB	中级品质，目前对本息的保障尚属适当，但未来经济情况发生变化时，约定的条件可能不以保障本息安全
		Ba	BB	中下品质，具有一定的投机性，保障条件属中等
投机级	三等	B	B	具有投机性，而缺乏投资性，未来的本息缺乏适当的保障
		Caa	CCC	两者都具有投机性；CC 级比 CCC 级更差；债息尚能支付，但是经济状况不佳时，债息可能停付
		Ca	CC	
		C	C	债信不佳，本息可能已经违约停付；专指无力支付债息的公司债券

② 发行人与承销商谈判，确定发行的主要内容。发行人与承销商（在美国多是投资银行，在日本多是证券公司）就承销问题举行各种会议，以决定发行的主要问题：决定发行债券的总额，一般都由发行公司与承销商协商后确定；决定债券的发行方式，决定是公募发行还是私募发行；就发行条件达成协议，承销商与发行人进一步就发行条件协商达成协议，该协议中应包括发行数量、债券到期日、票面利率及承销商的报酬等；确定承销方式，对承销商而言，当债券风险太大时选择非包销发行更有利，如发行人地位稳固，债券对投资者吸引力大，选择全额包销方式发行债券更合适。

③ 组织承销团。如果发行债券的数量颇大，承销商将组成承销团。在债券发行额非常巨大时，参加承销团的投资银行可能多达上百家。

④ 申报发行及办理各种发行手续。在多数国家，公司发行债券都须向主管部门申请注册，未经批准不得发行债券。发行申报包括呈报债券发行申报书、印制债券认购申请书、撰写并公布债券发行公告等环节。发行申请手续一般由承销机构办理。

⑤ 向公众出售债券。在正式销售开始前，承销商就可以与一些可能的投资者达成暂时的协定。债券的正式公开出售也称作"开账"。同股票的发行一样，开账后，承销商接受对发行债券的预约。若承销商对市场判断完全错误，或者市场利率在债券票面利率决定后上升，承销商则可能降低债券的发行价格，并承担损失。

5.1.3 我国国债市场的现状

1. 债券发行总量稳步扩大

2010年,债券市场累计发行人民币债券5.1万亿元,同比增长3.1%。国债、政策性银行债券、短期融资券等债券品种发行量,较上年有所增加。截至2010年年末,债券市场债券托管总额达15.31万亿元,其中,银行间市场债券托管额为15.8万亿元,同比增长21.5%。

2010年,财政部通过银行间债券市场发行债券1.7万亿元(包括代发地方政府债券2 000亿元);国家开发银行、中国进出口银行、中国农业发展银行在银行间债券市场发行债券1.3万亿元;汇金公司在银行间债券市场公开发行债券1 090亿元;金融债券发行主体范围进一步扩大,外资法人银行获准发行金融债券,三菱东京日联银行(中国)在银行间债券市场公开发行金融债券10亿元;积极拓宽金融租赁公司和汽车金融公司资金来源管道,3家金融租赁公司和1家汽车金融公司总计发行金融债券50亿元。公司信用债券继续发展,2010年债券市场共发行企业债券3 627亿元、公司债券511.5亿元。

2010年,银行间市场债券发行期限结构依然以中短期债券为主。其中,期限5年以内的债券发行量占比40%,比2009年下降8.8个百分点;期限5(含)到10年的债券发行量占比34.7%,比2009年上升7.9个百分点;期限10年(含)以上的债券发行量占比25.2%,比2009年上升0.8个百分点。

2. 市场成交量同比大幅增加,债券价格总体上行

2010年,银行间市场累计成交179.5万亿元,市场运行主要有以下特点。

(1)成交量继续大幅增加。2010年,银行间市场成交量近180万亿元,同比增长31.1%。

(2)货币市场短期交易占比依然较高。2010年货币市场交易中,隔夜拆借成交24.5万亿元,占拆借成交总量的87.9%,较上年增加4.4个百分点;1天质押式回购成交67.7万亿元,占质押式回购成交总量的80%,较上年增加2.3个百分点。

3. 货币市场利率上升,收益率曲线阶段性变化显著

2010年,货币市场利率呈上行趋势。临近年底,货币市场利率持续攀升,年末隔夜拆借利率收于4.52%,较年初大幅上升340个基点;7天质押式回购加权平均利率收于5.17%,上升377个基点。全年来看,12月份同业拆借加权平均利率为2.92%,比1月份上升176个基点;12月份质押式回购加权平均利率为3.12%,比1月份上升193个基点。

4. 投资者类型更加多元化

截至2010年年末,银行间同业拆借市场参与者887家,比2009年年末增加33家。银行间债券市场参与主体10 235个,包括各类金融机构和非金融机构投资者,以做市商为核心、金融机构为主体、其他机构投资者共同参与的多层市场结构更加完善，银行间债券市场已成为各类市场主体进行投融资活动的重要平台。

5. 商业银行柜台交易量减少，开户数量稳步增加

2010 年，商业银行柜台业务运行平稳，8 家试点商业银行开展记账式国债柜台交易业务。截至 2010 年年末，柜台交易的国债券种包含 1 年、3 年、7 年、10 年和 15 年期 5 个品种，柜台交易的国债数量达到 86 只。2010 年商业银行柜台记账式国债交易量有所减少，全年累计成交 41.7 亿元，同比减少 32.3%。截至 2010 年 12 月底，商业银行柜台开户数量达到 896 万户，较上年增加 124 万户，同比增长 15.1%。

6. 衍生产品交易保持平稳

2010 年，债券远期共达成交易 967 笔，成交金额为 3 183.4 亿元，同比下降 51.4%。从标的债券来看，债券远期交易以政策性银行债券为主，其交易量占总量的 54.5%。从期限来看，以 2～7 天品种交易量占比最高，为 74.4%。

5.2 证券投资基金

5.2.1 证券投资基金的起源与发展

1. 证券投资基金的起源

证券投资基金作为社会化的理财工具，起源于英国。1868 年，当时的英国经过第一次产业革命之后，工商业发展速度快，殖民地和贸易遍及世界各地，社会和个人财富迅速增长。由于国内资金积累过多，投资成本日渐升高，于是，许多商人便将私人财产和资金纷纷转移到劳动力价格低廉的海外市场进行投资，以谋求资本的最大增值。但由于投资者缺乏国际投资知识，对海外的投资环境缺乏应有的了解，加上地域限制和语言不通，无力自行管理。在经历了投资失败、被欺诈等惨痛教训之后，人们便萌发了集合众多投资者的资金，委托专人经营和管理的想法，并得到了英国政府的支持。

因此，1868 年英国成立的"海外及殖民地政府信托基金"组织在美国《泰晤士报》刊登招股说明书，公开向社会个人发售认股凭证，这是公认的设立最早的投资基金。该基金以分散投资于国外殖民地的公司债为主。其投资地区，远及南北美洲、中东、东南亚和意大利、葡萄牙、西班牙等国，投资总额达 48 万英镑。该基金与股票类似，不能退股，亦不能将基金单位兑现，认购者的权益仅限于分红和派息两项。因为其在许多方面为现代基金的产生奠定了基础，金融史学家将其视为证券投资基金的雏形。

另一位投资信托的先驱者是苏格兰人富来明，1873 年，富来明创立了"苏格兰美国投资信托"，开始计划代替中小投资者办理新大陆的铁路投资。1879 年英国股份有限公司法公布，投资基金脱离了原来的契约形态，发展成为股份有限公司式的组织形式。

证券投资基金的初创阶段，主要投资海外实业和债券，在类型上主要是封闭式基金。

2. 证券投资基金的发展

证券投资基金起源于英国,却盛行于美国。第一次世界大战后,美国取代了英国成为世界经济的新霸主,一跃从资本输入国变为主要的资本输出国。随着美国经济运行的大幅增长,日益复杂化的经济活动使得一些投资者越来越难于判断经济动向。为了有效促进国外贸易和对外投资,美国开始引入投资信托基金制度。

20世纪20年代至20世纪70年代是证券投资基金的发展阶段。1921年4月美国设立了第一家证券投资基金组织——"美国国际证券信托基金",标志着证券投资基金发展中的"英国时代"结束而"美国时代"开始。1924年3月21日,"马萨诸塞投资信托基金"设立,意味着美国式证券投资基金的真正起步。这一基金也是世界上第一个公司型开放式投资基金。在此后的几年中,基金在美国经历了第一个辉煌时期。到20年代末期,所有的封闭式基金总资产已达28亿美元,开放型基金的总资产只有1.4亿美元,但后者无论在数量上还是在资产总值上的增长率都高于封闭型基金。20年代每年的资产总值都有20%以上的增长,1927年的成长率更超过100%。

与英国模式相比,美国模式具有3个基本特点。

(1) 证券投资基金的组织体系由原先英国模式的契约型改为公司型。

(2) 证券投资基金的运作制度由原先英国模式中的封闭式改为开放式。

(3) 证券投资基金的回报方式由原先英国模式中的固定利率方式改为分享收益——分担风险的分配方式。

目前,在全球证券投资基金中,美国的证券投资基金占主导地位。美国的证券投资基金主要有以下特征。

(1) 在世界各国证券投资基金中,美国的证券投资基金在资产总值上占半数以上。

(2) 基金运作相对规范,公司型基金占据主导地位。

(3) 基金种类多,金融创新层出不穷。

(4) 允许主发起的养老金计划和个人税收优惠储蓄计划将公募的共同基金作为投资工具,这是推动证券投资基金发展的一个重要原因。

知识链接

美国遭遇1929年全球股市的大崩盘,使刚刚兴起的美国基金业遭受了沉重的打击。随着全球经济的萧条,大部分投资公司倒闭,残余的也难以为继。但比较而言,封闭式基金的损失要大于开放式基金。此次金融危机使得美国投资基金的总资产下降了50%左右。此后的整个30年代中,证券业都处于低潮状态。面对大萧条带来的资金短缺和工业生产率低下,人们丧失投资信心,再加上第二次世界大战的爆发,投资基金业一度裹足不前。危机过后,美国政府为保护投资者利益,制定了1933年的《证券法》、1934年的《证券交易法》,之后又专门针对投资基金制定了1940年《投资公司法》和《投资顾问法》。《投资公司法》详细规范了投资基金组成及管理的法律要件,为投资者提供了完整的法律保护,为日后投资基金的快速发展,奠定了良好的法律基础。

3. 证券投资基金的普及性发展

20世纪40年代以后,各发达国家的政府也认识到证券投资基金的重要性以及在金融市场中所起的作用,相继制定了一系列法律、法规,在对证券投资基金加强监管的同时,也为证券投资基金提供了良好的外部环境,极大推动了证券投资基金的发展。80 年代以后,证券投资基金在世界范围内得到了普及性发展。

目前,证券投资基金在全球的发展主要有以下特征。

(1) 证券投资基金的数量、品种和规模增长很快,在整个金融市场乃至国民经济中占据了重要地位。

(2) 证券投资基金的增长与金融市场呈正相关发展。

(3) 证券投资基金发展成为一种国际性现象。

(4) 开放式基金成为证券投资基金的主流产品。

(5) 基金市场竞争加剧,行业集中趋势突出。

从国际经验看,证券投资基金之所以对投资人有较大的吸引力,并且在 20 世纪 80 年代以后发展迅速,主要原因有以下几点。

(1) 证券投资基金在运作中具有的专业管理、制衡机制、组合投资等特征,有利于分散基金运作中的风险,并能够给投资人以稳定的回报,从而使投资人认可并选择这一投资工具。

(2) 证券投资基金对证券市场的稳定和发展有一定的积极作用,对市场的支撑力度大。

(3) 证券投资基金对金融产品创新、社会分工和社会稳定也有积极的促进作用。

5.2.2 证券投资基金的概念与特征

1. 证券投资基金的概念

证券投资基金是一种利益共享、风险共担的集合投资方式,即通过发行基金券(基金股份或受益凭证)、集中投资者的资金、交由专家管理,以资产保值增值等为根本目的。根据投资组合的原理,从事股票、债券等金融工具投资,投资者按投资比例分享其收益并承担风险的一种间接投资方式。

在不同的国家,投资基金的称谓有所区别,英国称之为"单位信托投资基金",美国称为"共同基金",日本则称为"证券投资信托基金"。这些不同的称谓在内涵和运作上无太大区别。投资基金在西方国家早已成为一种重要的融资、投资手段,并在当代得到了进一步发展。20 世纪 60 年代以来,一些发展中国家积极仿效,愈来愈运用投资基金这一形式吸收国内外资金,促进本国经济的发展。在我国,随着改革中金融市场的发展,也在 80年代末出现了投资基金形式,并从 90 年代以后得到了较快的发展,这不仅支持了我国经济建设和改革开放事业,而且也为广大投资者提供了一种新型的金融投资选择,活跃了金融市场,丰富了金融市场的内容,促进了金融市场的发展和完善。

2. 证券投资基金的特征

证券投资基金作为一种现代化的投资工具,其特点如下。

(1) 集合理财、专业管理。基金将众多投资者的资金集中起来,委托基金管理人进行共同投资,有利于发挥资金的规模优势,降低投资成本。此外,基金管理公司配备的投资专家一般都具有较好的投资理论功底和较丰富的投资经验及技巧,能取得较好的投资收益。

(2) 组合投资、分散风险。证券投资基金在法律规定的投资范围内进行科学的组合,分散投资于多种证券,通过投资组合,能有效分散并降低投资风险。

(3) 资本金少、费用低。证券投资基金是一种集合投资的方式,其最低投资额往往很低,投资者只需提供较少的资本金就可以达到分散投资的目的。证券投资基金的投资费用在众多投资者之间分摊,降低了投资成本;另外,根据国际市场的惯例,基金管理公司收取的管理费一般为基金资产净值的1‰~2.5‰,而投资者购买基金需缴纳的费用通常是认购总额的0.25%,低于购买股票的费用。

(4) 严格监管、信息透明。为切实保护投资者的利益,增强投资者对基金投资的信心,中国证监会对基金业实行比较严格的监管,对各种有损投资者利益的行为进行严厉的打击,并强制基金进行较为充分的信息披露。

(5) 独立托管、保障安全。为了保证基金资产的安全,基金管理人员只负责基金的投资操作,为投资者提供买卖与咨询服务,下达投资决策指令。基金资产的保管工作则由基金托管人执行,基金托管公司依据基金管理公司的指示保管和处分基金资产,即使基金管理公司或托管公司倒闭,它们的债权方也不能动用基金的财产。这种管理和保管分离的原则极大地保障了广大投资者的利益。

(6) 方便投资、流动性强。由于证券投资基金的最低投资额起点低,能满足广大中小投资者的投资需求,其买卖程序也十分方便,使得投资者收回投资时非常便利。

5.2.3 证券投资基金当事人

1. 投资者、基金管理人及基金托管人

(1) 投资者,即基金份额持有人。投资者依照自己所持基金份额来按比例分享基金财产及其收益。

(2) 基金管理人,即经中国证监会批准设立的基金管理公司。基金管理人依照法律法规负责组织基金的募集、运营管理、信息披露、赎回或清算等活动。基金管理人最大的作用就在于聘用基金经理来组合管理基金的资产。

(3) 基金托管人,即取得托管资格的商业银行。基金托管人的主要功能在于保全保管基金资产,并以基金的名义开立用于投资的证券买卖交易账户和用于资金清算的资金账户。

除了以上3个当事人以外,还有一个同基金投资者利益直接相关的第四方,即协助基金管理公司向投资者发售基金份额的银行、证券商、邮政储蓄、投资咨询公司等基金销售人。

2. 证券投资基金当事人之间的关系

在证券投资基金当事人中,基金管理人与托管人是互相制约的,两者互相制约的前提是基金托管人与基金管理人必须严格分开，由不具有任何关联的不同机构或公司担任，两者在财务上、人事上、法律地位上应该完全独立。当基金托管人发现基金管理人的投资指令违反法律、行政法规和其他有关规定，或者违反基金合同约定时，应当拒绝执行，立即通知基金管理人，并及时向国务院证券监督管理机构报告。

基金托管人职责终止的，应当妥善保管基金财产和基金托管业务资料，及时办理基金财产和基金托管业务的移交手续，新基金托管人或者临时基金托管人应当及时接收。基金份额持有人大会应当在6个月内选出新的基金托管人，新基金托管人产生前，由国务院证券监督管理机构指定临时基金托管人。表5-2是三者之间的关系显示。

表5-2 基金三方当事人之间的关系

	投资者	管理人	托管人
身份	基金的实际所有者	专业经营机构，本身不实际接触和拥有基金资产	保管基金资产，依据管理人指令处置基金资产，监督管理人的投资运作的全规性
管理人	所有者与经营者的关系	—	经营与监管关系
托管人	委托与受托关系	经营与监管关系	—

5.2.4 证券投资基金的分类

1. 依据投资基金组织形式的不同，可以分为公司型基金和契约型基金

1) 公司型基金

公司型基金是指依《公司法》成立，通过发行基金股份集中资金投资进行证券投资的基金。公司型基金本身就是一家投资型的以投资赢利为目的的股份有限公司。该基金公司以发行股份的方式募集资金，投资者购买该公司的股份，就成为该公司的股东，凭其持有的股份依法享有投资收益。这种基金要设立董事会，重大事项由董事会讨论决定。

公司型基金的特点：基金公司的设立程序类似于一般股份公司，基金公司本身依法注册为法人，但不同于一般股份公司的是，它是委托专业的财务顾问或管理公司来经营与管理的；基金公司的组织结构也与一般股份公司类似，设有董事会和股东大会，基金资产归公司所有，投资者则是这家公司的股东，承担风险并通过股东大会行使权利。

2) 契约型基金

契约型投资基金是基于契约原理而组织起来的代理投资行为，没有基金章程，也没有董事会，其由基金理管理人，基金托管人和基金投资者三方订立"信托契约"，通过基金契约来规范三方当事人的行为。在契约型投资基金中，基金管理人设立基金，负责基金的管理操作；基金托管人负责基金资产的保管和处置；投资成果由投资人分享。

契约型基金起源于英国，后在中国香港、新加坡、印度尼西亚等国家和地区十分流行。英国、日本、中国香港等地的单位信托基金即为这种契约型基金。

3）契约型基金与公司型基金的区别

契约型基金与公司型基金的区别见表5-3。

表5-3 契约型基金与公司型基金的区别

区别方面	契约型基金	公司型基金
管理体系	没有章程、没有董事会，有持有人大会	有董事会和股东大会
资金性质	信托资产	公司法人的资本
投资者地位	契约当事人之一，受益人	基金公司的股东，通过股东大会行使权力
基金营运依据	基金契约	基金公司章程
经营与管理	由当事人之一基金管理人管理	委托财务顾问或管理公司管理

2. 按能否赎回分类，证券投资基金可分为封闭型基金和开放型基金

1）封闭型基金

封闭型基金是指资本总额及发行份数在设立基金时就已经限定，基金在发行期满后就"封闭"起来，不再追加发行新的基金单位或股份的投资基金。尽管在封闭的期限内不允许投资者要求退回资金，但是基金可以在市场上流通，投资者可以通过市场交易套现。

封闭型基金的存续期，即基金从成立起到终止之间的时间，是有期限的。一般封闭型基金内的存续期为10～15年左右，封闭型基金到期后，通过召开基金内持有人大会，来决定该基金内的未来。当然，在现实中封闭型基金期限届满一般都会由"封"转"开"，即封闭型基金转为开放型基金。

如果基金在运行过程中，因为某些特殊的情况使得基金的运作无法进行，报经主管部门批准，可以提前终止。提前终止的一般情况有以下几种。

（1）国家法律和政策的改变使得该基金的继续存在为非法或者不适宜。

（2）管理人因故退任或被撤换，无新的管理人承继的。

（3）托管人因故退任或被撤换，无新的托管人承继的。

（4）基金持有人大会上通过提前终止基金的决议。

2）开放型基金

开放型基金指基金发行总额不固定，而可以随时根据市场供求状况发行新份额或被投资人赎回的投资基金。为了应付投资者中途抽回资金，实现变现的要求，开放型基金一般都从所筹资金中拨出一定比例，以现金形式保持这部分资产。

开放型基金的规模是不受限制的，其规模的大小取决于该基金业绩的好坏。基金业绩好会引发投资者的认购，基金公司追发更多的基金份额，募集更多的资金，基金规模不断扩张；反之，如果基金业绩不好会引发投资者的抛售，基金份额遭到赎回，基金份额减少，基金规模不断缩小。开放型基金的交易价格以基金份额净资产值为参考，其在二级市场和柜台都可以交易。

3）封闭型基金与开放型基金的比较

封闭型基金与开放型基金的比较见表5-4。

表5-4 封闭型基金与开放型基金的比较

比较方面	开放型基金	封闭型基金
期限	没有固定期限，投资者可随时赎回基金单位	通常有固定的期限（一般为10年或15年）
发行规模	没有发行规模限制，基金规模随投资者认购或赎回而变化	事先确定基金规模，非经法律程序不能增发
交易方式	通常不上市交易，可随时向基金管理人认购或赎回（多为3个月后）	通过中介机构认购和买卖
交易价格	以基金单位净资产值为基础，不直接受市场供求影响	受市场供求因素影响大
投资策略	有相对较好的流动性，能满足投资者赎回的需要	可进行长期投资，计划性强

3. 按投资标的分类，可分为股票型基金、债券型基金、货币市场型基金、指数型基金、混合型基金

1）股票型基金

股票型基金是以股票为主要投资对象的基金。股票基金在各类基金中历史最为悠久，也是各国广泛采用的一种基金类型。股票基金的投资目标侧重于追求资本利得和长期资本增值。基金管理人拟定投资组合，将资金投放到一个或几个国家，甚至是全球的股票市场，以达到分散投资、降低风险的目的。

投资者之所以钟爱股票基金，原因在于有不同的风险类型可供选择，而且可以克服股票市场普遍存在的区域性投资限制的弱点。此外，还具有变现性强、流动性强等优点。由于聚集了巨额资金，几只甚至一只基金就可以引发股市动荡，所以各国政府对股票基金的监管都十分严格，不同程度地规定了基金购买某一家上市公司的股票总额不得超过基金资产净值的一定比例，防止基金过度投机和操纵股市。

2）债券型基金

债券基金是一种以债券为主要投资对象的证券投资基金。由于债券的年利率固定，因而这类基金的风险较低，适合于稳健型投资者。通常债券基金收益会受货币市场利率的影响，当市场利率下调时，其收益就会上升；反之，若市场利率上调，则基金收益率下降。除此以外，汇率也会影响基金的收益，管理人在购买非本国货币的债券时，往往还在外汇市场上做套期保值。根据中国证监会对基金类别的分类指标，80%以上的基金资产投资于债券的为债券基金。

3）货币市场型基金

货币市场基金是以货币市场为投资对象的一种基金，其投资工具期限在一年内，包括

银行短期存款、国库券、公司债券、银行承兑票据及商业票据等。通常，货币基金的收益会随着市场利率的下跌而降低，与债券基金正好相反。货币市场基金通常被认为是无风险或低风险的投资。根据中国证监会对基金类别的分类标准，仅投资于货币市场工具的为货币市场基金。

4）指数型基金

指数基金是 20 世纪 70 年代以来出现的新的基金品种。为了使投资者能获取与市场平均收益相接近的投资回报，产生了一种功能上近似或等于所编制的某种证券市场价格指数的基金。其特点是它的投资组合等同于市场价格指数的权数比例，收益随着当期的价格指数上下波动。当价格指数上升时基金收益增加，反之收益减少。基金因始终保持当期的市场平均收益水平，因而收益不会太高，也不会太低。指数型基金一般选取特定的指数作为跟踪的对象，因为其不主动寻求取得超越市场的表现，而是试图复制指数的表现，因此又被称为"被动型基金"。

指数基金的优势有：第一，费用低廉，指数基金的管理费较低，尤其交易费用较低。第二，风险较小。由于指数基金的投资非常分散，可以完全消除投资组合的非系统风险，而且可以避免由于基金持股集中带来的流动性风险。第三，以机构投资者为主的市场中，指数基金可获得市场平均收益率，可以为股票投资者提供更好的投资回报。第四，指数基金可以作为避险套利的工具。对于投资者尤其是机构投资者来说，指数基金是他们避险套利的重要工具。指数基金由于其收益率的稳定性和投资的分散性，特别适用于社保基金等数额较大、风险承受能力较低的资金投资。

5）混合型基金

混合型基金同时以股票、债券等为投资对象，通过在不同资产类别上的投资，实现收益与风险之间的平衡。

4. 按投资目标分类，可以分为成长型基金、收入型基金、平衡型基金

1）成长型基金

成长型基金是基金中最常见的一种，它追求的是基金资产的长期增值。为了达到这一目标，基金管理人通常将基金资产投资于信誉度较高、有长期成长前景或长期盈余的所谓成长公司的股票。成长型基金又可分为稳健成长型基金和积极成长型基金。成长型基金以追求资产增值为基本目标，较少考虑当期收入的基金，主要以具有良好增长潜力的股票为投资对象。

2）收入型基金

收入型基金主要投资于可带来现金收入的有价证券，以获取当期的最大收入为目的。收入型基金资产成长的潜力较小，损失本金的风险相对也较低，一般可分为固定收入型基金和股票收入型基金。固定收入型基金的主要投资对象是债券和优先股，因而尽管收益率较高，但长期成长的潜力很小，而且当市场利率波动时，基金净值容易受到影响。股票收入型基金的成长潜力比较大，但易受股市波动的影响。收入型基金是以追求稳定的经常性收入为基本目标的基金，主要以大盘蓝筹股、公司债、政府债券等稳定收益证券为投资对象。

3) 平衡型基金

平衡型基金将资产分别投资于两种不同特性的证券上,并在以取得收入为目的的债券及优先股和以资本增值为目的的普通股之间进行平衡。这种基金一般将25%~50%的资产投资于债券及优先股,其余投资于普通股。平衡型基金的主要目的是从其投资组合的债券中得到适当的利息收益,与此同时又可以获得普通股的升值收益。投资者既可获得当期收入,又可得到资金的长期增值,通常是把资金分散投资于股票和债券。平衡型基金的特点是风险比较低,缺点是成长的潜力不大。平衡型基金是既注重资本增值又注重当期收入的一类基金。

5. 按发行的公开程度分类,证券投资基金可分为公募基金和私募基金

1) 公募基金

公募基金是受政府主管部门监管的,向不特定投资者公开发行受益凭证的证券投资基金,这些基金在法律的严格监管下,有着信息披露、利润分配、运行限制等行业规范。

2) 私募基金

私募基金是指通过非公开方式向少数特定投资者募集资金并成立运作的投资基金,具有监管相对宽松、投资策略灵活、信息披露要求较低、高风险和高收益等特点。但在2008年金融危机之后,各国的金融监管改革方案中对私募基金的监管趋于严格,提出了一些新的思路和法案,如鼓励PE注册,对PE注册的关注从客户数量转移到管理的资产规模,并拟在托管人、信息披露等方面加强监管。

近几年,中国私募基金行业迎来了前所未有的黄金发展时期。数据显示,截至2010年年底,我国私募基金管理公司共242家,资产管理总规模超过2 000亿元,同比增长150%。

> **知识链接**
>
> 私募基金在国际上发展迅速,其主要构成形式是对冲基金,是为牟取最大回报的投资者而设计的合伙制私募发行的投资工具。对冲基金因其合伙私人投资性质,不受政府管制,但并不意味着其不受任何监督。一般而言,外部有债权人(贷款银行)的监督,内部有合伙投资人的监督。对冲基金研究机构(HFR)发布的数据显示,截至2010年年底全球对冲基金业资产规模已达1.917万亿美元。如今在华尔街,美国最牛的对冲基金经理是约翰·保尔森。保尔森是土生土长的纽约人,出生成长于纽约的昆斯区。保尔森本科就读于纽约大学,后来又考取了哈佛大学的MBA,毕业后进入金融业,先在奥德赛合伙人公司任职,之后跳槽到贝尔斯登公司担任合并收购部经理,1994年创立自己的对冲基金公司Paulson&Co.。2007年美国次贷危机中,约翰·保尔森因做空次级抵押贷款证券赚了37亿美元。2010年,保尔森押注房地产和黄金市场,史无前例地将50亿美元收入个人腰包。

6. 按基金资本来源和投资区域分类,证券投资基金可分为国内基金、国际基金、离岸基金和海外基金

1) 国内基金

国内基金是指资金来源于国内并投资于国内金融市场的证券投资基金。一般而言,国内基金在一国基金市场上应占主导地位。

2)国际基金

国际基金是指资金来源于国内但投资于境外金融市场的证券投资基金。通过国际基金的跨国投资,可以为本国资本带来更多的投资机会以及在更大范围内分散投资风险,但国际基金的投资成本和费用一般也较高。

3)离岸基金

离岸基金是指一国的证券基金组织在他国发行证券基金份额,并将募集的资金投资于本国或第三国证券市场的证券投资基金。离岸基金的资产注册登记不在母国,为了吸引全球投资者的资金,离岸基金一般都在素有"避税天堂"之称的地方注册,如卢森堡、开曼群岛、百慕大等,因为这些国家和地区对个人投资的资本利得、利息和股息收入都不收税。

4)海外基金

海外基金是基金资本从国外筹集并投资于国内金融市场的基金。利用海外基金通过发行受益凭证,把筹集到的资金交由指定的投资机构,集中投资于特定国家的股票和债券,把所得收益作为再投资或作为红利分配给投资者,它所发行的受益凭证则在国际著名的证券市场挂牌上市。

7. 除以上各类划分方法外,还有一种特殊类型的基金,如交易型开放式指数基金、上市开放式基金、基金中的基金等

1)交易型开放式指数基金

交易型开放式指数基金,通常又被称为交易所交易基金(简称ETF),是在交易所上市交易的、基金份额可变的一种开放式指数基金。一般的,ETF基金采用被动式投资策略跟踪某一标的市场指数,因此具有指数基金的特点。ETF综合了封闭型基金与开放型基金的优点,投资者既可以在交易所买卖ETF,又可以申购、赎回,不过申购赎回是以一篮子股票换取基金份额或者以基金份额换回一篮子股票。由于同时存在二级市场交易和申购赎回机制,投资者可以在ETF二级市场交易价格与基金单位净值之间存在差价时进行套利交易。

知识链接

世界上第一只ETF是1993年在美国上市的SPDR,是由美国证券交易所的子公司PDR Services LLC和标准普尔存托凭证信托(Standard & Poor's Depositary, SPDRs),以单位投资信托的形式发行的一个基于S & P500指数的ETF。SPDR上市之后,迅速赢得了市场的追捧,并使ETF在欧美取得了蓬勃的发展。继此之后,又逐渐出现了一些新的ETF,如OPALS、MidCap SPDRs、WEBS、Diamond、Select Sector SPDRs、QQQ、iShares等。

2)上市开放型基金

上市开放型基金(简称LOF)是一种既可以在场外市场进行基金份额申购赎回,又可以在交易所进行基金份额交易的开放式基金,它是我国对证券投资基金的一种本土化创新。

3)基金中的基金

基金中的基金(简称FOF)是一种专门投资于其他证券投资基金的基金,其投资组合由各种各样的基金组成,是结合基金产品创新和销售渠道创新的基金新品种。FOF通过对

基金的组合投资，大幅度降低了投资基金的风险。它的优势在于收益较高并有补偿机制，但投资成本较高。

5.2.5 证券投资基金的费用与收益

1. 证券投资基金的费用

封闭型基金是在深、沪证券交易所挂牌上市交易的基金，投资者只要到各个证券公司的证券营业部就可以进行买卖。买卖过程与股票买卖一样，只是买卖基金的手续费较低，买入和卖出一般只需缴纳0.25%的交易佣金，无须支付印花税。

开放型基金的费用由直接费用和间接费用两部分组成。直接费用包括交易时产生的认购费、申购费和赎回费，这部分费用由投资者直接承担；间接费用是从基金净值中扣除法律法规及基金契约所规定的费用，包括管理费、托管费和运作费等其他费用。

1) 直接管理费用

(1) 认购费。认购费指投资者在基金发行募集期内购买基金单位时所交纳的手续费，其计算公式为

$$认购费用 = 认购金额 \times 认购费率$$
$$净认购金额 = 认购金额 - 认购费用$$

认购费率通常在1.2%左右，并随认购金额的大小有相应的减让。

(2) 申购费。申购费是指投资者在基金存续期间向基金管理人购买基金单位时所支付的手续费，其计算公式为

$$申购费用 = 申购金额 \times 申购费率$$
$$净认购金额 = 申购金额 - 申购费用$$

> **知识链接**
>
> 我国《开放式投资基金证券基金试点办法》规定，开放式基金可以收取申购费，但申购费率不得超过申购金额的5%。目前申购费费率通常在1.5%左右，并随申购金额的大小有相应的减让。
>
> 基金认购(申购)费率可分为前端收费和后端收费两种模式。前端认购费率最高不高于1.2%，且随认购金额的增加而递减，它在购买的时候收取；后端认购费率最高不高于1.8%，且随持有时间的增加而递减，其在购买时不收取，在赎回时根据持有年限收取。

(3) 赎回费。赎回费是指在开放式基金的存续期间，已持有基金单位的投资者向基金管理人卖出基金单位时所支付的手续费。赎回费设计的目的主要是对其他基金持有人安排一种补偿机制，通常赎回费计入基金资产。

> **知识链接**
>
> 我国《开放式投资基金证券基金试点办法》规定，开放式基金可以收取赎回费，但赎回费率不得超过赎回金额的3%。目前赎回费费率通常在1%以下，并随持有期限的长短有相应的减让。

2) 间接管理费用

(1) 基金管理费。基金管理费是指支付给实际运用基金资产，为基金提供专业化服务

的基金管理人的费用，也就是管理人为管理和操作基金而收取的报酬。管理费逐日计提，月底由托管人从基金资产中一次性支付给基金管理人。

知识链接

我国基金管理费年费率按基金资产净值的一定百分比计提，不同风险收益特征的基金其管理费相差较大，如目前货币市场基金为0.33%，债券基金通常为0.65%左右，股票基金则通常为1%～1.6%。

（2）基金托管费。基金托管费是指基金托管人由于为基金提供服务而向基金收取的费用，比如银行为保管、处置基金信托财产而提取的费用。托管费通常按照基金资产净值的一定比例提取，目前通常为0.25%，逐日累计计提，按月支付给托管人。此费用也是从基金资产中支付，不须另向投资者收取。

（3）基金运作费。基金运作费包括支付注册会计师费、律师费、召开年会费、中期和年度报告的印刷制作费以及买卖有价证券的手续费等。这些开销和费用是作为基金的营运成本支出的。运作费占资产净值的比率较小，通常会在基金契约中事先确定，并按有关规定支付。

2. 证券投资基金的收益

1) 基金收益的来源

基金收益包括基金投资所得红利、股息、债券利息、买卖证券差价（资本利得）、存款利息以及其他收入，如图5.1所示。

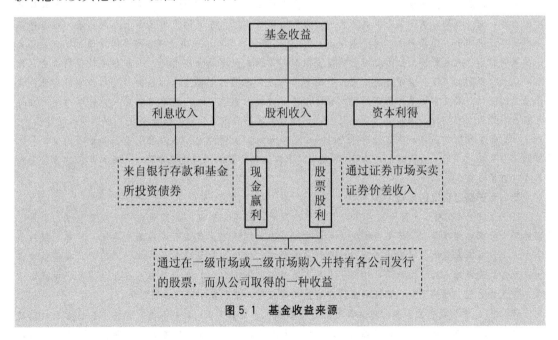

图5.1 基金收益来源

2) 基金收益分配原则

（1）基金收益分配应当采取现金形式，每年至少分配一次。

（2）基金当年收益应当在弥补上一年亏损后，才可进行当年收益分配。

(3) 基金投资当年亏损，则不应当进行收益分配。

(4) 基金收益分配比例不得低于基金净收益的 90%。

(5) 基金收益分配方案中应载明基金收益的范围、基金净收益、基金收益分配的对象、原则、分配时间、分配数额及比例、分配方式、支付方式等内容。

基金收益分配方案由基金管理人拟定，由基金托管人核实，公告前报中国证监会备案。

 案例分析

私募基金——量子基金

一、量子基金概述

量子基金的前身是双鹰基金，它是索罗斯旗下经营的五个对冲基金中最大的一个，由乔治·索罗斯和吉姆·罗杰斯于 1969 年创立，资本额为 400 万美元；1973 年改名为索罗斯基金，资本额约 1200 万美元；1979 年，索罗斯将公司再次更名为量子基金。更名后的量子基金设在纽约，基金的出资人主要是非美国国籍的境外投资者，从而避开美国证券交易委员会的监管。量子基金主要投资于商品、外汇、股票和债券，并大量运用金融衍生产品和杠杆融资，从事全方位的国际性金融操作。

索罗斯凭借其过人的分析能力和胆识，引导着量子基金在世界金融市场一次又一次的攀升在破败中逐渐成长壮大。经过不到 30 年的经营，1997 年年末量子基金已增值为资产总值近 60 亿美元的巨型基金。如果 1969 年注入量子基金 1 万美元，那么，在 1996 年年底已增值至 3 亿美元，增长了 3 万倍。

量子基金成为国际金融界的焦点，是由于索罗斯凭借该基金在 20 世纪 90 年代发动的几次大规模货币狙击战。这一时期，量子基金以其强大的财力和凶狠的作风，在国际货币市场上兴风作浪，对基础薄弱的货币发起攻击并屡屡得手。量子基金虽只有 60 亿美元的资产，但由于其在需要时可通过杠杆融资等手段取得相当于几百亿甚至上千亿资金的投资效应，因而成为国际金融市场上一股举足轻重的力量。同时，由于索罗斯的声望，量子基金的资金行踪和投注方向无不为规模庞大的国际游资所追随。因此，量子基金的一举一动常常对某个国家货币的升降走势起关键的影响作用。对冲基金对一种货币的攻击往往是在货币的远期和期货、期权市场上通过对该种货币大规模卖空进行的，从而造成此种货币的贬值压力。对于外汇储备窘困的国家，在经过徒劳无功的市场干预后，所剩的唯一办法往往是任其货币贬值，从而使处于空头的对冲基金大获其利。在 90 年代中发生的几起严重的货币危机事件中，索罗斯及其量子基金都负有直接责任。

二、量子基金引发的危机

20 世纪 90 年代初，为配合欧共体内部的联系汇率，英镑汇率被人为固定在一个较高水平，引发了国际货币投机者的攻击。量子基金率先发难，在市场上大规模抛售英镑而买入德国马克。英格兰银行虽下大力抛出德国马克购入英镑，并配以提高利率的措施，但仍不敌量子基金的攻击而退守，英镑被迫退出欧洲货币汇率体系而自由浮动，短短 1 个月内英镑汇率下挫 20%，而量子基金在此英镑危机中获取了数亿美元的暴利。此后不久，意大利里拉亦遭受同样命运，量子基金同样扮演主角。

1994 年，索罗斯的量子基金对墨西哥比索发起攻击。墨西哥在 1994 年之前的经济良性增长，是建立在过分依赖中短期外资贷款的基础之上的。为控制国内的通货膨胀，比索汇率被高估并与美元挂钩浮动。由量子基金发起的对比索的攻击，使墨西哥外汇储备在短时间内告罄，不得不放弃与美元的挂钩，实行自由浮动，从而造成墨西哥比索和国内股市的崩溃，而量子基金在此次危机中则收入不菲。

1997 年下半年，东南亚发生金融危机。与 1994 年的墨西哥一样，许多东南亚国家如泰国、马来西亚和韩国等长期依赖中短期外资贷款维持国际收支平衡，汇率偏高并大多维持与美元或一揽子货币的固定或联系汇率，这给国际投机资金提供了一个很好的捕猎机会。量子基金扮演了狙击者的角色，从大量卖空泰铢开始，迫使泰国放弃维持已久的与美元挂钩的固定汇率而实行自由浮动，从而引发了一场泰国金融市场前所未有的危机。危机很快波及所有东南亚实行货币自由兑换的国家和地区，迫使除了港币之外的所有东南亚主要货币在短期内急剧贬值，东南亚各国货币体系和股市的崩溃，以及由此引发的大批外资撤逃和国内通货膨胀的巨大压力，给这个地区的经济发展蒙上了一层阴影。

三、量子基金的终结

1998年8月索罗斯联手多家巨型国际金融机构试图狙击港元，但香港金融管理局拥有大量外汇储备，加上当局大幅调高息率，使对冲基金的计划没有成功，量子基金损失惨重。据悉，在这场狙击战中，仅索罗斯个人就损失了8亿美元。1998年以后，量子基金开始遭遇"滑铁卢"：先是索罗斯对1998年俄罗斯债务危机及对日元汇率走势的错误判断使量子基金遭受重大损失，之后投资于美国股市的网络股也大幅下跌。至此，索罗斯的量子基金损失总数达近50亿美元，元气大伤。2000年4月28日，索罗斯不得不宣布关闭"量子基金"。

举世闻名的量子基金至此寿终正寝。此后，索罗斯宣布将基金的部分资产转入新成立的"量子捐助基金"继续运作，后"量子基金"一改此前的彪悍凶猛，主要从事低风险、低回报的套利交易。

【评析】

量子基金倒闭的主要原因之一是杠杆率过高。为了追求短期暴利，量子基金的资金杠杆率通常在8倍以上，这是其在1997年亚洲金融危机、1998年俄罗斯金融危机和2000年美国股市网络股泡沫破灭中损失惨重的主要原因。

量子基金作为私募基金因其监管相对宽松、信息披露要求较低、投资策略灵活及较高的获利水平等特点，而受到许多投资者，尤其是机构投资者的青睐。但宽松的监管也带来了很大的投资风险，这是其倒闭的根本原因。

在当今世界加强金融监管的大背景下，对冲基金的自由空间多少会受到挤压，但监管有利于行业的健康发展，可以减少像量子基金那样滥用自由而产生的金融风险。我国在发展私募基金时应借鉴国际经验，将行业监管放在首位，监管的核心目标应当是信息充分披露和反欺诈，以保护投资人利益、防范系统性风险、维护市场的稳定。

本 章 小 结

债券是一种有价证券，是社会各类经济主体为筹集资金而向债券投资者出具的、承诺按一定利率支付利息并到期偿还本金的债权债务凭证。债券的基本要素主要包括票面价值、债券的到期期限、债券票面利率和债券发行人名称。债券具有偿还性、流动性、安全性和收益性等特征。债券的种类很多，可以依据不同的标准进行分类。

世界各国证券主管机关对债券发行都采取审核制度。审核方式主要有两种：核准制和注册制。证券投资基金是一种利益共享、风险共担的集合投资方式，即通过发行基金券（基金股份或受益凭证），集中投资者的资金，交由专家管理，以资产保值增值等为根本目的，根据投资组合的原理，从事投票、债券等金融工具投资，投资者按投资比例分享其收益并承担风险的一种间接投资方式。

证券投资基金当事人包括投资者、基金管理人及基金托管人。其中，投资者与基金管理人是所有者与经营者的关系，投资者与基金托管人是委托与受托的关系，基金管理人与托管人互相制约。

封闭型基金的买卖手续费较低，买入和卖出一般只需缴纳 0.25% 的交易佣金，无需支付印花税。开放型基金的费用由直接费用和间接费用两部分组成，直接费用包括认购费、申购费和赎回费，间接费用包括管理费、托管费和运作费等其他费用。基金收益包括基金投资所得红利、股息、债券利息、买卖证券差价（资本利得）、存款利息以及其他收入，基金的收益按相应的原则进行分配。

名人名言

我们可以损失钱——甚至是很多钱。但是，我们不能失掉名声——哪怕是一点点的名声。

——摘自《巴菲特写给伯克希尔的经理们的备忘录》

假如你因预期会发生某种事情而买进股票，当预期落空，就应该卖出股票。

——[美]彼得·林奇

如果某样东西大受推崇，它通常已无价值，保证赚钱的东西，往往变成保证赔钱的东西。

——[美]肯尼斯·费雪

价值投资的关键不仅仅在于寻找便宜货，而且还要判断它们是否有翻身的一天。

——[美]麦克·喜伟

习 题

一、选择题

1. 第一支证券投资基金起源于（ ）。
   A. 美国　　　　　B. 英国　　　　　C. 日本　　　　　D. 荷兰
2. 以下不属于证券投资基金特点的是（ ）。
   A. 专业理财　　　B. 分散风险　　　C. 集合投资　　　D. 稳定市场
3. 某可转换债券面额为 5 000 元，规定转换价格为 25 元，则可转换为（ ）股普通股票。
   A. 200　　　　　B. 100　　　　　C. 50　　　　　　D. 400
4. 基金管理人与基金托管人之间的关系是（ ）。
   A. 相互制衡的关系　　　　　　　B. 委托与受托的关系
   C. 受益人与受托人之间的关系　　D. 监管人与被监管人的关系
5. 开放式基金的交易价格取决于（ ）。
   A. 供求关系　　　　　　　　　　B. 基金净资产
   C. 基金单位净资产值　　　　　　D. 基金总资产值
6. （ ）投资的资产 80% 以上是债券。
   A. 债券型基金　　B. 股票型基金　　C. 货币型基金　　D. 混合型基金
7. 可以同时在场外市场进行基金份额申购、赎回，在交易所进行基金份额交易，并通过份额转托管机制将场外市场与场内市场有机地联系在一起的基金运作方式是（ ）。
   A. 开放式基金　　B. 股票基金　　　C. ETF　　　　　 D. LOF 基金

8. 目前,我国基金大部分按照( )的比例计提基金管理费。
   A. 2%　　　　B. 2.5%　　　　C. 1.5%　　　　D. 1%
9. 外国在美国发行的美元债券,也称为( )
   A. 熊猫债券　　B. 武士债券　　C. 扬基债券　　D. 龙债券
10. ( )是由中央政府为筹集资金而公开发行的债务凭证。
    A. 地方债券　　B. 国家债券　　C. 金融债券　　D. 企业债券

二、简答题

1. 简述债券的概念及特点。
2. 债券发行的条件有哪些?
3. 开放型基金与封闭型基金有哪些区别?
4. 简述证券投资基金的概念与特征。
5. 简述证券投资基金的收益来源及分配原则。

三、判断题

1. 我国目前实行的是证券发行注册制度。　　　　　　　　　　　　　　( )
2. FOF 的优势是收益较高并有补偿机制,而且投资成本较低。　　　　　( )
3. 我国法律规定,债券的票面价格是 1000 元。　　　　　　　　　　　( )
4. 美国的证券投资基金以公司型基金为主。　　　　　　　　　　　　　( )
5. 在我国债券发行可以采用溢价,平价,折价三种发行方式。　　　　　( )

四、案例分析题

1672 年 5 月,法国和荷兰的"冷"战转成"热"战。两国都作出最大努力,顽强地将战争进行到底。为了保卫国家,荷兰人把拦海大坝凿穿,使他们的国家耸立于水中。这样,一场与时间的竞跑开始了,因为荷兰军队必须考虑到被水淹没的地区有可能会完全结冰,因此,在法国军队跨过冰面进攻之前,荷兰必须赶紧与其他国家缔结同盟。不久,勃兰登堡的皇帝就答应提供援助。

德国皇帝从军事援助中捞取大量的酬劳,荷兰给他支付国家债券。这样,这种国家债券的行情对于荷兰和德国来说就显得极其重要。因为毫无疑问,行情会按照战事的发展而上升或下跌。如果行情上扬,那么这一联盟就是非常值得的,因为德国人除了收取利息外还能够从证券行情走势中获利。但是如果行情下跌,那么联盟就会在亏损的威胁下不得不经受巨大的考验了。但是在可能获得这种额外利润的同时,一个非常重要的诱惑还在吸引着德国人:如果他们帮助荷兰人取得战争的胜利,荷兰人还会支付他们额外的丰富钱财。于是,德国皇帝通过参与这种用国家债券作为支付手段的冒险行为,卷入了一场利用战争走势来牟取利益的投机活动。这是否是荷兰人的战略考虑呢?

国债行情波动随着战事进程在交易所上涨和下跌。国债行情波动之剧烈,足以令每一个身临其境者震惊不已。然而,也正是由于这一空前的获取利润的机会吸引了无数投机商,才使得数额巨大的国家债券的销路畅通无阻,而这些债券正是资助战争所必备的。德国皇帝的代理商们正好利用这一点,他们总是不断往市场上抛售这种皇帝从荷兰人那里获得的、用以帮助他自己进行远征的债券。像阿姆斯特丹这种具备国际关系网络的世界交易所,即使是在战争进行期间也能将债券销售出去。

(1) 分析一下债券在战争中所扮演的角色,以及债券能在多大程度上决定一个战争的胜负。

(2) 联系滑铁卢战役中英国联军所发行的债券在战争中所扮演的角色,分析人们是如何利用债券大发其财的。

第 6 章 金融衍生品市场

教学目标

通过本章的学习，理解金融衍生品的概念、特征及基本功能，了解金融衍生品的最新发展趋势，理解期货交易的概念和特征，掌握期货交易的分类，熟悉期货交易机制，理解并掌握期权的概念和分类，熟悉看涨期权和看跌期权的计算，了解我国权证的相关知识。

教学要点

知识要点	能力要求	相关知识
金融衍生品概述	(1) 能理解金融衍生品概念及特征 (2) 能理解并能概括金融衍生品的基本功能理解 (3) 了解金融衍生品的最新发展趋势	(1) 金融衍生品的概念及特征 (2) 金融衍生品的基本功能 (3) 金融衍生品的最新发展趋势
期货市场	(1) 理解期货交易的概念和特征 (2) 掌握期货交易的分类 (3) 熟悉期货交易制度	(1) 期货交易的概念、特征及分类 (2) 期货交易与现货交易、远期交易的比较 (3) 期货交易制度
期权市场	(1) 能理解并能概括期权的概念及种类 (2) 理解期货和期权的区别 (3) 了解我国权证的含义、分类、权证的价值等	(1) 期权的概念及种类 (2) 期货和期权的区别 (3) 权证的概念、分类、价值等

> 行情总在绝望中诞生,在半信半疑中成长,在憧憬中成熟,在希望中毁灭。
>
> ——约翰·邓普顿(John Templeton)

基本概念

期货合约　期货交易　远期交易　双向交易　对冲机制　保证金交易制度　看涨期权　看跌期权　认股权证　认沽权证　备兑权证　套期保值　价格发现　投机交易

导入案例

巧用资源

在美国一个农村,住着一个老头,他的老伴早早就去世。他有三个儿子。大儿子、二儿子都在部队服役,只有小儿子和他在一起父子相依为命。

突然有一天,一个人找到老头,对他说:"老人家,我想把你的小儿子带到城里去工作。"

老头气愤地说:"不行,绝对不行,你滚出去吧!"

这个人又说:"如果我在城里给你儿子找的对象,也就是你未来的儿媳妇是盖茨的女儿呢?"

老头想了想,终于被这件事打动了。

过了几天,这个人找到了美国首富——微软总裁盖茨,对他说:"尊敬的盖茨先生,我想给你的女儿找个对象。"

盖茨说:"快滚出去吧!"

这个人又说:"如果我给你女儿找的对象,也就是你未来的女婿是通用公司的副总裁,可以吗?"

盖茨同意了。

又过了几天,这个人找到了通用公司总裁,对他说:"尊敬的总裁先生,你应该马上任命一个副总裁!"

总裁先生摇头说:"不可能,这里这么多副总裁,我为什么还要任命一个副总裁呢,而且必须马上?"

这个人说:"如果你们任命的这个副总裁是盖茨的女婿,可以吗?"

总裁先生当然同意了。

点评

思维的创新使一切都有可能,创新带来资源的最佳配置,带来了社会财富。

6.1　金融衍生品概述

6.1.1　金融衍生品的概念及特征

金融衍生品是指一种根据事先约定的事项进行支付的双边合约,其合约价格取决于或派生于原生金融工具的价格及其变化,它是相对于原生金融工具而言的。这些相关的或原生的金融工具一般指股票、债券、存单、货币等。金融衍生品是金融创新的产物,其目的是满足不同类型投资者对金融工具的安全性、赢利性和流动性的不同要求。

金融衍生品主要具有以下基本特征。

（1）跨期交易。金融衍生工具的交易由交易双方通过对利率、汇率、股价等因素变动趋势的预测，约定在未来某一时间按照一定条件进行交易或选择是否交易。

（2）杠杆效应与高风险性。金融衍生工具的交易者只需少量，甚至不用资金即可进行数额巨大的金融交易。例如，某期货交易保证金如果是5%，期货投资者就可以控制20倍所投资金额的合约资产，实现以小搏大。当金融衍生品交易引发金融市场风险时，金融衍生品往往扮演风险放大器的作用。如果金融衍生品被集中发行或过度衍生，就可能将风险集中在某些机构中，并通过市场传导引发系统性崩溃。

次贷危机爆发时，美国花旗、摩根大通、美国银行等金融机构的平均杠杆率约为35倍，而欧洲的德意志银行、巴克莱、汇丰、法兴等金融机构的平均杠杆率为55倍。杠杆35倍，意味着金融机构只用4美元本钱就可以做140美元的投资，只要投资损失3%，投资主体就损失42美元，相当于本金完全损失。高杠杆率是2008年全球金融危机的主要原因之一。

知识链接

CDS(Credit Default Swap)，即信用违约互换，是一种以金融产品与金融机构的信用作为交易基础的金融衍生产品，其本质是一种金融资产的违约保险。在一份标准CDS合约中，买方通过购买合约，将自身拥有债权的违约风险转移，合约的卖方则为买方提供这种保障。一旦发生违约，则卖方承担买方的资产损失。CDS创立之初是为了对冲债务的违约风险，随着CDS市场的发展，越来越多的投资者开始利用CDS进行投机与套利交易。2007年以来的国际金融危机中，大规模的CDS合约交易起到了推波助澜的作用，放大了实际风险。

（3）套期保值和套利共存。金融衍生工具产生的直接动因是规避风险、套期保值，然而，要求保值的交易者不可能都恰好相互达成协议。金融衍生工具在集中了各种风险后，需要得以释放，而金融衍生工具的杠杆效应吸引了大量投机者，其投机活动承担并分散了市场所集中的风险，有利于投资者转移风险。

6.1.2 金融衍生品的基本功能

1. 规避风险

金融衍生品市场的首要功能是规避风险，这是金融衍生品市场赖以存在和发展的基础。而规避风险的主要手段是套期保值，即利用现货市场和期货市场的价格差异，在现货市场上买进或卖出基础资产的同时，在期货市场卖出或买进相同数量的该商品的期货合约，从而在两个市场之间建立起一种互相对冲的机制，以达到保值的目的。

2. 价格发现

金融衍生品市场集中了各方面的参加者，带来了成千上万种关于衍生品基础资产的供求信息和市场预期，通过交易所类似拍卖方式的公开竞价，形成了市场均衡价格。金融衍生品的价格形成有利于提高信息的透明度，金融衍生品市场与基础市场的高度相关性，提高了整个市场的效率。

3. 优化资源配置

金融衍生品市场的价格发现机制有利于全社会资源的合理配置：一方面，衍生品市场近似于完全竞争市场，其价格接近于供求均衡价格，这一价格用于配置资源的效果，优于用即期信号安排下期生产和消费。所以，衍生品市场形成的价格常常成为一个国家，甚至全世界范围内的价格。另一方面，金融衍生品市场的价格是基础市场价格的预期，能反映基础市场未来预期的收益率。当基础市场预期收益率高于社会资金平均收益率时，社会资金就会向高收益率的地方流动。

4. 调控价格水平

期货交易价格能准确地反映市场价格水平，对未来市场供求变动有预警作用。如果某一金融衍生品价格下跌，则反映其在市场上需求疲软；反之，则表明该衍生品的市场需求旺盛。投资者可根据不同金融衍生品的市场价格水平变化，选择投资策略。

5. 提高交易效率

在很多金融交易中，衍生品的交易成本通常低于直接投资标的资产，其流动性（由于可以卖空）也比标的资产相对强得多，而交易成本和流动性正是提高市场交易效率不可缺少的重要因素。所以，许多投资者以衍生品取代直接投资标的资产，在金融市场开展交易活动。

6. 容纳社会游资

金融衍生品市场的出现为社会游资提供了一种新的投资渠道，不仅使一部分预防性货币需求转化为投资性货币需求，而且产生了新的投资性货币需求，使在经济货币化、市场化、证券化、国际化日益提高的情况下，不断增加的社会游资有了容身之处，并通过参与金融衍生品市场而发挥作用。

6.1.3 金融衍生品的最新发展趋势

（1）日趋复杂化、多样化并迅猛发展。目前几乎每个月都有一种新型的金融衍生品产生，衍生品也日见复杂，发展速度十分迅猛。1998年到2007年期间，全球衍生品市场场内的期货期权成交金额从71万亿美元增长到539万亿美元，2008年增长至691万亿美元。

（2）不同种类金融衍生品明显分化，金融衍生品交易量有所下降。2009年，股指类和单个股票类衍生品交易总量依然保持全球衍生品市场的领先地位，占总成交量的67.43%；利率类衍生品交易量则大幅下滑，跌幅达23.00%；外汇类衍生品异军突起，同比大涨64.77%。股票、股指、外汇、利率等金融衍生品交易量占交易总量的比重由2007年的92.01%逐年下降至2009年的86.94%。

（3）发达国家金融衍生品市场份额下降，市场流动性受损。受金融危机的影响，发达国家衍生品市场的流动性遭到严重损害。数据显示，欧美地区衍生品交易量占全球衍生品交易总量的比重已由2008年的63.14%下降至2009年的57.38%。

(4) 新兴市场国家金融衍生品交易崛起,中国增长势头强劲。与欧美等发达国家衍生品交易相对回落比较,以中国、俄罗斯、巴西和印度为代表的新兴市场国家在 2009 年发展迅猛,成为后危机时代全球衍生品市场稳定发展的重要力量。

6.2 期货市场

期货交易的产生,是在现货远期合约交易发展的基础上,经过广泛商业实践而产生的。1848 年 3 月 13 日,第一个近代期货交易所——芝加哥期货交易所(CBOT)成立,芝加哥期货交易所成立之初,还不是一个真正现代意义上的期货交易所,还只是一个集中进行现货交易和现货中远期合约转让的场所。在期货交易发展过程中,出现了两次堪称革命的变革,一是合约的标准化,二是结算制度的建立。1865 年,芝加哥期货交易所实现了合约标准化,推出了第一批标准期货合约。标准化的期货合约使得市场参与者能够非常方便地转让期货合约,也使市场制造者能够方便地参与交易,大大提高了期货交易的市场流动性。芝加哥期货交易所在合约标准化的同时,还规定了按合约总价值的 10% 缴纳交易保证金。

6.2.1 期货交易概述

期货交易是指集中在法定的交易所内以公开竞价方式进行期货合约的买卖,并以获得合约价差为目的交易活动。其中期货合约是标准化的远期合约。该合约不仅约定了未来买卖商品和该商品未来某一时点买卖的价格,还严格规定了商品的买卖数量,价格的变动幅度,商品的规格、等级、交割地点和交割方式。

我们所俗称的期货交易就是指期货合约交易。购买期货合约,即同意合约标的资产的买方,一般也被称为多头;卖出期货合约,即同意合约中标的资产的卖出方,也被称为空头。

期货交易具有以下一些基本特征。

(1) 能够实现"以小博大"。进行期货交易时,投机者只需根据市场风险程度缴纳一定数量的保证金,其数额通常仅为期货合约价值的 5%~18%。期货交易保证金数量不大,却能够推动相当于自身 5~20 倍的合约总值。这一特点如同在杠杆力臂一端施加较小的力就能抬起较重的物体一样。正是由于以较小资金即可控制期货合约总值使利润与保证金相比可高出几倍,所以期货投机对投资者的诱惑力极大。

(2) 高报酬率和高风险。期货投机之所以有较高的报酬率,关键在于它的杠杆作用。例如,假设合约总值为 10 000 万元,保证金为 5%,即 500 元。如果期货价格朝投机者预想的方向变动了 5%,即 500 元,那么投机者就获利 500 元。相对于其保证金来说,赢利率达到 100%,所以说期货投机的高报酬率来自保证金制度。当然,高报酬必然伴随着高风险。如果价格变化方向与投机者预期的相反,则亏损率同样也是经过杠杆作用放大的。

(3) 获利方式较多,且操作比较简单。期货交易在期限上种类繁多,远期、近期及现货间价格变化复杂,利用各种价格差额牟取利润的方法多种多样,这就使得投机者有了充分施展才能的天地。尤其是期货投机中可以"卖空",而股票市场就不行,在期货市场中进行空头交易并不需要借用商品。因为它并非出售实际商品，而只是作出在未来某一时日出售并交付某种商品的承诺。如果在该项期货合约最后交易日之前将它平仓，就不必交付现货。这样，投机者在市场看跌的时候也可以进场卖空获利。

(4) 合约标准化。期货交易是通过买卖期货合约进行的，而期货合约是标准化的。期货合约标准化指的是除价格外，期货合约的所有条款都是预先由期货交易所规定好的，具有标准化的特点。期货合约标准化给期货交易带来极大便利，交易双方不需对交易的具体条款进行协商，节约交易时间，减少交易纠纷。

(5) 交易集中化。期货交易必须在期货交易所内进行。期货交易所实行会员制，只有会员方能进场交易。那些处在场外的广大客户若想参与期货交易，只能委托期货经纪公司代理交易。所以，期货市场是一个高度组织化的市场，并且实行严格的管理制度，期货交易最终在期货交易所内集中完成。

(6) 结算统一化。期货交易具有付款方向一致性的特征。期货交易是由结算所专门进行结算的。所有在交易所内达成的交易，必须送到结算所进行结算，经结算处理后才算最后达成，才成为合法交易。买卖双方都只以结算所作为自己的交易对手，只对结算所负财务责任，而不是买卖双方之间互相往来款项。这种付款方向的一致性大大地简化了交易手续和实货交割程序，而且也为交易者通过作"对冲"操作而免除到期交割义务创造了可能。

6.2.2 期货交易的分类

国际期货交易市场的发展，大致经历了由商品期货交易到金融期货交易，交易品种不断增加，交易规模不断扩大的过程。

1. 商品期货

商品期货是指标的物为实物商品的期货合约。商品期货历史悠久，种类繁多，主要包括农产品期货、金属期货和能源期货等。

1) 农产品期货

1848 年芝加哥期货交易所(CBOT)的诞生以及 1865 年标准化合约被推出后，随着现货生产和流通的扩大，不断有新的期货品种出现。除小麦、玉米、大豆等谷物期货外，从 19 世纪后期到 20 世纪初，随着新的交易所在芝加哥、纽约、堪萨斯等地出现，棉花、咖啡、可可等经济作物，黄油、鸡蛋以及后来的生猪、活牛、猪腩等畜禽产品，木材、天然橡胶等林产品期货也陆续上市。

2) 金属期货

最早的金属期货交易诞生于英国。1876 年成立的伦敦金属交易所(LME)，打开金属期货交易之先河。当时的名称是伦敦金属交易公司，主要从事铜和锡的期货交易。1899 年，伦敦金属交易所将每天上下午进行两轮交易的做法引入到铜、锡交易中。1920 年，铅、锌两种金属也在伦敦金属交易所正式上市交易。工业革命之前的英国原本是一个铜出口国，但工业革命却成为其转折点。由于从国外大量进口铜作为生产资料，所以需要通过期货交易转移铜价波动带来的风险。伦敦金属交易所自创建以来，一直生意兴隆，至今伦敦金属交易所的期货价格依然是国际有色金属市场的晴雨表。目前主要交易品种有铜、锡、铅、锌、铝、镍、白银等。

美国金属期货的出现晚于英国。19世纪后期到20世纪初以来，美国经济从以农业为主转向建立现代工业生产体系，期货合约的种类逐渐从传统的农产品扩大到金属、贵金属、制成品、加工品等。纽约商品交易所（COMEX）成立于1933年，由经营皮革、生丝、橡胶和金属的交易所合并而成，交易品种有黄金、白银、铜、铝等，其中1974年推出的黄金期货合约，在70～80年代的国际期货市场上具有较大的影响。

3) 能源期货

20世纪70年代初发生的石油危机，给世界石油市场带来了巨大冲击，石油等能源产品价格剧烈波动，直接导致石油等能源期货的产生。目前，纽约商业交易所（NYMEX）和伦敦国际石油交易所（IPE）是世界上最具影响力的能源产品交易所，上市的品种有原油、汽油、取暖油、天然气、丙烷等。

2. 金融期货

随着第二次世界大战后布雷顿森林体系的解体，20世纪70年代初国际经济形势发生急剧变化，固定汇率制被浮动汇率制所取代，利率管制等金融管制政策逐渐取消，汇率、利率频繁剧烈波动，促使人们重新审视期货市场。1972年5月，芝加哥商业交易所（CME）设立了国际货币市场分部（IMM），首次推出包括英镑、加拿大元、西德马克、法国法郎、日元和瑞士法郎等在内的外汇期货合约。1975年10月，芝加哥期货交易所上市国民抵押协会债券（GNMA）期货合约，从而成为世界上第一个推出利率期货合约的交易所。1977年8月，美国长期国债期货合约在芝加哥期货交易所上市，是迄今为止国际期货市场上交易量较大的金融期货合约之一。1982年2月，美国堪萨斯期货交易所（KCBT）开发了价值综合指数期货合约，使股票价格指数也成为期货交易的对象。至此，金融期货的三大类别外汇期货、利率期货和股票价格指数期货均上市交易，并形成一定规模。进入20世纪90年代后，在欧洲和亚洲的期货市场，金融期货交易占了市场的大部分份额。金融期货的出现，使期货市场发生了翻天覆地的变化，彻底改变了期货市场的发展格局。在国际期货市场上，金融期货也成为交易的主要产品。

金融期货主要有外汇期货、利率期货、股票价格指数期货和股票期货4种类型。

1) 外汇期货

外汇期货又称货币期货，是指交易双方约定在未来特定的日期进行外汇交割，并限定了标准币种、数量、交割月份及交割地点的标准化合约。它是金融期货中最先产生的品种，主要用于规避外汇风险。外汇期货交易则是指在期货交易所中通过喊价成交的外汇合约买卖，自20世纪70年代初在芝加哥商业交易所（CME）所属的国际货币市场（IMM）率先推出后得到了迅速发展。

目前，外汇期货的交易币种主要包括美元、日元、英镑、瑞士法郎、加拿大元、澳大利亚元与墨西哥比索等可自由兑换的、在国际上接受程度较高的货币。

2) 利率期货

利率期货产生于人们管理利率风险的需要。所谓利率风险，是指人们在经济活动中因市场利率不确定变动而遭受损失的可能性。

利率期货是指标的资产价格依赖于利率水平的期货合约。利率期货交易则是指在有组织的期货交易所中通过喊价成交的、在未来某一时期进行交割的债券合约买卖。如长期国债期货、短期国债期货和欧洲美元期货。

3）股票价格指数期货

股票价格指数期货是金融期货中产生最晚的一个品种，是 20 世纪 80 年代金融创新中出现的最重要、最成功的金融工具之一。股指期货，就是以股票指数为标的物的期货。双方交易的是一定期限后的股票指数价格水平，通过现金结算差价来进行交割。

股指期货交易的标的物是货币化的股票价格指数，合约的交易单位是以一定的货币与标的指数的乘积来表示，以各类合约的标的指数的点数来报价。股指期货的交易主要包括交易单位、最小变动价位、每日价格波动限制、合约期限、结算日、结算方式及价格等。以香港恒生指数交易为例，交易单位是 50 港元×恒生指数，最小变动价位是 1 个指数点（即 50 港元），即恒生指数每降低一个点，该期货合约的买者（多头）的每份合约就亏 50 港元，卖者的每份合约赚 50 港元。

股指期货的主要用途之一是对股票投资组合进行风险管理，其可以通过分散化投资组合来化解风险。另一个主要用途是可以利用股指期货进行套利。套利机制可以保证股指期货价格处于一个合理的范围内，一旦偏离，套利者就会入市以获取无风险收益，从而将两者之间的价格拉回合理的范围内。

股指期货与股票相比有 3 个特点：一是实行当日无负债结算制度，即每天根据期货交易所公布的结算价格对投资者持仓的盈亏状况进行资金清算和划转；二是到期必须履约，股指期货合约不能像股票一样长期持有；三是理论上讲，如果上市公司能够持续赢利，股票投资者有可能长期获得投资收益，而股指期货只是将风险进行转移。

知识链接

我国股指期货于 2010 年 5 月正式启动，其交易场所为中国金融期货交易所（公司制交易所）。投资者参与股指期货应满足的条件有：开户资金门槛为 50 万元；投资者需通过股指期货相关知识测试；同时，最好具备至少 10 个交易日、20 笔以上的股指期货仿真交易成交记录，或者最近三年内具有至少 10 笔以上的商品期货成交记录。

4）股票期货

股票期货是以某种具体的股票为标的物的标准化期货合约的交易方式。事实上，股票期货均实行现金交割，买卖双方只需要按规定的合约乘数乘以价差，盈亏以现金方式进行交割。

6.2.3 期货交易与现货交易、远期交易的比较

期货交易作为一种特殊的交易方式，它的形成经历了从现货交易到远期交易，最后到期货交易的复杂演变过程，它是人们在贸易过程中不断追求交易效率、降低交易成本与风险的结果。在现代发达的市场经济体系中，期货市场作为重要的组成部分，与现货市场、远期市场共同构成了一个各有分工而又密切联系的多层次的市场。

1. 期货交易与现货交易的区别

(1) 买卖的直接对象不同。现货交易买卖的直接对象是商品本身，有样品、有实物，看货定价。期货交易买卖的直接对象是期货合约，是买进或卖出多少手或多少张期货合约。

(2) 交易的目的不同。现货交易是一手钱、一手货的交易，马上或一定时期内获得或出让商品的所有权，是满足买卖双方需求的直接手段。期货交易的目的一般不是到期获得实物，套期保值者的目的是通过期货交易转移现货市场的价格风险，投资者的目的是为了从期货市场的价格波动中获得风险利润。

(3) 交易和结算方式不同。现货交易一般是一对一谈判签订合同，具体内容由双方商定，签订合同之后不能兑现的，就要诉诸法律，一般在两个工作日内完成实物和全额现金的交割。期货交易是以公开、公平竞价的方式在法定的场所进行集中交易，采用的是保证金的交易方式，即只要付一定比例的钱就可以获得合约，且实行每日无负债结算制度，必须每日结算盈亏。

(4) 交易场所不同。现货交易一般不受交易时间、地点、对象的限制，交易灵活方便，随机性强，可以在任何场所与对手交易。期货交易必须在法定的交易所内依照法规进行公开、集中交易，不能进行场外交易。

(5) 商品范围不同。现货交易的品种是一切进入流通的商品，而期货交易品种是有限的，主要是农产品、石油、金属商品以及一些初级原材料和金融产品。

2. 期货交易与远期交易的区别

(1) 交易对象不同。期货交易的对象是标准化合约，远期交易的对象主要是实物商品。

(2) 功能作用不同。期货交易的主要功能之一是发现价格，远期交易中的合同缺乏流动性，所以不具备发现价格的功能。

(3) 履约方式不同。期货交易有实物交割和对冲平仓两种履约方式，远期交易最终的履约方式是实物交收。

(4) 信用风险不同。期货交易实行保证金交易制度，且实行每日无负债结算，若一方亏损低至最低保证金，如果不追加保证，就会被强行平仓，因而违约的风险小，即信用风险很小；远期交易从交易达成到最终实物交割有很长一段时间，此间市场会发生各种变化，任何不利于履约的行为都可能出现，信用风险很大。

6.2.4 期货交易制度

期货交易制度一般由期货交易所制定，上级监管部门核准后实行，其主要目的是实现期货交易、控制市场风险。

1. 双向交易和对冲机制

双向交易，也就是期货交易者既可以买入期货合约作为期货交易的开端(为买入建仓),也可以卖出期货合约作为交易的开端(称为卖出建仓),也就是通常所说的"买空卖空"。与双向交易的特点相联系的还有对冲机制。期货交易中大多数交易并不是通过合约到期进行实物交割来履行合约,而是通过做一笔与建仓交易方向相反的交易来解除履约责任。期货交易双向交易和对冲机制的特点,吸引了大量期货投机者参与交易。期货市场上,投机者有双重的获利机会。期货价格上升时,可以通过低买高卖来获利;价格下降时,可以通过高卖低买来获利。投机者的参与大大增加了期货市场的流动性。

2. 杠杆机制

期货交易实行保证金制度,也就是说交易者在进行期货交易时需缴纳少量的保证金。保证金一般为成交合约价值的 $5\% \sim 15\%$,就能完成数倍乃至数十倍的合约交易,期货交易的这种特点,被形象地称为"杠杆机制",期货交易的杠杆机制使期货交易具有高收益高风险的特点。

3. 结算所和每日无负债结算制度

结算所是期货交易的专门清算机构,通常附属于交易所,但又以独立的公司形式组建。所有的期货交易都必须通过结算会员由结算机构进行,而不是由交易双方直接交收清算。

结算所实行无负债的每日结算制度,又称逐日盯市制度,就是以每种期货合约在交易日收盘前最后 1 分钟或几分钟的平均成交价作为当日结算价,与每笔交易成交时的价格作对照,计算每个结算所会员账户的浮动盈亏,进行随市清算。由于逐日盯市制度以 1 个交易日为最长的结算周期,对所有账户的交易头寸按不同到期日分别计算,并要求所有的交易盈亏都能及时结算,从而能及时调整保证金账户,控制市场风险。

4. 涨跌停板制度

期货交易市场是一个高风险的市场,为了有效地防范风险,一般期货交易市场对期货价格的波动都控制在一定的范围内,即期货的涨跌停板制度,也称为每日价格最大波动限制,即指期货合约在一个交易日中的交易价格波动不得高于或者低于规定的涨跌幅度,超过该涨跌幅度的报价将被视为无效,不能成交。我国期货的涨跌幅控制在 3%、4%、5%,从而保证期货市场的正常运转。

知识链接

涨跌停板一般是以合约上一交易日的结算价为基准确定的,也就是说,合约上一交易日的结算价加上允许的最大涨幅构成当日价格上涨的上限,又称涨停板;而该合约上一交易日的结算价格减去允许的最大跌幅则构成当日价格下跌的下限,称为跌停板。

5. 持仓限额制度

持仓限额制度,是指期货交易所为了防范操纵市场价格的行为和防止期货市场风险过度集中于少数投资者,从而对会员及客户的持仓数量进行限制的制度。超过限额,交易所可按规定强行平仓或提高保证金比例。

6. 大户报告制度

大户报告制度,是指当会员或客户的某品种持仓合约的投机头寸达到交易所对其规定的投机头寸持仓限量80%以上时,客户应向交易所报告资金情况、头寸等情况。

7. 强行平仓制度

强行平仓制度是指当会员或客户的交易保证金不足并未在规定时间内补足时,或者当会员或客户的持仓数量超出规定的限额时,交易所或期货经纪公司为了防止风险进一步扩大,强制平掉会员或客户相应地持仓。

8. 风险准备金制度

风险准备金制度是期货交易所从自己收取的交易手续费中提取一定比例的资金,作为确保交易所担保难履约的备付金制度。通常,交易所按照手续费收入的20%提取风险准备金。

6.3 期权市场

18世纪,英国南海公司的股票股价飞涨,股票期权市场也有了发展。南海"气泡"破灭后,股票期权曾一度因被视为投机、腐败、欺诈的象征而被禁止交易长达100多年。早期的期权合约于18世纪90年代引入美国,当时美国纽约证券交易所刚刚成立。19世纪后期,被喻为"现代期权交易之父"的拉舍尔·赛奇(Russell Sage)在柜台交易市场组织了一个买权和卖权的交易系统,并引入了买权、卖权平价概念。然而,由于场外交易市场上期权合约的非标准化、无法转让、采用实物交割方式以及无担保等特点,使得这一市场的发展非常缓慢。

1973年4月26日,芝加哥期权交易所(CBOE)成立进行买权交易,标志着期权合约标准化、期权交易规范化的开始。20世纪70年代中期,美洲交易所(AMEX)、费城股票交易所(PHLX)和太平洋股票交易所等相继引入期权交易,使期权获得了空前的发展。1977年,卖权交易开始了。与此同时,芝加哥期权交易所开始了非股票期权交易的探索。

1982年,芝加哥货币交易所(CME)开始进行S&P 500期权交易,它标志着股票指数期权的诞生。同年,由芝加哥期权交易所首次引入美国国库券期权交易,成为利率期权交易的开端。同在1982年,外汇期权也产生了,它首次出现在加拿大蒙特利尔交易所(ME)。该年12月,费城股票交易所也开始了外汇期权交易。1984年,外汇期货期权在芝加哥商品交易所的国际货币市场(IMM)登台上演。随后,期货期权迅速扩展到欧洲美元存款、90天短期及长期国库券、国内存款证等债务凭证期货,以及黄金期货和股票指数期货上面,几乎所有的期货都有相应的期权交易。

20世纪90年代以来,这一势头已大为减弱。90年代,金融期权的发展出现了另一种趋势,即期权与其他金融工具的复合物越来越多,如与公司债券、抵押担保债券等进行

"杂交",与各类权益凭证复合,以及与保险产品相结合等,形成了一大类新的金融期权产品。

6.3.1 期权的概念

期权又称选择权,是指持有者能在规定的期限内按交易双方商定的价格购买或出售一定数量的基础工具的权利。期权交易就是对这种选择权的买卖。期权交易实际上是一种权利的单方面有偿让渡。期权的买方以支付一定数量的期权费为代价而拥有了一种选择权,但不承担必须买进或卖出的义务;期权的卖方则在收取了一定的数量的期权费后,在一定期限内无条件服从买方的选择并履行成交时的允诺。

为了更好地理解期权的基本含义,首先对期权的几个基本要素作比较具体的说明。

1. 期权的购买者与期权的出售者

期权的购买者与期权的出售者是期权交易的主体。期权的购买者也称期权的持有者,是指支付期权费以获得期权合约所赋予的权利的一方;而期权的出售者也称期权的签发者,是指收取期权费而履行期权合约所规定的义务的一方。在金融期权的交易中,期权购买者(或售卖者)可在期权合约所规定的某一特定时间,以事先确定的价格买进(或卖出)一定数量的产品或衍生产品。

2. 期权费

根据定义,期权交易实际上是一种权利的交易,而期权费就是这一权利的价格。所谓期权费,是指期权购买者为获得期权合约所赋予的权利,向期权出售者支付的费用。这一费用一经支付,则不管期权购买者是否执行该期权,该期权费均不予退还。

3. 协定价格

协定价格,也称执行价格,是指期权合约所规定的、期权购买者在执行期权时买进或卖出标的物的价格。在金融期权交易中,协定价格是指期权购买者向期权出售者买进或卖出一定数量的某种金融商品或金融衍生品的价格。这一价格一经确定,则在期权合约的有效期内,无论期权合约的标的物价格涨到什么水平或跌到什么水平,只要期权购买者要求执行期权,期权出售者必须以此价格履行其必履行的义务。

6.3.2 期权的种类

根据不同的分类标准,可以将期权划分为很多类别。以下我们从选择权性质、合约履行时间、期权基础资产性质角度来划分。

1. 按选择权的性质不同,分为看涨期权和看跌期权

(1) 看涨期权是指期权的买方享有在规定的有效期限内按某一具体的敲定价格买进某一特定数量的相关商品期货合约的权利,但不负有必须买进的义务。期权购买者购进这种买进权,是因为他对股票价格看涨,将来可获利。购进期权后,当标的商品的市价高于

协议价格加期权费用之和时(未含佣金),期权购买者可按协议规定的价格和数量购买该标的商品,然后按市价出售,或转让买进期权,获取利润;当股票市价在协议价格加期权费用之和之间波动时,期权购买者将受一定损失;当股票市价低于协议价格时,期权购买者的期权费用将全部消失,并将放弃买进期权。因此,期权购买者的最大损失不过是期权费用加佣金。

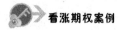 看涨期权案例

英镑的看涨期权

首先,交易者之所以买入看涨期权,是因为他预计这种金融资产的价格在合约期限内将会上涨。如果判断正确,按合约协议价买入该项金融资产然后以市价出售,可以赚取市价和协议价之间的差额;如果判断失误,则损失期权费。

例如:预计英镑要上涨,支付期权费 50 万美元,买入为期 6 个月的英镑期权和约,协议价为 1 美元=2 英镑,购买数量 1 亿英镑,6 个月后,英镑上涨,市场价格为 1 美元=1 英镑,那么就可以执行期权,按协议价花 5 000 万美元买入 1 亿英镑,然后在现货市场上,将 1 亿英镑卖掉,获得 1 亿美元,获利。

(2)看跌期权是指期权的买方享有在规定的有效期限内按某一具体的敲定价格卖出某一特定数量的相关商品期货合约的权利,但不同时负有必须卖出的义务。

2. 按执行时间的不同,期权主要可分为欧式期权和美式期权

(1)欧式期权,是指只有在合约到期日才被允许执行的期权,它在大部分场外交易中被采用。

(2)美式期权,是指可以在成立后有效期内任何一天被执行的期权,多为场内交易所采用。

3. 按期权合约上的标的划分,有股票期权、股指期权、利率期权、商品期权以及外汇期权等种类

(1)股票期权指买方在交付了期权费后即取得在合约规定的到期日或到期日以前按协议价买入或卖出一定数量相关股票的权利。

(2)股指期权,又称指数期权,是以股票指数为行权品种的期权合约,分为宽幅和窄幅指数期权两种。宽幅指数囊括数个行业多家公司,而窄幅指数仅涵盖一个行业数家公司。投资指数期权只需购买一份合约,就可拥有该行业所有公司涨跌收益的权利。其行权过程是使用现金对盈亏进行结算。

(3)商品期权,商品期权指标的物为实物的期权,如农产品中的小麦大豆,金属中的铜等。商品期权是一种很好的商品风险规避和管理的金融工具。商品期权作为期货市场的一个重要组成部分,是当前资本市场最具活力的风险管理工具之一。

(4)外汇期权也称为货币期权,指合约购买方在向出售方支付一定期权费后,所获得的在未来约定日期或一定时间内,按照规定汇率买进或者卖出一定数量外汇资产的选择权。外汇期权是期权的一种,相对于股票期权、指数期权等其他种类的期权来说,外汇期

权买卖的是外汇,即期权买方在向期权卖方支付相应期权费后获得一项权利。期权买方在支付一定数额的期权费后,有权在约定的到期日按照双方事先约定的协定汇率和金额同期权卖方买卖约定的货币,同时权利的买方也有权不执行上述买卖合约。

6.3.3 期货和期权的区别

(1) 基础资产不同。凡可作期货交易的金融工具都可用作期权交易,可用作期权交易的金融工具却未必可作期货交易。只有金融期货期权,而没有金融期权期货。一般而言,金融期权的基础资产多于金融期货的基础资产。

(2) 交易者权利与义务的对称性不同。期货交易双方的权利与义务对称,而期权交易双方的权利与义务存在着明显的不对称性。对于期权的买方只有权利没有义务,对于期权的卖方只有义务没有权利。

(3) 履约保证不同。期货交易双方均需开立保证金账户,并按规定缴纳履约保证金。在期权交易中,只有期权出售者,尤其是无担保期权的出售者才需开立保证金账户,并按规定缴纳保证金,因为它有义务没有权利。而作为期权的买方只有权利没有义务,它不需要交纳保证金,它亏损最多的就是期权费,而期权费它已付出。

(4) 现金流转不同。期货交易双方在成交时不发生现金收付关系,但在成交后,由于实行逐日结算制度,交易双方将因价格的变动而发生现金流转。而在期权交易中,在成交时,期权购买者为取得期权合约所赋予的权利,必须向期权出售者支付一定的期权费,但在成交后,除了到期履约外,交易双方将不发生任何现金流转。

(5) 盈亏特点不同。期货交易双方都无权违约、也无权要求提前交割或推迟交割,而只能在到期前的任一时间通过反向交易实现对冲或到期进行实物交割,其赢利或亏损的程度决定于价格变动的幅度。因此,期货交易中购销双方潜在的赢利和亏损是有限的。在期权交易中,期权的购买者与出售者在权利和义务上不对称,期权买方的损失仅限于他所支付的期权费,而他可能取得的赢利却是无限的。相反,期权出售者在交易中所取得的赢利是有限的,仅限于他所收取的期权费,损失是无限的。

(6) 套期保值的作用和效果不同。利用期权进行套期保值,若价格发生不利变动,套期保值者可通过执行期权来避免损失;若价格发生有利变动,套期保值者又可通过放弃期权来保护利益。而利用期货进行套期保值,在避免价格不利变动造成的损失的同时也必须放弃若价格有利变动可能获得的利益。

期货与期权的区别

期货:A 以 3 000 元/吨的价格,卖给 B 十吨螺纹钢,明年 1 月交货。交货前,B 可以把这个关系转让给别人;否则 B 必须到期收货交货款。

期权:A 以 30 元/吨的价格(权利费),卖给 B 明年 1 月以 3 000 元/吨购买十吨螺纹钢的权利。到期前 B 可以将这个权利转让给别人,或者到期凭这个权利,购买螺纹钢;(再或者)到期 B 也可以浪费这个权利,仅损失 30 元/吨的权利费。

6.3.4 权证

权证是指发行人所发行的，持有人有权利在特定期间以特定价格买进或卖出特定数量标的证券的凭证。从定义上看，权证类似于期权，但权证与期权并不是同一种产品。期权是一种在交易所交易的标准化合约，只要能成交就会产生一份期权合约，理论上供给量是无限的。期权合约条款是由交易所制定的，在标的物的选择上比较有限。权证是由上市公司或券商等金融机构发行的，可以在交易所交易也可以在场外交易，供给量是有限的。就相同点来说，权证中基本要素如履约条款等与期权中的选择权概念十分相似。

权证实质反映的是发行人与持有人之间的一种契约关系，持有人向权证发行人支付一定数量的价金之后，就从发行人那里获取了一个权利。这种权利使得持有人可以在未来某一特定日期或特定期间内，以约定的价格向权证发行人购买/出售一定数量的资产。

1. 权证的分类

(1) 根据所行使权利的不同，权证可以分为认购权证和认沽权证。

认购权证是指权证持有人有权利在一定时间内，以事先约定的价格向发行人购买特定数量的标的证券，其实质是一个看涨期权。

认沽权证是指权证指持有人有权利在一定时间内，以事先约定的价格向发行人出售特定数量的标的证券，其实质是一个看跌期权。

(2) 根据行权时间的不同，权证可以分为欧式权证、美式权证以及百慕大权证

欧式权证是指持有人只可以在权证到期日行权。如南航 JTP1，存续期截止日期为 2008 年 6 月 20 日，行权日期也仅此一天。

美式权证指权证持有人可以在权证到期前的任何交易日行权。

百慕大式权证则介于欧式权证和美式权证之间，指权证持有人有权在到期日之前的一个或多个交易日行权。深沪股市多数权证为百慕大式权证。

(3) 根据权证发行人的不同，还可以将权证分为股本权证和备兑权证。

股本权证是由权证标的资产发行人(一般为上市公司)发行的一种认股权证，持有人有权在约定时间按照约定价格向上市公司认购股票，上市公司必须向股本权证持有人发行股票。

备兑权证是由权证标的资产发行人之外的机构发行的一种认股权证，持有人有权在约定的时间内按照约定的价格购入发行人持有的股票。备兑权证是以已经存在的股票为标的，所认购的股票不是新发行的股票，而是已经在市场上流通的股票。

(4) 按照执行价格不同，权证可分为价内权证、价外权证和价平权证 3 种。

标的资产价格高(低)于履约价格的认购(沽)权证为价内权证。

标的资产价格低(高)于履约价格的认购(沽)权证为价外权证。

标的资产价格等于履约价格的认购(沽)权证为价平权证。

(5) 按结算方式不同，权证可分为现金结算权证和实物交割权证。

现金结算权证是指在权证持有人行权时，发行人仅对标的证券的市场价格与行权价格的差额部分进行现金结算。

实物交割权证是指在权证持有人行权时,标的证券会发生实际的转移,发行人要按约定的价格购入或售出约定数量的标的证券。

2. 权证投资与股票的区别

(1) 权证是有一定存续期限的,到期则终止交易,一般存续期限为一年到两年,也有三年的,但不多。所以权证是不能"长期投资"的。

(2) 权证实行当日回转交易,即当日买进的权证,当日可以卖出,也就是俗称的"T+0"交易制度。权证市场实行这种制度并非鼓励参与者频繁操作,实际上是对投资者权益的一种保护。

(3) 与股票涨跌幅采取的10%的比例限制不同,权证涨跌幅是由涨跌幅的价格而不是百分比来限制的,具体按下列公式计算:

权证涨幅价格=权证前一日收盘价格+(标的证券当日涨幅价格-标的证券前一日收盘价)×125%×行权比例

权证跌幅价格=权证前一日收盘价格-(标的证券前一日收盘价-标的证券当日跌幅价格)×125%×行权比例

当计算结果小于等于零时,权证跌幅价格为零。假如某日权证的收盘价是2元,标的股票的收盘价是10元。第二天,标的股票涨停至11元,如果权证也涨停,按上面的公式计算,权证的涨停价格为$2+(11-10)\times 125\%=3.25$元,此时权证的涨幅百分比为$(3.25-2)/2\times 100\%=62.5\%$。所以,权证投资的杠杆效应明显,但显然其风险也很大。

(4) 权证交易成本低廉,和基金一样,佣金不超过交易金额的0.3%,并免收印花税。行权时向登记公司按股票过户面值缴纳0.05%的股票过户费,暂不收行权佣金。

上述这些特点,也正是权证产品吸引投资者和市场交投活跃的一个重要原因。

3. 我国境内曾经出现过的权证

认购:钢钒GFC1、深发SFC1、深发SFC2、国安GAC1、马钢CWB1、中化CWB1、云化CWB1、武钢CWB1、深高CWB1、五粮YGC1。

认沽:华菱JTP1、五粮YGP1、南航JTP1等。

4. 我国权证的命名规则

沪市认购——B(Buy warrant)。

深市认购——C(Call warrant:认购权证)。

沪市认沽、深市认沽——P(Put warrant:认沽权证)。

最后一位,即数字或字母一般表示标的证券发行的第几只权证,当超过9只时用A到Z表示第10只至第35只。

权证中的CW是取"Company Warrant"缩写。

权证中的JT是取"JITUANG"的缩写。

5. 权证的价值

权证价值由两部分构成:内在价值和时间价值。

时间价值随着权证到期日价值接近于零，离到期日越远，权证的到期日就越大。

内在价值是指相关资产价格与行使价的差额，亦即行使认股证时所得的利润。由此亦引申出"平价"、"价内"及"价外"的概念。内在价值等于在考虑转换比率后，行使价与相关资产现价的正数差距。

每一单位认购证的内在值＝（相关资产价格－行使价）/转换比率

每一单位认沽证的内在值＝（行使价－相关资产价格）/转换比率

由于认股证的内在价值不可能是负数，如计算出来的是负数值，则以0来代替。

本 章 小 结

> 金融衍生品是指一种根据事先约定的事项进行支付的双边合约，其合约价格取决于原生金融工具的价格及其变化，它是相对于原生金融工具而言的。这些相关的或原生的金融工具一般指股票、债券、存单、货币等。金融衍生品产生于满足不同类型投资者对金融工具的安全性、赢利性和流动性的不同要求中。它具有跨期交易、杠杆效应与高风险性、套期保值和套利共存等基本特征。其基本功能包括规避风险、价格发现、优化资源配置、调控价格水平、提高交易效率、容纳社会游资等。
>
> 期货交易指集中在法定的交易所内以公开竞价方式进行的期货合约的买卖，以获得合约价差为目的交易活动。其有"以小博大"、高报酬率和高风险、获利方式较多且操作比较简单、合约标准化、交易集中化、结算统一化的特征。期货交易可分为商品期货和金融期货两大类。
>
> 期货交易制度主要包括双向交易和对冲机制、杠杆机制、结算所和无负债结算制度、涨跌停板制度、持仓限额制度、大户报告制度、强行平仓制度和风险准备金制度等。
>
> 期权又称选择权，是指持有者能在规定的期限内按交易双方商定的价格购买或出售一定数量的基础工具的权利。期权交易就是对这种选择权的买卖。期权交易实际上是一种权利的单方面有偿让渡。根据不同的分类标准，可以将期权划分为很多类别。
>
> 权证是指发行人所发行的，持有人有权利在特定期间以特定价格买进或卖出特定数量标的证券的凭证。权证实质反映的是发行人与持有人之间的一种契约关系，持有人向权证发行人支付一定数量的价金之后，就从发行人那里获取了一个权利。权证价值由两部分构成：内在价值和时间价值。

名人名言

放手让亏损持续扩大，这几乎是所有投资人可能犯下的最大亏损。

——威廉·欧奈尔［美］

你永远不要犯同样的错误，因为还有好多其他错误你完全可以尝试。

——伯妮斯·科恩［英］

第6章 金融衍生品市场

> 风险来自你不知道自己正在做什么。
> ——沃伦·巴菲特[美]
>
> 如果你没有做好承受痛苦的准备,那就离开吧,别指望会成为常胜将军,要想成功,必须冷酷。
> ——乔治·索罗斯[美]

习 题

一、选择题

1. 看涨期权的卖方预期该种金融资产的价格在期权有效期内将会（　　）。
   A. 上涨　　　　　B. 下跌　　　　　C. 不变　　　　　D. 难以判断
2. 率先推出外汇期货交易,标志着外汇期货正式产生的交易所是（　　）。
   A. 芝加哥商品交易所　　　　　B. 芝加哥期货交易所
   C. 国际货币市场　　　　　　　D. 美国堪萨斯农产品交易所
3. 期权交易是对（　　）的买卖。
   A. 期货　　　　　　　　　　　B. 股票指数
   C. 某现实金融资产　　　　　　D. 一定期限内的选择权
4. 为规避利率风险而产生的是（　　）。
   A. 利率期货　　　　　　　　　B. 外汇期货
   C. 市场利率期货　　　　　　　D. 固定利率期货
5. 可在期权到期日或到期日之前的任一个营业日执行的期权是（　　）。
   A. 欧式期权　　　B. 美式期权　　　C. 看涨期权　　　D. 看跌期权
6. 根据权证发行人的不同,可以分为（　　）。
   A. 价平权证、价内权证和价外权证　　B. 认购权证和认沽权证
   C. 股本权证和备兑权证　　　　　　　D. 美式权证、欧式权证、百慕大式权证

二、简答题

1. 简述金融衍生品的基本特征。
2. 什么是股指期货?与股票相比其有什么特点?
3. 权证与股票有哪些区别?
4. 期货交易的制度有哪些?
5. 简述期货与期权的区别。

三、论述题

试析我国金融衍生品的最新发展趋势。

四、案例分析题

假设某投资者预测甲公司的股票价格会下跌,故买入该股票的看跌期权合约。甲公司股票的现在价格为30美元。该合约规定,该投资者有权在6个月后以每股29美元的价格将100股甲公司股票卖给股票期权合约的卖方,该投资者支付每股1.5美元共计150美元的期权费收入。

试分析6个月后甲公司的股票价格为33美元、27.5美元以及15美元的情况下该投资者的盈亏情况。并指出该投资者购买该期权的最大可能赢利值和最大可能损失额分别为多少?

第 7 章 企业购并市场

教学目标

通过本章的学习,重点掌握购并的概念及其内容,重点掌握购并的正负效应,掌握企业购并的理论,熟悉购并的分类。同时,了解购并与反购并策略的运用。

教学要点

知识要点	能力要求	相关知识
购并的正面效应	对购并正面效应的理解能力	成本效应、产业整合概念 市场控制能力的理论
购并的负面效应	对购并负面效应的理解能力	管理成本、文化的整合概念 购并的失败
购并理论	具备对购并理论的理解和运用能力	效率动机理论 企业发展战略动机理论等
购并的分类	购并各种分类的理解和运用的能力	按支付方式的分类 按双方所属行业的分类
购并与反购并	运用各种购并策略的能力	(1) 购并策略的理论 (2) 反购并策略的理论

第 7 章 企业购并市场

> 一定要在你自己能力允许的范围内投资。能力有多强并不重要，关键在于正确了解和评价自己的能力。
>
> ——沃伦·巴菲特

 基本概念

收购　兼并　购并　成本效应　经济协同效应　财务协同效应　规模经济　横向购并　纵向购并
善意收购　敌意收购　公开收购　杠杆收购　吸收合并　新设合并　认股权证　可转换债券　反购并

 导入案例

海马的焦虑

小海马有一天做了一个梦，梦见自己拥有了七座金山。

从美梦中醒来，小海马觉得这个梦是一个神秘的启示：它现在全部的财富是七个金币，但总有一天，这七个金币会变成七座金山。

于是它毅然决然地离开了自己的家，带着仅有的七个金币，去寻找梦中的七座金山，虽然它并不知道七座金山到底在哪里。

海马是竖着身子游动的，游得很缓慢。它在大海里艰难地游动，心里一直在想：也许那七座金山会突然出现在眼前。

然而金山并没有出现。出现在眼前的是一条鳗鱼。鳗鱼问："海马兄弟，看你匆匆忙忙的，干什么去？"海马骄傲地说："我去寻找属于我自己的七座金山。只是……我游得太慢了。""那你真是太幸运了。对于如何提高你的速度，我恰好有一个完整的解决方案。"鳗鱼说，"只要你给我四个金币，我就给你一个鳍，有了这个鳍，你游起来就会快得多。"海马戴上了用四个金币换来的鳍，发现自己游动的速度果然提高了一倍。海马欢快地游着，心里想，也许金山马上就出现在眼前了。

然而金山并没有出现，出现在海马眼前的，是一个水母。水母问："小海马，看你急匆匆的样子，你想要到哪里去？"海马骄傲地说："我去寻找属于我自己的七座金山。只是……我游得太慢了。""那你真是太幸运了。对于如何提高你的速度，我有一个完善的解决方案。"水母说，你看，这是一只喷汽式快速滑行艇，你只要给我三个金币，我就把它给你。它可以在大海上飞快地行驶，你想到哪里就能到哪里。"海马用剩下的三个金币买下这个小艇。它发现，这个神奇的小艇使它的速度一下子提高了五倍。它想，用不了多久，金山就会马上出现在眼前了。

然而金山还是没有出现，出现在海马眼前的，是一条大鲨鱼。大鲨鱼对它说："你太幸运了。对于如何提高你的速度，我恰好有一套彻底的解决方案。我本身就是一条在大海里飞快行驶的大船，只要搭乘我这艘大船，你就会节省大量的时间，大鲨鱼说完，就张开了大嘴。

"那太好了。谢谢你，鲨鱼先生！"小海马一边说一边进了鲨鱼的口里，向鲨鱼的肚子深处欢快地游去……

在一个盛行速度崇拜的时代，有不少管理者把诸多的管理问题归结为速度的问题，又把速度问题简化为提速的问题。他们像那条海马一样，对"慢"的焦虑成为他们的基本焦虑——"我去寻找属于我自己的七座金山。只是……我游得太慢了。"于是，他们把企业的发展战略简化为"买入"战略——用金钱来购买速度。

点评

在一个盛行速度崇拜的时代,有不少企业者把诸多的公司发展壮大问题归结为速度的问题,正像我们在海马故事中看到的,为快而快的发展模式最终可能使企业被"速度之魔"耗尽资源并且欢快地走向灭亡。

7.1 企业购并市场

企业购并是建立现代企业制度的重要手段之一。从宏观上说,购并可以起到盘活存量资产,促进社会资源合理配置的作用。从微观上说,购并对企业的发展具有重要的作用,购并能重新配置资产,使资产从小规模到大规模,从低效益进入高效益,从低质量变为高质量,从而提高购买公司的赢利能力。它是增强企业核心竞争能力,实现规模经济效应的有效途径。企业要综合考虑购并所带来的正面及负面效应,否则有可能使企业陷入经营困境。

购并是经济生活中的一种重要现象和企业发展过程中采用的一种重要手段。每一次经济繁荣,都伴随着大量购并活动的发生;每一次企业扩张,都经常以购并为标志。

7.1.1 企业购并的概念

企业购并是企业产权变动的基本形式,也是企业扩张和发展的重要途径。企业购并包括收购(Acquisition)和兼并(Merger)。

收购是指企业用现金、债券或股票购买另一家企业的部分或全部资产或股权,以获得该企业的控制权。收购的经济实质是取得控制权。被收购的企业仍可以作为法人实体独立存在,或以收购企业的子公司和他形式继续存在。

兼并通常是指一家企业以现金、证券或其他形式购买其他企业的产权,使其他企业丧失法人资格或改变法人实体,并取得对这些企业决策控制权的经济行为。

企业购并也就是买卖企业。它是一个企业通过产权交易,用合同方式吞并其他企业或用购买其他企业产权的方式,取得绝对控股地位而使其他企业成为其全资子公司或控股子公司,以谋求价值增长的一种经济行为。

7.1.2 企业购并的效应

1. 企业购并的正面效应

企业购并之所以备受关注,主要是因为在市场经济条件下,企业购并是调整产业结构、优化资源配置的重要手段,是增强企业核心竞争能力、实现规模经济效应,提高企业国际竞争力的有效途径。企业如果不关注购并所带来的正面及负面效应,就有可能陷入经营困境。

1) 企业购并的成本效应

购并对企业的直接影响是降低交易成本。

(1) 成本效应是企业购并的重要动机之一。企业通过横向购并,一方面可以对企业资产进行补充、调整，达到最佳规模经济要求，实现大批量专业化生产，降低产品成本；另一方面规模经济便于实行大量销售和大量采购，节省购销费用，获得规模收益。此外，大企业的买主垄断地位也引起成本的节约，使交易成本绝对数额减少。

（2）企业购并有利于降低企业运行的各种显性成本和隐性成本。企业实施纵向购并战略的目的是以企业内部的管理协调替代部分市场协调，从而有效地解决专业化分工引起的生产流程的分离，减少生产过程中各种损耗和时间浪费，降低交易成本，实现纵向整合效应。

（3）企业购并有利于降低企业进入新行业、新市场的成本。企业在进入一个新的经营领域或新的市场时往往会面临很多方面的障碍，既有进入新领域的学习成本，也有来自该行业内现有企业的抵制与竞争所形成的进入壁垒。通过购并，企业可以直接进入想要进入的新行业，从而将上述障碍降低。

2）企业购并可以使企业市场控制能力提升

通过购并可以获取竞争对手的市场份额，迅速扩大企业的市场占有率，增强企业在市场上的竞争能力。另外，由于减少了一个竞争对手，尤其是在市场上竞争者不多的情况下，可以增加企业的垄断能力，增强对供应商和顾客讨价还价的能力。因此，企业可以以更低的价格获取原材料，以更高的价格向市场出售产品，从而扩大企业的赢利水平。强大的企业财力，也可以使企业更好地适应外部环境的变化，从而提高企业竞争和垄断力度。

3）整合产业结构，提升企业国际竞争力

站在一个行业的高度上看，购并可以促进产业结构的优化。通过购并，改变以前产业结构不合理和企业规模过小的情况，实现跨地区、跨企业的资产重组，调整产业结构。企业的并购过程，就是资产效益提高和资产的重新货币化过程，在微观层次上提高资源利用效率，在宏观上实现全社会资源的优化配置。

4）企业购并有利于企业多元化经营，实现竞争优势转移

公司经营环境不断变化，任何一项投资都有风险，通过购并其他行业中的公司，实现多元化经营，可以提高回报率，降低风险。通常来说，混合购并带来的这个作用最为明显，这种购并方式在很大程度上是为了避免由于长期经营本行业而带来的风险，是出自战略上的考虑而采用的。

2．企业购并的负面效应

1）管理成本的提高

在企业将外部交易成本内部化的过程中，存在着管理成本升高的问题。一般说来，企业购并后的管理成本主要由3个方面组成：一是内部组织成本。企业通过购并建立一定规模的组织结构后，要花费相当的协调成本以促使企业组织内部管理交易及其经营的正常进行。二是正常管理支出。企业购并后都存在经营过程中必要的管理支出，如管理人员工资、办公费，购并企业重新注册费、公告费等。三是委托代理成本。所谓委托代理成本是指受托人代表委托人行为而导致的额外成本。它包括直接的合约成本（订立合约的交易成本、机会成本、激励成本），委托人监督受托人的监督成本以及受托人行为不当成本。

2) 难以整合的企业文化

购并企业与被购并企业如果在文化上存在巨大差异，企业购并后，目标公司的员工可能不喜欢购并企业的管理作风，购并后的企业便难融合为一个整体，就会严重影响购并后的经营与管理效益。

3) 失误的购并带来的不利后果

有些企业在购并前，缺乏对目标企业潜在成本和效益的认真分析，过于草率地购并，或者会高估购并后所带来的潜在经济效益，或者高估自己对被购并企业的管理能力，或者在购并后缺乏对购并双方的企业进行有效地整合，结果造成最终的失败。

7.1.3 美国市场的企业购并

特别提示

没有一个美国大公司不是通过某种程度、某种方式的购并而成长起来的。几乎没有一家大公司主要是靠其内部扩展成长起来的。

[美]乔治·施蒂格勒·产业组织和政府管制，上海三联书店，1989年版

大规模的企业购并在西方发达资本主义国家已经轰轰烈烈地演进了100多年，先后出现了数次较为集中的、规模宏大的、特点突出的企业购并浪潮，给这些国家的社会经济生活带来了深刻的影响。作为现代西方资本主义经济"领头羊"的美国在其经济发展中曾发生了五次企业购并高潮，在美国经济发展史上写下了浓墨重彩的篇章，对美国经济发展产生过极为深远的影响。研究美国企业购并的历史、学习并借鉴其成功经验，具有重要的意义。

1. 第一次购并浪潮

这次购并浪潮发生在19世纪末与20世纪初，其高峰期在1899—1903年，以同行购并，即横向购并为特征。这种购并的内涵是资本在同一生产领域或部门集中，优势企业吞并劣势企业组成横向托拉斯，扩大生产规模，以取得新技术条件下的最佳经济效益，这种购并实际上是商业竞争对手间的合并。此间，大量的小企业合并成为一个或数个大型企业，结果出现了一批大型垄断企业。这一时期共有2 860多次并购产生，涉及兼并资产总额63亿元，100家最大企业的总规模扩大了34倍。在石油、钢铁、烟草行业，兼并后的企业控制了50%的市场。美国国民经济各主要工业部门的大公司，如通用汽车公司、美国钢铁公司、通用电器公司、美国烟草公司、美孚石油公司等都是在世纪之交的这场购并高潮中形成。第一次购并浪潮对美国经济的转型与发展起到了巨大的推动作用，使美国工业结构出现了飞跃性的变化，美国国民经济集中化程度得到大大提高。

2. 第二次购并浪潮

这次购并浪潮发生在20世纪20年代，以生产前向或后向联系购并，即纵向购并为特征。这种购并的内涵是优势企业收购与自己生产紧密相关的生产、营销企业，大企业购并中小型企业，从而形成纵向生产一体化，其实质是出于生产同一产品的不同生产阶段的企业间的购并，这种购并占总购并案例的76%。这次购并主要在于从垄断局面向寡头垄断转

移，涉及公用事业、银行业、制造业和采矿业，结果是一些行业诸如汽车制造业、石油工业、冶金工业、食品加工业，都完成了集中的过程。这次购并使生产和资本更加集中，涉及26个行业的企业多达1.2万家以上。自动化装置、标准化生产、加上大规模纵向购并，使得主要工业国家的国民经济特别是工业经济有了显著增长。这一时期仅在工业中就有5 382次兼并，另有1 591家连锁店兼并了10 519家零售店。第二次企业购并高潮主要集中在重工业部门，有力地促进了美国重工业的发展。

3. 第三次购并浪潮

这次购并浪潮发生在第二次世界大战后的20世纪50～60年代，以企业之间的横向购并与纵向购并相结合的混合购并为特征，主要目的是减少长期处于一个行业所带来的风险，企业的目标及活动范围延伸到许多与本行业毫不相关的经济领域。不同行业的中小企业合并成为分散性经营的大公司，产生出许多巨型和超巨型的跨行业公司，导致企业本身的组织结构又一次发生了转变。多样化经营战略成为此次购并浪潮的动因。1951—1968年间，美国最大的1 000家公司有近1/3被购并，其中一半以上是被最大的200家公司所购并。通过这次购并，发达国家涌现出了一批跨部门和跨行业的混合企业。

4. 第四次购并浪潮

这次购并浪潮发生在20世纪70年代中期到80年代。这次购并企业数量不大，但是资产规模达到了空前的程度。并购特点：一是出于战略动机，属于"战略驱动型购并"；二是大量的"小企业购并大企业"；三是企业购并活动从国内发展到国外，扩展到国际市场；四是借贷购并成为主要手段。发达国家尤其是美国的四次购并浪潮，造就了一批巨型、超巨型跨国大公司，完成了资产规模的迅速扩张和繁殖，推动了企业和产品结构的大调整，促进了资产结构的优化配置。在这次浪潮的高峰期，兼并事件在一年内就达到3 000多起，平均每天大约10起。

5. 第五次购并浪潮

进入20世纪90年代以来，美国又掀起新一轮购并浪潮。价值数十亿、数百亿美元，经营几十、百十年的公司甚至一些跨国公司都成为了这次购并的对象，数量之多、规模之大、声势之巨，都是现代经济史上罕见的，迪斯尼公司购并美国广播公司，IBM收购莲花软件公司，波音和麦道、花旗和旅行者、埃克森和美孚、美国在线与时代华纳的合并等强强联合给世界带来了巨大的震动。这次浪潮具有以下特点：一是购并的资产规模特别巨大；二是第三产业特别是金融业、医疗保健业、大众传播业、国防工业、电子信息业及交通运输业成为购并重点，美国军工企业到1997年通过兼并、重组由20世纪80年代的50家到最后只剩下3家；三是跨国购并比例明显提高，且规模巨大；四是新兴工业化国家的跨国公司成为国际兼并的后起之秀；五是强强联合、混合兼并的方式所占比例有了进一步的提高。

美国的五次兼并、收购浪潮，催生了一大批巨型、超巨型及跨国大公司的产生和发展，完成了资产规模的迅速扩张和增值，推动了产业升级和资产结构在社会范围的优化配置，提高了企业的规模经济效益，在美国经济发展史上具有深远的影响。更重要的是，发生在美国的购并浪潮一次又一次地推动了全球企业购并的发展，直至现在达到了前所未有的高度。

7.2 企业购并动机的理论解释

一个企业通过购并能取得多大的效果，购并的动机至关重要。购并动机决定了购并后企业整合的方式并影响着企业购并的效果。企业购并的动机是多种多样的，总地来说可以把它们划分为效率动机理论、企业发展战略性动机理论、国家政策性动机理论、机会性动机理论。

1. 效率动机理论

通过购并，将本来分散在不同企业的生产要素集中到一个企业中，由高效的企业管理代替低效的企业管理，从而提高经济效率。

（1）经济协同效应。企业购并的协同效应理论，是指企业购并所形成的价值增加额、企业生产经营活动在效率方面带来的变化和效率提高所产生的效益。由于企业购并会带来管理成本节约、经营效率提高、财务成本下降、部分税收优惠以及技术与品牌效应扩散收益，所以它可以带来规模经济效益和协同经济效益。

（2）财务协同效益。财务协同效益是指购并企业在财务方面带来的种种效益，它是由税法、会计处理惯例以及证券交易等内在规模的作用而产生的。第一，通过购并可以实现合理避税的目的。企业可以利用税法中亏损递延条款来达到避税目的，减少纳税业务。第二，通过购并来达到提高证券价格的目的，市盈率较高的公司与市盈率较低的公司合并后，证券投资者通常会以市盈率较高的公司来确定新公司的市盈率，这样合并后的企业证券价格就会上涨。

（3）降低交易成本。市场运作的复杂性会导致交易完成需要付出高昂的交易成本，为节省这些交易成本，可通过购并使这些交易转化为企业内部的管理，从而节省成本。企业通过购并，可以获得目标公司的资源，如知识产权、关键设备和技术以及管理经验和管理人员等，这些资源在信息不对称和外部性情况下，往往要支付高昂的谈判和监督成本。而通过购并手段，不但可确保该技术的获得，还可使这些问题成为内部问题，达到节约交易费用的目的。

（4）保证企业的商誉、信誉不受损失。当企业的商标为外人所用时，该使用者如降低质量、信誉，来获得成本降低的好处，而商誉、信誉的损失则由商标所有者承担。为了解决这个问题就须增加监督成本，如通过购并，可将商标使用者变成内部成员，从而避免降低质量造成损失。

（5）目标公司被低估的价值。由于某种原因，目标公司企业股票的市场价格未能反映其真实价值或潜在价值，从而导致其股票价格低于其资产的重置成本。企业实现购并，用较少的钱购买价值含量较高的企业。当某些企业价值被市场低估时，按市场价格收购这些企业就可以获得超值股权或资产。

2. 企业发展战略性动机理论

(1) 扩大市场占有率,增强企业市场势力。市场势力是指由一个卖方或一个买方掌握的能影响一种物品价格的一种能力。企业的市场势力是指企业的垄断势力,表明企业对市场的控制能力。该理论认为不断扩大的企业规模将导致企业市场势力的增强。

这方面的动机主要反映在横向购并上。企业通过购并活动提高剩余企业共谋性的可能,直接减少竞争对手,提高市场占有率,增加企业市场份额。这样做,一方面加强了对采购市场和销售市场的控制力,由于其较强的市场能力而不易受市场环境变化的影响,从而降低风险;另一方面增加了对市场的控制能力和垄断能力,从而获得超额利润。相对于低价竞争而言,购并是提高市场占有比率的更有效、更安全的手段。

此外,企业通过纵向购并,将生产的不同阶段集中在一家大企业内,不但可以降低运输费用,节省原材料,从而降低成本,而且由于确保了原材料的供应,从而减少或清除了由于原料价格波动所造成的风险。这两方面都有助于保证企业的稳步发展,在竞争中占据优势,扩大市场占有率,增强企业市场势力。

(2) 实现多元化经营,分散和规避企业经营风险。企业经营风险,指造成经营损失的可能性。不同的企业购并有助于规避与分散不同的企业经营风险。横向购并可以扩大企业的市场份额,增强企业的市场控制力来规避企业竞争风险。纵向购并可以将原来的资源供应商内部化为企业自身的组成部分,从而大大减少资源供应与企业生产脱节的可能性。

(3) 降低进入新行业的障碍。企业在进入一个新的生产领域时,如果通过在新行业中投资新建的方式,必须充分考虑行业进入壁垒。行业进入壁垒主要有:产品差异使用户从一种产品转向购买新进入的产品时,必须支付高昂的转换成本;企业必须打破该行业原有企业对销售渠道的垄断,才能获得有效的销售渠道;新企业所欠缺的其他条件,譬如该行业的专门技术、经验、政府的优惠政策、地理位置等。所以,购并也是进入新行业的最佳选择。

7.3 企业购并的分类

依据不同的划分标准,公司或企业购并有以下类型。

1. 按购并的支付方式划分

按照这个标准,公司购并可以分为现金换资产式收购、现金换股票式收购、以股票换取资产式收购、以股票换取股票式收购。

(1) 现金换资产式收购,指购并企业用现金购买目标企业资产的行为。这种购并有不会产生经济纠纷等特点。

(2) 现金换股票式收购,指购并公司用现金购买目标公司股份的购并。如果目标公司是上市公司,购并公司收购的就是目标公司的股票。出资购买股票可以通过一级市场进行,也可以通过二级市场进行。通过二级市场出资购买目标公司股票是一种简便易行的购并方法,但因为受到信息披露证券法规的制约(如购进目标公司股份达到一定比例,或达至该比例后持股情况再有相当变化都需履行相应的报告及公告义务、在持有目标公司股份达到相当比例时更要向目标公司股东发出公开收购要约),二级市场出资购并容易被人利用,哄抬股价,使购并成本激增。

(3) 以股票换取资产式收购,指购并公司向目标公司发行自己的股票以交换目标公司的资产。在此类购并中,目标公司应承担两项义务,即同意解散目标公司,并把所持的目标公司股票分配给目标公司股东。这样,购并公司就可以防止发行的大量股份集中在极少数股东手中。

(4) 以股票换取股票式收购。在这类兼并中,购并公司直接向目标公司股东发行购并公司发行的股票,以交换目标公司的大部分股票。这类购并一般至少有一家公司是上市公司。

2. 按购并双方所属行业划分

按照这个标准,公司购并可以分为横向购并和纵向购并。

(1) 横向购并(Horizontal Merger),是指当购并与被购并公司处于同一行业或其产品属于同一市场的企业之间的购并。在市场竞争中,当一个行业内存在较多数量的竞争者并势均力敌时,各企业只能保持最低利润水平。这样优势企业通过行业之间的购并,可以有效地减少竞争者的数量,从而使行业内保持一定水平的利润率。横向购并的结果是资本在同一生产、销售领域部门间集中,使企业生产规模、市场份额扩大,实现规模经济效益。但这样的购并行为(尤其大型企业的购并)也存在一定的负面作用,购并减少了同行业竞争者的数量、间接破坏了市场竞争机制、增加了购并企业的垄断势力、违反了自由竞争的原则,不利于市场健康发展。许多国家都密切关注并严格限制此类兼并的发生。

(2) 纵向购并(Vertical Merger),是指被购并公司的产品处于购并公司的上游或下游,使生产与销售之间关系且购并双方处于生产同一产品的不同生产阶段的企业购并。纵向购并实质上是原材料供应者和产成品购买者之间的整合,购并企业双方对彼此的生产状况比较熟悉,有利于兼并后的相互融合。从兼并方向来看,纵向购并又有向后购并和向前购并之分,前者是指生产原材料和零部件的加工企业、装备企业或生产企业购并销售商,后者则是向生产流程前一阶段企业的购并。例如铁与钢生产企业的纵向购并,目的是为了避免再加热成本和运输成本。纵向购并可以减少搜寻价格、收取货款和做广告的成本,并可以减少交流和协调生产的成本,有效地减少上下游产品企业之间合同的签订以及管理、履约过程中的风险,并且能使供应获得稳定的销售渠道。

3. 按购并是否取得目标公司的同意与合作划分

按照这个标准,公司购并可以分为善意收购和敌意收购。

(1) 善意收购,也称为友好收购,通常指购并公司有理由相信目标公司的管理层会同意并购,并向目标公司的管理层提出友好的收购建议。彻底的善意收购建议由购并公司方私下而保密地向目标公司方提出,且不被要求公开披露。

(2) 敌意收购,也称为强迫接管兼并,指收购公司在目标公司管理层对收购意向尚不知晓或持反对态度的情况下,就突然对目标公司股东提出购并行为,强行进行收购。敌意兼并的风险较大，因为目标公司也会采取激烈的反兼并措施，使兼并公司无法获得目标公司经营情况的准确资料，给公司估价带来困难。

4. 按购并信息披露的程度划分

按照这个标准，公司购并可以分为公开收购和非公开收购。

(1) 公开收购，又称要约收购，指收购公司按照同等价格和同一比例等同条件向目标公司股东公开发出收购其所持有公司股份的行为。由于公开收购要约是收购公司和目标公司股东的直接交易，所以股东是否允诺出售股票完全取决于股东个人的判断。基于上述理由，公开收购要约的出价要高于目标公司的股票市场的价格才具有吸引力，否则目标公司在公开市场上大可出售股票而不必卖给收购公司。义务公开收购要约是针对目标公司全体股东，与后者的切身利益休戚相关，世界各国均对发出公开收购要约的条件及程序做了详细的规定。

(2) 非公开收购，是指不公布企业收购要约的购并行为。例如，下列行为会使购并公司持有目标公司相当数量的股份，但仅能视为非公开收购：一是私人间股票交易，甚至包括收购公司和目标公司的部分股东私下接触购买后者手中的目标公司股份；二是收购公司在正式提出公开收购要约前，在公开市场大量收购目标公司股份；三是在他人向目标公司股东提出公开收购要约的同时，自行在公开市场中收购目标公司股份。这种企业购并主要表现为要约收购起点前的股权交易或要约豁免条件下的协议购并。

5. 按购并资金来源地划分

按照这个标准，公司购并可以分为杠杆收购和非杠杆收购。

(1) 杠杆收购，是指公司或个体利用自己的资产作为债务抵押，收购另一家公司的策略。交易过程中，收购方的现金开支降低到最小程度。换句话说，杠杆收购是一种获取或控制其他公司的方法。杠杆收购的突出特点是，收购方为了进行收购，大规模融资借贷去支付(大部分的)交易费用，通常为总购价的70%或全部。同时，收购方以目标公司资产及未来收益作为借贷抵押。借贷利息将通过被收购公司的未来现金流来支付。收购公司用以收购的自有资金与收购总价相比微不足道，前后者之间额比例通常在10%～15%之间。用来偿付贷款的款项来自目标公司营运所生的资金，即目标公司将支付它自己的售价，由于此种收购方式在操作原理上类似杠杆，故而得名。

(2) 非杠杆收购，是指主要利用自有资金收购目标企业的行为。实践中，几乎所有的收购都是利用贷款完成的，所不同的只是举贷数额的多少而已。

6. 按购并后法人地位的变化情况来划分

按照这个标准，公司购并可以分为吸收合并和新设合并。

(1) 吸收合并，是指一个公司通过吸收其他公司的形式而进行的合并。采用这种方式，被吸收的公司解散，失去法人资格；继续存在的公司称为存续公司，存续公司要进行变更登记。

(2) 新设合并，是指两个以上公司通过合并成为一个新公司的形式而进行的合并。采取这种形式合并，合并各方均解散，失去法人资格。我国《公司法》第一百八十八条规定：设立新公司的，应当依法办理公司设立登记。

7.4 企业购并的交易过程

7.4.1 购并的出资方式

在公司购并活动中，支付是完成交易的最后一个环节，亦是一宗购并交易最终能否成功的重要因素之一。在实践中，公司购并的出资方式有 3 种，即现金支付、换股支付和综合证券支付。其中，现金支付是最先被采用的，其后才出现了股票支付和综合证券支付。

1. 现金支付

所谓现金支付是指公司支付一定数量的现金，以取得目标公司的所有权。一般而言，凡不涉及发行新股票的收购都可以视为现金支付，即使是兼并公司通过直接发行某种形式的票据而完成的收购，也是现金支付。现金支付是公司购并活动中最清楚而又最迅速的一种支付方式，目标公司的股东可以取得某种形式的票据，但其中不含股东权益。一旦目标公司的股东收到对其拥有股份的现金支付，就失去了对原有公司的任何权益；对于购并公司而言，以现金收购目标公司，现有的股东权益不会因此而被"淡化"，但却是一项沉重的即时现金负担。

在各种支付方式中，现金支付方式占有很高的比例。这主要是因为：现金收购的估价简单易懂；对卖方比较有利，常常是卖方最愿意接受的一种出资方式，因为以这种出资方式，卖方所得到的现金额是确定的，不必承担证券风险，亦不会受到兼并后公司发展的前景、利息率以及通货膨胀率变化的影响，便于收购交易尽快完成等。

税务管理问题是现金收购方式所涉及的一个重要问题。若目标公司的股东接受现金收购的出资方式，就需要支付资本收益税。在延期支付的情况下，目标公司的股东以后得到现金支付，也就意味着推迟了资本收益税的负担。即只有实际得到支付的现金，方才承担资本收益税。

2. 换股支付

换股支付是指购并方通过增加发行本公司的股票，以新发行的股票替换目标公司的股票，从而达到收购目的的一种出资方式。换股支付被业界专家认为是今后我国资本市场上最具潜力的购并方法，非常适合国民经济战略性结构调整和证券市场股权分置改革后全流通的新局面。

换股支付区别于现金支付的主要特点如下。

（1）购并公司不需要支付大量现金，因而不会影响购并企业的现金状况。

（2）收购完成后，目标公司的股东不会因此失去他们的所有权益。只是这种所有权由目标公司的股东转移到购并公司的股东，使他们成为扩大了的公司的新股东。也就是说，收购交易完成后，目标公司被纳入了购并公司，购并公司扩大了规模。扩大后的公司股东由原有股东和目标公司的股东组成，但是购并公司的原有股东应在经营控制权方面占主导地位。

(3) 购并公司股权结构改变，大股东股权被稀释。

3. 综合证券收购

综合证券收购是指收购公司对目标公司提出收购要约时，其出价不仅仅有现金、股票，而且还有认股权证、可转换债券和公司债券。

1) 公司债券

公司债券作为一种出资、投资方式，它必须在证券交易所或场外交易市场上流通。与普通股相比，公司债券通常是一种更便宜的资金来源，而且向它的持有者支付的利息较低，通常不用缴税。

2) 认股权证

认股权证通常是指由发行人所发行的附有特定条件的一种有价证券。从法律角度分析，认股权证本质上为权利契约，投资人在支付权利金购得权证后，有权于某一特定期间或到期日，按约定的价格(行使价)认购或沽出一定数量的标的资产(如股票、股指、黄金、外汇或商品等)。认股权证的交易实属一种期权的买卖。与所有期权一样，认股权证持有人在支付权利金后获得的是一种权利，而非义务，行使与否由权证持有人自主决定；而认股权证的发行人在权证持有人按规定提出履约要求之时，负有提供履约的义务，不得拒绝。

对于购并公司而言，分享认股权证的好处是可以因此而延期支付股利，从而为公司提供了额外的股本基础。认股权证一般要按一定比例派送给股东，股东可用这种证券行使优先低价认购公司新股的权利，也可以在市场上随意将认股权证出售，购入者则成为认股权证的持有人，获得相同的认购权利。

一般而言，收购公司在发行认股权证时，必须详细规定认购新股权利的条款，如换股价、有效期限及认股权证可换普通股的股数(换股比例)。为保障持有人的利益，此等条款在认股权证发出后，一般不能随意更改，任何条款的修订，需经股东特别大会通过后方才算数。

> **知识链接**
>
> 投资者之所以乐于购买认股权证，主要原因是：投资者对该公司的发展前景看好，大多数认股权证比股票便宜，并且投资者有能力购买并承担风险；认股权证的认购款项可延期支付，投资者只需出少数款额就可以把认股权证转卖，并从中获利。

3) 可转换债券

可转换债券是一种特定时间按特定条件换取普通股票的企业债务。它向其持有者提供一种选择权，在某一给定时间内以某一特定价格将债券转换为股票。可转换债券发行时应事前确定所转换股票属于何种类型股票和该股票的每股的发行价格(兑换价格)等。

从购并公司的角度看，采用可转换债券这种支付方式的好处是使它能够以比普通债券更低的利息率以及较为宽松的约定条件出售债券，同时提供一种能比现行价格更高的价格出售股票方式。

对目标公司股东而言，采用可转换债券的好处是：能使债券的安全性与作为股票可使本金增值的有利性相结合，并在股票价格较低的时期，可以将它的转换期延迟到预期股票价格上升的时期。

7.4.2 反购并策略

企业的购并直接关系着企业的生死存亡，所以作为处于被购并地位的企业，必须清楚这是对方善意的购并还是恶意的，对于恶意的购并，应该给予强有力的还击和应对。

1. 收购要约前的反购并策略

出于反购并的目的，公司可以在章程中设置一些条款以作为被购并的障碍。这些条款有以下几种。

1) 分期分级董事会制度

分期分级董事会制度又称董事会轮选制，即公司章程规定董事的更换每年只能改选1/4或1/3等。这样，收购者即使收购到了"足量"的股权，也无法对董事会作出实质性改组，即无法很快入主董事会控制公司。因为董事会的大部分董事还是原来的董事，他们仍掌握着多数表决权，仍然控制着公司，他们可以决定采取增资扩股或其他办法来稀释收购者的股票份额，也可以决定采取其他办法来达到反收购的目的。

2) 多数原则

多数原则即由公司规定涉及重大事项（比如公司合并、分立、任命董事长等）的决议须经过绝大多数表决权同意通过。

更改公司章程中的反购并条款，也须经过绝大多数股东或董事同意。这就增加了购并者接管、改组目标公司的难度和成本。比如章程中可以规定："须经全体股东 2/3 或 3/4 以上同意，才可允许公司与其他公司合并。"这意味着购并者为了实现对目标公司的合并，需要购买 2/3 或 3/4 以上的股权或需要争取到更多的(2/3 或 3/4 以上)股东投票赞成己方的意见。

3) 限制大股东表决权条款

为了更好地保护中小股东，也为了限制购并者拥有过多权力，可以在公司章程中加入限制股东表决权的条款。股东的最高决策权实际上就体现为投票权，其中最至关重要的是投票选举董事会的表决权。

限制表决权的办法通常有两种。

一是直接限制大股东的表决权，如有的公司章程规定股东的股数超出一定数量时，就限制其表决权，如合几股为一表决权。也有的规定，每个股东表决权不得超过全体股东表决权的一定比例数（如 1/5）。这些都须根据实际情况在章程中加以明确规定。

二是采取累计投票法，它不同于普通投票法。普通投票法是一股一票，而且每一票只能投在一个候选人上。而采取累计投票法，投票人可以投等于候选人人数的票，并可以将票全部投给一人，以保证中小股东能选出自己的董事。采取投票的方式也应于公司章程中规定。

4) 订立公正价格条款

要求出价人对所有股东支付相同的价格。溢价收购主要是企图吸引那些急于更换管理层的股东,而公正价格条款无疑阻碍了这种企图的实现。有些买方使用"二阶段出价",即以现金先购股51%,另外再用债券交换剩下的49%股票。目标公司股东因怕收到债券而会争先将股票低价卖出。

1982年3月美国钢铁公司就以此招来收购马拉松石油公司股票。为避免买方使出此招分化目标公司股东,目标公司在章程中可加上公正价格条款,使股东在售股时享受"同股同酬"的好处。

我国《证券法》第八十五和八十八条规定:"收购要约中提出的各项收购条件,适用于被收购公司所有的股东";"采取要约收购方式的,收购人在收购要约期限内,不得采取要约规定以外的形式和超出要约的条件买卖被收购公司的股票。"这些是我国法律关于收购价格的主要规定。它表明"二步报价"在我国是不合法的。我国法律的这些规定旨在让目标公司的所有股东受到公平对待。

5)限制董事资格条款,增加买方困扰

即在公司章程中规定公司董事的任职条件,非具备某些特定条件者不得担任公司董事;具备某些特定情况者也不得进入公司董事会。这给收购方增加选送合适人选出任公司董事制造难度。

6)设置"降落伞"计划

目标公司为防止发生收购者在公司并购完成后对目标公司的管理人员和普通员工进行解雇,美国首先创设了降落伞这一策略。在实际操作中,降落伞计划一般分为金降落伞、银降落伞和锡降落伞。

金降落伞计划主要是针对目标公司的董事会成员和高级管理人员的。在公司购并之前,由目标公司董事会通过决议,公司董事及高层管理人员与目标公司签订合同,约定在目标公司被并购接管后,目标公司的董事及高层管理人员被解雇的时候,可一次性领到巨额的退休金、股票期权收入或额外津贴。目标公司董事和高级管理人员的这种收益就像一把降落伞,让高层管理者从高高的职位上安全下来,故名"降落伞"计划;又因其收益丰厚如金,故名"金降落伞"。

银降落伞主要是针对目标公司的中、下级管理人员,主要是向中、下级的管理人员提供较为逊色的同类收益,并根据工龄长短领取数月的工资。由于这种人员的收益较金降落伞人员的收益逊色,所以被称为银降落伞。

锡降落伞主要是针对目标公司的普通员工。根据目标公司事先(即购并前)与公司员工的合同约定,如果目标公司的员工在公司被收购后若干时间内被解雇的话,公司员工则可领取一定的补偿费用。

金降落伞、银降落伞和锡降落伞策略,能够加大收购成本或增加目标公司现金支出从而阻碍购并。金降落伞有助于防止高层管理者从自己的后顾之忧出发阻碍有利于公司和股东的合理并购。

2. 收购要约后的反购并策略

1)寻找"白衣骑士"

"白衣骑士"是指目标企业为免遭敌意收购而自己寻找的善意收购者。公司在遭到收购威胁时,为不使本企业落入恶意收购者手中,可选择与其关系密切的有实力的公司,以更优惠的条件达成善意收购。一般地讲,如果收购者出价较低,目标企业被"白衣骑士"拯救的希望就大;若买方公司提供了很高的收购价格,则"白衣骑士"的成本提高,目标公司获救的机会相应减少。

2) 寻求法律帮助

诉讼是目标公司在购并防御中经常使用的策略。诉讼的目的通常包括:逼迫收购方提高收购价以免被起诉;避免收购方先发制人,提起诉讼,延缓收购时间,以便另寻"白衣骑士";在心理上重振目标公司管理层的士气。诉讼的第一步往往是目标公司请求法院禁止这次购并继续进行。于是,收购方必须首先给出充足的理由证明目标公司的指控不成立,否则不能继续增加目标公司的股票。这就使目标公司有机会采取有效措施进一步抵御被收购。不论诉讼成功与否,都为目标公司争得了时间,这是该策略被广为采用的主要原因。

总之,反收购防御的手段层出不穷,除经济、法律手段以外,还可利用政治等手段,如迁移注册地、增加收购难度等。每种反并购策略各具特色,但有一点是可以肯定的,企业应该根据并购双方的力量对比和并购初衷选用一种策略或几种策略的组合。

本 章 小 结

购并从宏观上起到了盘活存量资产,促进社会资源合理配置的作用。在企业发展中能重新配置资产,使资产从小规模到大规模、从低效益进入高效益、从低质量变为高质量,从而提高购买公司的赢利能力。它是增强企业核心竞争能力,实现规模经济效应的有效途径。本章阐述了购并的定义及企业购并所带来的正面及负面效应,谈论了美国的五次购并浪潮,列举了史上最成功的大通曼哈顿兼并 J.P. 摩根案例,并对企业购并动机进行了理论解释,效应动机、企业发展战略性动机、国家政策等都是企业购并的动力和推手。本章在对企业购并进行分类的基础上,进一步探讨了并购的各种形式。在公司购并活动中,支付是完成交易的最后一个环节,亦是一宗购并交易最终能否成功的重要因素之一。本章就企业购并交易的支付方式进行了介绍。在实践中,公司购并的出资方式有3种,即现金支付、换股支付和综合证券支付。其中,现金支付是最先被采用的,其后才出现了换股支付和综合证券支付。本章最后就反并购策略进行了详尽的阐述。

名人名言

当所有的参加者都习惯某一规则的时刻,游戏的规则也将发生变化。

——索罗斯

假如你是从公司总裁那里获得的内部信息,那么你将亏掉你一半的钱;假如你是从董事会主席那里获取的内部信息,那么你将亏得精光。因此,不要在内部信息上花费时间。

——吉姆·罗杰斯

第 7 章 企业购并市场

> 没有什么比变得一无所有更能让你知道什么不该做了。当你懂得要想不亏钱就不该做什么时，其实你就已经开始学习怎样才能赚钱了。
>
> ——杰西·利佛莫尔

> 摩根强调，"金钱买不到品德……一个我不能信任的人，即使他以整个基督教世界的一切做抵押，也不能从我这里借走一分钱。"
>
> ——摘自《伟大的博弈》

习 题

一、选择题

1. 企业并购按动机分类，可分为两类：（   ）。
   A. 恶意并购   B. 要约并购
   C. 杠杆并购   D. 善意并购
2. 企业并购的作用主要表现在以下方面：（   ）。
   A. 并购可以促进产业结构的调整，提高资源的宏观配置效率
   B. 并购必然导致相关企业上市股票价格的大幅上涨
   C. 并购可以促进生产和资产的集中，增强了在国际市场的竞争力
   D. 并购可以促进相关企业的公司治理结构更加规范
3. 选项（   ）不是购并的出资方式。
   A. 现金支付   B. 股票支付   C. 债券支付   D. 综合支付
4. 按照被并购双方的产业特征划分，并购分为（   ）。
   A. 纵向并购   B. 横向并购   C. 混合并购   D. 整体并购
5. 并购的规模经济效应具体表现在（   ）。
   A. 生产规模经济   B. 经营风险分散效应
   C. 内部化效应   D. 企业管理规模经

二、判断题

1. 并购既是一种经济行为，又是一种法律行为。   （   ）
2. 吸收合并是指两个或两个以上公司通过合并设立一个新的公司。   （   ）
3. 兼并与收购都是以企业产权交易为对象，都是企业资本运营的基本方式。   （   ）
4. 杠杆收购的主要目的是为了解决"代理人问题"。   （   ）
5. 所谓协同效应即 1＋1＞2 效应，并购后公司总体效益大于两个独立企业效益的算术和。（   ）
6. 横向并购具有管理组合效应与组织管理上的"同心圆"效应。   （   ）

三、问答题

1. 什么是企业购并行为？
2. 上市公司购并有哪些分类？
3. 企业购并的出资方式有哪些？
4. 要约收购的一般程序是怎样的？
5. 反购并的策略有哪些？

四、案例分析题

2009年9月,卡夫宣布欲斥资167亿美元收购吉百利,遭到吉百利的严词拒绝。2010年1月英国吉百利食品有限公司董事会终于同意接受全球第二大食品公司卡夫递上的收购要约。

1. 卡夫、吉百利的兼并动机

卡夫收购吉百利,首先,可以获得规模经济。第二大食品公司卡夫和英国糖果业巨头吉百利走到了一起,这样就扩大了生产和销售的规模,从而降低了平均生产成本和销售成本,年度成本至少能够节省6.25亿美元;并能通过整合分销体系和新产品开发来提高营收。此外,可以获得财务上的规模经济效益,规模大、实力强的企业更容易向银行融资,贷款的利率也往往更低。而且双方合并后在税收、成本方面能节省6亿多美元。从营销渠道来看,也能够达到协同效应,所以对双方来讲,这是双赢的。

其次,可以提高市场竞争力和市场支配力量。卡夫与玛氏、雀巢等食品巨头的激烈竞争,如同逆水行舟。卡夫内忧外患,留给卡夫的突破路径只有收购吉百利一条。对于卡夫而言,这是一条投入最少、收益最大、见效最快的扩张途经,也可以说是最好的一条途径。卡夫不用花费精力去塑造知名品牌、编织销售网络,收购吉百利轻而易举地就能成为全球糖果的老大。

如果两家公司合并,其规模将超过眼下排名全球第一的玛氏—箭牌公司。在卡夫视为心病的新兴市场,吉百利占有极大的销售份额。在印度,它是最受欢迎的巧克力品牌;在非洲和拉美,它的销量正在以两位数的比例增长。卡夫表示,与吉百利合并后,该公司能在印度、墨西哥、巴西、中国和俄罗斯等市场取得市场领先地位。

第三,可以降低卡夫进入糖果市场的壁垒。2004年年末,卡夫公司以14.8亿美元现金将自家糖果业务出售给玛氏—箭牌,如今糖果市场的快速发展,其中巧克力的利润更是达到200%。巨大的利润诱惑着卡夫想再次进入糖果市场。吉百利糖果的品牌价值和公司实力很受行业认可,谁拥有了吉百利,谁就拥有了在糖果市场的话语权。卡夫收购了吉百利之后就自然而然地成为了糖果业的老大。

最后,可以减少卡夫的资产经营风险。对于兼并企业而言,通过混合兼并可以实现多元化经营,这样自然就可以分散企业的经营风险。

对于吉百利来说,加入卡夫大家庭,也有利于它的业务发展,减少资产经营风险,避免破产。吉百利巧克力品牌名扬全球。

2. 对经济运行的影响

卡夫收购吉百利之后,可以实现规模经济效益;调整产业存量结构,实现产业结构优化;实现社会资源的优化配置。卡夫公司的理想是:卡夫食品公司与吉百利公司的结合,打造出一个全球零食、糖果和方便食品领域的强大王国。

但两家合并也可能造成垄断的出现。卡夫和吉百利两个大企业之间的横向兼并很可能使兼并后的企业获得强大的市场支配力量,主要表现在提高产品价格,采取行动阻止新企业进入或驱逐竞争对手。其次,会造成进入壁垒的形成。这种纵向兼并导致市场上产品的生产过程高度一体化,这样无疑会大大提高新企业进入市场的资金投入和经营风险,这实质上就是一种阻止其进入的壁垒。

问题:

(1) 卡夫并购吉百利,在并购文化的融合中你觉得它们能否有效融合?并说明理由。

(2) 结合这个并购案,探讨一下如果可口可乐并购中国的汇源成功,中国的果汁饮料市场的格局将会如何?两家公司是否能有效融合和运作?

第3篇 资本市场理论

第8章 现值分析理论

教学目标

现值分析理论是价值分析论中的一种重要的计算方法,它把证券的投资价值确定在折现的基础上,对于未来不确定的证券价值通过预期收益率和投资者持有的年限,把未来收益折算成今天的价值,使投资者能够准确无误的判定现在的投资行为是否恰当,并依据这些数据对投资组合进行调整来达到自己的投资目的。本章具体介绍限制分析相关理论及其实际运用。

教学要点

知识要点	能力要求	相关知识
收入资本化	(1) 有对收入资本化的透彻理解能力 (2) 有理解自由现金流概念的能力	(1) 收入资本化的概念及计算方法 (2) 自由现金流的概念
货币的时间价值	有计算折现值的能力	(1) 现值、终值的计算方法 (2) 折现值的计算方法
债券的定价方法	能够正确理解影响债券的各种因素	(1) 折现法 (2) 影响债券定价的因素
股票价格的确定	掌握静态定价法、动态定价法的区别和联系	(1) 静态定价法 (2) 动态定价法 (3) 市盈率的计算
增长模型	有比较零增长模型、固定增长模型和多元增长模型的能力	(1) 零增长模型 (2) 固定增长模型 (3) 多元增长模型

> 巴菲特常常提到现金流量但我却从未看到他做过什么计算。
>
> ——巴菲特的合伙人查利芒格
>
> 一切的数字与资料都存在我的脑子里,若某些投资需要经过复杂的运算那它就不值得投资。
>
> ——巴菲特

现值　收入资本化　货币时间价值　零增长模型　固定增长模型　市盈率

迄今为止全球最成功的投资家

沃伦·巴菲特,他完全依靠在证券市场进行投资赚取了数百亿美元的财富。他每天阅读大量的财务报表以及企业、行业的相关资料,在对企业形成完整的"概念"后,才决定是否买进或卖出股票。他拒绝融资也绝不进行杠杆交易,其独特的投资理念和操作策略使其资产四十多年连续成长,年复利增长达到28.4%。2000年,美国股市出现巨幅的调整,他却继续屹立潮头,其个人的资产则再上了一个台阶。

沃伦·巴菲特投资的理论依据是价值投资理论。

8.1　现值分析理论概说

现值分析理论(Present Value Analysis Theory)是基于货币的时间价值原理,该理论对企业未来的投资活动、筹资活动产生的现金流量进行贴现分析,以便正确地衡量投资收益、计算筹资成本、评价企业价值。

债券、股票的价值主要通过收益来表现,现值分析理论是一种基于资产内在价值的价值投资理论,价值投资就是在一家公司的市场价格相对于它的内在价值大打折扣时买入其股份。

内在价值是一个非常重要的概念,它为评估投资和企业的相对吸引力提供了唯一的逻辑手段。内在价值在理论上的定义很简单:它是一家企业在其余下的寿命史中可以产生的现金的折现值。虽然内在价值的理论定义非常简单也非常明确,但要精确或甚至大概地计算一家公司的内在价值都是很困难的。

(1)"一家企业在其余下的寿命史中可以产生的现金"本身就是一个难以琢磨的概念,这完全依赖于对公司未来的预期。

(2)影响折现值的另一个重要因素就是贴现率,在不同的时点、针对不同的投资人会有相差悬殊的选择——这也是一个不确定的因素。

不确定性就是风险,对风险的应对之道就是"安全空间";它的内涵就是投资的目标不仅仅是价值而是被低估的价值。市场价格相对于它的内在价值大打折扣的公司才有吸引力，简而言之，这个被加大的折扣就是安全空间，它让我们在对内在价值的评估中如果犯错误也不会有重大的损失。

如果投资者对一家上市公司在二级市场上股票的投资不带有股权控制和关联发展等外部因素，那么在理论上股票的价值应该是由其内在价值来决定的。按照收入的资本化定价方法，这个内在价值就是该股票的持有者在未来时期中所得到的分红派息、优惠配股、转增等收益的现值。

要理解现值分析理论，需要掌握货币时间价值和资金等值两个重要概念。

8.1.1 收入资本化

收入资本化，又称现金流贴现法（Discounted Cash Flow Method，DCF），股票相当于一笔资产。收入资本化法，即通过求取股票资产在将来所能产生的预期纯收益折算现价的总和，是以贴现利率将预期纯收益进行贴现，求得股票价格的一种估算方法。或者说，在知道收益额和无风险利率水平的条件下，求带来这笔收益的本金额的计算，就是收益的资本化。

收益资本化指利息转化为收益的一般形态，即任何有收益的事物，都可以通过收益与利率的对比算出它相当于多大的资本金额，使一些本身无内在规律可以决定其价格的资产也可取得资本价格，这就是资本化的概念。收益资本化的概念就是资金等值的概念。资金等值就是指在不同的时点，两笔不同的资金具有相等的价值。

收益资本化是商品经济的规律，只要利息成为收益的一般形态，这个规律就起作用。收益资本化公式，是从收益(i)、利率(r)、本金(P)三者的关系中套算出来的，即知道收益、利率求本金。

$$P=i/r$$

上式就是收益资本化的表达式。预期收益＝无风险利率＋风险报酬率，再考虑投资者资金的机会成本。预期收益是市场客观能够实现的收益，它的存在是以市场的标准来确定的，任何主观的预期均无效。

股票的预期收益，按照银行利率获得的利息相当于股息收入，这是股票价格的形成基础。股票价格是股息收入的资本化，取决于两个因素：一是股息收入；二是存款利息率。股票价格与股息收入正相关，与存款利息率负相关。股息收入和存款利息是决定股票价格的两个基本因素。现金流贴现法包括股息（或利息）贴现法和自由现金流贴现法。

股息贴现法是指把股票每期的分红按照市场利率进行贴现到起点，然后把各次的贴现值进行求和所得的现值。

自由现金流（Free Cash Flow，FCF）即扣除税收、必要的资本性支出和营运资本增加后，能够支付给所有的清偿者的现金流量。自由现金流也叫净现金流量。现金是企业流动性最强的资产，它的有无、多少直接关系着企业的存亡，所以自由现金流就是衡量企业支付、周转能力的一个量。

自由现金流贴现即指将未来预期的净现金流折现到现今时点所得的值。

无论是股息贴现还是自由现金流贴现，对投资者来说，都是考量公司的最直接的财务指标。判断一个公司是否具有投资价值，首先就要看这个公司折现值的大小，一般认为，折现值越大的公司越具有投资价值。因为这表明公司未来的现金含量高，能够持续赢利。

8.1.2 货币的时间价值

对于投资者来说，考虑货币的时间价值非常重要，货币之所以具有时间价值，是因为使用货币按照无风险利率投资能够带来收益，这种投资收益就是持有该货币所带来的时间价值。对于无风险投资来说，投资收益会随着时间的延长而递增。货币的时间价值的表现形式有单利和复利。

单利的计算仅在原有本金上计算利息，对本金所产生的利息不再计算利息。其公式为

$$利息 = 本金 \times 利率 \times 时期$$

以符号 P 代表本金，n 代表期限，i 代表利率，S 代表本利和，则有

$$S = P(1 + ni) \tag{8-1}$$

复利的计算是对本金及其产生的利息一并计算，也就是利上有利。复利的计算公式是

$$S = P(1 + i)^n \tag{8-2}$$

1. 现值

投资者在进行投资决策时，需要对手中现在的货币和这些货币未来的市场价值进行比较，并从中得出自己的投资决策，具体地说，如果现值通过投资者的努力能够比终值大，则投资者选择持有现值；反过来说，如果终值折成现值后更大，则投资者选择持有终值。投资者通过对现值和终值的比较，选择持有现值还是终值，从而确定自己的投资方式。

现值（单利）的计算公式为

$$P_0 = P_n / (1 + nr) \tag{8-3}$$

式中：P_0 代表现值；P_n 代表终值；n 代表期限；r 代表利率。

现值（复利）的计算公式为

$$P_0 = \frac{P_n}{(1 + r)^n} \tag{8-4}$$

从公式的计算可见，现值的确定是由终值来体现的。

特别提示

按照现代金融学的实际运用情况，如果不是特别指明，一般采用复利的形式进行计算。

计算现值的过程在经济学上称为贴现，这也就是之所以现值又被称为贴现值的原因。公式中的 r 被称为贴现率。

如图 8.1 所示形象地描述了现值大小随贴现时间的快速变动，图中 $r_1 < r_2 < r_3$。贴现率越大，则其现值下降得越快。

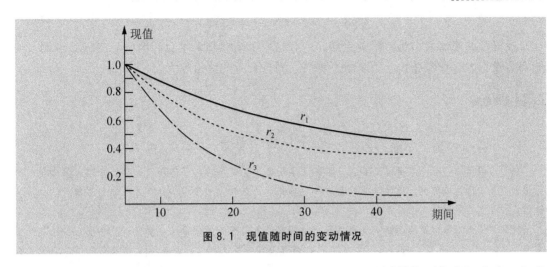

图8.1 现值随时间的变动情况

【例8.1】 若投资者预期5年后投资收益为1000万元,同时他预期市场未来5年的年均投资收益率为8%,那么该投资者现在应该至少准备多少现金作为初始资金?

解:根据现值(复利)的计算公式

$$P_0 = \frac{1000}{(1+8\%)^5} = 680.58(万元)$$

通过计算,该投资者现在680.58万元(复利),按照投资者预期的设想,经过5年,则他的货币资金增加到1 000万元。

从式(8-1)可见,投资者的收益是与投资者的预期密切相关的,如果投资者提高他的预期收益,则该投资者获得相同的投资收益的年限会缩短;反之,他的投资年限将会延长。

货币的价值虽然随时间是可变的,但是一个投资者不可忽视的问题是:投资者的投资收益即预期收益在特定的环境下具有客观性,投资者的预期收益只有在客观的预期下才有可能实现这种收益,如果忽视了这种客观性的存在,预期的投资收益很难达到。

2. 终值

终值是指一笔资金在经过一定时期后所能得到的最终数值,其间伴随着投资者的投资行为。终值的计算公式(单利)为

$$P_n = P_0 \times (1+nr) \quad (8-5)$$

终值的计算公式(复利)为

$$P_n = P_0(1+r)^n \quad (8-6)$$

式中:P_0为初始资金;P_n为终值;n为时间期限,一般以年度作为计算单位;r为年利率。

【例8.2】 设某投资者购买某种有价证券,约定的年利率为10%,为期6年,该投资者初始资金为200万元,经历6年之后,投资者的终值(单利)是

$$P_n = 200 \times (1+6 \times 10\%) = 320(万元)$$

投资者的终值(复利)是

$P_6 = 200(1+10\%)^6 = 354.31(万元)$

投资者的终值大小受初始资金量、持有的期限结构和无风险利率（单、复利）影响。初始资金量越大、期限越长、利率水平越高，则投资者的终值越大。

一个佛教故事

佛下山说佛法，在一家店铺里看到一尊释迦牟尼像，青铜所铸，形体逼真，神态安然，佛大悦。若能带回寺里，开启其佛光，继世供奉，真乃一件幸事，可店铺老板要价5 000元，分文不能少，加上见佛如此钟爱它，更加咬定原价不放。

佛回到寺里对众僧谈起此事，众僧很着急，问佛打算以多少钱买下它。佛说："500元足矣。"众僧唏嘘不止："那怎么可能？"佛说："天理犹存，当有办法，万丈红尘，芸芸众生，欲壑难填，得不偿失啊，我佛慈悲，普度众生，当让他仅仅赚到这500元！"

"怎样普度他呢？"众僧不解地问。

"让他忏悔。"佛笑答。众僧更不解了。佛说："只管按我的吩咐去做就行了。"

第一个弟子下山去店铺里和老板砍价，弟子咬定4 500元，未果回山。

第二天，第二个弟子下山去和老板砍价，咬定4 000元不放，亦未果回山。

就这样，直到最后一个弟子在第九天下山时所给的价已经低到了200元。眼见着一个个买主一天天下去、一个比一个价给得低，老板很是着急，每一天他都后悔不如以前一天的价格卖给前一个人了，他深深地怨责自己太贪心。到第十天时，他在心里说，今天若再有人来，无论给多少钱我也要立即出手。

第十天，佛亲自下山，说要出500元买下它，老板高兴得不得了——竟然反弹到了500元！当即出手，高兴之余另赠佛龛台一具。佛得到了那尊铜像，谢绝了龛台，单掌作揖笑曰："欲望无边，凡事有度，一切适可而止啊！善哉、善哉……"

8.1.3 评估资产内在价值的方法

某资产到底值多少钱，实际上就是对相关收益性资产的评估。应如何评估资产内在价值到底值多少呢？在理论上讲，评估方法无外乎3种。

（1）重置成本法：即市场上重新制造或购得此资产所花费的最低费用，该最低费用就是该资产的评估值。

比如：某汽车是1年前花13万元买的，从没开过，目前市场同样的新车价格为10万元，而该车现在属于8成新，则该汽车目前的内在价值＝10×0.8万元＝8万元。

同理，一个企业或一个上市公司，它的总价值到底值多少钱，假设该公司可以重新建设再造，则重新建设再造所需要花费的全部费用，就是该企业或上市公司"按成本法评估"的理论价值。当然，很多收益性资产、公司，往往是不能再造的，而对它们的价值评估，最科学实用的方法就是"收益现值法"。

（2）市场法：在正常的市场情况下，用类似正常交易的资产价格来做评估资产的价值参考，并进行适当修正。

比如要评估中石油股票的内在价值值多少钱，我们可以在市场上寻找特点相似的股票进行比较，然后修正。中石油的相似对象就是港股的"中石油"。港股中石油目前折合成人民币在10~11元左右,我们就可以大致认为:中石油在目前市场环境下内在价值是10~11元左右。

(3)收益现值法:对于有收益或者能够产生收益的资产,其价值评估主要是用"收益现值法"。特别是上市公司的内在价值评估或股票的内在价值评估。换句话说,对以产生收益为主的收益性资产,收益现值法(即现值分析理论),应该说是最合理、最适用的方法。现值分析理论是理论上对债券、股票的内在价值进行的分析。现值分析理论内容包括债券定价原理和股票定价原理等基本内容。

8.2 债券定价原理

8.2.1 债券的价格决定

1. 债券的理论价格

债券的理论价格即债券的内在价值,指将未来收益按一定条件贴现成现在的价值。换言之,就是投资者为了得到未来收益而在今天愿意付出的代价。

1)一次性还本付息债券的价值

一次性还本付息的债券只有一次现金流动,也就是到期日的本息之和。

如果按单利计算,且一次还本付息,其价值为

$$V = \frac{A(1+i \times n)}{1+r_n \times n} \quad (8-7)$$

式中:V——债券的价值;A——债券的面值;i——债券的票面利率;n——债券的到期时间;r_n——投资者要求的收益率。

如果按复利计算,且一次还本付息,其价值为

$$V = \frac{A(1+i)^n}{(1+r_n)^n} \quad (8-8)$$

【例8.3】 某面值1 000元的5年期债券的票面利率为10%,2001年1月1日发行,2003年1月1日买入。假定当时债券的必要收益率为8%。试求该债券买卖的均衡价格。

解: $V = \frac{A(1+i)^n}{(1+r_n)^n} \times 100\% = \frac{1\,000 \times (1+0.1)^5}{(1+0.08)^3} = 1\,278.47(元)$

2)一年付息一次债券的价值

债券按期(一般每年或每半年)支付利息,也称定息债券,是最常见的一类债券。

如果按单利计算,其价值公式为

$$V = \sum_{t=1}^{n} \frac{c}{1+t \times r} + \frac{A}{1+n \times r} \quad (8-9)$$

如果按复利计算,其价值公式为

$$V = \sum_{t=1}^{n} \frac{c}{(1+r)^t} + \frac{A}{(1+r)^n} \quad (8-10)$$

式中:V——债券价值;A——债券的面值;c——每年支付的利息;n——债券的到期时间;t——第t次发放利息;r——投资者要求的收益率。

【例 8.4】 某一附息债券的面值为 1 000 元,有 5 年的剩余期限,票面利率为 8%,每年付一次息,若投资者的必要收益率为 10%,按复利贴现时,试求该债券的理论价值。

解:
$$V = \sum_{t=1}^{n} \frac{c}{(1+r)^t} + \frac{A}{(1+r)^n} = C \times \frac{1-(1+r)^{-n}}{r} + \frac{A}{(1+r)^n}$$
$$= 80 \times \frac{1-(1+10\%)^{-5}}{10\%} + \frac{1\,000}{(1+10\%)^5} = 924.18(元)$$

3) 贴现债券的价值

贴现债券也称为贴息债券、零息债券,它是指以低于债券面值发行,不支付利息,到期按面值支付的债券。其价值公式或定价模型为:

按单利贴现的价值公式为

$$V = \frac{A}{1+nr} \qquad (8-11)$$

按复利贴现的价值公式为

$$V = \frac{A}{(1+r)^n} \qquad (8-12)$$

式中:V——债券价值;A——债券的面值;r——投资者要求的收益率;n——债券到期时间。

需要注意的是:在实际中,债券的价格往往与理论价格(即以式 8-11 和式 8-12 计算出来的债券的内在价值)发生偏离,债券被低估和高估的现象经常发生。投资者需要通过价值分析判断某债券是否存在低估或高估,从而作出正确的投资决策。

2. 债券价格的决定因素分析

债券价格的决定因素包括两类:一类是内部因素,即债券本身的属性;另一类是外部因素,即外部市场对债券的影响。通过对债券价格的决定因素的分析,有助于分析债券是否存在高估或低估现象,这有利于判断债券未来的价格走势,从而作出正确的投资决策。

1) 影响债券定价的内部因素

(1) 债券期限的长短。一般来说,债券的期限越长,偿本付息的不确定性越大,其市场价格变动的可能性越大,从而风险也就越大。因此,投资者要求的收益率也越高。

(2) 票面利率。债券的票面利率越低,其价格的波动性越大。当市场利率提高时,票面利率较低的债券价格下降较快;当市场利率下降时,其增值的潜力也很大。

(3) 提前赎回条款。提前赎回条款是指可赎回债券的发行人拥有的一种选择权,它允许发行人在市场利率降低时发行较低利率的债券,取代原先发行的利率较高的债券,从而降低融资成本。如果市场利率上升了,公司可以不执行赎回规定,债券投资人就得不到利率上升带来的好处。因此,具有较高提前赎回可能性的债券应具有较高的票面利率,其内在价值较低。

(4) 税收待遇。债券的税收待遇是指债券的利息收入是否需要纳税。一般来说,免税债券的到期收益率比类似的应纳税的债券到期收益率低,其内在价值较高。另外,税收还以其他方式影响债券的价格和收益率。例如，任何一种以折扣方式出售的低利率附息债券提供的收益都有两种形式：息票利息和资本收益。在美国，这两种收入都被当做普通收入进行征税，但是对于后者的征税可以等到债券出售或到期时才进行。这种推迟表明大额债券具有一定的税收利益。

（5）发债主体的信用。债券发债主体的信用是指债券发行人按期履行合约规定的义务，足额支付利息和本金的可靠性程度。一般来说，除政府债券以外，一般债券都有信用风险，只不过风险大小不同而已。信用等级越低的债券，其债券收益率越高，债券的内在价值也就越低。

2）影响债券定价的外部因素

（1）市场利率。市场利率的变动，甚至人们对利率的心理预期变动，都对债券价格的影响很大。市场利率是投资于债券的机会成本，与债券价格成反比。在市场利率上升时，债券的收益率也上升，从而使债券的内在价值下降；反之，当市场利率下降时，债券的收益率也下降，从而使债券的内在价值增加。

（2）物价。当物价上涨的速度较快时，人们出于保值的目的，纷纷投资于房地产或其他可以保值的物品，债券供过于求，从而导致债券价格下跌。

（3）货币政策。央行具有宏观调控的重要功能，如果央行实施紧缩的货币政策，提高法定准备金率、提高再贴现率或者在公开市场上出售政府债券，导致资金减少、利率上升，那么债券价格就会下降；反之，会导致债券价格上升。例如 2003 年 9 月和 2004 年 4 月，中国人民银行两次提高准备金率，导致面值为 100 元的国债有的大跌至 70 多元。

（4）社会经济发展状况。当经济发展呈高速上升趋势时，生产对资金的需求量增加，往往通过发行债券筹措资金，必然导致市场利率上升，债券价格下降；反之，当经济处于衰退阶段时，债券的价格就会上升。

（5）债券市场供求关系。债券的市场价格主要受供求关系的影响。当债券市场的供给大于需求时，债券价格会下降；反之，当需求大于供给时，债券价格会上升。因此，控制新发债券的发行量对稳定债券价格是至关重要的。

（6）国际间利息差别和汇率。当本国货币升值时，国外资金会流入本国市场，会增加对本国债券的需求从而影响债券的价格。当本国的利率高于外国市场的利率时，资金也会流入本国，使国内债券市场的供求关系发生变化。汇率的变动对债券市场行情的影响很大。当某种外汇升值时，就会吸引投资者购买以该种外汇标值的债券，使债券价格上涨；反之，当某种外汇贬值时，人们纷纷抛出以该种外汇为标值的债券，使债券价格下跌。

8.2.2 债券定价的分类

在给债券定价时，一般考虑的是债券的分红模式，面对不同的现金流构成，通常把债券分为以下 3 种进行定价：一是零息票债券，该债券不支付利息，到期偿还本金，其未来现金流实际上是一个到期偿还的本金；二是永续债券，没有期限，不偿还本金，未来现金流是一系列的利息年金数列；三是一般债券，它按照票面金额计算利息。

1. 零息票债券

零息票债券，指一般以低于面值的贴现方式发行，不支付利息，到期按债券面值偿还的债券。债券发行价格与面值之间的差额就是投资者的利息收入。由于面值是投资者未来唯一的现金流,所以贴现债券的内在价值可用折现公式 8-12 进行计算。

2. 永续债券

永续债券是一种没有到期日的特殊的定息债券,不偿还本金,未来现金流实际上是一个无穷的利息年金。内在价值的计算公式为

$$p = \frac{c}{1+y} + \frac{c}{(1+y)^2} + \cdots + \frac{c}{(1+y)^n} + \cdots \qquad (8-13)$$

式中:p 为债券的现值;c 为债券每年支付的利息;F 为债券的面值;y 为必要收益率;n 为无限期。

3. 一般债券

一般债券按照票面金额计算利息,分为附息票债券和不附息票债券。债券期满时收回本金(面值)定期获得固定的利息收入。所以,投资者的未来现金流包括本金与利息两部分。直接债券的内在价值公式为

$$p = \frac{c}{1+y} + \frac{c}{(1+y)^2} + \cdots + \frac{c}{(1+y)^n} + \frac{F}{(1+y)^n}$$

如果债券每半年支付利息一次,那么债券的现金流和贴现率将在每年付息一次的基础上进行相应的调整:一是每次支付的利息是 $c/2$;二是贴现率是 $y/2$;三是时期的个数是 $2n$。每半年付息一次的债券的定价公式为

$$p = \frac{c/2}{1+y/2} + \frac{c/2}{(1+y/2)^2} + \cdots + \frac{c/2}{(1+y/2)^{2n}} + \frac{F}{(1+y/2)^{2n}} \qquad (8-14)$$

注意,在使用公式时,y 的确定有一定的难度,因为它取决于投资者对债券的主观评价和市场环境因素的影响。因此,债券分析的关键是如何合理确定 y 的大小。

8.3 股票定价原理

8.3.1 贴现现金流模型

股票的价格由其预期收入和当时的市场利率两因素决定,其公式为

$$股票市场价格 = \frac{预期股息收入}{市场利率} \qquad (8-15)$$

某种股票,当其预期年收入每股为 10 元(无论其面值多少),市场利率为 10% 时,其市场价格为 100 元($\frac{10}{10\%}$)。如果预期收入为 20 元,市场利率不变,其市场价格为 200 元($\frac{20}{10\%}$)。如果预期收入为 20 元,市场利率只有 5%,其市价可达 400 元($\frac{20}{5\%}$)。

股票贴现现金流模型最一般的形式是

$$V = \sum_{t=1}^{\infty} \frac{D_t}{(1+k)^t} \qquad (8-16)$$

式中：V 为股票内在价值；D 为股票预期股利现金流；k 为贴现率；t 为时间(年)。

1. 股票静态价格确定

股票一般都是永久性投资，没有偿还期限，因此其价格确定主要取决于收益与利率两个因素，与股票收益成正比，而与市场利率成反比。用公式表示为

$$V=\frac{D_0}{k} \tag{8-17}$$

【例 8.5】 某只股票年末每股税后利润 0.40 元，市场利率为 5%，则该只股票价格为多少？

解：

$$V=\frac{D_0}{k}=\frac{0.40}{5\%}=8(元)$$

由此可得出以下结论。
(1) 当该只股票市价低于 8 元时，投资者可买进或继续持有该只股票。
(2) 当该只股票市价高于 8 元时，投资者可卖出该只股票。
(3) 当该只股票市价等于 8 元时，投资者可继续持有或抛出该只股票。

2. 股票动态价格确定

股票交易在二级市场是不断易手的过程，属于动态交易的过程。因而股票动态价格主要指股票持有期间的价格，其确定方法与分期付息到期还本债券的价格确定基本相同。

8.3.2 市盈率估值模型

市盈率也称本益比，是公司每股价格与每股收益(即税后利润)的比值，用公式表示为

$$市盈率=\frac{股票价格}{每股收益}$$

它反映了不同股票之间进行比较的一种相对价格，即以每股赢利能力作为衡量标准时的股票的价值所在，从而把股票价格和公司的赢利能力紧密结合在一起，综合反映了上市公司的股价相对高低或者股票市场的市场价值的相对高低。股票静态价格亦可通过市盈率推算得出，即股票发行价格＝预计每股税后赢利×市场所在的平均市盈率。

股票市盈率又可分为静态市盈率和动态市盈率两种。

1. 静态市盈率

静态市盈率又称当期市盈率，它等于股价与公司过去 12 个月每股收益的比值。股价可以为计算当日的收盘价或者某一段时期的平均价格。

2. 动态市盈率

动态市盈率的计算公式是在静态市盈率的基数上，乘以一个动态系数。该系数为 $1/(1+g)^n$，g 代表企业每股收益的增长率，n 为企业可持续发展的存续期。动态市盈率揭示了成长性公司市盈率高的原因。

【例 8.6】 假设 A 公司过去一年的每股收益为 1.2 元，且未来 5 年每年可以维持 20% 的年增长，目前股票价格为每股 20 元。问：A 公司静态市盈率与动态市盈率分别是多少？

解：A 公司的静态市盈率为：20/1.2＝16.67（倍）

A 公司根据未来 5 年每股收益增长率计算的动态市盈率为

$$16.67 \times 1/(1+20\%) \times 5 = 2.78（倍）$$

3. 市盈率的零增长模型

市盈率的零增长模型意味着公司的派息比率 $b=1$，且 $g=0$。市盈率的零增长模型可以表示为

$$\frac{P_0}{E_0} = \frac{1}{y}$$

4. 市盈率的固定增长模型

假定公司过去一年的每股收益与每股股息分别为 E_0 与 D_0，预期年增长率保持固定比率 g 的增长，派息比率为 b，即 $D_0 = E_0 \times b$。相应的，留存收益比率或再投资率为 $d=1-b$，派息比率与再投资率保持不变。那么，我们就可以推导出市盈率的固定增长模型为

$$\frac{P_0}{E_0} = \frac{1-b}{y-g} = \frac{1-b}{y-\text{ROE} \times b}$$

式中：y 表示投资者的必要收益率即市场资本化比率，股息每年按照一个固定的比率 g 增长，同时，股息增长率 g 来源于留存收益再投资的回报率 ROE，即 $g=\text{ROE} \times b$。

5. 市盈率的影响因素

市盈率的影响因素包括：留存收益率 b，必要收益率 y 和股利增长率 g。其中，必要收益率 y 与市盈率呈负相关，但是，股利增长率 g 和留存收益率 b 与市盈率的关系还取决于公司 ROE 与 y 之间的对比：当 ROE 大于 y 时，市盈率随再投资率 b 的增加而上升；当 ROE 小于 y 时，市盈率随再投资率 b 的增加而下降。

6. 市盈率模型的优点与缺点

在运用当中，市盈率模型与股息贴现模型相比除了历史更为悠久外，市盈率模型还具有以下几方面的优点。

(1) 市盈率是股票价格与每股收益的比率，数据简单获得。所以，市盈率模型可以方便应用于不同收益水平的股票之间相对价格的比较，包括横向比较与纵向比较。

(2) 对于那些在某段时间内没有支付股息的股票，市盈率模型同样适用，而股息贴现模型却不能使用。

(3) 虽然市盈率模型同样需要对有关变量进行预测，但是所涉及的变量预测比股息贴现模型要简单易行。

除了以上优点以外，市盈率模型也有以下一些缺点。

(1) 市盈率模型只表明不同股票市盈率的相对大小,不能决定股票绝对的市盈率水平。

(2) 由于周期性公司的每股收益波动性很大,这些公司的每股收益在景气时会较高,而在萧条时期就会较低,因而不同时期的市盈率会表现出巨大的差异。

(4) 当某家公司的收益为负时,市盈率没有意义,无法反映出公司的相对价值。

(5) 市盈率的合理倍数很难主观断定,因而在运用市盈率指标时不能作为唯一的参考,还需要结合其他影响因素综合考虑。

一般来说,如果公司股票的市盈率高,则表明两种可能性:一是股票价格被高估,存在泡沫;二是市场对公司未来的成长潜力有一个良好的预期。如果公司股票的市盈率低,也表明两种可能性:一是股票价格被低估;二是市场预期公司面临的风险比较大,前景不好,因而要求更高的必要收益率。在具体运用时,要对比分析这两种可能性的大小。

8.3.3 股息贴现模型

1. 基本贴现模型

根据现值贴现理论,投资者只要把股票各个时期所获得的收入按一定比率贴现,就可以得到这些收益的现值之和,也称股票的内在价值。基本的贴现模型如下。

1) 永久持有的股票估值模型

$$V = \frac{D_1}{1+y_1} + \frac{D_2}{(1+y_2)^2} + \cdots + \frac{D_n}{(1+y_n)^n} \qquad (n \to \infty) \qquad (8-18)$$

式中:V 代表普通股的内在价值;D_n 是普通股第 n 期支付的股息和红利;y_n 是第 n 期时的贴现率。

如果考虑每年的增长率 $g_n = \frac{D_n - D_{n-1}}{D_{n-1}}$,那么式(8-18)可以转化为

$$V = \sum_{t=1}^{n} \frac{D_t}{(1+y)^t} = \sum_{t=1}^{n} \frac{D_0(1+g_1)(1+g_2)\cdots(1+g_t)}{(1+y)^t} \qquad (8-19)$$

2) 固定持有期的股票估值模型

考虑到投资者对股票投资的偏好转移程度发生变化,投资者不太可能永久持有某一股票,而只会持有某只股票一段时间,这时式(8-18)可以改写为

$$V = \frac{D_1}{1+y_1} + \frac{D_2}{(1+y_2)^2} + \cdots + \frac{D_n}{(1+y_n)^n} + \frac{P_n}{(1+y_n)^n} \qquad (8-20)$$

式中:P_n 是第 n 期末股票的出售价格。

根据对股息增长率的不同假设,股息贴现模型可以分为零增长模型、固定增长模型和多元增长模型3种形式。

(1) 零增长模型。所谓零增长是指在投资者持有期内,股票对应的股息是固定不变的。在此增长率为零($g=0$),用数学表达式为:$D_0 = D_1 = D_2 = \cdots = D_n$ 或者 $g_t = 0$。

将股息不变的条件代入(8-19)可得

$$V = \sum_{t=1}^{n} \frac{D_t}{(1+y)^t} = D_0 \left[\sum_{t=1}^{n} \frac{1}{(1+y)^t} \right]$$

进一步将上式简化为

$$V = \frac{D_0}{y} \tag{8-21}$$

假设投资者持有的某只股票在持有期间每个分红期支付的股息为 1 元/股，贴现率为 5%，那么，该股票的内在价值等于 20 元，计算如下。

$$V = \frac{1}{1+0.05} + \frac{1}{(1+0.05)^2} + \cdots + \frac{1}{(1+0.05)^n} = \frac{1}{0.05} = 20$$

注意：投资者在持有该股票期间的时间长短不定，只要投资者在持有该股票的时间内其内在增长确定为零，就可以利用本公式进行计算。

零增长模型在特定的情况下，对于决定普通股票的价值是有用的，特别是在决定优先股的内在价值时，因为优先股的股息是固定的。

假定某公司在未来无限时期支付的每股股息为 4.5 元，必要收益率为 10%，运用零增长模型，该公司股票的价值为 $4.5 \div 0.1 = 45$ 元，若股票价格为 50 元，每股股票净现值为 $45 - 50 = -5$ 元。这说明该股票被高估 5 元，因此应抛售该股票。

(2) 固定增长模型。如果增长率为某个确定的值（$g>0$，$g=C$），在此 C 为常数。则现值公式演变成

$$V = \sum_{t=1}^{n} \frac{D_0(1+g)^t}{(1+y)^t} = \sum_{t=1}^{n} \frac{D_0(1+C)^t}{(1+y)^t} \tag{8-22}$$

当 $n \to \infty$ 时

$$V = \frac{D_1}{y - C}$$

(3) 多元增长模型。零增长模型和固定增长模型在上市公司中经常出现，但更为普遍的现象是公司的增长会随着经济环境的变迁而发生较大变化，有时还会发生负增长的现象。这就需要引入多元增长模型。

多元增长模型又可分为许多种形式，最为普遍的是二阶段增长模型和三阶段增长模型。二阶段增长模型假设股息的增长分为两个阶段：如图 8.2 所示是二元增长模型中增长率随时间的变动的示意图。在第一阶段（时间期限为 T），股息的增长率是一个常数 g_1；在第二阶段，股息的增长率也是一个常数 g_2，但 $g_1 \neq g_2$（假定 $g_1 < g_2$）。

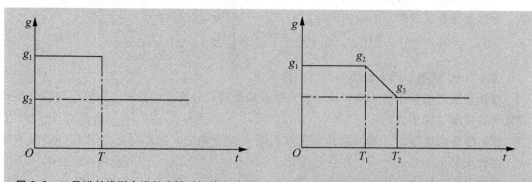

图 8.2　二元增长模型中增长率随时间的变动图　　8.3　三元增长模型中增长率随时间的变动

式(8-22)改写为

$$V = \sum_{t=1}^{T} \frac{D_0(1+g_1)^t}{(1+y)^t} + \frac{D_T(1+g_2)}{(1+y)^T(y-g_2)} \qquad (8-23)$$

三阶段增长模型(图 8.3)是将股息的增长分为 3 个阶段：第一阶段，期限为 T_1，股息的增长率为常数(C_1)；第二阶段，期限为(T_1+1)到(T_2-1)，在此阶段，股息的变化以线性的方式从(C_1)变化到(C_3)；第三阶段，股息的增长也是一个常数(C_3)，被认为是公司在经过一个时期的强有力的增长之后的稳定增长期，能够给投资者带来长期的增长率。

在满足三阶段增长模型的假设条件下，三阶段增长模型的计算公式为

$$V = D_0 \sum_{t=1}^{T_1} \left(\frac{1+C_1}{1+y}\right)^t + \sum_{t=T_1+1}^{T_2-1} \left[\frac{D_{t-1}(1+g_t)}{(1+y)^t}\right] + \frac{D_{T_2-1}(1+C_3)}{(1+y)^{T_2-1}(y-C_3)} \qquad (8-24)$$

2. 利用股息贴现模型指导投资

股息贴现模型可以帮助投资者判断某股票的价格属于高估还是低估，判断股票价格高估抑或低估的方法包括两类。

1) 计算股票投资的净现值

如果净现值大于零，说明该股票被低估；反之，则该股票被高估。用数学公式可表示为

$$\text{NPV} = V - P = \left[\sum_{t=1}^{\infty} \frac{D_t}{(1+y)^t}\right] - P \qquad (8-25)$$

式中：NPV 为净现值；P 为股票的市场价格。

2) 比较贴现率与内部收益率(IRR)的差异

如果贴现率小于内部收益率，证明该股票的净现值大于零，即该股票被低估；反之，如果贴现率大于内部收益率，证明该股票的净现值小于零，即该股票被高估。内部收益率是当净现值等于零时的一个特殊的贴现率，即

$$\text{NPV} = V - P = \left[\sum_{t=1}^{\infty} \frac{D_t}{(1+\text{IRR})^t}\right] - P = 0 \qquad (8-26)$$

3. 内在价值与市场价格比较法

股票有两种比较方法来预计股票是被高估或是被低估。

1) 比较持有预期收益率与必要收益率

将公司作为持续经营实体的最常用的估价模型来源于对一个事实的观察：股票投资者期望有包括现金红利和资本利得或损失在内的收益。根据给定的信息，投资者可以计算出持有期收益(HPR)，然后再将其与均衡水平下的应得收益率或"公平收益率"进行比较。

资本资产定价理论告诉我们，在满足该定理假设条件下，投资者持有股票的期望收益率为 $R_i = Y = rf + [R_m - rf]$。用 y 表示应得收益率，如果股票定价"准确无误"，其预期收益率应等于 Y，否则，就表示股票定价"存在偏差"。

判断错误定价的规则是：如果 $R_i > Y$，股票价格被低估；如果 $R_i < Y$，股票价格被高估。

2) 比较股票内在价值与市场价格

如果股票的每股内在价值用 V_0 表示，表示投资者从股票上所能得到的全部现金回报

(包括红利和资本利得),反映了风险调整的利率 k 贴现所得的现值。无论何时,如果内在价值或投资者对股票实际价值的估计超过市场价格,那么这支股票就可认为被低估了,因而具有投资价值。在均衡市场中,市场价格将反映所有市场参与者对内在价值的估计,即投资者对 V_0 的估计与现价 P 相同。

案例与分析

佛山照明(000541)股利贴现法的应用

佛山照明是一家 1993 年上市的以灯泡等电光源为主营的公司。公司 1994 年以来净利润的平均增长率为 9.62%,剔除 1994 年异常高的增长数据(54%),1995 年以来净利润平均增长速度为 3.3%。如果剔除 1997 年的异常低的负增长数据(-24%),1998 年以来净利润增长平均为 6.71%。公司年年分红,平均分红率为当年净利润的 71%,且一直比较稳定。所以我们可以用不变增长模型来计算佛山照明公司的股票价值。2001 年公司 10 送 4 元,扣除所得税后实际每股送 0.32 元,即 $D_0=0.32$。由于公司分红稳定,且净利润增长为 3.30%~9.62%,所以我们取中间值 6% 为红利增长率。需要另外计算的是贴现率。

无风险收益率 r_f 以过去 6 年平均的 10 年期国债收益率代替,为 4.42%;过去 6 年两市综合指数平均股指收益率为 9.82%,风险溢价为 9.82%-4.42%=5.4%。考虑到我们市场未来发展前景很好,风险溢价以 6% 计算;1997 年以来公司股票的 β 系数为 0.756 2。这样,根据资本资产定价模型,公司股权收益率,即贴现率为:$K=E=0.044\ 2+0.06\times 0.756\ 2=8.957\ 2\%$。

这样,根据不变增长模型,$V=0.32\times(1+0.06)/(0.089\ 572-0.06)=11.47(元)$。如果对公司的红利增长率取值更保守,假使未来公司分红增长率为 5%,即 $g=0.05$,则 $V=0.32\times(1+0.05)/(0.089\ 572-0.05)=8.49(元)$。

本 章 小 结

货币的时间价值表明,从投资的角度出发,投资者手中的货币能够随着持有货币时间的延长而增加。这也是货币储蓄之所以能够带来利息的依据之一。

债券的定价原理虽然简单,但是除了需要考虑基本的计算方法外,更需要考虑的是影响债券定价的其他因素,有时其他因素的影响更能左右债券的定价,尤其是债券的短期定价方式。

零增长、固定增长和多元增长模型揭示出投资者对于投资行为的态度,更表示出对于预期收益的差异性。

股票的定价方式在本章中只是讲解了最基本的原理,市盈率反映股票的一般价值规律,但在具体的股票投资方式上,市盈率只能作为参考,更多的是考虑其他主要的影响因素。

习 题

一、单项选择题

1. 货币的时间价值是指（   ）。
   A. 货币的价值会随着时间而增加 B. 货币价值是变动的
   C. 只有投资才能带来时间价值   D. 货币价值的增加并不需要特别的理由
2. 自由现金流是指（   ）。
   A. 企业可以自由支配的现金流   B. 净现金流
   C. 未来的净现金流   D. 扣除管理费以后的现金流
3. 投资者之所以要考量货币的时间价值在于（   ）。
   A. 控制风险   B. 建立基准收益底线
   C. 寻找投资机会   D. 作为投资参考
4. 复利是指（   ）。
   A. 高利贷利率   B. 每天计算一次利息
   C. 每个利率周期计算一次利息   D. 以上说法均不正确
5. 零增长模型表明（   ）。
   A. 股票的内在价值不增加   B. 股息固定不变
   C. 公司缺乏活力   D. 公司比较稳定
6. 固定增长模型表明（   ）。
   A. 公司经营稳健   B. 公司增长平稳
   C. 股息固定   D. 以上说法均不正确
7. 有关债券的说法正确的是（   ）。
   A. 一次付息的债券优于零息债券 B. 债券的利率是可变的
   C. 债券的期限是可变的   D. 以上说法均不正确
8. 股票定价（   ）。
   A. 与股息有关   B. 与市场利率无关
   C. 与投资者的期望值有关   D. 以上说法均全对
9. 市盈率等于（   ）。
   A. 股票价格/收益率   B. 股票价格/利率
   C. 股票价格/预期收益率   D. 股票价格/每股收益
10. 某只股票每股税后利润为0.8元，市场利率为3%，则这只股票合理的市场价格为（   ）。
    A. 25.67元   B. 26.67元
    C. 27.67元   D. 28.67元

二、多项选择题

1. 股票的预期收益取决于（   ）。
   A. 股息   B. 存款利息率
   C. 基准利息率   D. 投资者个人的期望值
2. 复利大小与下列哪些因素有关（   ）。
   A. 本金   B. 期限   C. 利率   D. 投资者心理预期

3. 终值与下列哪些因素有关（　　）。
   A. 本金
   B. 期限
   C. 利率
   D. 投资者心理预期
4. 多元增长模型表明（　　）。
   A. 企业保持增长
   B. 企业增长率保持不变
   C. 每个财务年度增长有差异
   D. 以上说法前均正确
5. 现值分析理论表明（　　）。
   A. 可以为投资者提供投资参考
   B. 对股票进行估值
   C. 确定投资安全边际
   D. 提供买卖机会
6. 有关债券的说法正确的是（　　）。
   A. 债券面值一般是固定的
   B. 面值大小与债券的收益率无关
   C. 债券的收益率一般事先确定
   D. 债券的期限一般是确定的
7. 债券的价值与（　　）有关。
   A. 面值
   B. 票面利率
   C. 到期日
   D. 预期收益率
8. 影响债券的内部因素为（　　）。
   A. 赎回条款
   B. 税收待遇
   C. 流动性
   D. 发债主体的信用
9. 影响债券的外部因素是（　　）。
   A. 物价水平
   B. 货币政策
   C. 社会经济发展状况
   D. 债券的供求关系
10. 影响股票价格的因素有（　　）。
    A. 货币供应量
    B. 股票供应量
    C. 投资者情绪
    D. 偶然因素的影响

三、简答题

1. 二元模型和多元模型之间的关系如何？
2. 投资者应该如何看待股票动态价格确定和静态价格确定方法。

四、计算题

1. 某投资者持有永久持有的股票，已知该股票第一年持有时的股息是 0.5 元，公司给投资者每年的股息增长率为 3%，无风险利率为 5%，求该永久持有的股票的内在价值为多少？
2. 假设投资者面对市场中的某种债券，其价格为 98 元。该债券一年付一次息，其面值为 100 元，每年支付的利息为 3.5 元，债券的有效期限为 2 年，试求该债券投资的必要收益率。
3. 已知某股票的市盈率为 25，该股票近 5 年的平均每股收益为 0.86 元，求该股票的平均市场价格。
4. 某只股票年度每股税后利润为 1.50 元，市场无风险利率为 2.75%，则该股票价格为多少适合进行投资？

五、案例分析题

表 8-1 是华新水泥（600801）的财务数据指标。

表 8-1 华新水泥的财务数据

年份(年)	2008	2009	2010 年 9 月
资产总额(万元)	1 071 635.36	1 458 416.27	1 656 140.99
负债总额(万元)	580 391.06	919 615.76	1 144 071.62
货币资金(万元)	98 671.78	133 829.71	153 370.44
应收账款(万元)	14 432.16	29 776.03	56 992.77
股东权益(万元)	406 776.70	455 494.07	452 313.40
资产负债率(%)	54.159 3	63.055 7	69.080 0
每股收益(元)	1.18	1.24	0.22

已知华新水泥现价为 45 元,根据本章所学估值方法计算,投资者的投资策略是买进还是卖出?(一年期的无风险利率为 2.25%)

第 9 章 效率市场假说

教学目标

证券投资分析中有一个重要的理论依据,就是效率市场假说理论,它把市场对信息的反应程度分为三种:强式有效市场、半强式有效市场和弱式有效市场。通过对这三种市场对信息的反应程度不同,来判断证券市场的成熟度,从而得出具体的投资方式,制定具体的应对之策。本章具体介绍效率市场假说理论的基本知识及其在实践中的具体运用。

教学要点

知识要点	能力要求	相关知识
有效市场假说	重点把握内在效率、外在效率的概念及两者之间的区别	(1) 内在效率 (2) 外在效率
有效资本市场的前提条件	重点掌握完全信息的假说内容,理解完全理性假设条件的应用	(1) 完全信息的假设条件 (2) 完全理性的假设条件
效率市场假设的类型	有熟悉弱式、半强式和强式有效市场的能力,熟悉这 3 个概念的区别和联系	(1) 弱式有效市场 (2) 半强式有效市场 (3) 强式有效市场

第 9 章 效率市场假说

> 作为一个市场参与者,我关心的是市场价值,即追求利润的最大化;作为一个公民,我关心的是社会价值,即人类和平、思想自由和社会正义。
>
> ——索罗斯投资名言

基本概念

外在效率 内在效率 效率市场 完全信息 弱式有效市场 半强式有效市场 强式有效市场 无效率市场

导入案例

一个有趣的投资故事

A 君和 B 君两个人在街上卖烧饼,假设这个世界只有他们两个人卖烧饼,每个烧饼只卖一块钱就可以保本,他们的烧饼数量也一样多。

可能是因为他们选择的地段不理想,也可能是当地的居民不喜欢吃烧饼,A 君和 B 君的生意很不好,辛辛苦苦站了一天,也没有一个人买他们的烧饼。

为了不让大家无聊,A 君对 B 君说:"要不,咱们来玩个游戏?" B 君说:"好"。故事就此展开……

A 君花一块钱跟 B 君买了一个烧饼,B 君也花一块钱跟 A 君买了一个烧饼,现金交割。

A 君再花两块钱跟 B 君买了一个烧饼,B 君也再花两块钱跟 A 君买了一个烧饼,现金交割。

A 君再花三块钱跟 B 君买了一个烧饼,B 君也再花三块钱跟 A 君买了一个烧饼,现金交割……

于是在整个市场的人看来(包括各位读者朋友),烧饼的价格飞速上涨,不一会烧饼的价格就涨到了 20 元/个,如果每个烧饼的收益是 0.2 元,那么就意味着最初只有 5 倍市盈率的烧饼瞬间变成了 100 倍的市盈率了。不得了,烧饼的交易过程中产生了巨大的泡沫,令人意想不到的是,A 君和 B 君两个人的烧饼数量仍然一样多,他们钱包里的钱也分文没有改变,然而他们的烧饼价格的确是上涨了,这到底是为什么呢?

点评: 市场效率是如何产生的

市场效率是一个需要认真体会的概念。读者在阅读以上的故事后,思考一下在本故事中市场是否具有效率?如何正确理解效率概念。

9.1 效率市场假说的前提条件

20 世纪 60 年代,美国芝加哥大学金融学教授法玛(E. Fama)提出了著名的有效市场假说(Efficient Market Hypothesis)。他认为,在一个充满信息交流和信息竞争的社会里,一个特定的信息能够迅速、完整、准确地被关注它的投资者得到,投资者就能够根据这些信息准确判断投资价值,并以适当的价格进行投资。

根据有效市场假说,在有效市场上,某一时点的资产价格的全部信息都充分反映在资产价格上，投资者的资金会被有效地配置在投资者认为可投资的地方，于是资本的有效配置就能够通过市场来完成。

有效市场的假说同样能够适应证券市场。在有效的证券市场上，证券价格变化真实地反映了该证券在该时点时的全部信息。同理，如果证券市场具备上述条件，这一市场就是有效证券市场。

1976年，韦斯特（West）和惕尼克（Tinic）将证券市场效率划分为两种：外在效率和内在效率。

外在效率是指证券市场的资金分配效率，即市场上证券的价格能否根据有关的信息作出及时、快速的反应，它反映了证券市场调节和分配资金的效率。一个富有效率的市场，证券的价格调节充分反映了所有相关的信息，并能够根据新的信息作出迅速的反应。内在效率是指证券市场本身的运行效率，即证券市场能否在较短时间内以较小成本为交易者完成每一笔交易，若证券市场是有效的，则交易者能以最低的成本在最短时间内完成交易。

外在效率有两个明显的标志，其一是证券价格能充分根据有关信息变动，其二是证券市场中有关资产的信息能够充分地披露和均匀地分布，使每一个投资者在同一个时间得到等量同质的信息。显然，价格的变动方式和信息的完整性、时效性影响着证券市场的资金调配效率。若证券价格被人为地操纵和控制，或证券的价格被误导，都会阻碍资金流向最急需且使用效率最好的企业。

内在效率也有两个明显的标志，其一是每笔交易所需时间短，其二是每笔交易费用低。显然，交易时间和交易费用决定了证券市场的流动性，若每笔交易所需时间太长或所需的交易费用较高，或两者兼之，则证券市场的流动性就会受阻，从而影响投资者根据市场信息改变投资组合的速度和能力。

9.1.1 效率市场

所谓效率市场是指市场上证券价格能充分地、及时地反映完全信息。也就是说，如果市场是有效的，市场价格就能反映投资者的知识和拥有的信息。在法玛（E. Fama）看来，有效证券市场满足如下几个条件。

（1）投资者都利用可获得的信息力图获得更高的报酬。

（2）证券市场对新的市场信息的反应迅速而准确，证券价格能完全反映全部信息。

（3）市场竞争使证券价格从旧的均衡过渡到新的均衡，而与新信息相应的价格变动是相互独立或随机的。

9.1.2 有效资本市场的前提条件

有效资本市场建立在完全理性和完全信息的基础上，这是完全市场研究的前提。所谓完全市场，是指市场本身与投资者之间在信息公开和资源享用等方面具有同等性，投资者能够从公开信息中及时得到所有信息，享用公共资源。

1. 完全信息的假设条件

（1）所有的信息都必须是公开和透明的，即将信息无偿地提供给所有的投资者；所有的投资者对信息的解释和判断不存在任何分歧,信息传递渠道畅通,不存在任何阻隔。

(2) 价格已经反映了所有可以得到的信息,并且具有高度的灵敏性和传导性。

(3) 所有投资者只能根据市场价格作出投资抉择,而不能支配和影响价格的形成,价格变化是市场信息变化调节的结果。

2. 完全理性的假设条件

(1) 市场是理性的,即市场是完全竞争的市场和公平与效率统一的市场,不存在资本过剩和资本短缺的问题,资本可以自由地流出流入,交易过程是在瞬间完成的,既不存在虚假交易也不存在时间和数量调整。

(2) 投资者是理性的,收益最大化是所有投资者从事证券交易的唯一动机。投资者必须根据理性原则进行投资决策,调整投资组合,规范交易行为。

(3) 市场运行是均衡的,能根据市场的外部宏观环境和市场本身的微观变化及时调整,维持市场的长期动态均衡。

不难看出,在上述假设条件中,市场均衡假设是从理性市场假设中推导出来的,而理性市场假设又是以完全信息假设作为前提的。由于这些假设条件之间存在着互为前提循环证明的关系,只要人们对其中的一个假设条件证伪,上述假设条件形成的逻辑链条就会即刻断裂,市场有效性理论的基石就会因此而崩塌。

在以上完美市场中,所有有关信息对每个投资者来讲都是均等的,投资者能够对证券的内在价值作出正确判断,及时进行理性的投资决策,从而形成均衡的证券价格。在这样的"讨价还价"过程中,竞争机制和价格机制会将稀缺的资本分配给那些边际效率高的企业和项目,社会资本在追逐价值的过程中得到有效的配置,从而实现资源的优化配置。

信息传递方式如图9.1所示。

3. 假设前提条件的现实约束

1) 信息公开的有效性

作为证券发行者,在发行证券时,总是希望投资者能够购买自己发行的证券,因此,难免向投资者宣传或者夸大企业或者证券的优点,而对其存在的问题进行适当的掩饰或者避而不谈,甚至有的发行者刻意歪曲误导投资者。对于一些公司内部信息,由于这些信息对公司本身在市场竞争中具有决定意义,这些公司也不愿意完全对外公开,或者根本不能公开;对于某些公司来说,公开自己的信息会给公司增加不必要的经营成本,出于保护本公司利益的需要,他们也不愿意及时公开公司的内部信息,而只有在这些信息不再重要后,才有可能公开这些信息;对于投资者来说,要想及时得到这些信息来进行投资参考无疑是不现实的。

2) 信息在传递中的有效性

受主客观因素的影响,信息在传递过程中也不会是一帆风顺的,受渠道、技术、条件等因素的影响,不是所有的投资者都能够对相同的信息全面接受,总有一些信息在传递过程中被丢失、缺损或者发生歧义,这使得信息本身在传递过程中的有效性受到质疑。

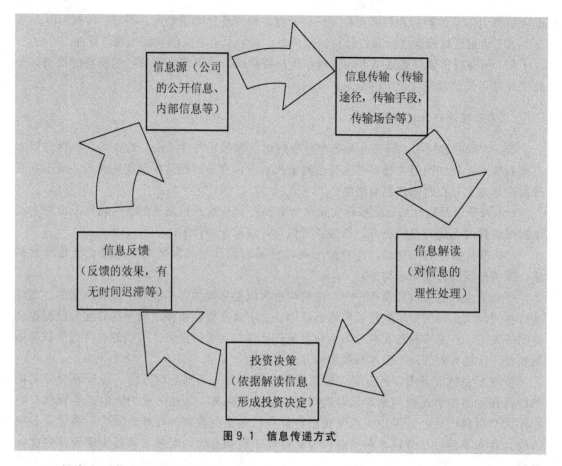

图 9.1 信息传递方式

3) 投资者对信息反应的有效性

由于投资者的投资风格千差万别,同时投资者的个人能力不尽相同,对于相同的信息,不同的投资者处理的结果会大相径庭。同时投资者的投资习惯也会对投资行为产生深刻的影响,这些都会影响投资者对相同信息处理的差异性,导致信息反应的有效性大大降低。

4) 投资者投资结果的有效性

投资者面对信息公开、信息传递和信息处理等方面的差异,必然导致不同的投资者对不同的投资局面产生不同的投资策略,进而影响投资结果。如果投资者在整个投资过程中其效率都比较低,那么他的投资结果的有效性也就受到质疑。

【案例 9-1】 成都红光实业股份有限公司严重违法违规案

1998 年 11 月中国证监会依法查处了成都红光实业股份有限公司(以下简称:红光公司)编造虚假利润、骗取上市资格、隐瞒重大事项、挪用募集资金买卖股票等严重违法、违规行为。

红光公司前身是国营红光电子管厂,1993 年 5 月改组为定向募集股份有限公司。经批准,该公司于 1997 年 5 月向社会公开发行股票,实际募集资金 41 020 万元。经中国证监会查实,红光公司在股票发行期间及上市之后,存在以下违法违规行为。

1. 编造虚假利润，骗取上市资格

红光公司在股票发行上市申报材料中，采取虚构产品销售、虚增产品库存和违规账务处理等手段，将1996年度实际亏损10 300万元，虚报为赢利5 400万元，骗取上市资格。

2. 欺骗投资者

红光公司上市后，继续编造虚假利润，将1997年上半年亏损6 500万元，披露为赢利1 674万元，虚构利润达8 174万元。1998年4月该公司在公布1997年年度报告时，又将实际亏损22 952万元（相当于募集资金的55.9%）披露为亏损19 800万元，少报亏损3 152万元。

3. 隐瞒重大事项

自1996年下半年起，红光公司关键生产设备彩玻池炉就已出现废品率上升、不能维持正常生产等严重问题，对此红光公司在申请股票发行上市时故意隐瞒，未予披露。

4. 未履行重大事件的披露义务

经查实，红光公司仅将41 020万元募集资金中的6 770万元（占募集资金的16.5%）投入招股说明书中所承诺的项目，其余大部分资金被改变投向，用于偿还境内外银行贷款和填补公司的亏损。改变募集资金用途属于重大事件，但红光公司对此却未按规定进行披露。

5. 挪用募集资金买卖股票

1997年6月，红光公司将募集资金中的14 086万元（占募集资金的34.3%）投入股市买卖股票，其中红光公司通过开立217个个人股票账户自行买卖股票，动用9 086万元，以委托投资名义，将其余5 000万元交由其财务顾问中兴发企业托管有限公司利用11个个人股票账户买卖股票。红光公司在上述股票交易中共获利450万元。

红光公司的上述行为，违反了《股票发行与交易管理暂行条例》、《禁止证券欺诈行为暂行办法》、《证券市场禁入暂行规定》和国家其他有关规定。为此，中国证监会依法决定对红光公司、有关中介机构及主要责任人作出惩罚处理。

没收红光公司非法所得450万元并罚款100万元；对红光公司原董事长何行毅、原总经理焉占翠和原财务部副部长陈哨兵实行市场禁入；对红光公司股票发行主承销商中兴信托投资有限责任公司没收非法所得800万元并罚款200万元；撤销中兴信托投资有限责任公司承销和证券自营业务许可。

对承担红光公司股票发行相关中介业务的成都资产评估事务所和四川省经济律师事务所，分别没收非法所得10万元和23万元，并分别罚款20万元和46万元；对红光公司上市推荐人国泰证券有限公司和成都证券公司，分别处以罚款132万元和50万元。

【案例分析提示】

在本案例中，可以清楚地看到上市公司信息效率的低下，从而导致投资者投资效率的低下。

红光公司违法违规案表明，个别上市公司为牟取经济利益，弄虚作假、混水摸鱼、包装欺诈上市。企业为了达到募集资金和股票上市的目的，采取对投资者不负责任的手法，隐瞒企业的真实信息。而证券经营机构作为连接筹资人与投资者的桥梁，本应以诚实信用为本，坚持合法经营；其他证券中介机构作为证券市场的"经济警察"，本应以客观公正为上，坚持勤勉尽责。但在红光公司申请上市到公布年报的整个过程中，有关中介机构不仅未能尽职尽则，反而成了红光公司行骗路上的保护伞，也触犯了证券法规的禁条，应该受到应有的惩罚。

9.1.3 证券市场效率的衡量标志

根据有效资本市场假设理论，无论是在发行市场还是在交易市场，从导致证券市场有效性下降的原因来看，主要是由于各种与证券市场相关的信息披露、传输、解读和反馈的过程中出现了不同程度的问题。其中信息披露是全部问题的起源，也是其中的关键。如果证券产品在发行过程中没有足够的信息披露或者进行虚假的披露，即使信息在其传播、解析和反馈中不发生任何问题，投资者也不可能获得进行投资决策所需的足够信息。又如果获得的是关于证券产品投资价值的虚假信息，投资者的证券需求就不可能是一个有效决策，由此形成的证券需求就不可能是一个合理的需求，在这种需求基础上产生的证券价格就不可能真正体现其投资价值，证券价格的变化也就不可能真正体现实际资本的运行状态。

因此，证券市场效率体现在以下几个方面。

(1) 证券市场制度的建立是完整的。

(2) 上市公司在信息披露上能够做到完全、完整，并且不会因此产生歧义。

(3) 证券中介服务机构能够真实地为上市公司服务，不会因利益的驱使导致与上市公司进行合谋的情况发生。

(4) 证券监管机构要为上市公司服务，同时也要为投资者服务。

(5) 投资者需要提高自身的知识水平，改善自身的知识结构，理性投资。

(6) 市场本身需要建立完整的信息披露渠道，使投资者能够及时合理获得相关投资信息。

一个成熟的证券市场，应该是具有效率的市场，否则，投资者对于市场的态度就会左右市场本身的健康发展，不可想象缺乏投资者的证券市场还能充满活力。由此可见，证券市场的效率首先应该表现在市场制度的完备，法治的规范上。

同时，作为上市公司本身来说，上市融资仅仅是持续发展的第一步，而不是全部或者最后一步，市场提供给上市公司融资的目的，不只是在于能够给上市公司带来一笔丰厚的资金，还在于这笔资金能够给投资者带来什么。有效率的市场应该是在上市公司和投资者之间能够形成双赢的局面，绝不是单边赢利的模式。

投资者的行为也能够对市场本身产生不可忽视的影响，成熟的投资者的投资行为能够正确引导整个市场资金的投向。不成熟的投资者对市场投机只会带给后来者投机的心理，而不会树立正确的投资理念，市场对资金资源的利用将会趋向失效，最终导致市场的低效率，影响资源的合理配置。

【案例 9-2】 2011 年孟加拉达卡股市连续四次停盘

[新华社达卡 2011 年 1 月 20 日电] 由于孟加拉国达卡股票交易所综合指数 20 日开盘后 6 分钟内暴跌 599.77 点，跌幅达 8.68%，大大超过跌停限制，达卡股市随即关闭。这是达卡股市本月第四次停盘。此前，达卡股市在 10 日、18 日和 19 日均因股市暴跌而停盘。

孟加拉国达卡股票交易所 1 月 19 日表示，按照该国证券交易委员会规定，交易所将从即日起实施"熔断机制"。一旦该国主要股指达卡股票交易所综合指数上涨或下跌幅度超过 225 点，交易所将暂停股票交易，直到获得证交会的进一步指示。

在实施"熔断机制①"的第一天，达卡综指盘中下跌 238 点，跌幅为 3.33%，超过"熔断"临界点，达卡交易所随即暂停股票交易，达卡综指也最终停留在 6902 点。

同日，达卡交易所网站还刊发了证交会的投资者声明："投资者在进入资本市场之前，需了解以下信息：第一，在未获得相关的资本市场知识、信息和经验之前，民众须慎入资本市场；第二，任何的投资利得或损失由投资者本身负责，考虑周全且知悉证券知识的投资决策将有助于投资者；第三，在股票交易期间，请勿听信任何谣言，因其会导致投资损失。另外，散播谣言是被明令禁止的。"

2011 年伊始，孟加拉股市已发生数次暴跌。1 月 10 日，因有传言称，机构投资者已纷纷获利离场，市场恐慌情绪蔓延，使得达卡综指大跌 9.26%，引发了股民骚乱，孟证交会不得不宣布关闭股市；1 月 18 日，达卡综指下跌 243 点，孟证交会再次宣布关闭该国股市；19 日，孟加拉股市延迟开市时间，由当地时间上午 11 时调整至下午 13 时。

【案例分析提示】

截至 2011 年 1 月 20 日为止，孟加拉达卡证券交易所因为证券市场综合指数的大幅下跌而不得不连续四次关闭，然而，每一次复盘都会带来下一次更大幅度的杀跌，这个市场怎么了？

据报道，孟加拉达卡证券交易所之所以会出现如此悲剧，其原因在于国外投资者前一段时间大幅拉升该国综合指数，这些国外投资者利用自身雄厚的资金实力以及该国证券市场信息传递失灵，实行不对等拉升获利；当然也与该国投资者跟风炒作等不良投资习惯具有很大关系；另一方面，该国的证券市场容量较小，不能容忍大规模的资金进出，最终导致了悲剧的发生。

9.2 效率市场假说内容

9.2.1 有效市场假说的含义和前提条件

金融资产作为一种虚拟资产，它的存在适应了商品经济的发展以及社会生产力增长的

---

① 熔断机制：指证券市场管理层根据市场需要，为维护投资者的利益，在特定条件下市场本身停止交易的制度安排。一般情况下，这种制度安排只是针对市场行为诡异，有被部分投资者操纵的嫌疑下实施。

需要，由于它本身不可克服的虚拟性质，价格始终有脱离基础价值的可能，从而影响了资本市场资源配置的效率。如果基础价值能被投资者准确无误地评价，那么市场这只看不见的手确实会合理调整价格，然而，市场往往过于复杂且环境因素变化多样，对金融资产的定价难于把握，投资者确定基础价值难度不小。投资者只能通过不断变化的市场信息对投资行为进行调整。

在完全有效市场中，信息的传递过程未被扭曲，投资者能够根据这些信息准确评定资产的基础价值，同时市场的任何信息包括国内外的政治因素、经济状态、行业发展状况以及公司的经营状况等内部信息都能够得到充分反映，从而能够被投资者用来作为投资分析的基本依据。

如果一个市场的证券价格总是能够"充分反应"所有可以得到的信息，则该市场就是"有效的"，价格已经充分反映了所有可以得到的信息，这就是有效市场假说（Efficient Market Hypothesis，EMH），从经济学意义上讲，EMH是指没有人能持续地获得超额利润。

9.2.2 效率市场假设的类型

在证券市场上，不同的信息对价格的影响程度不同，从而证券市场效率因信息种类不同而异，信息一般可以分为三种：一是"历史信息"；二是"公开信息"；三是"内部信息"，如图9.2所示。根据这三种信息对市场效率的反应，可以相应的定义出三种不同的市场：弱式（weak form）有效市场，半强式（semi－strong form）有效市场和强式（strong form）有效市场。三种有效证券市场的共同特征是：证券价格反映一定的信息。区别在于，不同的市场反映信息的范围不同。

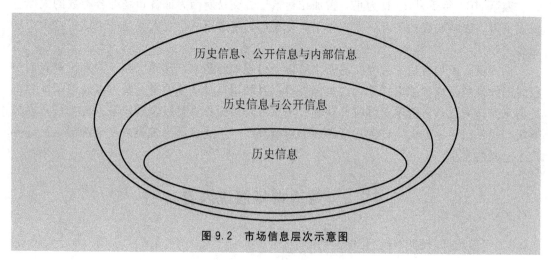

图9.2 市场信息层次示意图

1. 弱式有效市场

弱式有效市场是证券市场的最低层次，如果证券市场的历史资料（如价格、成交量等）对现有与未来的证券价格变动都没有任何影响，则证券市场达到了弱有效。此时，历史上的任何信息已经在证券的价格上予以充分的反映，任何投资者都不可能通过使用任何办法来分析这些历史资料来获取超额收益,特别是技术分析和图表分析将变得无效。

2. 半强式有效市场

半强式有效市场是有效证券市场的中等程度。如果有关证券公开发表的资料对证券的价格变动没有任何影响,证券市场价格已经充分反映了公开发表的资料,则证券市场效率达到了半强式。如果有关证券的公开发表的信息仍然对证券价格有影响,说明证券价格对公开发表的信息尚未作出及时、充分的反映,则证券市场效率尚未达到半强式。在一个完全竞争的市场上,价格的调整取决于供需关系的变化,在新的信息未公布之前,证券价格基本上处于均衡状态。一旦新的信息出现,价格将根据新的信息进行调整。公开信息的速度越快、越均匀,证券价格的调整就越迅速。如果投资者都能同时根据公开信息进行投资,则任何投资者都不可能通过任何办法来分析这些公开信息获取超额收益。

3. 强式有效市场

强式有效市场是有效证券市场的最高形态,它是指证券所有有用的信息都在证券价格中得到反映。证券价格除了充分反映公开有用的信息之外,也反映尚未公开的或者原本属于保密的内幕消息。这些消息如企业已通过各种方式获得,因此尚未公开的内幕消息,早已成为公开的秘密,证券的价格也会依据内幕消息进行必要的调整,并完全将内幕消息所包含的信息在价格中充分反映。这时市场处于高度有效率的运行状态,某些投资者也许即使拥有一些内幕消息,也不能依此获得超额收益。

强式、半强式和弱式效率市场的表现见表9-1。

表9-1 三种效率市场的表现形态

	信息源	信息传输	信息解读	信息反馈	证券价格的变化
弱式有效市场	内部信息横行,市场消息普遍传播	正确的信息在传递过程中可能被误导,或者缺失	大部分投资者受自身知识的限制,不能正确解读信息	存在时滞	掌握内部信息的投资者大行其道,并因此获得巨大超额收益
半强式有效市场	部分公开,一部分信息公开受阻,存在内部信息	能够正确传递,无遗漏	大部分人能够正确解读信息	反馈无时滞	由于存在内部信息,虽然价格能够随信息及时变化,但部分投资者可以获得超额收益
强式有效市场	完全公开	正确传递,无遗漏	正确解读	反馈无时滞	能及时反映所有信息带来的证券价格的变化,所有投资者都无法获得超额收益

以上三种效率市场是法玛(E. Fama)对资本市场的分类,当然这种分类也适用于证券市场,但是证券市场的表现并不仅仅局限于这三种形式。如果以上三种形式不能概括整个证券市场的表现,则把不符合以上三种形式的市场归入第四种形态:无效率市场。

4. 无效率市场

信息在产生、传递、解读和反馈过程中如果都出现一定程度的问题，则这种市场本身就是一个无效率的市场。在这种市场中，信息从产生到被公开的有效性对于投资者的正确判断受到质疑，同时，投资者自身行为的有效性也受到质疑，在此情况下，部分投资者可以借助"内幕信息"得到超额收益。

由于市场的无效性，部分投资者不能及时获得相关信息，或者由于信息传递途经不畅，或者由于部分投资者缺乏相关设备得到这些信息，都使得投资者在取得相同信息时存在差异，导致部分投资者可以利用这些差异获得超额收益，从而造成市场的不公。

同时，部分投资者在进行投资决策时，因为所掌握的知识水平不同，所处的投资背景也不同，在面对相同的市场信息时，所作出的投资判断差异较大，也导致部分投资者可以获得超额收益。

对于无效的证券市场而言，信息在产生时就存在着缺陷，在传递过程中又会遗漏甚至丢失，在投资者解读时又会产生误解，在对信息进行反馈时会受到时滞甚至遇到阻碍，在决策时形成盲目投资行为，这些都会导致证券市场运行失效。

9.3 效率市场假说的实证检验

弱式效率市场的检验使用股票价格的历史资料；半强式效率市场的检验使用公开信息，如公司财务资料、国民经济资料等；而强式效率市场的检验则使用所有信息。

坎贝尔（Campbell，2000）在众多学者利用各种信息对股票收益的可预测性进行检验的基础上发现，存在着下列两种共同的现象：

第一，长期范围内的收益比短期范围内的收益更容易预测。坎贝尔发现，股利与价格比率对股票月收益的解释能力为2%，而对年收益的解释能力则迅速上升至18%。

第二，可以相当准确地预测随时间变动的预期收益率和波动率。

9.3.1 弱式效率市场假说的实证检验

弱式效率市场的实证检验表明股票收益间的相关性并不显著，这倾向于弱式效率市场假说。但近年来一些考虑市值规模较小的股票组成的投资组合的研究表明，小盘股组成的投资组合的自相关性要大于大盘股组成的投资组合。这对弱式效率市场假说提出了挑战。而采取游程检验的方式证明不同时期股票价格变化具有独立性。给定股票价格序列的实际游程个数总是在随机股价变化序列的游程个数期望值的范围之内。用于柜台市场的股票交易测试中，检验的结果符合弱式效率市场假说。

研究者通过模拟分析证券市场各种可能的技术性交易规律，并对由这些规律所产生的收益情况进行实证检验。在弱式效率市场上，如果只依靠过去的历史价格发展出来的交易规律进行交易的话，投资者所获得的收益不会高于单纯的购买并持有而得到的收益。大部分的早期研究都表明,在考虑了交易费用之后,利用交易规律所获得的交易利润都将被损失掉,但近年来越来越多的实证研究却发现有些技术分析的确有用。

9.3.2 半强式效率市场假说的实证检验

半强式效率市场的检验可按照法玛的组织形式,将半强式效率市场假说的研究分成两组:一是运用除了在弱式效率市场假说测试中的纯市场信息以外的其他可获得的公开信息来预测未来收益率的研究;二是分析股票能多快调整至可以反映一些特定重大经济事件的研究。

运用除了在弱式效率市场假说测试中的纯市场信息(如价格、交易量)以外的其他可获得的公开信息来预测未来收益率的研究表明,股票未来收益和公司的股息收益率存在着十分显著的正相关关系,市场对季节性收益的调整也是不充分的,而且存在着"一月异常"、"月份效应"、"周末效应"、"周内交易日效应"以及"交易日内效应"等收益率异常的现象,同时在典型收益方面还证实了"市值规模效应"等现象。

德邦特和泰勒(De Bondt & Thaler,1987)、法玛和弗兰奇(Fama & French,1992)都发现,由低市净率公司组成的投资组合比高市净率公司组成的投资组合可获得高得多的收益。这一系列研究结果都表明市场不是半强式有效的。

关于股票能多快调整至可以反映一些特定重大经济事件的研究,主要采取事件研究的方法,即列举几个股票市场上的重要事件,观测股票价格对这些重要事件的反映,从而来验证股票市场的有效性,例如股份分割、首次公开招股、交易所上市、不可预期的经济事件、会计变动公告等。研究结果表明,除了交易所上市之外,其余的检验结果都支持市场有效的假设。

9.3.3 强式效率市场假说的实证检验

强式效率市场假说认为股票价格已经充分反映了所有的信息,不管这些信息是公开信息还是内幕信息。在该假设条件下,没有投资者可以通过获得内幕信息来获得超额利润。因此,对强式效率市场假说的检验主要通过分析公司内幕人员交易、股票交易所专家证券商、证券分析师、专业基金经理这些信息最灵通、最全面的专业人士能否获得超额利润进行实证验证。

内幕人员包括公司的高级职员、董事会成员和拥有公司任何股权类型的10%以上的股份持有者。对这些内幕人员交易资料的分析结果通常表明,公司内幕人员能持续地获得高出平均水平的利润。由于专家有独占的渠道获得有关未执行的指令的重要信息,因此,如果市场不是强式有效,则这些专家、证券商一般会从这些信息中赚取超额收益。分析资料也证实了这个结论。研究表明,在考虑了交易成本之后,证券分析师根据推荐所获信息进行投资无法获得超额利润。这些结果支持了强式效率市场假说。

研究表明,大部分基金的业绩低于直接采取购买并持有策略所产生的业绩。考虑了经纪人佣金、基金佣金费和管理成本之后,约有2/3的共同基金的业绩不如整个市场的业绩,可见专业基金经理也不能获得超额收益。这支持了强式效率市场假说。

因此,对效率市场假说的实证验证还远没有形成一致的结论。目前,在成熟资本市场国家，一般认同的观点是市场已经基本达到了弱式有效，而半强式有效、强式有效还需要进行进一步的验证。

9.4 效率市场假说的意义

9.4.1 效率市场理论评析

在弱式市场假设中，虽然不能直接或间接地利用过去的信息获取超额收益，但如果有其他的公开信息可用或者内幕消息，仍然可以获得超额收益。在半强式有效市场中，虽然不能利用公开可用的信息，但仍然可以利用内幕消息获取超额收益。可见，弱式效率市场假设不能兼容到半强式效率市场假设，半强式效率市场也不能兼容到强式效率市场。而强式效率市场则能兼容到半强式效率市场和弱式效率市场，半强式效率市场也能够兼容到弱式效率市场。它们之间是包含与被包含的关系。

9.4.2 有效资本市场理论的启示

有效市场假说在金融领域一直存在争议，但是该理论对投资者的指导意义也是毋庸置疑的。以下几个方面支持该种观点。

（1）有效市场理论揭示了证券市场信息的基本特征，对投资者的影响随着投资者的日益成熟而变得越来越重要。在有效市场提出之前，人们主要根据证券市场的历史记录进行投资，并且试图从中找出投资的基本规律，但有效市场理论表明，信息的变化是无规律可循的，其变化具有随机性特征。人们对证券市场的研究也逐步从对历史数据的研究转变成对信息的研究，并试图从信息的变化中找到证券价格变化的依据，这顺从了证券价格变化的真正原因，从而正确引导投资者在进行投资时所需要关注的信息问题。

（2）有效市场理论促进了金融理论的研究。与资本资产定价理论（CAPM theory）和资本结构理论（MM theory）相比，有效市场理论的研究更加具有基础性，有效理论与实证研究结果的一致性，为资本资产定价理论和资本结构理论提供了强有力的支撑，因为它们三者的假设基础是相同的。同时，资本资产定价理论和资本结构理论的发展也促进了有效市场假说理论的进一步发展。进入 21 世纪，经济学家们对 CAPM 和 MM 理论条件进行了放宽，并从单周期模型向多周期模型转换，进一步克服了单周期模型的缺陷，并引入了整体化的、混沌的、非均衡的思想以及其他一些数学方法对市场行为进行回归分析，这些都极大地丰富和促进了金融理论的发展。

（3）有效市场理论对新兴证券市场的发展提供了参考依据。西方国家证券市场经过百年发展，已经十分成熟。一方面，成熟证券市场的大量数据和市场表现支撑了有效市场理论，同时有效理论也借助于这些数据和市场表现进行了自身的完善。借助于这些发展的历史轨迹，新兴国家的证券市场由于发展的历史不长，自身在发展过程中出现的问题可能无法得到合理解决，通过对有效市场的基础进行分析，新兴市场的管理者或者投资者总能找到合理的解释和解决问题的办法。从而使新兴证券市场在困境中得到发展，在犹豫中得到进步。

对投资者来说，有效市场理论对投资者的市场行为解释也能够充分提供广大的投资者在进行投资时的决策依据,从而树立正确的投资理念,营造更好的投资环境,合理配置资源,以获得理性的投资收益。

9.5 效率市场理论的发展

法玛 1992 年以《有效的资本市场》为标志,主要对效率市场假说的基础进行了延伸性的研究,提出了效率市场假说定义的其他表述,修正了以前关于期望恒定的假设,认真考虑了联合假说的问题。

法玛对效率市场假说层次作出了一些调整,新的 3 个层次是:预测能力测试、事件测试和私人信息测试。并根据重新定义的效率市场假说的 3 个层次,作出实证检验,得出一些改进后的结论。

强势市场效率定义的前提条件是信息、交易费用和价格反映信息的成本总是零(Grossman and Stiglitz, 1980)。弱势市场效率定义的前提条件是价格反映信息达到关于信息的边际收益(获得的利润)不超过边际成本。相比强势市场效率而言,弱势市场效率定义更具有经济学意义。由于存在正的信息和交易成本,市场效率假说的理想观点是不现实的。但是,理想化的优势在于作为一个清晰的标准,经济学家们在推导时成功地避开了信息和交易成本所带来的混乱。

法玛认为,关于信息和交易成本所带来的混乱还不是推导市场效率的主要障碍,联合假说所带来的问题困难得多。因为市场效率本身是不可测试的,它必须与一些平衡模型——资本资产定价模型联合被测试。关于这点,1970 年法玛在他的回顾论文中讲道,我们只能测试是否信息"适当地"反映在价格里,并"适当地"用一个定价模型来定义。如果发现关于收益行为的反常证据,就很难区分是市场无效率还是由一个市场非均衡模型所引起的。由于联合假说问题,测试中不可能得到关于市场效率程度的准确结论,但效率市场假说的支持者们则认为可以在如何提高描述证券收益的时间序列和截面行为的能力方面加以判断。

法玛的研究表明:收益从过去的收益、股利和各种期间结构变量可以预期。同时,新的测试结果与原有的市场效率恒定的期望收益模型相矛盾,尽管它们在早期的研究中发挥了很好的作用。法玛认为新的测试结果产生偏离是合情合理的。

法玛就未来的市场效率研究方向指出,期望收益中合理的变化,或者由消费偏好冲击引起,或者由技术冲击引起。

虽然发展一个好的模型很困难,在这个模型中难以消除储蓄、消费、投资、期望收益等对市场效率的不利影响。但是,我们希望知道关于在期望收益与宏观变量之间的联系的更多内容。这个任务至少有两部分:第一,如果期望收益中的变化一致于偏好或技术的冲击,那么期望收益中的变化对于不同的证券和市场是相同的;第二,深挖和建立期望收益和业务具体条件之间的联系。如果期望收益中整个时间的变化是合理的,由偏好冲击或技术冲击引起,那么,期望收益的变化应该与消费、投资和储蓄中的变化相关。法玛希望将来能够形成一个连贯的假说:把期望收益的截面性质与整个时间的期望收益联系起来,把期望收益行为与真实经济以相当详细的方式联系起来。

研究结果表明,股票价格对有关投资决策、股利变化、资本结构变化、公司控制交易的信息调整迅速。同时,研究揭示的实证规则也大大丰富了人们对投资、金融、公司控制事件的理解并促进了理论研究。法玛曾就事件研究的未来走向提出:这是一个拥有熟练工人、久经试验的行业,它将继续在会计、宏观经济、工业组织领域扩张它的基础,金融领域也毫无趋缓的迹象。

 案例分析

大庆联谊财务欺诈案例的回顾与反思

1. 案情背景介绍

大庆联谊(600065)的全称为大庆联谊石化股份有限公司。公司于1993年10月8日,经黑龙江省经济体制改革委员会黑体改复[1993]495号文批准,由大庆市联谊石油化工总厂将其所属的助剂厂和污油净化厂生产经营性资产折价入股,并联合大庆市油脂化工厂、大庆市大同区林源建材公司三家单位共同发起,以定向募集方式设立的股份制企业。1993年12月20日公司正式成立,注册资本11 000万元。大庆联谊1997年4月30日,公开发行股票共筹资金48 100万元(已扣除发行费用)。1997年5月23日,大庆联谊在上海证券交易所上市流通。

大庆联谊作为一家石油化工企业,其经营业务以石油炼制、石油开采及石化产品生产、加工、运销为主,同时进行石化产品的综合开发利用及多种经营。大庆联谊股份有限公司创立三年以来,企业效益逐步递增,1996年主营业务收入和利润分别比1994年增长67.88%和93.93%。据其招股说明书中披露,大庆联谊1994—1996年的主营业务收入为34 983万元、55 859万元和58 732万元,税前利润为4 995万元、8 756万元和9 688万元,显示了其良好的经营业绩和发展势头。

事后证据表明,1997年3月,主承销商申银万国证券公司隐瞒真实情况,向中国证监会报送了含有虚报信息的文件,于1997年5月23日成功骗取上市资格。尔后在1997年年报中,大庆联谊累计虚增利润共计2 848.89万元(1997年年报利润总额为10 424.02万元)。

据调查,大庆联谊石化有限公司在1997年发行上市前所编制的1994年、1995年、1996年会计记录虚构利润1.6亿多元。当初发行5 000万股,5 000万股与1.6亿元的虚增利润进行对比,可以看出业绩非常好,利润非常高,这就给股民造成错觉,投资大庆联谊会获得丰厚的回报,这就诱使股民作出错误的投资判断。该股开盘价每股将近10元左右,一路攀升最高时到34元左右,随后又一路下跌,致使股民遭受到了严重损失。

由于大庆联谊欺诈上市、违规挪用资金以及虚假发布财务报告信息,已是一起相当严重的股市案件。为了尽快制止大庆联谊的违法行为,中国证券监督委员会对大庆联谊的造假违法行为进行了严肃查处。2000年3月31日,中国证监会对大庆联谊处以警告。2000年4月27日,大庆联谊公告,公司受中国证监会处罚。

2. 原因分析

大庆联谊上市之前便造假,在上市流通后由于没有正确实施其投资战略,导致公司的良好发展前景受挫,最后引发一系列危机,而大庆联谊也由一家业绩颇佳、前途光明的上市公司,演变为一家造假性质恶劣、困难重重的企业,其失败的教训发人深省。总地来说,大庆联谊失败的原因及其重要启示如下。

(1) 公司在信息源头欺骗市场和投资者。大庆联谊管理高层为了顺利达到上市的目的,伪造上市材料,欺骗投资者。

(2) 证券监管机制未能发挥效率导致中介机构执业效率低下。我国证券监管早期,各项监管制度建设迟缓，存在诸多漏洞，这直接导致了上市公司造假案件频发，给大庆联谊造假有可乘之机。

(3) 政府部门对上市公司的强力干预、政企不分，导致上市公司效率低下。在本案例中，政府对上市公司的过分干预，也是大庆联谊失败的重要原因。

由于大庆联谊未能按照现代企业制度的要求建立和健全公司治理机制，公司最后陷入困境就是必然。虽然造假违法者未能逃脱应有的制裁，但给投资者造成的损失是巨大的，同时对证券市场本身的伤害也是巨大的，它打击了投资者对证券市场原有的信心，歪曲了证券市场的正面形象。

(资料来源：中国证监会网站相关信息资料汇总)

本 章 小 结

效率市场假说是建立在完全信息市场假说基础之上的；所有的信息都必须是公开和透明的；价格已经反映了所有可以得到的信息；所有投资者只能根据市场价格作出投资抉择。证券市场效率体现在以下几个方面：

(1) 证券市场制度的建立是完整的。

(2) 上市公司在信息披露上能够做到完全、完整，并且不会因此产生歧义。

(3) 证券中介服务机构能够真实地为上市公司服务，不会因利益的驱使导致与上市公司进行合谋的情况发生。

(4) 证券监管机构能够既为上市公司服务，同时也要为投资者服务。

(5) 投资者需要提高自身的知识水平，改善自身的知识结构，理性投资。

(6) 市场本身需要建立完整的信息披露渠道，使投资者能够及时合理获得相关投资信息。

习 题

一、单项选择题

1. 有效市场假说理论的提出者是( )。
   A. 法玛　　　　　B. 韦斯特　　　　　C. 惕尼克　　　　　D. 亚里斯多德
2. 外在效率与内在效率的区别是( )
   A. 内在效率是由市场本身决定的
   B. 外在效率是由市场本身决定的
   C. 内在效率比外在效率对投资者更有效
   D. 内在效率与外在效率比较对投资者的作用无差异
3. 内在效率的两个明显标志是( )。
   A. 每笔交易所需时间短
   B. 证券价格能充分根据有关系信息变动
   C. 市场信息能充分披露，每个投资者在同一时间得到同质信息

D. 内在效率能显著提高投资者收益

4. 以下有效市场的几个条件描述中,错误的说法是( )。
   A. 投资者都利用可获得的信息力图获得更高的报酬
   B. 证券市场对新的市场信息的反应迅速而准确,证券价格能完全反映全部信息
   C. 市场竞争使证券价格从旧的均衡过渡到新的均衡,而与新信息相应的价格变动是相互独立的或随机的
   D. 证券价格的变动对信息的反应是渐进的,不可能一步到位

5. 弱式有效市场的描述不正确的是( )。
   A. 基本面分析有效   B. 指标分析失效
   C. 量能分析失效   D. 趋势分析失效

6. 如果某投资者能够凭借"小道消息"获取超额收益,则这个市场是( )
   A. 弱式有效市场   B. 半强式有效市场
   C. 强式有效市场   D. 无效市场

7. 半强式效率市场的信息反馈( )。
   A. 无反馈   B. 有反馈但不及时
   C. 及时但反馈无效   D. 反馈无时滞

8. 强式有效市场信息源( )。
   A. 不公开   B. 完全公开
   C. 半公开   D. 公开与否视情况而定

9. 信息传递的合理顺序为( )。
   A. 信息源→信息传输→信息解读→投资决策→信息反馈
   B. 信息源→信息解读→信息传输→投资决策→信息反馈
   C. 信息源→投资决策→信息传输→信息解读→信息反馈
   D. 投资决策→信息源→信息传输→信息解读→信息反馈

10. 效率市场中的投资者( )
    A. 都是理性的   B. 不一定是理性的
    C. 不可能是不理性的   D. 不追涨,也不杀跌

二、多项选择题

1. 完全信息的假设条件为( )。
   A. 所有的信息都必须是公开和透明的
   B. 价格已经反映了所有可以得到的信息,并且具有高度的灵敏性和传导性
   C. 所有投资者只能根据市场价格作出投资抉择,而不能支配和影响价格的形成,价格变化是市场信息变化调节的结果
   D. 所有投资者对信息的反映都是相同的

2. 完全理性的假设条件为( )。
   A. 投资者能够理性地对待每一次市场的价格变动
   B. 市场是理性的,即市场是完全竞争的市场和公平与效率统一的市场,不存在资本过剩和资本短缺的问题
   C. 投资者是理性的,收益最大化是所有投资者从事证券交易的唯一动机
   D. 市场运行是均衡的,能根据市场的外部宏观环境和市场本身的微观变化及时调整,维持市场的长期动态均衡

3. 证券市场效率体现在( )。
   A. 证券市场制度的建立是完整的　　B. 上市公司制度的建立是完整的
   C. 证券监管机构能够为上市公司服务　　D. 投资者追涨杀跌
4. 信息一般分为( )。
   A. 历史信息　　B. 公开信息　　C. 内部信息　　D. 即时信息
5. 弱式效率市场的信息在传递中( )。
   A. 可能缺失　　B. 可能误导　　C. 准确无误　　D. 可能遗漏
6. 在无效率的市场中( )。
   A. 投资者的投资行为不确定　　B. 投机成风
   C. 参与者受损机会大　　D. 可能获得意想不到的结果
7. 有效资本市场理论启示( )。
   A. 揭示了证券市场信息的基本特征
   B. 促进了金融理论的研究
   C. 对新兴证券市场的发展提供了参考依据
   D. 资本市场的发展是国民经济发展的必然选择
8. 信息在传递中的有效性决定于( )。
   A. 传递渠道　　B. 传递方式
   C. 传递技术　　D. 传递环境
9. 投资者投资结果的有效性在于( )。
   A. 对信息的处理能力　　B. 对投资策略的选择
   C. 采取的投资方式　　D. 决策的及时性
10. 对信息反馈的有效性在于( )。
    A. 投资者的个人能力　　B. 对信息的把握程度
    C. 投资者处理信息的能力　　D. 投资者的个人投资习惯

三、简答题

1. 如何理解股票市场效率的内涵？
2. 为什么说效率市场一定要建立在信息有效性假说的基础之上？

四、论述题

1. 内在效率与外在效率之间的关系如何？
2. 如何理解完全信息与完全理性的假设条件？
3. 根据有效市场的类型条件，谈谈你对中国目前的证券市场效率状况的看法。
4. 什么样的证券市场可以归结于无效率市场？

五、案例分析题

海普瑞高价 IPO 背后的真相

2010年5月6日，海普瑞(002399)在创业板挂牌上市，148元的发行价创下A股史上纪录。海普瑞控制人李锂夫妇顿时成为"中国新首富"。与此同时第三大股东高盛持有的12.5％股份账面浮盈近66亿元——2007年9月高盛入股时，仅投资了491万美元。一个资本市场美丽的财富神话就此上演。

2007年9月，高盛投资491.76万美元买入海普瑞1 125万股，以12.5％的股权成为海普瑞的第三大股东。随后，海普瑞成为出口美国肝素钠的国内唯一供应商。海普瑞总股本为40 010万股，每股业绩2.25元，利润总额是9亿元，按照148发行市值是592亿元。

奠定海普瑞高成长性进而以两市第一高价IPO的推手，跟上市公司第三大股东兼国际大行高盛密不可分。

1. 高成长迷雾

公开数据显示，海普瑞IPO得以73.27倍市盈率、148元高价成行，完全得益于业绩高速成长的表现。

2008年，海普瑞营业收入、净利润分别同比增长45.37%、136.78%；2009年，公司业绩再次狂飙，营收和净利分别较上一年增长411.03%和401.30%；最近三年复合增长率年均高达172.56%。

但是，记者考察其历年来销售收入客户结构发现，这种持续翻番的高成长态势，是建立在销售收入严重依赖大客户风险之上的。近三年，海普瑞排前五名客户销售占当期销售收入的比例分别为97.77%、97.95%、93.82%，且对个别客户高度依赖。

2008年，海普瑞对第一大客户APP的销售收入为2.8亿元，较2007年增长4.3倍。2009年，海普瑞对赛诺菲-安万特的销售收入为15.05亿元，较上年增加18.9倍。而其上游企业赛诺菲-安万特2009年营收307.49亿欧元，较上年仅增长6.7%，但对海普瑞肝素钠原料药的采购金额却从2008年的7560.67万元人民币猛增至150 532.22万元人民币。

无独有偶，2009年，APP对海普瑞肝素钠原料药的采购金额为26 451.49万元，较2007年的采购金额527 925万元猛增400%以上。与此爆炸式增长形成强烈反差的是，2008年、2009年，APP连续两年亏损，净利润分别为—3.03亿美元、—3 000万美元。

显然，海普瑞营业收入年均高达172.56%的增长，完全是由于上述国际制药公司对肝素钠原料药全球采购政策的调整。

业内人士指出，如果严重依赖大客户是海普瑞无法规避的风险，那么赛诺菲-安万特、APP在产品销售并未显著大幅增长，甚至经营亏损的情形下，异常加大对海普瑞的采购规模，难道不是主动制造对原料供应商的依赖风险？

按照海普瑞公布的FDA等级肝素纳售价及赛诺菲-安万特销售收入计算，赛诺菲-安万特2009年从海普瑞采购的肝素钠原料药为4.95万亿单位，2008年从海普瑞采购的肝素钠原料药数量为0.34万亿单位，采购规模大增13.8倍。

2. 高盛利益链魅影

高盛与赛诺菲-安万特的历史渊源深厚，2009年12月31日，高盛旗下的国际结构性灵活股权基金(Goldman Sachs Structured International Equity Flex Fund)重仓持有赛诺菲-安万特，持股市值占基金净值比例高达3.1%，为该基金第一重仓股。

问题是，一旦高盛在未来12个月退出后，谁能保证赛诺菲-安万特等巨头公司仍一如既往坚持现行采购政策，且那些销售动辄占海普瑞主营业务收入60%～70%的单一大客户，日后会不会强迫海普瑞大幅降价？业内人士对海普瑞的上述担忧与目前监管层的最大忧虑不谋而合——高盛退出后海普瑞的业绩不幸大幅下滑，那些在二级市场上搏杀海普瑞的中小投资者的命运就会可想而知。

(资料来源：21世纪经济报道，2010年7月15日)

试就以上案例从有效信息和有效市场理论的角度进行分析。

第10章 资本结构理论

教学目标

资本结构理论是证券投资学中的重要理论,它从企业融资的角度,认为企业的融资方式与企业的经营效果无关,从而系统地论述了企业融资方法的具体行为仅仅需要考虑企业自身的财务状况和承债能力。与此同时,企业所承担的税收状况可能会对企业融资方式产生影响,但这种影响的结果是有限的。本章具体介绍资本结构理论及其实践意义。

教学要点

知识要点	能力要求	相关知识
MM定理	具备理解MM定理假设条件的能力,重点掌握MM定理的内涵和理论推导	(1) 假设条件 (2) MM定理的简单反证
MM模型的两种类型	掌握无税时MM定理和有税时MM定理的区别和联系	(1) 无税时的MM定理 (2) 有税时的MM定理
权衡理论	具备理解权衡理论的能力,熟悉权衡理论的内容	(1) 内容及影响因素 (2) 后权衡理论
优序融资理论	掌握优序融资理论中的融资秩序	融资秩序相应排序

> 我并不觉得自己聪明,但我确实非常、非常、非常勤奋地工作。如果你能非常努力地工作,也很热爱自己的工作,就有成功的可能。
>
> ——罗杰斯投资名言

基本概念

MM 定理　无税 MM 定理　有税 MM 定理　权衡理论　优序融资理论　信号传递理论

导入案例

中国北车资本结构的优化选择

2009 年,中国北车成为当年在上缴所挂牌的最后一家上市公司。在 IPO 的过程中,中国北车主动缩减了发行规模,由原来的拟发行 30 亿股缩紧为实际发行时的 25 亿股,主要考虑的就是要处理好企业募集资金与企业发展之间的平衡,对于企业来说,募集资金并非越多越好,企业资本结构的优化才是企业考虑的根本。

中国北车从最优资本结构出发,利用 MM 理论调整公司的资本结构,控制公司的总资产与总负债之间的关系,充分享受负债经营为公司带来避税的好处。权衡利益和成本之间的相互关系,构成最优资本结构,提高资金使用效率,努力避免资金闲置。

中国北车认为 IPO 募集资金的本质是原股东以出让部分所有权和利润为代价的,在获取公司发展所必须资金的同时,公司的部分股权也转让给了投资者。公司必须合理、有效地使用募集资金才能使得投资者保持对公司美好发展前景的信心,否则将会对投资者的投资热情造成极大的不良影响,不利于公司的长期、稳定发展。

中国北车的本次 A 股发行,不仅及时、合理地募集了我们的第一步发展所必须的资金,也为我们未来长期持续的不断发展保留了充足的余地,确保中国北车未来发展能够获得持续不断的资金支持。

点评: 资本结构优化优于单纯对资金的需求

MM 定理表明,企业融资的方式有多种,但到底哪种方式适合企业自身的情况,企业在选择融资方式时需要认真进行策划,而不能一概而论,股权融资虽然具有很多好处,但也要视情况而定。中国北车在证券市场上的融资案例就足以说明一切。

10.1 MM 定理

20 世纪 50 年代,理论经济学家大行其道,在分析经济问题时大量采用数学方法和深奥的数学模型。其中有代表性的对企业资本结构问题分析得比较透彻的经济学家是弗兰克·莫迪里安尼(Franco Modigliani,1918—2003)和莫顿·米勒(Merton Miller,1923—2000),1958 年 6 月,这两位经济学家在美国经济评论上发表了《资本成本、公司理财与投资理论》一文,对理想条件下(不考虑税收、无交易成本等)公司资本结构对投资者期望收益率和公司价值的影响进行了研究,形成了著名的 MM 理论,比较完整地论述了公司资本结构与公司经营的相关问题,被视为资本结构的经典理论。1961 年 10 月,两人再度合作,在商业学刊发表了《股利政策、增长和股票股价》一文,阐述了公司的赢利能力、持续增长力与股票价格的复杂关系。1963 年 6 月,两人三度合作,在美国经济评论发表的《企业所得税和资本成本:一项修正》进一步阐述了税收对公司和投资者的影响,并在随后的 1966 年利用美国电力公用行业公司数据对理论进行了实证分析。

10.1.1 MM 定理的假设条件

MM 定理建立在一系列假设的基础上,其基本假设有以下几条。

(1) 资本市场是完善的,没有交易成本,投资者可以在无风险市场上以市场利率自由借贷,所有投资者都是理性的。

(2) 不考虑公司的所得税。

(3) 同一评级的公司面临相同的风险水平。

(4) 公司的营业收入可以通过随机变量来表示,股息政策不影响企业的价值。

弗兰克·莫迪里安尼和莫顿·米勒在 1958 年提出的定理 1、定理 2 和定理 3 内容分别如下。

定理 1:任一厂商的市场价值与它的资本结构无关,并且按适合于它的所在类的资本化率 ρ_k 将它的期望报酬资本化,便得到这一价值。

考虑任一公司 j,让 $\overline{X}_j$ 表示公司所有资产的期望报酬(扣除利息前的公司的期望利润);D_j 为公司债务的市场价值,S_j 为公司普通股份的市场价值,并用 $V_j \equiv S_j + D_j$ 表示公司的全部证券的市场价值,或者称厂商的市场价值。定理断言,对 k 类风险水平中的任意厂商 j,在资本市场达到均衡时必定有

$$V_j \equiv S_j + D_j = \overline{X}_j / \rho_k \tag{10-1}$$

还可以通过厂商的平均资本成本 $\overline{X}_j / V_j$,也就是它的期望报酬与它的全部证券的市场价值之比等价地描述这一定理。于是,对 k 类风险水平中的任意厂商 j,定理变为

$$\frac{\overline{X}_j}{S_j + D_j} = \frac{\overline{X}_j}{V_j} = \rho_k \tag{10-2}$$

也就是说,任何厂商的平均资本成本与它的资本结构无关,并且等于它所属类的一个纯权益流量的资本化率。

定理 2:当公司的资本结构含有债务时,它的普通股的报酬率,属于第 k 类风险水平的任一公司 j 的股票的期望报酬或收益率 i 是杠杆作用的线性函数

$$i_j = \rho_k + (\rho_k - r) D_j / S_j \tag{10-3}$$

就是说,一个股份的预期收益率,等于所在的类中纯权益流量的适当资本化率 ρ_k,加上一个等于债务/权益比 D_j / S_j 与差额 $(\rho_k - r)$ 的乘积的财务风险贴水。或等价地,任一股份的市场价格,是它的预期报酬按连续变化的报酬率 i_j 进行资本化的结果。

在此,期望报酬率 i 为

$$i \equiv \frac{\overline{X}_j - rD_j}{S_j} \tag{10-4}$$

根据定理 1 和定理 2,可以推导出厂商投资政策的简单规则,即定理 3。

定理 3:如果 k 类风险水平的厂商在决策时以谋求股东利益最大化为目标,那么,它必将利用的投资机会是当且仅当 ρ^* 等于或者大于 ρ_k 时,即在任何情况下,厂商投资的截止点都是 ρ_k,且完全不受筹资所用的证券种类影响。即不管用什么筹资方式,厂商的边际资本成本都等于平均资本成本,而后者又等于厂商所属风险类的无杠杆制衡的流量的资本化率。

下面将考虑厂商可以采取的 3 种筹资方式——债券、内部提留和普通股的发行。可以证明,对每一种筹资方式来说,当且仅当 $\rho^* > \rho_k$ 时,投资者值得进行。

首先,考虑用销售债券的方式为投资项目筹集资金。

由定理 1 知道,在投资之前厂商的市场价值是

$$V_0 = \frac{\overline{X}_0}{\rho_k} \tag{10-5}$$

而普通股的价值是

$$S_0 = V_0 - D_0 \tag{10-6}$$

如果现在厂商要为一个收益为 ρ^* 的投资项目筹款而借资 I 元,则它的市场价值将变为

$$V_1 = \frac{\overline{X}_0 + \rho^* I}{\rho_k} = V_0 + \frac{\rho^* I}{\rho_k} \tag{10-7}$$

而它的普通股的市场价值将是

$$S_1 = V_1 - (D_0 + I) = V_0 + \frac{\rho^* I}{\rho_k} - D_0 - I \tag{10-8}$$

或由方程(10-6)得

$$S_1 = S_0 + \frac{\rho^* I}{\rho_k} - I \tag{10-9}$$

在此,当 $\rho^* \geqslant \rho_k$ 时,$S_1 \geqslant S_0$;而 $\rho^* < \rho_k$ 时,$S_1 < S_0$。

其次,考虑内部提留的情形。假设厂商在营业的过程中获得 I 元现金,如果将这些现金作为股票的红利分给股东,则分配后的股东财富 W_0 将是

$$W_0 = S_0 + I = \frac{\overline{X}_0}{\rho_k} - D_0 + I \tag{10-10}$$

式中 $\overline{X}_0$ 代表不包括现金额 I 在内的资产的期望报酬。然而,如果厂商将现金保留下来,为了获得期望报酬率为 ρ^* 的新资产提供资金,则股东们的财富将变为

$$W_1 = S_1 + I = \frac{\overline{X}_0 + \rho^* I}{\rho_k} - D_0 = S_0 + \frac{\rho^* I}{\rho_k} \tag{10-11}$$

显然,若 $\rho^* \geqslant \rho_k$ 时,$W_1 \geqslant W_0$;而 $\rho^* < \rho_k$ 时,$W_1 < W_0$。因此,当且仅当 $\rho^* > \rho_k$ 时,用内部提留为投资者提供经费能提高所有者的净值。

最后,考虑普通股筹资方式。

令 P_0 为每一股份的现行价格,并为简单起见,假定此价格仅反映当前的预期收益,也就是说,它不反映正在酝酿的投资将给收益带来的任何未来的增值。那么,如果原有的股数为 N,则每股价格为

$$P_0 = \frac{S_0}{N} \tag{10-12}$$

故需要用来为 I 元投资项目筹资的新股数 M 是

$$M=\frac{I}{P_0} \tag{10-13}$$

投资的结果将使股票市价变为

$$S_1=\frac{\overline{X}_0+\rho^* I}{\rho_k}-D_0=S_0+\frac{\rho^* I}{\rho_k}=NP_0+\frac{\rho^* I}{\rho_k}$$

且每股价格变为

$$P_1=\frac{S_1}{N+M}=\frac{1}{N+M}(NP_0+\frac{\rho^* I}{\rho_k}) \tag{10-14}$$

由关系式(10-13)可以推出 $I=MP_0$，所以可以在括号内替代 I。

当且仅当 $\rho^*>\rho_k$ 时，有

$$P_1=\frac{1}{N+M}[(N+M)P_0+\frac{\rho^* I}{\rho_k}-\frac{\rho_k I}{\rho_k})=P_0+\frac{1}{N+M}\frac{\rho^*-\rho_k}{\rho_k}I>\rho_0 \tag{10-15}$$

也就是说，当且仅当增加投资的收益 ρ^* 超过资本化率之后，由普通股提供资金的投资有利于当前的股票持有者。

10.1.2 MM定理的简单反证

莫迪里安尼和米勒证明，如果定理1中的关系式对某一类之中的任一厂商不成立，就将出现套利行为直至等式重新成立。

这时投资者可以进行股票和债券买卖，用一个收入流量换取另一个收入流量。所交换的两个流量完全相同，只是卖者以较低的价格卖出。因此，交易将对投资者有利，而与他对风险的态度基本上无关。由于投资者利用了这种套利机会，要价过高的股份的价值将会下落而要价过低的将上升，从而使厂商的市场价值差异逐渐消失。

如果融资结构与市场价值有关，则套购者可先将企业买下，简单变更股票和债券比例，无须对其他方面作任何改变，即可出售获利。但是，这在现实经济中是不可能的。退一步，如果市场上真存在这样的获利机会，那么套购者和套购行为将充斥整个市场，直至这种机会消失殆尽。

10.1.3 MM定理的意义

资本结构理论意义主要表现在以下几个方面。

(1) 资本结构理论是财务理论的核心内容之一。在西方财务理论界，通常将资本结构理论、投资理论和股利政策理论称为财务理论的三大核心内容。资本结构理论是一个独立的研究领域，但不是孤立的，它不仅与其他财务理论存在密切的联系，而且与所有权理论、企业理论等经济理论也存在密切的联系。

(2) 资本结构理论对企业筹资模式具有指导作用。筹资模式是指企业采用的不同筹资方式的组合，是社会资源配置方式的一种表现。筹资模式的效率是指企业如何根据自身的经营情况合理地确定资本的属性结构与期限结构，来谋求企业价值最大化。在资本结构中，是股权资本多一些，抑或负债资本多一些；是短期资本多一些，抑或长期资本多一些，这些问题都需要资本结构理论的指导，以便于作出正确的选择。

（3）企业资本结构的变动决定企业所有权、经营权与债权之间关系的变动，反映了参与者各方权、责、利的关系。随着资本的转移，资本供需双方承担的风险分布会发生变动。资本结构理论可以指导人们分析和认识企业筹资的营利性、风险性和安全性。如果企业的负债资本太多或者短期资本太多，则企业面临的资本偿还压力就会增加，进而影响企业经营的持续性，影响企业财务活动的稳定性。同时，如果企业的负债资本太少或者长期资本太多，则企业虽然现金流充沛，但企业的财务杠杆未得到充分利用，导致资本效率低下，企业的发展速度会受到影响。

MM定理表明，如果不能完全满足其前提条件，融资结构就会影响市场价值。

后来，经济学家逐步放松这个基准定理的严格假设，先后加入考虑企业所得税、破产成本、投融资决策相关、个人所得税、不确定性、风险成本、信息不对称等因素，发展出了形形色色的资本结构理论。

10.1.4 MM模型的两种类型

莫迪里安尼和米勒提出了无税的MM理论之后，又对该理论作出了修正，加入了所得税的因素，得出的结论为：企业的资本结构影响企业的总价值，负债经营将为公司带来税收节约效应。该理论为研究资本结构问题提供了一个有用的起点和分析框架，从而得出MM模型的第二种类型：有税时的MM理论。

1. 无税时的MM定理

MM模型是莫迪里安尼和米勒所建立的公司资本结构与市场价值不相干模型的简称。MM理论在无摩擦的环境下，得出"企业的总价值不受资本结构的影响；不存在可以使公司价值最大化的最优资本结构"的结论。

2. 有税时的MM定理

该理论认为，存在公司税时，举债的优点是负债利息支付可以用于抵税，因此财务杠杆降低了公司税后的加权平均资金成本，公司负债越多，避税收益越大，公司的价值也就越大。税收的存在是资本市场不完善的重要表现，而资本市场不完善时，资本结构的改变就会影响公司的价值。也就是说公司的价值和资金成本随资本结构的变化而变化，有杠杆的公司的价值会超过无杠杆公司的价值，负债越多，这个差异越大，当负债达到100%时，公司价值达最大值。

10.2 MM理论的发展

10.2.1 有税MM理论

1. 公司所得税理论

由于现实情况下，企业必须缴纳公司所得税，所以无税条件下的MM定理在运用过程中受到约束。为了放宽MM定理的限制性条件，莫迪里安尼和米勒于1963年在美国经济评论上又发表了题为《公司所得税与资本成本率的修正》一文,并认为在公司所得税的影响下,负债利息支出减少所得税的支出,进而增加企业的价值,对投资者而言,也会有更多的可分配经营收益,因此有

$$V_l = V_u + \tau D_l \tag{10-16}$$

式中:V_l 是投资者眼中的有杠杆率的资本结构的企业价值;V_u 是全部权益资本结构的企业价值;D_l 是有杠杆率的资本结构中的企业债务;τ 为企业收入税的边际税率。

有税的资本结构理论也有 3 个定理:

定理 1:负债企业的价值等于相同风险等级的无负债企业的价值加上赋税节余的价值。在考虑公司的所得税的影响后,负债企业的价值会超过无负债企业的价值。负债越多,其超出份额就越大,因此,当企业负债比率接近 100% 时,企业的价值达到最大。

定理 2:负债企业的股本成本等于相同风险等级的无负债企业股本成本加上无负债企业的股本成本和负债成本之差以及由负债总额和公司税率决定的风险报酬。由于所得税税率总是小于 1,公司所得税支出使股本成本上升的幅度低于无税时上升的幅度。因此,负债增加提高了企业的价值。

定理 3:$\rho_\tau [1-\tau(D/V)]$ 为信投资的临界率,只有那些收益率等于或大于这个临界率的项目(或企业)才可以投资。

修正的 MM 定理改变了原有的 MM 定理的结论,莫迪里安尼和米勒认为,企业可以通过提高财务杠杆的办法来降低总资本成本率,提高企业价值。企业为使自己的资本结构最优化,应该力争最大限度地利用财务杠杆的作用,在有所得税的企业里,其资本结构几乎可以由借入资本组成。

2. 个人所得税理论

1976 年,米勒将个人所得税因素在 MM 定理中进行放宽,提出了米勒模型。该模型认为,MM 模型高估了公司负债所带来的好处,由于有个人所得税的存在,会部分抵消公司利息支出所带来的减税的利益。

其基本定理为

$$V_L = V_U + [1 - \frac{(1-T_C)(1-T_S)}{1-T_d}] \times D_L \tag{10-17}$$

式中:T_C 为公司所得税率;T_S 为个人股票所得税率;T_d 为个人债券所得税率。

若 $(1-T_C)(1-T_S)=1-T_d$,则使用负债杠杆所带来的价值为零,意味着企业负债减税的好处被股本所得税抵消。此时,无论企业使用债务融资还是使用权益融资,都无法从税收上得到好处,资本结构对公司价值无任何影响,这时,债务市场可以看做是一个均衡市场。在均衡状态下,虽然利息可在计算企业所得税时扣减,但是任何一个企业的价值与资本结构无关的结论仍然是成立的。

10.2.2 权衡理论

该理论是在 MM 理论的基础上,既考虑负债带来的减税利益,又考虑负债带来的各种费用并对它们进行适当平衡,从而确定企业价值的理论。

1. 权衡理论

随着对 MM 定理的逐步认同,对 MM 定理的关注转移到定理本身的假设条件上来,由于 MM 定理的推导建立在众多假设之上,所以,MM 定理不可避免地与实际生活存在一段距离,在财务学上,对资本结构理论的分歧在于企业收入的课税制度和企业破产可能性的存在对 MM 定理的决定性影响。部分学者主要关注在引入税收因素后,各类税收差异与资本结构的关系;另外一些学者主要研究破产成本对资本结构的影响。并在此基础上逐步融合发展为权衡理论,即企业最优资本结构在于权衡债务与非债务的税收收益与破产成本的理论。

破产成本是影响资本结构决策的一个重要因素,如果企业有了破产的可能性,在破产费用较高时,借债的公司就不如不借债的公司吸引投资者。考虑到存在着管理费用,资本在清算时低于其实际经济价值,这表明了债权人和所有者的资产的减少。企业在破产时,证券持有者全体所得比不存在破产成本时要少。

举债的企业比不举债的企业破产的可能性要大得多。破产可能性通常不与债务权益比率呈线性关系,在达到某个临界值之后,它可能以递增的速度增大,此时,债权人通常会以较高的利息形式,将事前成本转移给股东。这样,股东将承担事前成本和相应较低的公司价值。

如图 10.1 所示,当杠杆率增加时,投资者的惩罚措施是使股票价格下跌,这时投资者要求的回报率 k 被分为几个部分,其中包括无风险利率和行业风险溢价。这一溢价在纵轴上表现为无负债资本结构的要求回报率与无风险利率之间的差异。当债务增加时,所需回报率也增加,而且这一增量代表了财务风险溢价。不考虑破产成本时,所需回报率会在某一点后加速增长。起初,破产的可能性可以忽略不计,但随着财务杠杆的增加,惩罚也加剧,对极端的杠杆率,惩罚也是非常惊人的。

存在企业所得税时,举债的一个优势是利息支付可以作为一项费用扣除。由负债带来的利息可以减免税收,而与股票相关的股利或留存收益在征收企业所得税时却不能扣除。因此,举债可以使企业价值最大化和增加股东人数。对于举债的企业来说,企业的总价值为

企业的总价值=不举债时企业的价值+税盾的价值

因此,税盾越大,企业价值越大。但实际上税金的不确定性使得企业经营也带来很大的不确定性,在此情况下,税盾不能有效发挥作用的可能性也就越大。

权衡理论的主要内容如下。

权衡理论通过放宽 MM 理论完全信息以外的各种假定,考虑在税收、财务困境成本、代理成本分别或共同存在的条件下,资本结构如何影响企业市场价值。

1) 负债的好处

(1) 公司所得税的抵减作用。由于债务利息和股利的支出顺序不同,世界各国税法基本上都准予利息支出作为成本税前列支,而股息则必须在税后支付。

(2) 权益代理成本的减少。负债有利于企业管理者提高工作效率、减少在职消费,更为关键的是,它有利于减少企业的自由现金流量,从而减少低效或非赢利项目的投资。

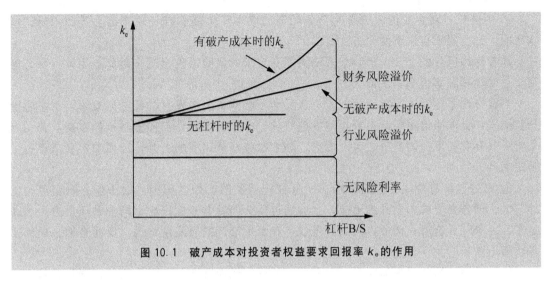

图 10.1　破产成本对投资者权益要求回报率 k_e 的作用

2) 负债的受限

财务困境成本,包括破产威胁的直接成本、间接成本和权益的代理成本。

因此,现实中企业的最优资本结构是使债务资本的边际成本和边际收益相等时的比例。

权衡理论的结论公式为

$$V(a) = Vu + TD(a) - C(a) \tag{10-18}$$

式中:V 表示有举债的企业价值;Vu 表示无举债的企业价值;TD 表示负债企业的税收利益;C 是破产成本;a 是举债企业的负债权益比。

根据权衡理论,Vu 是不变的常量,而 TD 和 C 都是 a 的增函数。在 a 较小时,TD 的增量速度高于 C 的增量速度,此时企业继续举债是有利的;但随着 a 的增加,当 TD 的增量速度等于 C 的增量速度时,企业举债比例达到临界点,此时企业价值最大。

① 财务杠杆对企业价值的影响财务杠杆比率在 l_m 之前,企业价值 V 会随着杠杆比率的提升而增加,当超过最大值 l_m 时,企业价值 V 会随着杠杆比率的增加而减小,如图 10.2 所示。

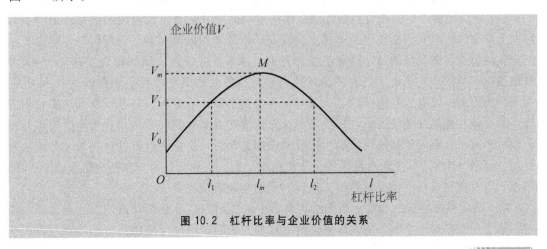

图 10.2　杠杆比率与企业价值的关系

② 财务杠杆对企业价值的影响债务融资的成本率会随着杠杆比率的上升而上升。成本率的上升主要来自以下两个方面。

随着违约风险的上升，债券投资购买债券要求的风险溢价会越来越高，因此，债务融资支付的边际利率也会随之而上升。

当杠杆比率达到一定程度后，投资者反而不会购买公司发行的债券；或银行为了避免贷款损失，会采取信用配给，或拒绝发放贷款。由于得不到外部债务融资的支持，公司就不得不放弃有利可图的投资机会。因而，随着财务杠杆比率的上升，公司的机会成本也会随之上升。

③ 财务杠杆对企业价值的影响在财务杠杆增加的初始区间内，由于债务融资避税的效应大于债务融资成本上升的效应，企业的价值会随着财务杠杆比率的上升而上升。当超过了某一个临界值时，债务融资的各项成本和发生破产的可能性增大，反而会使公司的市场价值下跌。

综上所述，当公司举债时，一方面破产的可能性随着杠杆率上升而加速增加，破产成本增加，税盾的现值在一段时间内也会增加，则存在最佳资本结构。税收和破产的共同作用表明，当举债增加时，仅有净税收影响的公司价值线上升逐渐变缓。破产成本会导致价值在高度负债时迅速下跌。由于最佳资本结构是企业价值达到最大的点，因此必须在举债的税收效应和当举债超过某一点时的破产成本之间进行选择。莫迪里安尼和米勒认为，将破产成本和税收利益相比，就是"在比较一匹马和一只兔子"。米勒随后指出，债务融资所能得到的税收利益比人们平时所想象的要小得多，不足以与破产成本进行权衡。

2. 后权衡理论

后权衡理论的一个显著特点就是要把米勒的市场均衡模型与权衡理论协调起来。代表人物主要是马苏里斯和迪安吉罗，他们将负债的成本进一步扩展到代理成本、财务困境成本和非负债税收利益损失等方面，同时，又把税收利益从原来单纯讨论的负债税收利益引申到非负债税收利益方面，扩大了成本和利益所包含的内容，把企业最优资本结构看成税收利益与各类负债相关成本之间的权衡。

马苏里斯和迪安吉罗(1980)提出的后权衡理论的主要观点有以下几点。

(1) 非负债所产生的税收利益就足以推翻米勒的观点。非负债税收利益是指因为会计制度上安排的折旧和投资税减免等优惠税收安排所带来的抵税利益。设折旧等非现金支出所产生的企业所得税盾为 Δ，投资税减免为 Γ，总债务中最大比例的投资税减免为 θ。非负债税收利益的产生来源于企业的会计规则和政府的税法规定，与企业负债的多少无关。在米勒的模型中没有这一部分内容。通过加入这两个条件的分析，马苏里斯和迪安吉罗发现，非负债利息的存在使财务杠杆决策与企业价值有着必然的联系。只有当在所有可行的负债水平上，企业的负债所带来的边际收益全部为零时，企业的财务杠杆决策才是无关重要的。而当 $\Delta>0$，$\Gamma<0$ 时，在某些企业负债水平上，企业负债所带来的编辑收益不为零，因此，至少存在着一些优于其他财务杠杆水平的企业负债决策。

(2) 顺应税收法规的约定，现实经济生活中的供给方会不断调整以使在达到市场均衡时，每个企业都有一个唯一的内部最优财务杠杆。米勒曾使用市场供给方面的调整作用作为论述的依据,在他的论述中,所有企业的总负债供给曲线在 $P_d = P_e(1-T_c)$ 时是完全有弹性的(P_d 为企业债务的市场价值,P_e 为企业权益的市场价值,T_c 为企业遍及所得税率)。而在马苏里斯和迪安吉罗的分析中,由于引入了非现金支出的所得税减免和投资税减免,他们认为,在考虑这两种税收的情况下,企业的总负债供给曲线只在一定范围内才是完全有弹性的,即在达到企业最大负债水平之前,且 $P_d = P_e(1-T_c)$,企业能充分利用所能得到的所有税收利益。当企业的负债水平超出最大负债水平时,企业不再愿意向市场提供债务。因此,为吸引企业继续提供债务,市场就必须以更高的价格补偿企业在税收方面的损失,也就是说,需要使 $P_d > P_e(1-T_c)$。由此,马苏里斯和迪安吉罗推出,随着 P_d 在 $P_e > P_d > P_e(1-T_c)$ 的范围内逐渐变大,每个企业都存在着一个唯一的满足企业的负债所带来的边际收益为零的最优财务杠杆。因此在这一价格范围内,总负债供给曲线实际上是平滑向上的曲线,如图 10.3 所示。

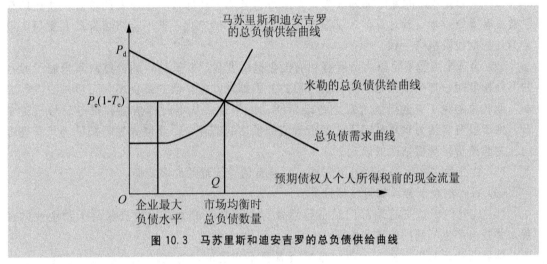

图 10.3 马苏里斯和迪安吉罗的总负债供给曲线

这里,企业唯一的内部最优财务杠杆决策是通过相对市场价格与边际个人所得税率之间的权衡决定的。对于财务杠杆比率较低的企业来说,新增的负债可以减少企业应税负担的概率,这部分税收减免的收益超过了新增负债所需要支付的个人所得税,因此负债的边际收益大于零;而对于相对高的财务杠杆来说,非负债税收利益的存在意味着新增负债除了会导致个人所得税赋增加外,企业潜在的新增负债税收利益部分或者全部丧失的概率也很高,新增负债的边际价值小于零。经过权衡,企业预期边际税收利益与新增负债的边际个人所得税相等的点为唯一的内部最优点。

(3) 证明企业最优资本结构的存在不需要引入破产成本、代理成本等与财务杠杆相关的成本概念。由于债务和权益的市场价格会自动调整,不管财务杠杆的成本到底是大还是小,相对市场价格总会调整到使负债的净税收利益达到与预期破产成本的数量一致的水平,以吸引企业供应适当数量的负债和权益来满足市场上投资者的需求。

在市场均衡的条件下,市场价格又必须满足条件 $P_d > P_e(1-T_c)$,这样才能弥补由于预期破产而使企业在增加债务时带来边际破产成本增加的损失。从税的角度来说,则要满足条件 $(1-T_{pd}) > (1-T_{pe})(1-T_c)$($T_{pd}$ 为个人债券收益所得税,T_{pe} 为个人权益投资收益所得税，T_c 为企业收入所得税），才能吸引企业继续供应债务。如果市场失衡，恰如米勒所预期的，如其边际成本很小，则市场也会相应调整，使边际个人所得税率也将相应调整至减少企业预期净税收利益作为由市场的供给和需求决定的因素，所以他们可以得出在均衡状态下，预期破产成本等于预期负债的净税收利益的结论。

10.2.3 优序融资理论

20 世纪 60 年代，美国学者唐纳森曾提出管理者对靠内部融资来解决所需要的资金需求的方式有着强烈的偏好，除非万不得已，管理者很少对外发行股票。进入 80 年代以后，梅耶斯（S. C. Myers）重新提出这一课题，并在新的理论基础（信息不对称理论）上对唐纳森的观点进行了完善和发展，最终形成了优序融资理论。

梅耶斯提出了在企业进行筹资活动时，管理部门所遵循的一个优先顺序。

（1）应最先考虑的是内部筹资方式，因为它避免了外部资本供应者的审查。使用留存收益没有筹资成本，管理部门为了避免出现股利的突然变化一般不会将目标股利支付率设定为与长期投资机会一致。

（2）当现金流量不足以为所有有利的机会提供资金，并且稳定的分红政策限制了股利的下降幅度时，直接举债是一种相对可取的外部筹资方式。债务筹资不仅可以减少发行成本，而且也避免了资金提供者对企业经营活动的干预。从不对称信息和财务信号理论来看，由于投资者认为管理部门不会发行价值被低估的证券，因此债券发行被认为是管理部门认为股票价格被低估时的表现。

（3）优先股是次优的外部筹资方式，它具有债券筹资的许多特征。

（4）各种混合证券，如可转债证券。

（5）纯粹的权益是管理部门最不愿意发行的证券。成本高，投资者会干预企业的经营，并且会产生不利的信号影响。

梅耶斯和迈基里夫在《企业知道投资者所不知道的信息时的融资和投资决策》一文中，对这一理论进行了证明。

假设

S：闲置财务资产，为企业现金和短期市场证券之和；I：项目投资额；E：需要发行的股票价值，$E=I-S$；V_{old}：原有股东所持有的股票的市场价值；A：预期资产价值，a 为管理者对 A 的估计；B：投资项目的净现值，b 为管理者对 B 的估计；

$$V_{old}=V(a, b, E);$$

P：发行新股后原股东所持有股票的市值；

P'：如果不发行新股原股东所持有股票的市值。

其中，P' 由 (A, B) 的概率分布决定，这一概率分布又与投资者对信息所包含的内容的预期有关。考虑不同时点下的情况，当 $T=-1$ 时，市场和管理者有相同的信息；$T=0$ 时，管理者有内部信息；$T=1$ 时，市场得到内部信息。这些信息将会影响投资者对 a 和 b 的真实价值评估的准确性。

管理者了解 a 和 b 的真实价值时，如果不发行新股

$$V_{old}=S+a \qquad (10-19)$$

如果发行新股进行投资

$$V_{\text{old}} = \frac{P'+E}{P'+E} \times (E+S+a+b) \tag{10-20}$$

因此，只有当 $S+a \leqslant \frac{P'+E}{P'+E} \times (E+S+a+b)$ 时，原有股东才能获利。

整理式(10-19)和式(10-20)得

$$(E/P')(S+a) = E+b \tag{10-21}$$

$(E/P)(S+a)=E+b$ 为一条以 a、b 为坐标投资轴的坐标内的直线(图10.4)。该直线为原有股东能够从发行股票进行投资中得到利益的条件直线，它把管理者的投资决策分为两个区域。只有在 M' 区域内，a 越高或者 b 越低，管理者才越愿意发行新股进行投资，即只有当现有资产的价值低到使股票发行具有吸引力时，企业才愿意发行股票。在债务融资时，投资者必须在债务融资和股票融资之间进行选择，假设 D 为债务融资，D_1 为债务的实际价值，$\Delta D = D_1 - D$，则

$$V_{\text{old}} = s+a+b-(D_1-D) = s+a+b-\Delta D \tag{10-22}$$

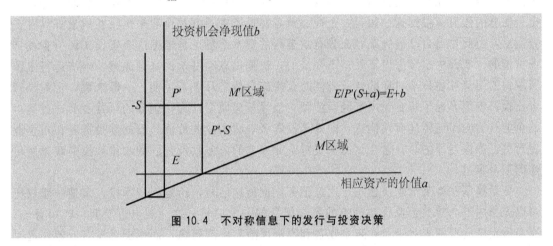

图 10.4　不对称信息下的发行与投资决策

企业只有在满足 $s+a \leqslant S+a+b-\Delta D$ 的条件下才会对外融资。由于不发行新股或承担债务时，原有股东的收益是 $s+a$，发行新股增加的收益是 $b-\Delta E$，承担债务增加的收益是 $b-\Delta D$，ΔE 表示投资的知识结果在 $T=1$ 出来后，新股东所能得到的资本利得或资本损失。一旦企业发行新股，实际上是在向市场传递这样的信息，即 $b-\Delta E > b-\Delta D$，或 $\Delta E < \Delta D$，这个结论表明债务融资引起的因投资不足所产生的市场价值损失较少，所以企业在债务融资的背景下的市场价值较高。

综上所述，优序融资理论放宽了MM理论完全信息的假定，以不对称信息理论为基础，并考虑交易成本的存在，认为权益融资会传递企业经营的负面信息，而且外部融资要多支付各种成本，因而企业融资一般会遵循内源融资、债务融资、权益融资这样的先后顺序。

梅耶斯和迈基里夫的研究表明，当股票价格高估时，企业管理者会利用其内部信息发行新股。投资者会意识到信息不对称的问题，因此当企业宣布发行股票时，投资者会调低对现有股票和新发股票的估价，导致股票价格下降、企业市场价值降低。内源融资主要来源于企业内部自然形成的现金流，它等于净利润加上折旧减去股利。由于内源融资不需要

与投资者签订契约，也无须支付各种费用，所受限制少，因而是首选的融资方式，其次是低风险债券，其信息不对称的成本可以忽略，再次是高风险债券，最后在不得已的情况下才发行股票。

（6）权衡理论和优序融资理论的主要区别。权衡理论考虑税收、财务困境成本、代理成本如何影响企业的融资决策，而假定信息是完全的，讨论的核心是举债的利弊及其如何达到均衡。

优序融资理论认为，不对称信息和融资成本超过了权衡理论中举债的税收和代理方面对资本结构的影响。由于前提的不同，两者对企业的融资决策虽然可能会有相同的建议，却有不同的原因解释。

10.2.4　信号传递理论

信号传递模型是探讨在不对称信息下，企业怎样通过适当的方法向市场传递有关企业价值的信号，以此来影响投资者的决策理论。在 MM 定理中有一个重要的假设条件，即充分信息的假设。根据这一假设，企业经营者和投资者双方对企业未来收益质量都具有充分信息，由此作出自己的决策，充分有效运行的资本市场正是依据这个假设来评价企业市场价值的。实践中这个假设显然是不完全的，根据信息经济学的基础原理，经济运行主体所获得的信息往往是不对称的，双方同时获得充分信息几乎不可能。一般来说，企业经营者比投资者更多地了解企业内部经营活动。信号传递模型认为，企业的经营者要通过适当的企业行为向市场传递有关信息，向外部投资者表明企业的价值，而外部投资者在对企业发行的证券进行评估时，也会试图通过对企业采取的财务政策、股利政策和投资政策所传递的信号来进行。

罗斯模型和海英卡尔模型——通过债务比例传递信号。给定投资水平，负债—股权比可以充当内部人有关企业收益分布的私人信息的一个信号，这一观点由罗斯（1977）首创。罗斯假定企业经营者对企业的未来收益和投资风险有内部信息，而投资者没有，但知道对经理的激励制度，因此，投资者只能通过经理们输送出来的信息间接地评价市场价值。企业债务比例或资产负债结构就是一个把内部信息传给市场的信号工具。负债比例上升是一个积极的信号，它表明经理们对企业未来收益有较高期望，传递着经理们对企业的信心。因为举债会使经理努力工作，同时也使潜在的投资者对企业价值的前景充满信心，所以发行股票可以降低企业资金的总成本，企业价值也随之增加。为了使债务比例成为可靠的信息传递机制，罗斯给破产企业的经理加上"惩罚"约束，从而使债务比例成为正确信号。由于企业破产的概率与企业质量负相关而与负债水平正相关，所以外部投资者把较高的负债比率视为高质量的一个信号，即企业市场价值和负债比例正相关。

在罗斯模型中，企业收益的分布遵循一阶随机优势，每个经理均了解其企业收益的真实分布，而外部投资者则不知道。如果市场对企业的证券估价过高，经理将受益。但是，如果企业破产，则经理要受到损失。由于破产的概率是和企业的质量负相关，而同负债水平正相关的，所以外部投资者都将把较高的负债水平视为高质量的信号。低质量的企业无法通过发行更多的债券来模仿高质量的企业，因为对于任何给定的负债水平，低质量的企业的边际预期破产成本较高。这一模型的主要经验结果是，企业价值（或赢利性）和负债—股权比正相关。破产处罚的增大也将降低负债水平和破产概率，而模型中企业价值、负债水平和破产概率均为正相关。从给定破产出发，经理将选择最大化其预期效用的负债水平。

海英卡尔(1982)考虑的模型和罗斯的模型相似，但未假设企业的收益分布遵循一阶随机优势。相反，在海英卡尔模型中，假设高质量企业的总价值高，但债券质量低，从而股票价值高。在这一假设下，企业可以被不花成本地区分开，理由是任何一家试图模仿他人的企业，虽然可以从一种证券的高估中获得收益，却同时也要承担另一种证券被低估的损失。在均衡状态下，每一类型企业所发行的两种证券的数量将使其边际收益和边际损失相等。高质量的企业将发行更多的债券。这一结论与螺丝的观点不谋而合。

在利兰德和派尔(H. E. Leland and D. H. Pyle, 1977)的模型里，企业家是风险规避者，他将一个可变的项目等同于一笔不确定性的收益。他对收益的分布了解比别人多。由于他是风险规避者，而且财富有限，他希望与外部投资者共同分担这个项目。他的问题是如何使投资者相信项目的真实价值，空口告诉外部投资者项目的收益均值是不起作用的。但是，一种可行的交流机制是存在的，企业家可以申请对融资项目进行投资，这本身就是表示一个项目质量的信号，是一种向贷方传递项目包含有"好消息"的行为。因此，企业家可以变动自己在项目中的股本，并把它用作一种传递有关项目质量的信号，市场将会认为项目质量是企业家自己的所有权份额的一个函数。

利兰德和派尔的模型说明，在一个信息不对称的世界里，a（企业家投资比例）可以被观察到，而且是一个恒定项，所以 D（负债）的变化不足以影响所预期收益的变化，这个时候，资本结构同样是无关的。但是，如果存在交易成本，a 是变动的，它的变化会引起预期收益的变化，也就影响企业价值的变化。当交易成本足够大时，D 的选择就是决定了对 a 的唯一选择，因此 D 和 a 都成为 μ（投资项目期末的预期价值）的函数，所以 D 本身就可以作为 μ 及企业价值的一种信号。相反，如果交易成本太小，企业家情愿花费较小的成本换取较高的 D，以取得较高的投资项目价值，同时使 a 保持在与 μ 相适应的水平上，这时 D 就无法作为一种信号。所以表面相似的企业，在 V（项目的市场价值）和 D 之间存在着一种统计上的而非逻辑上的因果关系。

利兰德和派尔证明，在均衡状态下，企业家的股份将完全揭示其所预测的项目收益的均值，企业的债务决定剩下的需用股票融资该项目所需的金额。正如信号传递模型所常见的，该模型也存在着连续的均衡。利兰德-派尔模型给出了选择一个特定的均衡的选择依据。正如人们可能预期的那样，这一均衡具有如下特点：企业家的股份越高，项目价值越高，从而企业的市场价值就越大。此外，利兰德-派尔模型还通过一个例子推导出保证负债随企业家股份增大而增大的参数条件。在这些参数条件下，负债越多的企业由内部人持股的比例越高，企业的质量也越高。应该注意的是，在利兰德-派尔模型中，内部人持股是一个有成本的信号，其原因在于不完善的风险分担、风险规避的企业家保留了大量特定的风险，而在完全信息的条件下，这些风险是可以出售给市场的。

总之，不对称信息等新的经济理论和企业管理理论与资本结构的关系理论即最新资本结构理论，综合了现代产权经济学、财务经济学、社会学和心理学的成果，从企业内部和人的因素来分析资本结构问题，把单纯的资本结构研究转化为企业内部结构或制度设计方面的问题来研究，开辟了资本结构理论的新天地。

本章小结

本章主要介绍资本结构理论，包括无税资本结构理论和有税资本结构理论，资本结构理论在其发展过程中经历了一个曲折的过程，同时大量的金融学家为此作出了巨大的努力，也得到了不错的结果。

既然资本结构理论认为企业的融资方式与企业的经营无关，那么影响企业融资的因素又有哪些呢？莫迪里安尼和米勒对这个问题进行了深入的探讨，并得出进一步的结论。当然，马苏里斯、迪安吉罗和梅耶斯等人也就此问题做了探索并提出了自己的均衡理论，这些理论在某种程度上都对 MM 理论进行了扩展，值得投资者学习和借鉴。

习 题

一、单项选择题

1. MM 定理是由（　　）提出的。
   A. 莫迪里安尼和米勒　　　　　　　B. 麦考莱和米勒
   C. 米勒和默顿　　　　　　　　　　D. 默顿和麦考莱

2. 从 MM 定理的简单反证可以看出（　　）。
   A. 套利行为是反证的基础
   B. 如果融资结构与市场价值无关，则套利者无法套利
   C. 套利机会的消失，表明融资结构的变化
   D. 融资结构与套利行为无关

3. "套利理论是 MM 定理的基础"这种说法（　　）。
   A. 正确　　　　B. 不正确　　　　C. 不清楚　　　　D. 以上说法均不正确

4. 有税时的 MM 定理表明（　　）。
   A. 税收对 MM 定理有巨大影响　　　B. 税收对 MM 定理的影响不大
   C. 税收对 MM 定理的影响与税种有关　D. 以上说法均不正确

5. 无税 MM 定理得出的结论为（　　）。
   A. 企业可以在资本结构上进行优化　B. 企业的总价值不受资本结构的影响
   C. 市场无摩擦　　　　　　　　　　D. 资本结构是企业唯一需要考虑的事情

6. MM 定理认为（　　）。
   A. 企业可以通过财务杠杆提升自身的价值
   B. 企业不可以通过财务杠杆提升自身的价值
   C. 企业提升价值的途径是优化自己的产品结构
   D. 企业提升价值的途径是优化自己的人力资源

7. 后权衡理论由（　　）提出。
   A. 莫迪里安尼和米勒　　　　　　　B. 马苏里斯和迪安吉罗
   C. 默顿和马苏里斯　　　　　　　　D. 莫迪里安尼和迪安吉罗

8. 优序理论与权衡理论的关系( )。
   A. 相互矛盾   B. 相互补充
   C. 同时并存   D. 结果相同，但过程相异

9. 信号传递在 MM 定理中( )。
   A. 处于基础地位   B. 处于关键地位
   C. 无关重要   D. 重要但不必须

10. 利兰德和派尔证明，在均衡状态下，企业家的股份将( )其所预测的项目收益的均值。
    A. 部分揭示   B. 完全揭示   C. 不能揭示   D. 可能揭示

二、多项选择题

1. MM 定理的基本假设有( )。
   A. 资本市场是完善的，没有交易成本，投资者可以在无风险市场上以市场利率自由借贷，所有投资者都是理性的
   B. 不考虑公司的所得税
   C. 同一评级的公司面临相同的风险水平
   D. 公司的营业收入可以通过随机变量来表示，股息政策不影响企业的价值

2. 资本结构理论的意义主要表现在( )。
   A. 资本结构理论是财务理论的核心内容之一
   B. 资本结构理论对企业筹资模式具有指导作用
   C. 资本结构是投资者必须关注的财务问题
   D. 企业资本结构的变动决定企业所有权、经营权与债权之间关系的变动，反映了参与者各方权、责、利的关系

3. 修正后的 MM 定理，需要考虑( )。
   A. 企业所得税   B. 破产成本
   C. 风险成本   D. 信息不对称

4. 权衡理论认为，负债的好处在于( )。
   A. 公司所得税的抵减 B. 权益代理成本的减少
   C. 提升公司价值   D. 有利于公司的正常运行

5. 财务杠杆对企业价值的影响在于( )。
   A. 企业价值在最初会随着杠杆比率的提升而增加
   B. 债务融资的成本率会随着杠杆比率的上升而上升
   C. 当超过某一临界值时，债务融资可能导致企业破产
   D. 举债会放大企业的财务杠杆效应

6. 后权衡理论的主要观点有( )。
   A. 非负债所产生的税收利益就足以推翻米勒的观点
   B. 顺应税收法规的约定，现实经济生活中的供给方会不断调整以使在达到市场均衡时，每个企业都有一个唯一的内部最优财务杠杆
   C. 证明企业最优资本结构的存在不需要引入破产成本、代理成本等与财务杠杆相关的成本概念
   D. 企业最优资本结构与财务杠杆无关

7. 优序融资理论认为( )。
   A. 应最先考虑的是内部筹资方式，因为它避免了外部资本供应者的审查
   B. 当现金流量不足以为所有有利的机会提供资金，并且稳定的分红政策限制了股利的下降幅度

时，直接举债是一种相对可取的外部筹资方式

C. 优先股是次优的外部筹资方式，它具有债券筹资的许多特征

D. 各种混合证券，如可转债证券

8. 对企业来说（　　）。

　　A. 在某种程度上来说，负债比例上升是一个积极的信号

　　B. 举债会使经理更加努力工作

　　C. 破产是对企业的保护

　　D. 破产是对企业的惩罚

9. 对一个项目而言（　　）。

　　A. 企业家的股份越高，项目价值越大　　B. 企业家的股份越低，项目价值越大

　　C. 企业家的能力越高，项目价值越大　　D. 企业家的能力越低，项目价值越大

10. 不对称信息理论涉及（　　）。

　　A. 现代产权经济学　　　　　　　　　B. 财务经济学

　　C. 社会学　　　　　　　　　　　　　D. 心理学

三、简答题

1. 简述无税 MM 定理与有税 MM 定理的区别和联系。
2. 简述优序融资理论中的融资顺序。
3. 如何理解权衡理论与优序融资理论的关系？

四、论述题

1. 试述权衡理论的主要内容。
2. 根据信号传递理论，企业如何选择融资方式？
3. 试用优序融资理论解释我国企业的融资首选——股权融资方式。

五、案例分析题

近年来，中国民生银行股份有限公司（600016）的发展速度很快，在快速扩张的同时，其资本充足率节节下滑，资本市场的融资始终陷入"业务扩张——资本金不足——再融资——再扩张——资本金再不足"的窘局。虽然民生银行的资产规模已经大幅增加，收益也大幅提高，但它依旧无法避免资本充足率较低的现实。为了提高资本充足率，股份制银行的再融资越来越快。

民生银行再融资背景：民生银行 2000 年 A 股上市，募集资金 40.89 亿元。到 2002 年年底，民生银行的资本充足率降至 8.22%。至 2003 年上半年，民生银行资本充足率已一度降至 7.11%，低于资本充足率 8% 的监管指标。在此情况下，民生银行在 2003 年年初发行了 40 亿元的可转换公司债，虽然同期民生银行业绩高速增长，但依靠银行本身的积累仍然无法满足资产快速扩张对资本的需求，因此银行必须向资本市场寻求帮助。

民生银行的资金充足率一直保持在较低水平上，配股、增发等再融资方式被一再使用且遭遇市场抵制，可转债方案可能不是最优方案，但它是最可行的方案。

不管上市银行再融资的理由有多充分，要求有多迫切，也难掩中小流通股股东利益被伤害的事实，于是以基金经理为代表的机构投资者站了出来，联合抵制其再融资。但由于我国资本市场股权分配不均衡，在民生银行大股东与流通股股东的博弈中，流通股股东仍告落败。

由于银监会允许商业银行发行次级债补充附属资本，民生银行"热烈响应"，也表现得十分活跃。但是，发行次级债虽可解上市银行资本充足率不足的"燃眉之急"，但从中长期来看所起的作用十分有限。

目前银行业再融资方式主要有发行可转换债券、增发和配股三种方式。对于流通股东而言，配股是最佳的方案，而对于非流通股东而言，增发是最佳的方案。采取发行可转换公司债的方式是一个折中的选择，对市场的冲击相对要小些。

按国际惯例和市场情况实施配售，配售规模不超过发行规模的15%。配售后H股发行总规模加上公司现有的外资股最多不超过发行后总股本的25%。

而从目前民生银行股权结构看，民生银行现有的较为分散的股权结构，将在配售股份后更加分散。分散的股权结构将分散公司的控制权，分散股东享有的表决权和经营管理权，最终影响银行的发展。

问题：试就民生银行融资倾向结合资本结构理论谈谈你的看法。

第11章 风险资产定价理论

教学目标

现代投资组合理论是现代投资学的基础理论之一,马柯维茨把投资者的分散投资行为理论化为组合投资,使得具体的投资行为能够上升到理论层面进行研究,是金融学理论的进步,同时也为后来者提供了投资依据。资本资产定价模型化马柯维茨复杂的理论为简单的因素分析,使组合理论在具体的应用过程中具有可操作性和时效性,资本市场线和证券市场线论述了投资分散风险的组合方式,有助于投资者对风险的判断和制定回避风险的策略。套利定价理论告诉投资者市场的均衡定价离不开投资者的短期套利行为,他们是使市场处于均衡的原动力。

教学要点

知识要点	能力要求	相关知识
证券组合理论	(1) 有对证券组合理论透彻理解的能力 (2) 掌握均值、标准差的计算能力	(1) 原理、要点及基本假设 (2) 均值、标准差
有效边界	具备对有效组合、最佳证券组合确定的表达能力	(1) 有效组合 (2) 最佳证券组合的确定
资本资产定价模型	具备对资本市场线和证券市场线的表述能力	(1) 资本市场线 (2) 证券市场线
套利定价理论	具备对套利定价理论的理解和应用	基本机制及意义

第11章 风险资产定价理论

> 长年进行成功的投资并不需要极高的智商、罕见的商业洞见,或内部消息。真正必要的是做决策所需的合理的知识框架,以及避免情绪化侵蚀智识的能力。
>
> ——巴菲特投资名言

基本概念

CAPM 理论 资本市场线 证券市场线 有效边界 APT 理论 单因素模型

导入案例

股市投资必胜诸要素

巴菲特的神秘之处在于他简单有效的投资方式。

别被收益蒙骗。巴菲特喜欢用股本收益率来衡量企业的赢利状况。股本收益率是用公司净收入除以股东的股本,它衡量的是公司利润占股东资本的百分比,能够更有效地反映公司的赢利增长状况。根据他的价值投资原则,公司的股本收益率应该不低于15%。

要看未来。巴菲特总是有意识地去辨别公司是否有好的发展前途,能不能在今后25年里继续保持成功。巴菲特常说,要透过窗户向前看,不能看后视镜。预测公司未来发展的一个办法,是计算公司未来的预期现金收入在今天值多少钱。这是巴菲特评估公司内在价值的办法。然后他会寻找那些严重偏离这一价值、低价出售的公司。

坚持投资能对竞争者构成巨大"屏障"的公司。预测未来必定会有风险,巴菲特偏爱那些能对竞争者构成巨大"经济屏障"的公司。这不一定意味着他所投资的公司一定独占某种产品或某个市场,但巴菲特总是寻找那些具有长期竞争优势的公司。

要有耐心等待。如果你在股市里换手,那么可能错失良机。巴菲特的原则是:不要频频换手,直到有好的投资对象才出手,如果没有好的投资对象,那么他宁可持有现金。

点评:公司定价是关键

股票市场从来就不缺少优秀的公司,缺少的是优秀的投资者。从巴菲特的成功投资方式可以看出,要成为一个优秀的投资者所需要的条件:对公司长期的关注和对公司价值的正确认识,是保证投资长生不衰的法宝。同时,对公司价值的认识还需要有坚定的信心,不为表面现象所左右。

11.1 现代投资组合理论

11.1.1 证券组合理论的产生

证券市场的风险是随时存在的,这种风险一般表现为以下几方面。

1. 突发性

一般情况下,证券市场的风险是不断积累的,当这种风险积累到一定程度,最终就会以突发的形式表现出来。一旦风险突发，投资者在较短的时间内很难对这种风险进行全面处理。如果投资者采取集中投资的方式进行投资，则这种损失就会十分巨大。

2. 不确定性

投资者预期收益的不确定性，对投资者来说可能产生不利的投资结果。因此，投资者需要转化自己的投资方式，通过分散组合的方式，部分化解不确定性的风险。

3. 扩散性

证券市场具有极大的联动性，部分证券的大幅下跌，将会迅速传递到其他证券的价格变化上，这就是风险的扩散性。证券市场上证券价格的联动具有广泛性。正是因为这种广泛性的存在，所以证券市场的任何一个节点出现风险，都可能产生连锁反应，引起其他证券价格的波动，进而导致证券市场局部甚至整体发生动荡。

证券市场的这些突出特点，要求投资者采取尽可能分散风险的组合投资方式进行投资。证券组合投资分担风险的思想古已有之，"不要把鸡蛋放在同一个篮子里"就是这种思想的具体体现。1952年美国经济学家哈里·马柯维茨（harry M. Markowitz）在《金融杂志》上发表《资产组合的选择》一文，第一次以严密的数理分析论证了人们为什么要构建资产组合以及如何构建有效资产组合。马柯维茨以理性投资者及其行为特征为基本假设，论述了建立有效资产组合边界、确立最小方差资产组合的思想和方法。该理论取得实际应用上的巨大成功，马柯维茨也因此获得1990年诺贝尔经济学奖。

11.1.2 证券组合理论的原理及其证券组合理论要点

1. 证券组合理论的原理

投资者对于投资活动最关注的问题是预期收益和预期风险的大小，他们尽可能建立起一个有效组合，达到：

(1) 在给定风险水平下，使资产投资获得的收益最大；

(2) 在给定投资收益水平下，使资产面临的风险最小。

2. 证券组合理论要点

(1) 资产分散原理。通过证券组合，风险得到降低。

(2) 资产有效组合原理。在资产组合中，能使风险相同但预期收益率最高的资产组合为有效组合。有效组合不是唯一的，在风险—收益坐标平面上，把所有的有效组合点连接起来，称为有效边界。投资者倾向于哪一点，取决于投资者的偏好。

(3) 资产收益和风险的衡量标准。单个证券的收益可用其预期收益率的大小来衡量，证券组合的收益可用组合中各种证券的预期收益的加权平均数来衡量。单个证券的风险可用其预期收益率和实际收益率的方差来衡量。证券组合的风险不能用组合中各种证券的方差的加权平均数来衡量。

(4) 一般结论：证券组合的风险取决于3个因素，即各种证券的风险、各种证券在组合中所占的比例、各种证券两两之间的相关系数。

11.1.3 证券组合理论的基本假设

(1) 市场是有效的，风险是可以规避的，组合是在预期收益和风险基础上进行的。
(2) 每一种投资都可由一种预期收益的可能分布来代表。
(3) 投资者都利用预期收益的波动来估计风险。
(4) 投资者是理性的，理性投资者具有追求收益最大化和厌恶风险的基本特征，追求效用最大化是投资者决策的唯一依据。

11.1.4 证券组合理论的均值标准差模型

马科维茨用统计上的期望收益率和标准差来分别度量证券组合的收益和风险。

期望收益率指由于风险证券的收益不能事先确知，投资者只能估计各种可能发生的结果(事件)及每一种结果发生的可能性(概率)。风险证券的收益率通常用统计学中的期望值来表示。

资产的未来收益是一个不确定的因素，在不同的经济状况下对资产的未来收益有不同的综合估计。预期收益率不代表将来可能获得的收益，只是反映了对一切可能的有关信息进行合理分析后对资产获利能力的一种估计。

$$E(r) = \sum_{i=1}^{n} R_i P_i \tag{11-1}$$

式中：$E(r)$ 为预期收益率；R_i 为第 i 种可能的收益率；P_i 为 R_i 发生的概率；n 为可能性的数目。

实际收益率是指投资到期时得到的收益率。实际收益率与预期收益率偏差就是方差或标准差。实际收益率与预期收益率的偏差越大，投资于该证券的风险也就越大，因此对单个证券的风险，通常用统计学中的方差或标准差来表示。

1. 证券组合的期望收益率

1) 证券组合中单个证券的期望收益率

由于风险证券的收益不能事先确知，投资者只能估计各种可能发生的结果(事件)R_i 及每一种结果发生的可能性(概率)P_i，因而风险证券的收益率通常用统计学中的期望值来表示，即用式(11-1)计算。

2) 证券组合的期望收益率

有价证券组合预期收益率就是每种有价证券收益率的加权平均值。

$$E(r_p) = \sum_{i=1}^{n} x_i E(r_i) \tag{11-2}$$

式中：$E(r_i)$ 表示第 i 种有价证券的预期收益率；x_i 表示第 i 有价证券在总投资中所占比重；n 为组合有价证券的数量；$E(r_p)$ 为有价证券组合预期收益率。

例如，A、B 两种证券各有 3 种投资结果，各种结果的发生概率见表 11-1：

表 11-1 证券 A、B 在不同自然状态下的收益率

结果	A 的收益率	B 的收益率	发生概率
1	15	10	0.3
2	10	14	0.4
3	5	16	0.3

则 A、B 的预期收益率分别为

$$E(r_A)=15\%\times 0.3 +10\%\times 0.4 +5\%\times 0.3=10\%$$
$$E(r_B)=10\%\times 0.3 +14\%\times 0.4 +16\%\times 0.3=13.4\%$$

如果 A 按 40%，B 按 60% 的投资比重投资，根据证券组合预期收益率的计算公式则有

$$E(r_p)=0.4\times 10\%+0.6\times 13.4\%=12.04\%$$

2. 证券组合的标准差

方差通常用 σ^2 来表示，方差反映的是随机变量对数学期望的离散程度。

$$\sigma^2=\sum_{i=1}^{n}P_i[R_i-E(r)]^2 \tag{11-3}$$

式中：P_i 是收益率 R_i 发生的概率；R_i 是资产在第 i 种状态下产生的收益率；n 是资产可能产生的 n 种收益率；$E(r)$ 是资产的期望收益率。

将方差开算术平方根，即得到标准差。标准差的作用在于度量一个数量系列变动性的平均大小。它能反映出实际收益与预期收益的离散程度，从而反映出不同证券风险的大小。标准差越大，预期收益的离散程度越大，投资风险就越大；反之，投资风险就越小。标准差已成为衡量投资风险的通用指标。

一般地讲，预期收益率相同的资产不一定有相同的风险度，同样，有相同风险度的资产也不一定有相同的预期收益率。

1) 证券组合中单个证券的标准差

证券组合中单个证券的标准差计算公式为

$$\sigma=\sqrt{\sum_{i=1}^{n}Pi[R_i-E(r)]^2} \tag{11-4}$$

2) 协方差和相关系数

由于两个证券的风险具有相互抵消的可能性，证券组合的风险就不能简单地等于单个证券的风险以投资比重为权数的加权平均数，这就要引入协方差的概念。

协方差是用来衡量两种资产的收益率同动程度或者说同动性的指标。如果两种资产的收益率趋向于同增或同减，那么它们间的协方差便为正值。反之，如果一种资产的收益率相对升高，而另一种资产的收益率相对降低，那么它们间的协方差便为负值。协方差计算公式为

$$\sigma_{AB}=\sum_i\sum_j(R_{Ai}-\overline{R}_A)(R_{Bj}-\overline{R}_B)P_{ij} \tag{11-5}$$

此公式计算出的值，就可以衡量这两种证券一起变动的程度。正的协方差表明两个变

量同方向变动，负的协方差表明两个变量反方向变动。

除了协方差外，还可以用相关系数来衡量两证券收益率一起变动的程度，两者的关系为

$$\rho_{AB} = \sigma_{AB}/\sigma_A\sigma_B \tag{11-6}$$

相关系数的一个重要特征为其取值范围介于-1与+1之间。当取值为-1时，表示证券 A、B 收益变动完全负相关；当取值为+1时，表示证券 A、B 完全正相关；当取值为 0 时，表示证券 A、B 完全不相关。

3) 证券组合的标准差

证券组合的标准差计算公式为

$$\sigma_p = \sqrt{\sum_{i=1}^{n}\sum_{j=1}^{n} x_i x_j \sigma_{ij}} \tag{11-7}$$

式中：n 是组合中不同证券的总数目；x_i 和 x_j 分别是证券 i 和证券 j 投资资金占总投资额的比例；σ_{ij} 是证券 i 和证券 j 可能收益率的协方差。这个公式说明，资产组合的标准差是资产组合的收益与其预期收益偏离数的开方。

11.1.5 证券组合有效边界

1. 有效边界

在证券市场上，由于证券品种数量巨大，可供投资者选择的组合也就多种多样。对投资者来说，怎样的投资组合是可行的，即多样化的组合资产不一定全都符合投资者的决策，不同要求的理性投资者需要知道满足自己投资需求的组合，必先弄清效率边界理论。

效率边界理论为投资者在各种既定风险水平下的组合选择提供理论依据，各预期收益最大的投资组合所连成的轨迹，就是效率边界，如图 11.1 所示。

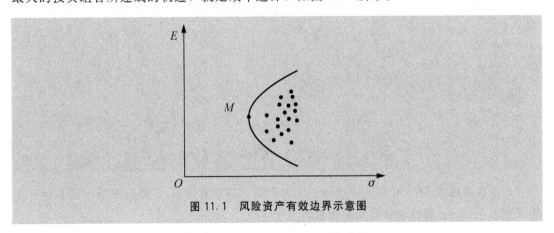

图 11.1 风险资产有效边界示意图

边界弧线 AC 为有效边界。图中横轴代表风险度量值 σ，纵轴代表资产收益值 $E(r)$，MVP 代表最小风险下的最优资产收益。在有效边界上半部分的投资组合，都是符合理性假设的证券投资组合。

2. 有效证券组合

根据上面的分析,在整个有效集内,符合投资者投资规则的区域集中在有效集的上半部分,即图 11.1 中过 MVP 点的水平线之上部分。而最优部分则为 $A-MVP$ 的边界部分,在此边界能满足投资者风险一定时收益最大化的基本原则。

3. 有效集的改进

上面讨论了有效集的证券组合是由风险资产构成的。在此我们讨论投资者不仅投资风险资产而且投资无风险资产的情况,就是说投资者购买的证券组合是由 n 个风险证券和 1 个无风险证券组成的,或者说包含 n 个风险证券组成的组合 P 和 1 个无风险证券 F,进一步还允许投资者通过一定的利率借款购买证券。

使用无风险资产对有效集的改进。无风险资产是有确定的预期收益率和方差为零的资产。每一个时期的无风险利率等于它的预期值。因此,无风险资产和任何风险资产的协方差是零,所以无风险资产与风险资产不相关。

如图 11.2 所示,曲线 AB 是证券组合 P 的有效集,无风险证券 R_F 在纵轴上,这是因为它的风险是零。从点 R_F 作曲线 AB 的切线,切点为 M,此时直线 R_FM 上的任何点都是证券组合 P 与无风险资产 F 组成的证券组合,而且有效集 AB 上除 M 点外的其他点不再是有效的。比如 C 点在 AB 上,可以在直线 R_FM 上找到证券组合 D 比 C 更有效。同样,C 和 F 组成的证券组合总能在直线上找到比它更有效的证券组合。

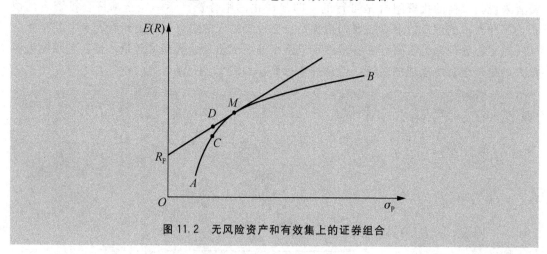

图 11.2 无风险资产和有效集上的证券组合

如果在直线 R_FM 上任何一点投资于无风险资产的权重为 w_F,那么投资于证券组合 P 的权重为 $1-w_F$,证券组合的预期收益率为

$$E(R_F)=w_F R_F+(1-w_F)E(R_{P0})$$

由于 $\sigma_F=0$ 和 $COV(R_F, R_i)=0$,因此

无风险资产与风险证券组合的标准差就是风险证券组合的加权标准差。

$$\sigma_P=(1-w_F)\sigma_{P0}$$

式中 σ_{P0} 是风险证券组合的标准差。

如果投资者把资金完全投资于无风险资产上，则预期收益率为 R_F，风险为零；如果完全投资在风险资产组合的证券上，则预期收益率为 $E(R_{P0})$，风险为 σ_{P0}；投资在这两种资产组合上时，预期收益率和风险的大小取决于投资在无风险资产上的权重。

11.1.6 最佳证券组合的确定

1. 无差异曲线的特征

投资者的目标是投资效用（Utility）最大化，而投资效用取决于投资的预期收益率和风险，其中预期收益率带来正的效用，风险带来负的效用。然而，不同的投资者对风险的厌恶程度和对收益的偏好程度是不同的，为了更好地反映收益和风险对投资者效用的影响程度，有必要说明"无差异曲线"（Indifference Curve）的特征。

（1）无差异曲线的斜率是正的。理性投资者对风险的厌恶态度，随着风险的增加，投资者对收益的要求会增加得更快。因此高风险的投资必须有更高的预期收益率与之匹配。

（2）上方的无差异曲线比下方的无差异曲线能给投资者带来更大的满足感。

（3）同一投资者有无限多条无差异曲线。

（4）同一投资者在同一时间、同一地点的任何两条无差异曲线都不能相交。

2. 最优证券组合

依据有效边界理论和无差异曲线理论，满足无差异曲线簇与有效边界的切点就是最优投资点，如图 11.3 所示，无差异曲线 D 与 $A-MVP$ 曲线的交点。

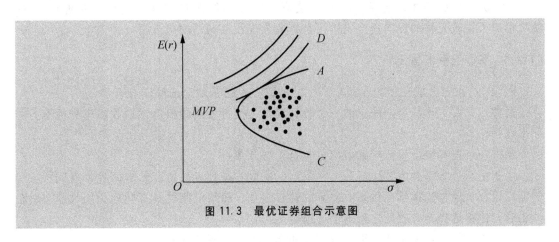

图 11.3 最优证券组合示意图

哈里·马科维茨简历（Harry M. Markowitz）

马科维茨先生 1927 年在芝加哥出生。中学毕业后，进入芝加哥大学，马科维茨选择了经济学。在芝加哥马科维茨成为考尔斯经济委员会的一名学生会员，他的论文的方向是把数理方法应用于股票市场。

1952年马科维茨离开芝加哥大学后加入兰德公司。1952年发表论文《投资组合选择》；1959年出版《投资组合选择：有效分散化》；1987年《在投资组合选择和资本市场的均值—方差分析》；1991年《投资组合理论的基础》。

1989年，马科维茨被美国运筹学学会和管理科学协会授予冯·诺依曼奖。1990年马科维茨由于他1952年的论文《投资组合选择》和1959年出版的《投资组合选择：有效分散化》一书，被授予诺贝尔经济学奖。马科维茨的主要贡献是，发展了一个概念明确的可操作的在不确定条件下选择投资组合的理论——这个理论进一步演变成为现代金融投资理论的基础。

马科维茨证明，在一定的条件下，一个投资者的投资组合选择可以简化为平衡两个因素，即投资组合的期望回报及其方差。风险可以用方差来衡量，通过分散化可以降低风险。投资组合风险不仅依赖于不同资产各自的方差，而且也依赖于资产的协方差。

这样，关于大量的不同资产的投资组合选择的复杂的多维问题，就被约束成为一个概念清晰的简单的二次规划问题，即均值—方差分析。并且马科维茨给出了最优投资组合问题的实际计算方法。马科维茨的理论被誉为"华尔街的第一次革命"！

(资料来源：《哈里·马柯维茨：现代金融理论的开山人》，2008年)

11.2 资本资产定价模型

1964年9月，美国经济学家威廉·夏普(William F. sharpe)在《金融杂志》(Journal of Finance)上发表了《资本资产价格：风险条件下的市场均衡》一文，标志着资本资产定价理论的诞生。后来林特纳(Lintner)、莫森(Mossin)等人对该理论进行了完善和补充，使之形成了比较完整的资本资产定价模型，成为现代金融学的基石之一。

11.2.1 模型的基本假设

假设1：投资者能在预期收益率和标准差或方差的基础上选择证券组合。

通常，只要下述两个条件中的一个得到满足，投资者就能根据预期收益率和标准方差作出选择。

条件一：证券组合收益率的概率分布是正态分布。

由于正态分布完全由其均值和方差决定，所以对投资者而言，给定两种具有同样方差的证券组合，他将选择具有较高收益率的证券组合。而给定两种具有同样预期收益率的证券组合，他将选择具有较低方差的证券组合。

条件二：投资者关于证券组合价值V的效用是二次函数形式

$$u = a_0 + a_1 V + a_2 V^2 \qquad (11-8)$$

其中，$a_1 > 0$，$a_2 < 0$，这样，与第i种证券组合的价值V_i有关的效用u_i满足关系

$$u_i = a_0 + a_1 v_i + a_2 v_i^2 \qquad (11-9)$$

因为投资者选择证券组合的标准是使其预期效用最大化，即$\max\{E(u)\}$。若用P_i表示效用状态U_i出现的概率$(i=1, 2, \cdots, n)$，则

$$E(u) = \sum_{i=1}^{n} p_i u_i$$
$$= \sum p_i(a_0 + a_1 V_i + a_2 V_i^2)$$
$$= a_0 + a_1 E(V) + a_2 E(V^2) + a_2 \sigma^2(V) \qquad (11-10)$$

所以根据效用最大化原则,给定两种同样方差的证券组合,投资者将更喜欢选择具有较高预期收益率的一种。而给定两种具有同样预期收益率的证券组合,投资者将选择具有较低风险的一种。

假设2:针对一个时期,所有投资者的预期都是一致的。

这个假设表明,所有投资者在一个共同的时期内计划他们的投资,他们对证券收益率的概率分布的考虑是一致的,他们将有着一致的证券预期收益率、方差和协方差。同时,在证券组合中,选择了同样的证券数目。

假设3:资本市场无摩擦。

摩擦是资本流动和信息传播的障碍,因此这个假设是说,不存在证券交易成本,没有加在红利和利息收入或者自资本收益上的税收。信息可以畅通无阻地传播到资本市场中的每一个投资者。

有了以上假设,就可以简单明了地推导出资本资产定价模型(Capital Asset Pricing Models)。

11.2.2 资本市场线

资本市场线是指表明有效组合的期望收益率和标准差之间的一种简单的线性关系的一条射线,如图11.4所示。它是沿着投资组合的有效边界,由风险资产和无风险资产构成的投资组合。

资本市场线认为,如果市场处于均衡状态,即全部资本资产的供给总量必等于其需求总量。即在证券市场上,人们买入全部证券的资产总量必然等于人们卖出全部证券的总量。由此引申出资本市场均衡的另一层含义,即风险相同的证券和证券组合的预期收益率应该是一致的,这种收益率也称均衡收益率。

资本市场线可用以下公式表达

$$\overline{R}_p = R_f + \frac{\overline{R}_m - R_f}{V_m} \times V_p \qquad (11-11)$$

式中:$\overline{R}_p$ 表示在均衡条件下,任一有效证券或有效证券组合的预期收益率;R_f 表示市场无风险贷出利率,也是无风险资产的投资点,在此点上,只有收益,而无风险;$\overline{R}_m$ 表示市场风险组合的预期收益率;V_m 表示市场风险组合的风险度;V_p 表示在均衡的条件下,任一有效证券或有效证券组合的风险度。

在均衡条件下,任一有效证券或有效证券组合的预期收益率与其风险度呈现出一种线性关系。$\frac{\overline{R}_m - R_f}{V_m}$ 是正斜率。R_f 是线性关系的截距。均衡时,任何有效证券和有效证券组合的预期收益率都由两部分组成:一是无风险贷出利率 R_f,同时又可作为投资者暂时延迟消费所给予的回报,即资金的时间价格或价值;二是附加风险收益率 $\frac{\overline{R}_m - R_f}{V_m} \times V_p$,也可被看做是所有有效证券或有效证券组合的市场风险价格乘以所承受风险的总量,即投资者承受市场风险所获得的报酬。

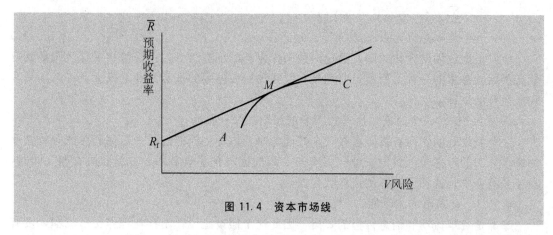

图 11.4　资本市场线

虽然资本市场线表示的是风险和收益之间的关系,但是这种关系也决定了证券的价格。因为资本市场线是证券有效组合条件下的风险与收益的均衡,如果脱离了这一均衡,则就会在资本市场线之外,形成另一种风险与收益的对应关系。这时,要么风险的报酬偏高,这类证券就会成为市场上的抢手货,造成该证券的价格上涨,投资于该证券的报酬最终会降低下来;要么会造成风险的报酬偏低,这类证券在市场上就会成为市场上投资者大量抛售的目标,造成该证券的价格下跌,投资于该证券的报酬最终会提高。经过一段时间后,所有证券的风险和收益最终会落到资本市场线上来,达到均衡状态。

11.2.3　证券市场线

在市场均衡状态下,某项风险资产的预期收益与其所承担的风险之间的关系,可以利用资本市场线和市场组合推导出来,其结果就是证券市场线(Stock Markets Line)。

证券市场线方程为

$$\overline{R}_i = R_f + (\overline{R}_m - R_f)\beta_i \tag{11-12}$$

其图形如图 11.5 所示。

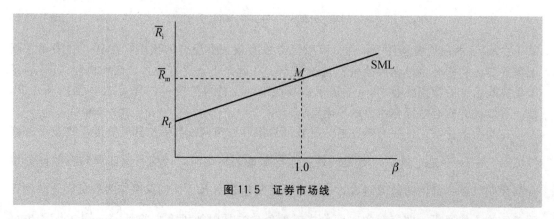

图 11.5　证券市场线

由式(11-12)可知,风险资产的收益由两部分构成:一是无风险资产的收益 R_f;二是市场风险溢价收益($\overline{R}_m - R_f$)。它表明以下几点内容。

(1) 风险资产的收益高于无风险资产的收益率。

(2) 只有系统性风险需要补偿，非系统性风险可以通过投资多样化减少甚至消除，因而不需要补偿。

(3) 风险资产实际获得的市场风险溢价收益取决于 β_i 的大小，β_i 值越大，则风险贴水($\overline{R}_m - R_f$)就越大，反之，β_i 值越小，风险贴水就愈小。

依据 β_i 大于或小于 1，可将证券或证券组合分为防御性（Defensive Securities）和进取性两类证券（Aggressive Securities）。β_i 系数值小于 1 的证券或证券组合称为防御性证券或证券组合；β_i 系数值大于 1 的证券称为进取性证券或证券组合。

11.2.4　资本市场线与证券市场线的区别

(1) 资本市场线的横轴是标准差（既包括系统风险又包括非系统风险），证券市场线的横轴是贝塔系数（只包括系统风险）。

(2) 资本市场线揭示的是持有不同比例的无风险资产和市场组合情况下风险和报酬的权衡关系；证券市场线揭示的是证券本身的风险和报酬之间的对应关系。

(3) 资本市场线中的 x 轴"V"不是证券市场线中的贝塔系数，资本市场线中 y 轴"风险组合的期望报酬率"与证券市场线的"平均股票的要求收益率"含义也不同。

(4) 资本市场线表示的是"期望报酬率"，即投资后期望获得的报酬率；而证券市场线表示的是"要求收益率"，即投资前要求得到的最低收益率。

(5) 证券市场线的作用在于根据"必要报酬率"，利用股票估价模型，计算股票的内在价值；资本市场线的作用在于确定投资组合的比例。

11.3　套利定价理论

套利定价理论（Arbitrage Pricing Theory，APT）是由斯蒂夫·罗斯（Stephen Ross）于 1976 年提出的。

经过几十年的发展，套利定价理论在资产定价理论中的地位已不亚于资本资产定价模型。套利定价理论的出发点是假设资产的收益率与未知数量的未知因素相联系，而对于一个充分多元化的大组织而言，只有几个共同因素需要补偿。

此外，每一个投资者都想使用套利组合在不增加风险的情况下增加组合的收益率，但在一个有效率的均衡市场中，不存在无风险的套利机会。

11.3.1　套利定价理论的意义

套利定价理论不需假设投资者是风险厌恶的，同时资本市场的均衡条件建立在"一价定律"上，使理论更加简洁且符合实际。

套利理论的敏感系数 β_i 较之资本资产定价模型中的参数 β 更加灵活多变，大大简化了证券组合选择中期望收益率、方差、协方差的计算过程，从而为证券投资基金的组合管理提供了有力的依据。此外，在套利理论的指导下，被动型投资者可以构建分散化的资产组合避以免因素风险和非因素风险的影响，主动型投资者可以寻找套利组合，获得无风险利润。

11.3.2 套利定价理论的基本机制

套利定价模型的假设条件和价格形成过程与资本资产定价模型是不同的。套利定价理论认为，资产的收益可能会受到集中风险的影响，而到底是几种风险，这些风险具体是什么，则无关重要，因此套利定价模型的限制条件不像资本资产定价模型那样严格。此外，套利定价模型也没有下列资本资产定价模型所需要的假设：只有一个时期的投资水平；不考虑税收因素；以无风险利率借贷；投资者根据预期收益和方差选择资产组合。

套利定价模型最基本的假设就是投资者都相信证券 I 的收益受 k 个共同因素的影响，证券 I 的收益与这些因素的关系可以用下面这个 k 因素模型表示出来。

$$r_i = E(r_i) + \beta_{i1} F_1 + \beta_{i2} F_2 + \cdots + \beta_{in} F_n + \varepsilon_i$$

式中：r_i 是任意一种证券 I 的收益率；$E(r_i)$ 是预期收益；β_{ik} 是证券 I 相对 k 因素的敏感度；ε_i 是误差项；$F_n (n=1, 2, 3, \cdots, n)$ 是系统因素。

由于已知的信息都已经包含在 $E(r_i)$ 中，所以这里的 F 因素都是不可测的，在将来发生纯属意外。有意外发生，就会改变 r_i 和 $E(r_i)$ 之间的关系；没有意外发生，从 $\beta_{i1} F_1$ 到 $\beta_{ik} F_n$ 将都是零。由于 F_n 是随机变量，所以 $E(F_n)=0$。不过，套利定价模型并不在意一共有多少因素是什么之类的问题。

11.3.3 套利定价模型

罗斯基于以下两点来推导套利定价模型。
（1）在一个有效市场中，当市场处于均衡状态时，不存在无风险的套利机会。
（2）对于一个高度多元化的资产组合来说，只有几个共同因素需要补偿。
证券 I 与这些共同因素的关系是

$$E(r) = \lambda_0 + \beta_{i1}\lambda_1 + \beta_{i2}\lambda_2 + \cdots + \beta_{ik}\lambda_k \tag{11-13}$$

这就是套利定价模型。其中 λ_k 表示投资者承担一个单位 k 因素风险的补偿额，风险的大小由 β_{ik} 表示，当资产对所有 k 因素都不敏感时，这个资产或资产组合就是零 β 资产或资产组合。

假设资产组合 P_1 只与因素 I 有一个单位的敏感度，即

$$\beta_{i1} = \beta_{i2} = \cdots = \beta_{ik} = 0$$

则
$E(r_{P_1}) = \lambda_0 + \lambda_1$ 即

$$\lambda_1 = E(r_{P_1}) - \lambda_0 \tag{11-14}$$

这就是说，风险补偿可以被理解为预期收益超过零 β 资产组合收益率的部分，P_1 被称为单因素资产组合。以此类推其他 λ 值后，就可以把上面的套利定价模型改写为

$$E(r_i) = \lambda_0 + \beta_{i1} [E(r_{P_1} - \lambda_0)] + \beta_{i2} [E(r_{P_2} - \lambda_0)] + \cdots + \beta_{ik} [E(r_{P_k} - \lambda_0)]$$

$$\tag{11-15}$$

显然，资产 I 预期收益的计算取决于以下两点：

(1) 确定系统因素，准确估计各 β 值。

(2) 确定各单因素资产组合的预期收益。

例子：若假定证券 R 的收益率与要素 1 和要素 2 之间有模型

$$R_R = a_R + 0.8F_1 + 1.5F_2 + e_R$$

而组合 K 由无风险证券 F、纯要素组合 PI、纯要素组合 PII 构成。

$$R_K = -1.3r_F + 0.8R_{PI} + 1.5R_{PII}$$

本 章 小 结

> 证券组合理论表明，投资者追求的终极目标就是：在给定风险水平下，使资产投资获得的收益最大；或者在给定投资收益水平下，使资产面临的风险最小。
>
> 有效边界理论的提出，在很大程度上解决了效率论的金融学理解，给投资者以直观、形象的印象。
>
> 资本市场线和证券市场线被投资者广泛地应用来进行投资决策：它综合考虑了收益和风险两个方面的问题，为投资者提供了理论依据。
>
> 套利定价原理表明，市场存在套利机会，只有投机者不断在市场上进行套利，才有可能消除市场中的套利行为，最终使市场本身套利机会趋于消失。

习　　题

一、单项选择题

1. 马柯维茨因资产组合理论获得（　　）年诺贝尔经济学奖。
   A. 1989　　　　　B. 1990　　　　　C. 1991　　　　　D. 1992

2. 投资者在考虑以下因素时，最需要考虑的是（　　）。
   A. 收益　　　　　B. 风险　　　　　C. 持有时间　　　　　D. 利率水平

3. 以下关于期望收益率的理解正确的是（　　）。
   A. 期望收益率是投资者自己的主观想法
   B. 期望收益率是投资者必须得到的收益率
   C. 期望收益率受市场因素的影响
   D. 以上说法均不正确

4. 根据有效边界理论，证券的有效区间应在（　　）。
   A. $A-MVP$　　　B. $A-C$ 上　　　C. $MVP-C$　　　D. $A-C$ 内部

5. 资本市场线引入无风险资产的目的在于（　　）。
   A. 构成组合　　　　　　　　　　B. 完善组合品种
   C. 对冲风险　　　　　　　　　　D. 保持理论的先进性

6. 下列关于证券市场线的描述不正确的是（　　）。
   A. 风险资产的收益高于无风险资产的收益率

B. 证券收益率与风险证券无关

C. 只有系统性风险需要补偿，非系统性风险可以通过投资多样化减少甚至消除，因而不需要补偿

D. 风险资产实际获得的市场风险溢价收益取决于 β_i 的大小，β_i 值越大，则风险贴水 $(\overline{R}_m - R_f)$ 就越大，反之，β_i 值越小，风险贴水就愈小

7. APT 理论是由罗斯于（　　）年提出的。
   A. 1975　　　　B. 1976　　　　C. 1977　　　　D. 1978

8. 套利定价理论假设投资者是（　　）。
   A. 风险厌恶的　　　　　　　　B. 风险中性的
   C. 风险偏好的　　　　　　　　D. 无特殊要求

9. 由于套利定价理论不必弄清楚每一个影响定价的因素，因此，套利定价理论（　　）。
   A. 不严谨　　　　B. 不科学　　　　C. 不完善　　　　D. 更实用

10. 股票的内在价值（　　）根据证券市场线来估算。
    A. 不可以　　　　　　　　　　B. 可以
    C. 是否可以不确定　　　　　　D. 以上说法均不正确

二、多项选择题

1. 资产组合理论需要达到的目的为（　　）。
   A. 在给定的风险水平下，使资产投资收益最大
   B. 在给定投资收益下，使资产面临的风险最小
   C. 不把鸡蛋放在同一个篮子里
   D. 以上说法均不正确

2. 证券组合的风险取决于（　　）。
   A. 各种证券风险　　　　　　　B. 证券的可转让性
   C. 各种证券在组合中的比例　　D. 证券之间的相关系数

3. 证券组合理论的基本假设是（　　）。
   A. 市场是有效的；风险是可以规避的；组合是在预期收益和风险基础上进行的
   B. 每一种投资都可由一种预期收益的可能分布来代表
   C. 投资者都利用预期收益的波动来估计风险
   D. 投资者是理性的，理性投资者具有追求收益最大化和厌恶风险的基本特征，追求效用最大化是投资者决策的唯一依据

4. 无差异曲线的特征是（　　）。
   A. 无差异曲线的斜率是正的。理性投资者对风险的厌恶态度，随着风险的增加，投资者对收益的要求会增加得更快。因此高风险的投资必须有更高的预期收益率与之匹配
   B. 上方的无差异曲线比下方的无差异曲线能给投资者带来更大的满足程度
   C. 同一投资者有无限多条无差异曲线
   D. 同一投资者在同一时间、同一时点的任何两条无差异曲线都不能相交

5. 资本资产定价模型的基本假设为（　　）。
   A. 投资者能在预期收益率和标准差或方差的基础上选择证券组合
   B. 针对一个时期，所有投资者的预期都是一致的
   C. 资本市场无摩擦
   D. 证券的数量是连续的

6. 资本市场线与证券市场线的区别在于（　　）。
   A. 资本市场线的横轴是标准差（既包括系统风险又包括非系统风险），证券市场线的横轴是贝塔系数（只包括系统风险）
   B. 资本市场线揭示的是持有不同比例的无风险资产和市场组合情况下风险和报酬的权衡关系；证券市场线揭示的是证券的本身的风险和报酬之间的对应关系
   C. 资本市场线中的 x 轴"V"不是证券市场线中的贝塔系数，资本市场线中 y 轴"风险组合的期望报酬率"与证券市场线的"平均股票的要求收益率"含义也不同
   D. 资本市场线表示的是"期望报酬率"，即投资后期望获得的报酬率；而证券市场线表示的是"要求收益率"，即投资前要求得到的最低收益率

7. 罗斯在推导套利定价模型时，假设（　　）。
   A. 在一个有效市场中，当市场处于均衡状态时，不存在无风险的套利机会
   B. 对于一个高度多元化的资产组合来说，只有几个共同因素需要补偿
   C. 投机者的套利行为是优先考虑的对象
   D. 市场不存在投机者

8. 套利定价理论表明，在考虑众多影响因素时（　　）。
   A. 指数化是一种趋势　　　　　　　B. 有些因素可以笼统归纳
   C. 必须弄清楚每一种影响因素　　　D. 有些因素可以不必弄清楚

9. 套利定价理论与资本资产定价模型比较，（　　）。
   A. 套利定价理论的假设条件较少
   B. 套利定价理论与资本资产定价模型比较更受欢迎
   C. 套利定价理论计算更简单
   D. 资本资产定价模型更严谨

10. 下列描述正确的是（　　）。
    A. β 系数小于 1 的证券组合为防御性组合　　B. β 系数大于 1 的证券组合为进取性组合
    C. β 系数的大小与投资者的风险态度有关　　D. β 系数的大小与投资者的风险态度无关

三、计算题

1. 已知市场指数方差为 0.6，其他指标如表 11-2 所示。

表 11-2　市场股票的资料

股票	β 值	权数	方差
A	0.6	0.65	0.7
B	0.2	0.35	0.2

   计算这两种股票组合的方差。

2. 已知国库券的年收益率是 3.5%，一个风险组合由证券 A 和证券 B 构成，证券 A 的预期收益率是 10%，方差为 0.03，证券 B 的预期收益率是 8%，方差为 0.01。试计算 A、B 证券组合的比率是多少时，能够满足投资者 9% 的年投资收益要求。

四、简答题

1. 简述资本资产定价模型需要哪些假设条件。
2. 简述 APT 模型与 CAPM 模型的区别与联系。

3. 简述资本市场线与证券市场线的区别与联系。

五、论述题

1. 组合投资如何化解投资风险？
2. 套利定价理论如何指导投资者进行适当投机？

六、案例分析题

风险和收益匹配与基金组合投资的运用关系

1. 背景资料

对积极的组合管理而言，当基金经理预测市场价格上升时，由于预期的资本利得收益将增加，根据风险与收益相匹配的原则，基金经理可以通过提高投资组合的β值，在市场上升中得到更大的收益；反之则降低投资组合的β值，以使得规避市场下跌风险的目的。当基金经理在实践中贯彻上述风险与收益相匹配的原则时，其核心就是根据对市场走势的预测对组合的β值进行调整。根据这一资产配置原则，得到基于风险与收益相匹配的基金资产配置能力模型。

$$I_{A,t+1} = \sum (\beta_{t+1} - \beta_t)(R_{m,t+1} - R_{f,t+1}) \qquad (11-16)$$

式中，$I_{A,t+1}$ 代表基金 t+1 期的资产配置能力；β_{t+1} 和 β_t 表示基金投资组合在 t+1 期和 t 期的系统性风险；$R_{m,t+1}$ 表示市场在 t+1 期的收益；$R_{f,t+1}$ 表示 t+1 期的无风险收益率。

式(11-16)的具体含义是，如果基金经理预期下一期市场上涨，即 $R_{m,t+1} > R_{f,t+1}$，则基金经理应通过资产的重新配置调整投资组合，以使得 $\beta_{t+1} > \beta_t$，从而满足风险与收益相匹配的要求；而如果基金经理预期下一期市场将下跌，即出现 $R_{m,t+1} < R_{f,t+1}$，基金经理则可通过资产的重新配置调整组合，以使得 $\beta_{t+1} < \beta_t$，同样达到风险与收益相匹配的要求。也就是说，式(11-17)充分体现了上述基金进行资产配置所要遵循的原则。由此我们就得到了判定基金是否具有资产配置能力的重要标准之一：如果 $I_{A,t+1}$ 值为正，表明基金具有资产配置能力，$I_{A,t+1}$ 值越大，基金的资产配置能力越强；如果 $I_{A,t+1}$ 值为负，则表明基金没有资产配置能力。

这里需要说明的是，式 11-16 中的 $(R_{m,t+1} - R_{f,t+1})$ 一项代表了基金经理对下一期市场走势的预测。我们将这一预测定义为：预测市场下跌就是预测市场组合收益率将小于同期无风险收益率；反之则预测市场组合收益率大于同期无风险收益率。从资产配置的角度看，即便预测下一期市场将下跌，但只要从中还能获得风险溢价，基金就不应停止投资或对组合进行大幅度的调整。

基金经理通过资产的重新配置来调整投资组合的β值以达到风险与收益的最优匹配。这一过程可以有两个具体措施，即资产调整和证券调整。前者是指调整组合中风险资产的比例（股票持仓比例）以达到调整整个组合β值的目的；后者是指通过不同β值的组合外证券与组合内证券之间的替换，从而以调整组合中单只股票β值大小的方式达到调整整个组合β值的目的。具体而言，当预测市场下跌时，基金经理既可以减少组合中风险资产的持有比例，也可以从组合中调出系统性风险大的股票同时调入系统性风险小的股票；当预测下期市场将上涨时，基金经理则既可以加大风险资产的持有比例，又可以从组合中调出系统性风险小的股票而换入系统性风险大的股票。据此如果以 h_{t+1} 和 h_t 分别表示基金投资组合在 t+1 期和 t 期的股票持仓比例，则式(11-16)可以进一步表述为

$$\begin{aligned} I_{A,t+1} &= \sum (\beta_{t+1} - \beta_t)(R_{m,t+1} - R_{f,t+1}) \\ &= \sum (h_{t+1} - h_t) \times (R_{m,t+1} - R_{f,t+1}) + \sum [(\beta_{t+1}/h_{t+1} - \beta_t/h_t)] \times h_{t+1} \times (R_{m,t+1} - R_{f,t+1}) \end{aligned}$$

$$(11-17)$$

式(11-17)中的第一项我们将其定义为 I_1，即

$$I_1 = \sum (h_{t+1} - h_t)\beta_t/h_t \times (R_{m,t+1} - R_{f,t+1}) \tag{11-18}$$

式(11-18)中，假定投资组合中单位风险资产的系统性风险不变，基金经理通过对市场组合收益率和无风险收益率两者大小关系的预测，通过调整投资组合风险资产的持有比例来调整投资组合的系统性风险，即式(11-18)是从资产调整的角度研究基金经理的资产配置能力。

式(11-17)中的第二项我们将其定义为 I_2，即

$$I_2 = \sum [(\beta_{t+1}/h_{t+1}) - (\beta_t/h_t)] \times h_{t+1} \times (R_{m,t+1} - R_{f,t+1}) \tag{11-19}$$

式(11-19)中，假定风险资产的持有率不变，基金经理通过对市场组合收益率和无风险收益率的大小关系的预期，通过更换投资组合中的股票来调整投资组合单位风险资产的系统性风险，进而调整投资组合的系统性风险，即式(11-19)是从证券调整的角度研究基金经理的资产配置能力。

就式(11-18)和式(11-19)来说，正的 I_1 和 I_2 值表明基金经理正确预测了市场走势并据此进行了相应的符合风险与收益最优匹配的资产配置，即基金经理有明显的资产配置能力；反之，负的 I_1 和 I_2 值表明基金经理的资产配置能力较低。

以 2003 年以前在深、沪两市上市的共 54 家封闭式证券投资基金为样本，样本的评价期间为 2 年 1 月 1 日或基金上市日到 2006 年 6 月 30 日，半年为研究单位。样本所需的数据由国信证券公司的基金净值数据整理得到。

研究表明，对基金资产配置能力可以从基金的资产调整和证券选择两方面研究，据此我们分别计算这 25 只基金 I_1、I_2 和 $I_{A,t+1}$ 三个指标的平均值，在组成指标 $I_{A,t+1}$ 的两部分中，指标 I_1 的比重仅有 26.53%，指标 I_2 的比重高达 73.47%，表明基金主要依靠投资组合中股票的变动来调整投资组合的系统性风险，以使资产配置原则得以满足，而小部分通过资产调整来体现。这说明在我国基金的资产配置能力中，其证券调整能力要强于资产调整能力。

其次我们对 17 只具有一般资产配置能力的基金作进一步研究。将这 17 只基金分为两类，第一类是 I_1 值小于零 I_2 值大于零，第二类是 I_1 值大于零 I_2 值小于零。通过分类统计得到的结果。这些具有一般资产配置能力的基金中，由于不适当地调整组合中的股票导致基金投资管理能力一般的 7 只基金，其 $I_{A,t+1}$ 的均值(0.001 095)显著小于由于资产调整不合理导致投资管理能力一般的 10 只基金的 $I_{A,t}$ 均值(0.002 066)。也就是说，由于不适当地调整投资组合中的股票，较大程度地影响了基金资产配置能力的提高，此结果也说明中国的基金主要还是通过投资组合中股票的调整来进行资产配置的。

最后，对 12 只资产配置能力较低的基金作进一步分析。我们将这些基金分为三类：第一类是 I_1 值小于零而 I_2 值大于零，第二类是 I_1 值大于零而 I_2 值小于零，第三类是 I_1 值和 I_2 值同时小于零。然后分别计算指标 $I_{A,t+1}$、I_1 和 I_2 的均值，这 12 只资产配置能力较低的基金的 I_2 的均值(-0.002 51)小于零，其原因在于对市场收益率和无风险收益率的大小关系的错误预期，或者虽然准确预期了市场收益率和无风险收益率的大小关系，但是由于不合理地变动投资组合内股票的配置，导致基金资产配置能力较低。说明在对市场准确预期的基础上，合理调整投资组合的股票配置对基金的资产配置能力起关键性的作用。

2. 案例分析与提示

本案例从风险与收益相匹配的角度建立了衡量基金资产配置能力的模型并给出了具体的判断指标，在此基础上对我国 54 只封闭式基金的资产配置能力进行了实证检验。研究发现，在全部 54 只封闭式基金中，资产配置能力达到较高程度的基金有 25 只，占样本总数的 46.3%；而资产配置能力较弱或不具有资产配置能力的基金为 12 只，只占了研究样本的 22.2%。这说明经过几年的发展，我国基金的资产配置能力有了较大的提高和发展。

(资料来源：李学峰、茅勇峰，《我国证券投资基金的资产配置能力研究》，载《证券市场导报》，2007(3)，有改动)

第4篇 证券投资分析

第12章 证券投资的一般分析

教学目标

通过本章的学习，了解证券投资的主体及证券投资媒体的含义，理解证券投资主体及证券投资媒体的特点，掌握证券投资主体及证券投资媒体的分类，了解我国证券投资媒体发展的现状，熟悉证券投资一般过程及交易方式。

教学要点

知识要点	能力要求	相关知识
证券投资主体	(1) 了解个人投资者及机构投资者的概念 (2) 理解个人投资者及机构投资者的特点 (3) 掌握机构投资者的分类	(1) 个人投资者的定义及特点 (2) 机构投资者的概念及特点 (3) 机构投资者的分类：政府机构、金融机构
证券投资媒体	(1) 具有证券投资媒体分类的概括能力 (2) 了解中国证券投资媒体现状	(1) 证券投资媒体的分类 (2) 中国证券投资媒体的现状
证券投资机理	(1) 理解证券投资动机与目的 (2) 证券投资过程的理解及运用 (3) 证券交易基本方式的概括能力	(1) 证券投资的动机与目的 (2) 证券投资过程 (3) 证券交易的基本方式

第12章 证券投资的一般分析

> 投资并非一个智商为160的人就一定能击败智商为130的人的游戏。对于大多数投资者而言,重要的不是他知道什么,而是清醒地知道自己不知道什么。
>
> ——沃伦·巴菲特

个人投资者　机构投资者　QFII　证券承销商　证券经纪人　投资银行　公司制证券交易所　会员制证券交易所　信托投资公司　基金公司　证券评级机构　期货交易　信用交易　期权交易

王先生看到身边不少的朋友通过股票买卖在短期内迅速获得财富积累后,羡慕不已,在未作任何准备、严重缺乏投资基础知识和经验的情况下,拿出省吃俭用攒下的20万元仓促入市。东打听、西打听,在盲目听信他人的介绍后,杂七杂八的股票买了一大堆,半年时间下来,账面亏损已剩4万元,以至于神思恍惚、寝食难安,严重影响了原本规律的生活。

点评: 投资知多点, 理财更轻松

投资者一定要以慎重的态度对待投资,在进行证券投资前,一定要先了解相关的投资知识,树立必要的风险意识,把相关的功课做好做足,避免因仓促入市带来损失。要想取得较好的投资效果,加强学习,提高自己的水平才是最重要的。

12.1　证券投资主体

证券投资的主体即证券投资的投资者。证券投资者是指以取得利息、股息或资本收益为目的而买入证券的机构和个人,是证券市场的资金供给者。证券投资主体可分为个人投资者和机构投资者两大类。

12.1.1　个人投资者

个人投资者即以自然人身份从事证券买卖的投资者,其进行投资的目的是使证券投资的净效用最大化。个人投资者进行证券投资应具备一些基本条件,包括国家有关法律、法规关于投资者投资资格的规定和个人投资者必须具备一定经济实力。一般而言,个人投资者具有以下几个特点。

(1) 个人投资者由于资金有限而高度分散,同时绝大部分都是散户投资者,缺乏足够的时间搜集信息、分析行情、判断走势,也缺少足够的资料数据去分析上市公司经营情况。因此,其投资规模较小,投资周期较短,专业化较弱。

(2) 个人投资者由于资金及专业化弱等自身条件的限制,难以进行投资组合,在证券投资中承担的风险较高。

(3) 个人投资者的投资活动具有盲目性，投机性较强。

12.1.2 机构投资者

1. 机构投资者的概念及特点

机构投资者从广义上讲是指用自有资金或者从分散的公众手中筹集的资金专门进行有价证券投资活动的法人机构，主要有证券公司、共同基金等金融机构和企业、事业单位、社会团体等。在中国，机构投资者目前主要是具有证券自营业务资格的证券自营机构，符合国家有关政策法规的投资管理基金、保险公司、社保基金等。

> **知识链接**
>
> 机构投资者中有一类称为QFII(Qualified Foreign Institutional Investors)，即合格的境外机构投资者制度，是指允许合格的境外机构投资者，在一定规定和限制下汇入一定额度的外汇资金，并转换为当地货币，通过严格监管的专门账户投资当地证券市场，其资本利得、股息等经批准后可转为外汇汇出的一种市场开放模式。截至2011年3月，我国已批准108家境外机构QFII资格，批准投资额度将近200亿美元。

与个人投资者相比，机构投资者具有以下几个特点。

(1) 投资管理专业化。机构投资者一般具有较为雄厚的资金实力，在投资决策运作、信息搜集分析、上市公司研究、投资理财方式等方面都配备有专门部门，由证券投资专家进行管理。因此，其在投资管理上更专业化。

(2) 投资结构组合化。机构投资者拥有聚集起来的庞大资金，为了尽可能降低证券投资的风险，机构投资者会利用其专业化的管理和多方位的市场研究在投资过程中进行合理的投资组合。

(3) 投资行为规范化。作为具有独立法人地位的经济实体，机构投资者的投资行为受到多方面的监管，相对来说，也就较为规范。因此，从理论上讲，机构投资者的投资规模相对较大，投资周期相对较长，投资风险相对较低，投资行为相对规范化，从而有利于证券市场健康稳定的发展。

2. 机构投资者的分类

1) 政府机构

作为政府机构，参与证券投资的目的主要是为了调剂资金余缺和进行宏观调控。各级政府及政府机构出现资金剩余时，可通过购买政府债券、金融债券投资于证券市场。

中央银行以公开市场操作作为政策手段，通过买卖政府债券或金融债券，影响货币供应量进行宏观调控。

我国国有资产管理部门或其授权部门持有国有股，履行国有资产的保值增值和通过国家控股、参股来支配更多社会资源的职责。

从各国的具体实践来看，出于维护金融稳定的需要，政府还可成立或指定专门机构参与证券市场交易，减少非理性的市场震荡。

2)金融机构

参与证券投资的金融机构包括证券经营机构、银行业金融机构、保险公司及保险资产管理公司、主权财富基金以及其他金融机构。

(1) 证券经营机构。证券经营机构是证券市场上最活跃的投资者,以其自有资本、营运资金和受托投资资金进行证券投资。

(2) 银行业金融机构。银行业金融机构包括商业银行、城市信用合作社、农村信用合作社等吸收公众存款的金融机构以及政策性银行。受自身业务特点和政府法令的制约,银行业金融机构一般仅限于政府债券和地方政府债券,而且通常以短期国债作为其超额储备的持有形式。

(3) 保险公司及保险资产管理公司。目前,保险公司已经超过共同基金成为全球最大的机构投资者,除大量投资于各类政府债券、高等级公司债券外,还广泛涉足基金和股票投资。目前我国的保险公司除利用自有资金和保险收入作为证券投资的资金来源外,还可运用受托管理的企业年金进行投资。作为投资主体,保险公司通常采用自设投资部门进行投资、委托专门机构投资或购买共同基金份额等方式运作。保险公司除投资于国债之外,还可以在规定的比例内投资于证券投资基金和股权性证券。根据中国保监会《保险资产管理公司管理暂行规定》(2004年6月1日起实施),目前国内主要保险公司均发起设立了保险资产管理公司,对保险资产的投资进行集中管理,成为证券市场重要的投资主体。截至2007年末,中国保险业投资类资产规模已超过2万亿元人民币。

2010年8月5日,保监会颁布《保险资金运用管理暂行办法》,《办法》规定,保险资金投资股票和股票型基金的账面余额,合计不高于本公司上季末总资产的20%。取消了原有对险资投资股票和股票型基金分别只有10%的上限比例。与此同时,《办法》还允许保险资金投资无担保债、不动产、未上市股权等新的投资领域。《办法》的颁布为保险业整合并简化了保险资金投资比例,进一步扩大了保险资产配置的弹性和空间。

(4) 合格境外机构投资者(QFII)。在QFII制度下,合格的境外机构投资者(QFII)将被允许把一定额度的外汇资金汇入并兑换为当地货币,通过严格监督管理的专门账户投资当地证券市场,包括股息及买卖价差等在内的各种资本所得经审核后可转换为外汇汇出,实际上就是对外资有限度地开放本国证券市场。我国于2002年11月颁布了《合格境外机构投资者境内证券投资管理暂行办法》,开始引入QFII。截至2009年12月,我国证监会累计批准83家合格境外机构投资者进入我国证券市场。QFII可投资的范围包括:证交所挂牌交易的股票、债券、证券投资基金、权证等,还可参与新股和可转债发行,股票增发和配股的申购。

(5) 主权财富基金。随着国际经济、金融形势的变化,目前不少国家尤其是发展中国家拥有了大量的官方外汇储备,为管理好这部分资金,成立了代表国家进行投资的主权财富基金。经国务院批准,中国投资有限责任公司于2007年9月29日宣告成立,注册资本金2 000亿美元,成为专门从事外汇资金投资业务的国有投资公司,以境外金融组合产品为主,开展多元投资,实现外汇资产保值增值,被视为中国主权财富基金的发端。

(6) 其他金融机构。其他金融机构包括信托投资公司、企业集团财务公司、金融租赁公司等。这些机构通常也在自身章程和监管机构许可的范围内进行证券投资。

3) 企业和事业法人

企业进行股票投资的目的是实现对目标企业的参股和控股，出于这种投资目的的投资一般是长期性投资，相对比较稳定。通常一家企业在购买另一家企业的股票后不会在短期内马上将其转手，而是长期持有。我国现行的规定是，各类企业可参与股票配售，也可投资于股票二级市场；事业法人可用自有资金和有权自行支配的预算外资金进行证券投资。

4) 各类基金

(1) 证券投资基金。证券投资基金是指通过公开发售基金份额筹集资金，由基金管理人管理，基金托管人托管，为基金份额持有人的利益，以资产组合方式进行证券投资活动的基金。《证券投资基金法》规定我国的证券投资基金可投资于股票、债券和国务院证券监督管理机构规定的其他证券品种。

(2) 社保基金。在大多数国家，社保基金分为两个层次：其一是国家以社会保障税等形式征收的全国性基金；其二是由企业定期向员工支付并委托基金公司管理的企业年金。在我国，社保基金也主要由两部分组成：一部分是社会保障基金；另一部分是社会保险基金。

社保基金的投资范围包括银行存款、国债、证券投资基金、股票、信用等级在投资级以上的企业债、金融债等有价证券，其中银行存款和国债投资的比例不低于50%，企业债、金融债不高于10%，证券投资基金、股票投资的比例不高于40%。现阶段，我国社会保险基金的部分积累项目主要是养老保险基金，其运作依据是劳动部的各相关条例和地方规章。

(3) 企业年金。企业年金是指企业及其职工在依法参加基本养老保险的基础上，自愿建立的补充养老保险基金。按照我国现行法规，企业年金可由年金受托人或受托人指定的专业投资机构进行证券投资。按照2004年2月发布的《企业年金基金管理试行办法》的规定，企业年金基金财产的投资范围，限于银行存款、国债和其他具有良好流动性的金融产品，包括短期债券回购、信用等级在投资级以上的金融债券和企业债、可转换债、投资性保险产品、证券投资基金、股票等。企业年金基金不得用于信用交易，不得用于向他人贷款和提供担保。

(4) 社会公益基金。社会公益基金是指将收益用于指定的社会公益事业的基金，如福利基金、科技发展基金、教育发展基金、文学奖励基金等。我国有关政策规定，各种社会公益基金可用于证券投资，以求保值增值。

12.2 证券投资媒体

12.2.1 证券投资媒体的分类

证券投资媒体是指在证券投资中充当交易媒介，从事交易或促使交易完成的机构和个人。证券投资媒体大致可分为个人媒体和机构媒体两类。其中，个人媒体包括经纪人和自营商。机构媒体包括商业银行、证券公司、财务公司、保险公司、信托公司等各类银行和非银行金融机构。

1. 证券承销商及证券经纪人

1）证券承销商

证券承销商是指与发行人签订证券承销协议，协助公开发行证券，以此获取相应的承销费用的证券经营机构。其任务是受发行人的委托，寻找潜在的投资公众，并通过广泛的公关活动，将潜在的投资人引导成为真正的投资者，从而使发行人募集到所需要的资金。在我国，证券承销商主要是大的证券公司及一些商业银行。

证券承销商的主要功能如下。

（1）顾问功能。所谓顾问功能主要指承销商可以利用其对证券市场的熟悉，为发行人提供证券市场准入的相关法规咨询，建议发行证券的种类、价格和时机，提供相关财务和管理的咨询。

（2）购买功能。购买功能指由于承销商的存在，在包销的情况下，发行人避免了证券不能完全销售的风险。

（3）分销功能。分销功能指主承销商利用其在证券市场的广泛网络，通过分销商将证券售予投资者。

（4）保护功能。保护功能指在证券发行过程中，承销商在法律法规的限制下，可以进行稳定价格的操作，保证证券市场的稳定。

2）证券经纪人

证券经纪人指在证券交易所中接受客户指令买卖证券，充当交易双方中介并收取佣金的证券商。证券经纪人既可以是自然经纪人，也可以是法人经纪人。在我国，证券经纪人只能是证券公司。

证券经纪人主要有以下几种类型：

（1）佣金经纪人。佣金经纪人是指接受客户委托后，在交易所内专门代理客户买卖证券，并从中收取佣金的经纪人。

（2）次经纪人。也称交易厅经纪人，指专门接受佣金经纪人的委托买卖证券的经纪人。

（3）专业经纪人。专业经纪人是佣金经纪人的经纪人，他们有固定交易柜台，专门买卖交易所某一柜台的一种或几种证券。

（4）零股经纪人。零股经纪人是指专门为筹资者和投资者代理买卖每笔交易不足100股的小股股票的经纪人。

（5）债券经纪人。债券经纪人是指在债券交易厅中代理客户买卖债券从中收取佣金的经纪人。

（6）证券自营商。证券自营商是指自行买卖证券，从中获取差价收益，并独立承担风险的证券经营机构。它们既可以为自己买卖证券，也代理客户买卖证券，但必须严格区分自营买卖与代理买卖，且向客户说明；而且一定要先完成客户的委托代理业务，再为自己买卖证券。

2. 证券公司、投资银行及商人银行

从业务分类的角度来看，证券公司、投资银行和商人银行所从事的业务类型基本上都是相同的。它们之所以有不同的称呼,主要是因为各国的历史习惯不一样。如美国及欧洲一些国家称之为投资银行,英国则称之为商人银行,而在我国和日本称之为证券公司。为了分析方便,将证券公司、投资银行、商人银行并称为投资银行进行介绍。

投资银行是主要从事证券发行、承销、交易、企业重组、兼并与收购、投资分析、风险投资、项目融资等业务的非银行金融机构,是资本市场上的主要金融中介。在我国,投资银行的主要代表有中国国际金融有限公司、中信证券、投资银行在线等。

2008年华尔街金融风暴之前,世界的投资银行主要有四种类型。

(1) 独立的专业性投资银行。这种形式的投资银行在全世界范围内广为存在,美国的高盛公司、美林公司、雷曼兄弟公司、摩根·斯坦利公司、第一波士顿公司、日本的野村证券、大和证券、日兴证券、山一证券、英国的华宝公司、宝源公司等均属于此种类型,他们都有各自擅长的专业方向。

(2) 商业银行拥有的投资银行(商人银行)。这种形式的投资银行主要是商业银行对现存的投资银行通过兼并、收购、参股或建立自己的附属公司形式从事商人银行及投资银行业务。这种形式的投资银行在英、德等国非常典型。

(3) 全能性银行直接经营投资银行业务。这种类型的投资银行主要在欧洲大陆,他们在从事投资银行业务的同时也从事一般的商业银行业务。

(4) 一些大型跨国公司兴办的财务公司。

知识链接

2008年华尔街金融风暴中,美国的投资银行受到巨大的冲击。2008年3月,美国五大投资银行之一贝尔斯登被摩根大通收购,9月,雷曼兄弟破产,随后,美国银行宣布收购美林集团,华尔街五大投行中仅存的高盛和摩根斯坦利也由当前的投行改制为银行控股公司。五大投行的破产、转型或被收购,标志着华尔街引以为傲和赖以立足的独立投行业务模式的终结,也意味着自1933年开始构建的美国"分业经营"体系的彻底瓦解。至此,投资银行重新步入"混业经营"时代。

从我国的实践来看,投资银行业务最初是由商业银行来完成的。八十年代中后期,随着我国开放证券流通市场,原有商业银行的证券业务逐渐被分离出来,各地区先后成立了一大批证券公司,形成了以证券公司为主的证券市场中介机构体系。在随后的十余年里,券商逐渐成为我国投资银行业务的主体。除了专业的证券公司以外,还有一大批业务范围较为宽泛的信托投资公司、金融投资公司、产权交易与经纪机构、资产管理公司、财务咨询公司等从事投资银行的其他业务。

我国的投资银行可以分为3种类型。

第一,全国性的投资银行。它又可分为两类:一是以银行系统为背景的证券公司;二是以国务院直属或国务院各部委为背景的信托投资公司。

第二,地区性的投资银行。它主要是省市两级的专业证券公司和信托公司。

第三,民营性的投资银行。它主要是一些投资管理公司、财务顾问公司和资产管理公司等,绝大多数是从过去为客户提供管理咨询和投资顾问业务发展起来的,具有一定的资本实力,在企业并购、项目融资和金融创新方面具有很强的灵活性,正逐渐成为我国投资银行领域的一支中坚力量。

第12章 证券投资的一般分析

3. 证券交易所

证券交易所是依据国家有关法律,经政府证券主管机关批准设立的集中进行证券交易的有形场所。世界主要的证券交易所有纽约证券交易所、伦敦证券交易所和巴黎证券交易所等。在我国,证券交易所有4个:上海证券交易所、深圳证券交易所、香港联交所及台湾证券交易所。

按国际上通行的分类方法,证券交易所可分为公司制和会员制两种。

(1) 公司制证券交易所。公司制证券交易所是以营利为目的,提供交易场所和服务人员,以便利证券商的交易与交割的证券交易所。这种证券交易所要收取发行公司的上市费与证券成交的佣金,其主要收入来自买卖成交额的一定比例。而且,经营这种交易所的人员不能参与证券买卖,从而在一定程度上可以保证交易的公平。

在公司制证券交易所中,总经理向董事会负责,负责证券交易所的日常事务。董事的职责是:核定重要章程及业务、财务方针;拟定预算决算及盈余分配计划;核定投资;核定参加股票交易的证券商名单;核定证券商应缴纳营业保证金、买卖经手费及其他款项的数额;核议上市股票的登记、变更、撤销、停业及上市费的征收;审定向股东大会提出的议案及报告;决定经理人员和评价委员会成员的选聘、解聘及核定其他项目。监事的职责包括审查年度决算报告及监察业务,检查一切账目等。

(2) 会员制证券交易所。会员制证券交易所是不以营利为目的,由会员自治自律、互相约束,参与经营的会员可以参加股票交易中的股票买卖与交割的交易所。这种交易所的佣金和上市费用较低,从而在一定程度上可以防止上市股票的场外交易。但是,由于经营交易所的会员本身就是股票交易的参加者,因而在股票交易中难免出现交易的不公正性。同时,因为参与交易的买卖方只限于证券交易所的会员,新会员的加入一般要经过原会员的一致同意,这就形成了一种事实上的垄断,不利于提高服务质量和降低收费标准。

在会员制证券交易所中,理事会的职责主要有:决定政策,并由总经理负责编制预算,送请成员大会审定;维持会员纪律,对违反规章的会员给予罚款、停止营业与除名处分;批准新会员进入;核定新股票上市;决定如何将上市股票分配到交易厅专柜等。

阅读材料

纽交所:梧桐树下诞生的证券交易所

1792年5月17日,24位证券交易商在华尔街68号门口的一棵梧桐树下签订了一个协定,史称"梧桐树协议"。一般都将这个根本不起眼的事件,作为纽约证券交易所诞生之日。当天按照协议规则进行交易的,是美利坚银行的股票。这家银行算纽约证券交易所的第一家上市公司。

直到1817年,在这里交易的证券经纪人成立了第一个正式的交易组织——纽约证券交易委员会,并开始在室内交易。1865年,纽约交易所建起了自己的大楼。1903年,纽约交易所迁往现在的地址。纽约证券交易所于1867年首创股票行情自动报价器,1878年又引入刚刚发明的电话、传真、计算机、网络等。

纽约证券交易所成立之初,几乎完全依靠自我管理。联邦政府对于证券市场没有采取任何规制措施,对于交易所最大的约束,是市场竞争本身。《证券交易法》颁布后,1934年10月1日,纽约证券交易所在美国证券交易委员会正式注册。直到1938年,纽约证券交易所才雇佣了一位受薪主席,在这之前的管理都是交易商无偿劳动。1971年,交易所组建为一家非赢利的公司。

在学者作家的笔下,纽约证券交易所成为美国的象征,成为自由市场或者是资本主义的象征。到20世纪20年代,纽约证券交易所战胜所有挑战者,成为美国首屈一指的交易所,成交量占美国上市证券交易的75%。20世纪90年代,纽约证券交易所经历了又一次辉煌,上市公司股份达到20万亿股。

历史上,纽约证券交易所始终面临其他交易所的竞争,例如纽约的"股票经纪人公开委员会",它的交易量一度比纽约证券交易所还高,直到后来与纽约证券交易所合并。现在的美国,则有大名鼎鼎的纳斯达克、不太出名的美国证券交易所,还有众多规模更小的地方性交易市场。而随着通信技术日益发达,美国国外的交易所也对纽约交易所构成了威胁。

在纽约证交所,可以看到经纪人在场内以走动叫喊的方式找寻最佳买主或卖主,他们本身不左右价格。买方与卖方是一种直接交易的模式,投资人可经由电视画面看到经纪人精彩的手语战。而在纳斯达克,则看不到这样的场面,取而代之的,是冷冰冰的电脑屏幕,投资人买卖股票只能通过电话交谈或是利用电脑下单,交易员可随意开价,买卖双方无从得知他的成本。纽交所曾在电视上播映过一个广告,口号为:我们不仅是一个交易所,更重要的是,我们代表了一种做生意的方式。

(资料来源:《国际金融报》2004年01月09日第8版)

4. 信托投资公司、基金公司等其他金融市场媒体

1)信托投资公司

信托投资公司是以盈利为目的,以委托人身份经营信托业务的金融机构。目前,国际上信托投资公司的投资业务大多分为两类:一是以某公司的股票和债券为经营对象,通过证券买卖和股利、债息获取收益;二是以投资者身份直接参与对企业的投资。根据国务院关于进一步清理整顿金融性公司的要求,我国信托投资公司的业务范围主要限于信托、投资和其他代理业务,少数确属需要的经中国人民银行批准可以兼营租赁、证券业务和发行一年以上的专项信托受益债券,用于进行有特定对象的贷款和投资,但不准办理银行存款业务。信托业务一律采取委托人和受托人签订信托契约的方式进行,信托投资公司受托管理和运用信托资金、财产,只能收取手续费,费率由中国人民银行会同有关部门制定。

目前,国际上信托投资公司的投资业务大多分为两类:一是以某公司的股票和债券为经营对象,通过证券买卖和股利、债息获取收益;二是以投资者身份直接参与对企业的投资。

2)基金公司

基金公司就是负责证券投资基金的具体操作和日常管理的公司,其发起人一般是投资银行、投资咨询公司、经纪商行或保险公司。在我国,基金公司的作用主要表现在证券经纪业务上,如聘请专家,代客买卖企业债券、股票等。

阅读材料

2010年度十大金牛基金管理公司之一——华夏基金管理公司

即使2010年没有发行新基金,即使有超过10只的老基金或限制申购、或暂停申购,但华夏基金管理公司管理的基金资产总规模依然保持领先优势。华夏基金管理公司管理的基金资产能有如此巨大的规

模,并且连续多年保持市场领先,最好地诠释了该公司的核心理念——"为信任奉献回报"。该公司所管理的基金资产规模最大,说明有投资者信任它,而公司总体上也不负众望,为投资者整体上创造了长期的、良好的投资回报。

如果从2007年10月大盘站上历史高位算起,至2010年底,三年来仅有26只股票方向基金净值表现超越了6 124点的水平。华夏基金管理公司旗下便有华夏红利、华夏回报、华夏中小板ETF、华夏优势增长、兴华等7只基金入围,其中6只基金属于主动投资产品。

华夏基金管理公司能够保持这么好的业绩,原因是多方面的:其一,公司拥有一支超过150人、优秀且稳定的投研团队,是业内最大的投研团队之一;其二,从人员稳定性来看,公司基金经理的平均从业时间是12年,担任基金经理都在6、7年左右。更为重要的是,整个投研团队变动率很低,2008年以前华夏基金人员变动率年均低于5%;其三,该公司最早提出"研究创造价值"的理念。他们有独立的内部研究,因为只有这样,才有可能领先同行,超越市场平均水平。而且他们的研究十分深入;其四,投研团队倡导"共识、共享、共担"的文化理念。"共识"指有共同的理念,"共享"主要指分享知识信息,也分享成功的喜悦,"共担"主要指共同承担责任。

(资料来源:《中国证券报》2011年04月14日T02版)

5. 证券评级机构

证券评级机构是根据证券发行人的信用、财务、证券风险,对证券进行信用等级评定的机构,证券评级机构一般为独立的、非官方的股份有限公司。证券评级的目的是将发行人的信誉和偿债的可靠程度公诸投资者,保护投资者的利益。

一般而言,证券在发行之前,都要经过评级机构评级,证券质量的评定对发行者、投资者和证券商都十分重要。证券评级机构的主要作用如下。

(1) 承销商可以依据证券级别的高低来决定发行价格、发行方式、承销费用以及采取何种促销手段。

(2) 自营商可以根据各种证券的信用等级来评定其经营风险的大小,调整证券投资组合,从而有利于其自身的风险管理,也有利于内部管理部门对其经营的监督,防止因风险过大而危及自身安全。

(3) 经纪商在从事信用交易时对不同的证券等级给出不同的证券代用率。

(4) 对投资者而言,信用等级可用于迅速判断证券的风险程度,降低投资风险,节约信息成本,做出正确的投资决策。

目前投资界公认的权威性信用评级公司是美国的穆迪公司和标准普尔公司。穆迪公司的信用等级标准从高到低可划分为:Aaa级、Aa级、A级、Baa级、Ba级、B级、Caa级、Ca级和C级。标准普尔公司的信用等级标准从高到低可划分为:AAA级、AA级、A级、BBB级、BB级、B级、CCC级、CC级、C级和D级。虽然二者使用的评级符号略有不同,但对信用等级的描述基本一致,前四个级别证券信誉高,履约风险小,是"投资级证券";第五级开始的证券信誉低,是"投机级证券",读者可以参见本教材表5-1。

12.2.2 中国证券投资媒体的现状

1. 我国证券经纪人的发展状况

2009年3月16日,证监会公布了《证券经纪人管理暂行规定》,解决了证券经纪人法律地位、资格条件、行为规范、权益保护等问题。目前,经纪人制度作为经纪业务的一种经营模式已具备了一定的规模,国内大部分券商都在经纪业务中实行了经纪人制度,拥有了自己的经纪人队伍。但是,我国的证券经纪人在内涵上比较狭窄,还存在着一些不容忽视的问题,主要表现在以下几个方面。

(1) 证券经纪人的业务素质和职业道德有待进一步提高。目前很多证券经纪人缺乏必要的法律知识,没有受到过严格的证券经纪人专业知识培训,证券经纪业务知识还有待于进一步提高和完善。

(2) 证券经纪人缺乏证券公司有效的业务支持,主要依靠自身力量发展。很多证券公司对经纪人制度的认识存在一定的偏差,对证券经纪人缺乏有效的业务支持和必要的管理。证券经纪人只能依靠自身力量开展业务,在客户基础相对薄弱与业务素质普遍较低的情况下发展极为困难且不均衡。

(3) 券商及客户的利益容易受到侵害。证券经纪人作为证券公司的代表对外开发客户,其专业素质的高低和个人品质的优劣会直接影响到券商的声誉。经纪人若在操作上出现问题,则可能会造成客户和证券公司之间的纠纷,损害证券公司的形象。同时,吸引客户、扩大交易是券商实行经纪人制度的主要目的,这在客观上使经纪人的佣金报酬直接与其客户或交易量相关,为了保证自己的收益,难免会出现经纪人诱导客户频繁交易,或在目前法律不允许的全权委托中隐瞒客户频繁交易而置客户的利益于不顾的现象,由此损害客户的利益。

2. 我国证券公司的发展状况

1985年1月2日,我国第一家专业性证券公司——深圳特区证券公司成立。20多年来,我国证券公司有了较快发展。2009年,106家证券公司总资产达2.0万亿元,净资产4 838.8亿元,净资本3 831.8亿元,利润总额932.7亿元,分别比上年增长69.2%、35.0%、32.8%和56.2%。截至2010年末,106家证券公司总资产为1.97万亿元,净资产5 663.59亿元,净资本4 319.28亿元,全年累计实现净利润775.57亿元。

2008年,在全球金融海啸的冲击下,我国证券市场面临市值缩水、成交萎缩、筹资停滞等困境。美国大型投资银行的纷纷倒下,在冲击我国证券公司发展的同时,也带来了机遇。具体来讲,我国证券公司的发展趋势如下。

1) 危机之后证券行业将迎来全新的发展阶段

宏观经济、证券市场与行业监管是决定证券业发展的三大关键因素。这三大因素未来尽管局部会有所变化和调整,但总体上将支持证券行业的持续稳健发展。经过宏观调控的国内经济将维持持续增长、证券市场创新将更为深化、行业监管将适度放松,这些都将为证券行业景气度的持续提升提供动力。

长期来看,经过国际金融海啸冲击和国内宏观调控洗礼的中国证券市场仍然处于优于周边国家和地区的宏观环境;中国证券市场正在酝酿构建包括主板、中小板、创业板、场外交易市场在内的多层次市场结构,这种多层次的证券市场结构,能更加适应不同偏好的投资者和筹资者的需求,为证券公司提供更多的业务机会;制度体系建设的不断完善将使证券行业得到进一步的健康发展,创业板已经推出,融资融券、红筹回归、股指期货等制度变革也将循序推出。在这些因素的综合推动下,随着国际金融新秩序的建立,中国证券市场在度过短暂的低迷和萧条后,有望重新步入稳健快速的发展时期。

2)证券公司经营模式向金融控股集团迈进

从长远来看,我国证券公司的发展方向是成为适应混业经营的金融控股集团,这能健全证券公司的治理结构,有效提高其抗风险能力及业务和市场的开拓能力,以应对国外同行及国内其他金融机构对券商生存空间的挤压。目前我国的法律法规已经允许证券公司设立业务子公司,因此我国部分大型优质证券公司如中信证券、银河证券等正向金融控股公司模式迈进。

3)券商业务结构将朝多元化方向发展

随着证券市场基础性制度建设的日渐深入,传统业务规模将迅速扩张。近年来,我国又相继推出了股指期货、融资融券等业务,证券公司的业务范围大大拓展,业务结构逐步完善,业务种类呈现多元化特征。

4)行业竞争有望形成差异化、专业化局面

目前我国证券行业面临同质化竞争局面,证券公司业务结构雷同。日趋激烈的市场竞争将促使我国证券公司逐步走上差异化和专业化的道路。证券公司将明确自身发展定位,根据自身的特色制定不同的发展战略,有针对性地培育各自专业细分领域内的核心竞争力,例如并购领域、投资咨询领域或是单纯的经纪业务领域。

5)金融创新循序渐进成为发展的活力和源泉

目前,我国证券市场还处于发展的初级阶段,金融创新依然是未来发展的重要方向。融资融券、股指期货、备兑权证、直接投资、资产证券化等多项创新业务已酝酿多时,未来将为我国证券公司提供广阔的业务机会。2007年的美国次贷危机表明:金融创新是一把"双刃剑",在注重金融创新的同时,要建立一整套风险纠错机制或危机处理机制,同时需要加强金融监管,完善相关的政策法规和监管框架,不断提高监管水平。虽然美国次贷危机源于金融创新过度,但我国不能因此停止金融创新,而是要抓住世界金融格局重新洗牌的机会,在推进创新业务时坚持"审慎经营"原则,谨慎稳健地推进金融创新。在控制好风险的前提下积极推动创新将是证券行业发展的最重要的活力和源泉。

6)构建科学的公司治理结构

科学的治理结构有利于提高证券公司的抗风险能力。目前,我国证券公司的治理结构有待进一步提升。一方面,证券公司应提升治理主体的专业能力,加强监事会的独立性,建立外部监事制度,有效监督企业发展中的不规范行为;另一方面,证券公司应吸取美国同行的经验教训,建立有效的治理机制,完善风险控制与监管体系。如薪酬激励制度、审计内控制度、风险管理制度等,注重长期激励方式,避免激励与约束机制的不对称。

7)行业监管规范与发展并重

从监管的思路来看,循序渐进、控制风险已经成为管理层推进行业监管的主基调。目前,我国证券行业的综合治理已取得了较好的成效。国债回购、自营和委托理财等高风险业务得到规范,高风险证券公司已完成重组或退出市场,经纪业务中保证金第三方存管、承销业务中发行保荐制度等已全面铺开,风险控制机制已经建立并日趋完善。在综合治理基本完成后,管理层对行业的监管思路由"规范"转变为"规范"与"发展"并重,证券业面临着更为宽松的政策环境。

3. 我国证券交易所的发展状况

目前，我国大陆的证券交易所有两个，分别设在上海与深圳。

上海证券交易所（简称"上交所"）成立于1990年11月26日，同年12月19日开业，由中国证监会直接管理。上交所市场交易采用电子竞价交易方式，所有上市交易证券的买卖均须通过电脑主机进行公开申报竞价，由主机按照价格优先、时间优先的原则自动撮合成交。目前交易主机日处理能力为委托2 900万笔，成交6 000万笔，每秒可完成16 000笔交易。经过多年的持续发展，上海证券市场已成为中国内地首屈一指的市场，上市公司数、上市股票数、市价总值、流通市值、证券成交总额、股票成交金额和国债成交金额等各项指标均居首位。

深圳证券交易所（简称"深交所"）成立于1990年12月1日，是为证券集中交易提供场所和设施，组织和监督证券交易，实行自律管理的法人，由中国证监会直接监督管理。自成立以来，深交所借助现代技术条件，成功地在一个新兴城市建成了辐射全国的证券市场，对建立现代企业制度、推动经济结构调整、优化资源配置、传播市场经济知识，起到了十分重要的促进作用。2009年10月，创业板正式启动，多层次资本市场结构日趋完善，深交所服务实体经济发展和转变增长方式的功能日益显现。

4. 我国信托投资公司的发展状况

我国第一家信托投资公司是于1979年成立的中国国际信托投资公司。2008年全球金融危机爆发后，信托行业失去了一些传统的业务机会，但也增加了很多新的业务领域，如银信合作、政信合作等业务。2009年初，《中国银监会关于当前调整部分信贷监管政策促进经济稳健发展的通知》公布，监管层在充分发挥信托融资功能、支持房地产行业的发展的同时，也为信托公司业务的发展起到了支持作用，并将在很大程度上促进房地产信托的发行。

近几年来，我国信托业的发展势头十分强劲，信托公司的资本利润率在经历了2004年至2007年的3.08%至24.02%的高速增长后，2008年仍维持在14.53%的较高水平。据《2009—2012年中国信托行业发展前景预测及战略咨询报告》数据统计显示，2009年1~6月，信托公司共计发行580支集合信托产品和1 241支银信合作产品，两类产品发行规模共计2 962.86亿元。截至2010年四季度末，信托公司所管理的资产规模已达到30 404.55亿元，全行业利润总额达到158.76亿元，成为理财市场上一支不容忽视的力量。

尽管我国信托业发展态势较好，但信托投资公司在发展中仍存在劣势，主要包括以下几点。

（1）公司治理缺陷。从目前情况来看，我国的信托投资公司由于体制等方面的原因，在公司治理方面存在明显的缺陷，大股东操纵信托投资公司侵害其他利益相关者利益的事情时有发生。

（2）风险定价和控制能力不足。对信托投资公司而言，运作一个项目最大的风险并不是项目本身风险太大，而是无法评价和衡量该项目的风险，进而也无法合理地控制项目风险。

（3）主营业务不突出盈利能力不强。信托投资公司的业务范围极其广泛，但是基本上在每一个业务范围内都有相应的专业化公司与之竞争。如贷款业务有商业银行、委托理财有基金公司和证券公司、融资租赁业务有租赁公司、债券承销业务有证券公司等，信托投资公司欲在上述领域中的任一方面取得相对的领先地位都有一定难度。

5. 我国基金公司的发展状况

我国首批基金公司——南方和国泰基金成立于1998年，并迅速发行了开元和金泰两只基金。随后，华夏、华安、博时、鹏华、长盛、嘉实、大成、富国等公司陆续成立。随着首批新基金的发行，价值投资、长期持有的理念正式被引入A股市场。2001年，华安基金发行了第一只开放式基金——华安创新，随即开放式基金迅速成为市场新发基金的主流形式。截至2010年二季度末，基金有效账户数已达到8 000多万户，截至2010年10月底，我国基金公司共有62家，基金总份额为2.33万亿份，基金净值2.51万亿元。基金公司的发展壮大改善了我国资本市场的投资者结构，推动了各类理财产品和理财市场的发展。

6. 我国证券评级机构的发展状况

我国的证券评级始于20世纪80年代，1987年，我国第一家独立于银行系统的地方性评级机构——上海远东资信评估公司成立。1992年10月，我国第一家全国性的证券评估机构——中国诚信证券评估有限公司（简称"中诚信"）成立。经过20多年的发展，我国的信用评级机构已有40多家，遍及全国20多个省市，规模较大的全国性评级机构有大公国际资信评估有限公司（简称"大公"）、中诚信、联合信用管理有限公司、上海新世纪资信评估投资服务有限公司等4家。

我国评级业虽然已有一定程度的发展，但目前的状况却不容乐观，主要表现如下。

（1）我国评级市场被外来评级机构主导，国际评级话语权缺失。美国穆迪、标准普尔、惠誉等评级机构利用我国在信用评级管理方面的薄弱环节，在几乎没有任何障碍的情况下，长驱直入我国的信用评级市场，同时大规模收购我国信用评级机构，借助被收购公司的分支机构，直接或间接从事所有评级和相关业务，目前已控制中国信用评级市场2/3的份额，严重威胁着我国金融安全。

（2）我国信用评级机构国际化进程面临诸多困难。2010年希腊债务危机爆发后，国际三大评级机构开始备受质疑，原中国四大评级公司中唯一没有被收购的独立评级公司——大公适时推出了国内首份国家主权信用评级报告，于2010年7月11日发布《2010年国家信用风险报告》和首批50个典型国家的信用评级。尽管成功发布首份国家主权信用评级，但其国际化依然面临着一连串难题。一方面，美国政府以各种理由拒绝大公进入美国市场，且大公尚未获得中国政府相关部门的支持。总之，我国评级机构的国际化进程依然漫长。

12.3　证券投资机理

12.3.1　证券投资的动机与目的

在证券市场上，投资机构、大户、散户这几类投资者是最主要的参与者。投资者参与证券投资活动，其主要动机有以下几方面。

1. 资本增值动机

投资者进行证券投资活动，最基本的动机是获取股息或利息收入，以实现资本增值。投资者在投资决策时，一般注重各种证券的收益率差异，尽可能在认真分析计算的基础上投资于股息或利息相对丰厚的证券。

2. 灵活性动机

灵活性是指投资者在尽可能避免损失的条件下，将投资迅速转化成现金的能力。保留现金的灵活性最大，但无法实现资本增值，银行活期存款则收益率太低。动产与不动产的投资虽然一般收益率较高，但投资者将其转化为现金的成本往往较高，且交易时间也较长。证券投资同时具备灵活性与收益性，它既能很快地变现，又能长期为投资者带来收益。

3. 投机动机

在证券市场上，有时股票价格的波动给投资者带来的差价收益远远高于利息或股息。因此，投资者宁愿在证券市场上短期买进卖出各类证券获取差价收益。这类投资者的投机性较大，他们极为关注证券市场的供求关系和证券行情波动的趋势及幅度，频繁地买卖价格波动有一定幅度的证券，有的投资者甚至故意操纵某种股票的价格，以获取暴利。

4. 参与决策动机

对大部分的投资者而言，参与决策的意识比较淡薄，但也有部分投资者为了参与发行公司的决策而购买其证券。在发达的资本主义社会，资本雄厚的投资者为了控制股份公司，有时会大量购买这一公司的股票。

5. 安全动机

投资者参与证券投资，还往往出于安全上的考虑。将现金用于购买证券可以防止意外灾害或被盗造成的损失，使资本更有保障。这类投资者也重视投资收益问题，他们认为在安全程度相同的情况下，通过证券投资获得的收益比把钱存入银行获得的收益更多。由于他们更侧重安全性问题，在投资时大多将资金投放于价格波动幅度较小和收益相对稳定的债券上。

第12章 证券投资的一般分析

6. 避税动机

避税动机是指高税阶层的投资者为逃避收益纳税而选择收益免税保护的证券进行投资的心理倾向。他们愿意选择可获得利息免税的市政债券进行投资,或者选择能源交通建设方面的证券投资,因为这类证券可以为投资者提供税收保护。

7. 好奇与挑战动机

有人从未买卖过证券,目睹他人买卖证券,自己也想体验一下;有人则眼见炒股赚了钱,出于一种挑战心理,也开始买卖证券,力图比别人赚得更多。具有这种动机的投资者往往缺乏必要的知识、技术和心理准备,其投资较具冲动性,也往往不够稳定。

12.3.2 证券投资过程

证券投资是一个动态的、连续的、循环往复的过程,对于投资者来讲,证券市场永远是风险与收益并存,如何进行充分的投资准备、建立理性的投资决策、采取有效的投资管理是证券投资成败的关键。

1. 投资准备阶段

这一阶段包括投资资金准备、投资知识准备和心理准备。

投资资金准备是证券投资之前的最重要前提。初始,投资者可以将家庭储蓄的 1/5～1/10 用于证券投资,在运作一段时间后,经过几次大亏大盈,并逐步取得稳定增长收益时,可将证券投资的资金比例上升至 1/2～2/3。

投资者在证券投资之前,还必须掌握较充分的投资知识准备,以防盲目投资。投资者需要储备的投资知识包括:证券投资的交易流程和交易费用、可供投资的证券品种、投资的渠道、投资的环境、投资的法律与政策、必要的投资理论等。

除此之外,投资者也应有相应的心理准备,重点了解自身的风险承受能力和风险偏好,在此基础上,对证券投资的风险要有积极应对的态度,保持良好的投资心态。

2. 投资决策阶段

投资决策阶段关键是解决两个问题:一是"买什么",即投资者决策构建恰当的投资组合;二是"什么时候买",即投资者决策选择最有利的时机入市。

1) 构建恰当的投资组合

构建恰当的投资组合就是要通过证券的多样化,以使由少量证券造成的不利影响最小化。股票投资组合的目的有两个:一是降低风险,二是实现收益最大化。投资者购买的证券种类越多、各种证券收益的差异化越大,所构建投资组合的风险就越不容易受到某一种或几种证券收益的影响,因而整体风险越低。如果进行恰当的投资组合,可以使证券组合整体的收益—风险特征达到在同等风险水平上收益最高和在同等收益水平上风险最小的理想状态。

在既定的投资额度和风险偏好下,投资者在决策投资组合时首先是需要选择投资工具。在证券市场上,可以选择的投资工具包括债券、股票、基金和金融衍生品种 4 种类型。投资债券的风险相对较小，收益较稳定但较低；投资股票收益高，但风险较大；投资基金个体差异较大，需谨慎挑选；投资金融衍生品种风险最高，但收益也有可能最大。因此，投资者要综合各方面条件谨慎选择投资工具。

2) 选择最有利的时机入市

选择最有利的入市时机，对理性投资者来说也非常重要。投资者在进行股票投资时，可以关注以下影响入市时机的因素：一是宏观经济因素，例如宏观的经济增长情况、通货膨胀、利率和汇率的变动、宏观的经济调控政策、证券市场总貌、证券市场行情和成交概况等；二是微观经济因素，例如，在考察企业的盈利能力、经营效率、偿债能力、资本结构、成长性、配送股等情况之后，进一步观察企业是否有大幅增长的盈利报告、大比例的股本送转，是否是当前市场热点、有无突发利好，是否是季度结算前敏感时间等具体状况，是否有重要管理层面的变动等。

3. 投资管理阶段

做出最初的证券投资决策之后，面对不断变化的市场，投资者是否能采取有效的投资管理对于投资目的的最终实现尤为重要。进行投资管理包括两个部分，一是修正投资组合，二是评价投资绩效。市场行情随着时间的推移是不断变动的，投资者的投资目标也会因此发生变动，进而使得当前的投资组合不再是最优投资组合。为此，投资者需要不断地修正原有的投资组合，即卖出现有投资组合中的一些证券，并同时买进一些新的证券构成新的组合。评价投资绩效，主要是将投资组合的风险和收益与基准的风险和收益相比较，从而评价投资绩效的优劣，基准通常是指市场上公认的股票价格综合指数等。

12.3.3 证券交易的基本方式

在证券交易市场不断发展的过程中，证券交易的方式也在不断变化和创新，这里介绍几种主要的证券交易方式。

1. 现货交易

现货交易又称现金现货交易，是指证券的买卖双方在谈妥一笔交易后，马上办理交割手续的交易方式，即卖出者交出证券，买入者付款，当场交割，钱货两清，它是证券交易最早的方式。

现货交易的主要特点有：①成交和交割基本上同时进行；②实物交易，即卖方必须实实在在地向买方转移证券，没有对冲；③在交割时，购买者必须支付现款；④它反映了购入者有进行较长投资的意向，而不是为了获取证券买卖差价的利润而进行的投机。

2. 期货交易

证券的期货交易是相对于证券的现货交易而言的，是指交易双方证券成交后签订契约，按约定价格在约定的交割日里进行交割清算的一种交易方式。

证券的期货交易的主要功能在于可以用来进行保值（对冲），或用来进行投机（有意持有多头或空头）。另外，证券期货交易还可以创造或预知某种证券未来的价格。

3. 信用交易

信用交易是指投资者在进行证券买卖时，向经纪人交付一定数量的现款或证券作为保证金，其余不足的部分由经纪人垫付进行交易的方式。证券的信用交易是在现货交易的基础上发展起来的，其最大特点是金融杠杆原则——用较少的本金进行大量的证券买卖。与现货交易相比，证券信用交易的风险更大，因此只有一些证券市场比较规范的国家才开展这种交易方式。我国1997年之前存在的所谓的"透支盘"就是这种方式的变种，由于其危害较大，我国在1999年7月1日生效的《证券法》中已明确规定禁止采用这种证券交易方式。

4. 期权交易

期权交易也称为选择权交易，是指买卖双方对某种证券对象在将来某一特定的时间内按照协议价格进行买卖的一种具有选择权的交易方式。因此，期权交易不会受到证券价格变动的影响。期权交易的方式有两个好处：一是风险较小，买方的损失是已知和固定的；二是只需缴纳少量的期权费就可以做大额交易，且其利润比现货交易高。

5. 其他交易方式

除了以上几种主要交易方式外，还有其他一些交易方式，如股票指数期货交易、股票指数期权交易等。其交易的基本原理与证券的期货及期权相同，不同之处在于其交易标的无法进行实际的交割，因而其交割的仅是现金，而没有股票。

本 章 小 结

本章主要介绍了证券投资的主体、证券投资媒体及证券投资机理等相关知识。

证券投资的主体即证券投资的投资者，证券投资者是指以取得利息、股息或资本收益为目的而买入证券的机构和个人，它是证券市场的资金供给者。证券投资主体分为个人投资者和机构投资者两大类，其中机构投资者包括政府机构、金融机构、企业和事业法人以及各类基金。

证券投资媒体是指在证券投资中充当交易媒介，从事交易或促使交易完成的机构和个人。证券投资媒体大致可分为个人媒体和机构媒体两类。

本章还分别介绍了我国证券经纪人、证券公司、证券交易所、信托投资公司、信用评级机构等证券投资媒体的发展现状。

证券投资是一个动态的、连续的、循环往复的过程，它包括投资准备、投资决策和投资管理3个阶段。

在证券交易市场不断发展的过程中，证券交易的方式也在不断变化和创新，它主要有现货交易、期货交易、信用交易、期权交易等。

名人名言

聪明的投资者可通过公众态度揣摩高点和低点——要学会在担心和恐慌中买进，而在贪婪和歇斯底里中卖出。

——吉姆．罗杰斯[美]

成功的投资所需要的，只是分析今天的事实的普通常识以及执行你的信念。

——麦克．劳尔[美]

想要一辈子都能投资成功，真正需要的是有健全的知识架构供你做决策。

——沃伦．巴菲特[美]

成功的投资人通常知识广博，并能善用好奇心和求知欲去赚更多的钱。

——伯顿．墨基尔[美]

习 题

一、选择题

1. 证券公司的主要业务有（　　）。
   A. 承销、经纪、自营
   B. 审计验资、资产管理
   C. 承销、经纪、投资咨询
   D. 承销、经纪、自营、投资咨询、资产管理及其他业务
2. 证券专营机构在美国称为（　　）。
   A. 投资银行　　　　B. 商人银行　　　　C. 证券公司　　　　D. 证券商
3. 专门为证券交易所提供集中登记、集中存管、集中结算服务的机构，称为（　　）。
   A. 中央登记结算机构　　　　　　　　B. 地方登记结算机构
   C. 交易所　　　　　　　　　　　　　D. 交易中心
4. 上海和深圳两家证券交易所的组织形式都是（　　）。
   A. 做市商制　　　　B. 公司制　　　　C. 科层制　　　　D. 会员制
5. 经纪类证券公司只能从事单一的（　　）。
   A. 证券经纪业务　　　　　　　　　　B. 证券自营业务
   C. 证券承销业务　　　　　　　　　　D. 证券经纪业务和证券自营业务
6. 截至 2009 年 12 月，中国证监会累计批准（　　）家合格境外机构投资者进入我国证券市场。
   A. 90　　　　　　　B. 83　　　　　　　C. 76　　　　　　　D. 54

二、简答题

1. 简述个人投资者及其特点。
2. 什么是机构投资者？与个人投资者相比它有哪些特点？
3. 什么是证券承销商？其主要功能有哪些？
4. 我国证券经纪人在发展中存在哪些问题？
5. 简述证券交易的基本方式。

三、论述题

试述金融危机后，我国证券公司的发展趋势。

四、案例分析题

据 2010 年财报显示，A 股上市公司整体实现的利润相当出色，2010 年上市公司共实现净利润 1.66 万亿元，同比增长 37.34%。平均每股收益达到 0.497 元，已经超过 2007 年每股收益 0.419 元的历史高点。在 2 175 家上市公司中，共有 2 058 家上市公司实现盈利，占比达到 94.62%。尽管有 1 377 家上市公司拿出真金白银进行分红，占比高达 63.3%；"零"派息公司有 840 家，较之 2009 年的 1 158 家已有较大比例的减少，但从分红金额上看，相较于 2009 年度近 3 883 亿元的累计分红总额，2010 年度这一数据直降 80.38%，仅为 762 亿元，还不及上一年度的 1/5。2 175 家上市公司中，不幸亏损的公司仅为 117 家，但年报中既不分红也不送股的"铁公鸡"却高达 798 家。据 Wind 资讯数据显示，从 2006 年到 2010 年末，上市时间超过 5 年且 5 年内从未进行过分红的个股达到 414 家。如果公司不赚钱无法分红倒也情有可原，问题是这 414 家从未分红的上市公司中，有 136 家为赚钱公司，占比 32.85%。另外，据了解，中石油、中石化、中国联通等上市公司，在国内市场和国外市场出现分红不均，国外市场的分红要远远超出国内。

问：如何看待 2010 年 A 股上市公司"盈利创新高，分红却很少"这一现象？

第 13 章 证券投资基本分析

教学目标

通过本章的学习,掌握证券投资基本分析的含义、特征及其优缺点,熟悉宏观经济中各因素对证券市场的影响,能应用宏观经济分析预测大势,熟悉行业分析及公司分析中的相关内容,重点掌握相关财务指标在证券投资中的应用。

教学要点

知识要点	能力要求	相关知识
基本分析概述	(1) 基本分析概念及优缺点的概括和理解能力 (2) 影响股票价格基本因素的概括能力	(1) 基本分析的概念及其优缺点 (2) 影响股票价格的基本因素
宏观经济分析	(1) 经济周期与证券价格波动的理解能力 (2) 通货膨胀与证券价格波动的理解和运用 (3) 货币政策与证券价格波动的理解和运用 (4) 财政政策与证券价格波动的理解和运用	(1) 经济周期与证券价格波动 (2) 国内生产总值与证券价格波动 (3) 通货膨胀与证券价格波动 (4) 货币政策与证券价格波动 (5) 财政政策与证券价格波动
行业分析	(1) 行业周期的理解能力 (2) 行业生命周期四个阶段的理解及在证券市场中的应用	(1) 行业周期分析 (2) 行业生命周期的四个阶段
公司分析	影响上市公司股票价格各因素的概括、理解及实际运用能力	(1) 公司行业选择 (2) 公司股利发放状况、新股发行和流通、股票分割和股票合并 (3) 除息除权 (4) 公司的产品和市场分析 (5) 公司的管理能力分析 (6) 公司重大资产重组及公司领导机构变更

续表

知识要点	能力要求	相关知识
公司财务状况分析	(1) 上市公司主要财务报表分析重点的理解与掌握能力 (2) 上市公司财务报表分析技巧的掌握和实际应用	(1) 上市公司主要财务报表及其分析重点 (2) 上市公司财务报表分析技巧：横向比较和纵向比较 (3) 财务比率分析

巴菲特喜欢从增长前景、管理、财务分析以及估值四个方面来挑选出优秀的股票，华尔街的分析师们也同样借用这个方法来告诉人们他们的眼光是如何地准确。

基本概念

基本分析　经济周期　通货膨胀　货币政策　公开市场业务　财政政策　行业分析　宏观经济分析　增长型行业　周期型行业　防御型行业　流动比率　速动比率　市盈率　品牌　除息　除权

导入案例

1929年10月29日，一个"黑色星期二"，纽约证券交易所里所有的人都陷入了抛售股票的漩涡之中。股指从之前的363最高点骤然下跌了平均40%，一场大熊市的序幕就此拉开。10月29日到11月13日，约300亿美元财富消失。从1929年开始3年内，道琼斯指数下跌超过90%，美国的GDP从1929年的1040亿美元锐减至1932年的580亿美元，美国损失了将近一半的财富。

股市缘何暴跌？原来美国经济的基本面出现了问题。

那一年，美国遭遇了有史以来最大的一次经济危机，银行破产、工厂倒闭、物价飞涨，所有这一切，使得人们对未来经济增长产生悲观预期，基本面预期也迅速恶化，从而导致了暴跌的出现。

点评：重视基本面，降低投资风险

股市涨跌，看上去似乎很随意，但其实也是有规律的，它受到宏观经济、行业、公司等基本面因素的影响。基本面分析在证券投资中处于十分重要的地位，在成熟的欧美股市，投资者更为看重长线投资和价值投资。股王巴菲特所坚持的价值投资就是通过严谨而透彻的基本面分析，来寻找价值被严重低估的投资目标的。

13.1 基本分析概述

13.1.1 基本分析的概念及其优缺点

基本分析又称基本面分析，是利用丰富的统计资料，通过对决定证券投资价值及价格的基本要素如宏观经济指标、经济政策走势、行业发展状况、产品市场状况、公司销售和财务状况等的分析，评估证券的投资价值，判断证券的合理价位，从而提出相应的投资建议的一种分析方法。

基本分析的优点主要有两个：①基本分析注重宏观环境的分析，由于宏观环境对证券供求关系的影响是长期的，因此基本分析能够比较全面地把握证券价格的基本走势，对长期投资者十分重要；②宏观因素的指标量化及上市公司的行业状况、利润、资产净值等资料公开，因此应用起来相对简单。

当然，基本分析也存在缺陷：①预测的时间跨度相对较长，对短线投资者的指导作用比较弱；②预测的精确度相对较低。

基本分析主要适用于相对成熟的证券市场中，对周期相对较长、精确度要求不高的证券价格的预测。

在近20年的股市实战中，基本面分析派的投资者，无论是自觉的还是自发的，系统的还是局部的，只要符合基本面操作的基本原理，其投资收益就会超过平均水平。这是因为，基本面分析派一般以股市调控政策为风向标，而股市政策的特点往往是低迷时号召投资者入市，高峰时抑制股市。这就决定了基本面学派实战过程中容易收到低吸高抛的实际效果。

13.1.2 影响股票价格的基本因素

证券价格往往受到许多因素的影响而频繁变动，决定证券价格波动的因素很多，概括起来，主要分为两大类：一类是基本因素，另一类是技术因素。

基本因素指来自证券市场以外的经济、政治因素及其他因素，其波动和变化往往会对股票的市场价格趋势产生影响的分析。影响股票市场价格波动的基本因素主要有以下几方面。

1. 宏观经济因素

宏观经济因素从不同的方向直接或间接地影响到公司的经营及股票的获利能力和资本的增值，从不同的侧面影响居民收入和心理预期，而对股市的供求产生相当大的影响。宏观经济因素主要包括经济周期、国内生产总值、通货变动等。

2. 宏观经济政策因素

我国股市作为一个初兴的市场，宏观经济政策因素对股市起着极为重要的作用。宏观经济政策主要包括货币政策、财政政策、产业政策及监管政策等。

3. 微观经济因素

在影响股价波动的微观经济因素中，上市公司是决定自身股价的主要因素。其中又包括公司业绩及成长性、资产重组与收购、行业等因素。

4. 市场因素

市场是反映股票供求的环境，且是供求相交，最终形成股票价格的条件，因此市场的供求、市场投资者的构成、市场总体价格波动、交易制度和工具、市场心理因素等都会影响到股价。

5. 非经济因素

就股市而言,一般意义上的非经济因素主要是指自然灾害、战争以及政治局势变动等,这些事件一旦发生就会影响股价的波动。这种影响有两个特点:一是暂时性的影响;二是从总体上通过对经济的影响间接实现。

2011年3月11日,日本东北部海域发生8.8级强震。这场强震在重创其经济的同时,也给其股市带来了极大的冲击,当日股市收盘时下跌1.72%。为缓解股市大幅下行趋势,日本政府陆续向市场注资,但受核泄漏危机的影响,市场出现恐慌性抛售。震后一周内,日经225指数跌幅高达14.10%,日本周边地区股市也受到冲击,道琼斯指数下跌1.75%,香港恒生指数下跌5.64%,上海综合指数下跌0.92%。另外,法国、英国和德国股指跌幅分别为4.48%、2.55%和5.75%。

13.2 宏观经济分析

宏观因素一般是指国民经济总体状况、经济周期、货币紧缩或通胀、财政政策、货币政策、相关国家的政府政策、利率变化等。这些因素影响面广,对证券市场有着短期或中长期的影响。

宏观经济分析是从影响证券价格变动的敏感因素出发,从经济政策、经济指标中寻找宏观经济基本面与股市之间的因果关系或数量关系,判定这些因素对证券价格的未来走势的影响,为证券的选择决策提供方向性的依据。

"选股不如选时,选时不如选势"的股市谚语中,"时"与"势"指的就是宏观经济形势。

13.2.1 经济周期分析

1. 经济周期的概念

理论研究和经济发展的实证表明,由于受多种因素的影响,宏观经济的运行总是呈现出周期性变化。美国经济学家密契尔(Wesley C. Michell)给经济周期下的定义为:经济周期是以商业经济为主的国家总体经济活动的一种波动,一个周期是由很多经济活动差不多同时扩张,继之以普遍的衰退、收缩与复苏所组成的,这些变动同时出现。在这一过程中,一些经济变量会以周期性的方式变动,使得经济发展过程也呈现出一定的周期性,这被经济学家称为"经济周期"。

2. 经济周期的四个阶段

经济周期一般经历四个阶段,即萧条、复苏、繁荣、衰退四个阶段,如图13.1所示。

"萧条"阶段，是经济活动收缩或下降的阶段；"复苏"阶段，是由萧条走向繁荣的过渡阶段；"繁荣"阶段，是经济活动的扩张或向上的阶段；"衰退"阶段，是经济活动在达到最高点后趋于下降的阶段。在循环周期中的转折点称为波峰和波谷。波峰是指经济扩张结束后收缩的转折点，而当经济开始复苏时，前一次经济衰退的最底部即为波谷。

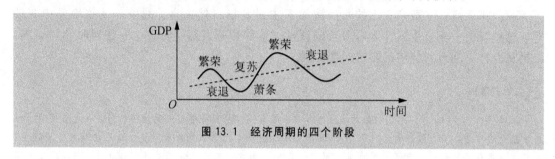

图 13.1　经济周期的四个阶段

3. 经济周期与证券价格波动

从证券市场的情况看，证券价格的变动大体上与经济周期一致，一般是经济繁荣，证券价格上涨；经济衰退，证券价格下跌。

在萧条阶段，经济下滑至低谷，百业不振，投资者远离证券市场，每日成交稀少，证券价格低位徘徊。此时，只有那些富有远见且在不断搜集和分析有关经济形势并做出合理判断的投资者在默默吸纳股票，股价已缓缓上升。

在经济由萧条走向复苏时，社会需求开始扩大，公司经营状况开始好转。此时，由于先知先觉的投资者的不断吸纳，证券价格实际上已经升高至一定水平，初步形成底部反转之势。随着各种媒介开始传播萧条已去、经济日渐复苏的消息，投资者的认同感不断增强，其自身的境遇也在不断改善，从而推动证券市场价格继续上扬。

随着经济的日渐活跃，繁荣阶段就会来临。此时，公司产品畅销，生产规模扩大，产品价格上升，公司盈利大幅增加。由于经济的好转和证券市场上升趋势的形成得到大多数投资者的认同，投资者的投资回报也在不断增加，因此投资者的投资热情高涨，推动证券市场价格大幅上扬，并屡创新高。一些有识之士在综合分析宏观经济形势的基础上认为繁荣即将过去，经济将不会再产生热潮，于是悄然抛出所持证券，证券价格仍在上涨，但多空双方的力量在逐渐发生转变。

由于繁荣阶段的过度扩张，社会总供给开始超过总需求，产品滞销，公司盈利减少。在这一阶段，更多的投资者加入到抛出证券的行列，从而使整个证券市场完成中长期筑顶，形成向下的趋势。

证券市场的价格变动周期虽然与经济周期相一致，但时间上并不与经济周期相同。从实践来看，证券市场走势却常常领先于经济周期的变动，也就是说，证券市场走势对宏观经济运行有预警作用，即所谓的"证券市场是经济的晴雨表"。当然，证券市场的"晴雨表"功能是就中长期趋势而言的，证券市场的短期波动并不代表宏观经济状况的变好或趋坏。

13.2.2 国内生产总值分析

1. 国内生产总值的概念

国内生产总值简称 GDP,它是指在一定时期内(一个季度或一年),一个国家或地区的经济中所生产出的全部最终产品和劳务的价值,常被公认为衡量国家经济状况的最佳指标。一般而言,GDP 公布的形式有两种——以总额和百分比率为计算单位。

2. 国内生产总值与证券价格波动

在正常、成熟股市中,证券平均价格的变动与 GDP 的变化趋势是吻合的。但是,GDP 的增长并不代表证券市场也将随之上升,有时候可能恰恰相反,下面针对不同的情况加以分析。

(1) 持续、稳定、高速的 GDP 增长。在这种情况下,社会总需求与总供给协调增长,经济结构逐步合理,趋于平衡,经济增长源于需求刺激,且社会闲置资源得到充分利用。随着总体经济的好转,国民收入和个人收入不断提高,人们对经济形势形成了良好的预期,投资积极性提高,这些因素推动着证券价格上涨。

(2) 高通胀下的 GDP 增长。当经济处于严重失衡下的高速增长时,总需求远远超过总供给,这表现为高的通货膨胀率,这是经济形势恶化的征兆。此时,经济中的矛盾凸现,企业经营面临困境,居民实际收入降低,这种失衡的经济增长必将导致证券价格下跌。

(3) 宏观调控下的 GDP 减速增长。当 GDP 呈失衡的高速增长时,政府可能采用宏观调控措施以维持经济的稳定增长,这样必然减缓 GDP 的增长速度,使得经济矛盾逐步得以缓解。这时,证券市场将呈现平稳渐升的态势。

(4) 转折性的 GDP 变动。如果 GDP 一段时期以来呈负增长,当负增长逐渐减缓并呈现向正增长转变的趋势时,表明恶化的经济环境逐步得到改善,证券市场走势将由下跌转为上升。当 GDP 由低速增长转向高速增长时,表明经济结构已经得到调整,新一轮经济高速增长来临,证券价格将随之快速上涨。

13.2.3 通货膨胀分析

1. 通货膨胀的概念

通货膨胀是指在纸币流通条件下,因货币供给大于货币实际需求,导致货币贬值,而引起的一段时间内物价持续而普遍上涨的现象,其实质是社会总需求大于社会总供给。

根据通货膨胀的成因不同,通货膨胀可以分为需求拉上型、成本推动型和结构失调型。需求拉上型通货膨胀是指由于社会总需求的过度增长超过了按现行价格可得到的社会总供给的增长,使太多的货币追逐太少的商品和劳务而引起的一般物价水平上涨的现象;成本推动型通货膨胀指由于生产成本上升而引起的物价上涨现象;结构失调型通货膨胀是由于国民经济的部门结构不适应需求结构而引起的物价上涨现象。

2. 通货膨胀与证券价格波动

通货膨胀对证券价格的影响没有永恒的定势，可能产生相反方向的影响，下面就一般性的原则加以说明。

(1) 温和的通货膨胀时，股票价格将随通货膨胀率同步上扬，股票投资可规避通货膨胀风险。但通货膨胀提高了对债券的必要收益率要求，从而引起债券价格下跌，尤其是长期债券价格。

(2) 如果通货膨胀在一定的可容忍范围内持续，而经济处于扩张阶段，产量和就业都持续增长，这将推动股价上升。

(3) 当通货膨胀很严重时，经济被严重扭曲，货币加速贬值，企业筹集不到生产所必需的资金，原材料、劳动力成本上升，企业盈利减少。同时，人们对经济形势下滑的预期导致资金流出金融市场，这些都会导致股票和债券价格下跌。

13.2.4 货币政策分析

1. 货币政策的含义

货币政策是中央银行为实现其特定的经济目标而采取的各种控制、调节货币供应量或信用的方针、政策、措施的总称。其内容主要包括执行货币政策的机构、货币政策目标、货币政策工具和货币政策的传导机制等。政府实施货币政策的目标一般有4个，即稳定物价、充分就业、经济增长和国际收支平衡，其中稳定物价是货币政策的首要目标。为实现上述目标，中央银行要采用具体的货币政策工具，其中最主要的是调整法定存款准备金、再贴现政策以及公开市场业务三大政策工具。

2. 货币政策与证券价格波动

货币政策对证券价格的影响，可以从以下3个方面进行分析。

1) 利率

(1) 利率调整对证券市场影响是比较迅速和直接的。一般而言，利率下降时，证券的价格会上涨；利率上升时，证券的价格会下跌。具体来说，利率调整影响存款者的决策，利率上升，会使存款者将资金由证券市场转移到银行；反之，利率下降，存款人将资金转而投入股市，导致证券市场行情看涨。

(2) 利率调整影响到公司的融资成本，从而影响股价。利率低，将会降低公司财务费用，增加公司盈利，证券收益增多，价格就随之上涨；利率高，公司筹资成本也高，利息负担重，导致公司利润下降，证券收益减少，价格因此降低。

(3) 利率的变化影响消费和投资，进而影响股价。利率水平下降将引发更多的投资支出，利率下降时，人们更愿意选择股票投资方式而减少对固定利息收益金融品种的投资，投资支出的增加会创造更多的家庭收入，进而引起消费支出的增加。后者通过乘数作用又导致更高的产出和随之而来的更大的公司利润。而公司利润的提高会刺激股票购买，从而促使股票价格的提高。同时，证券投资者能够以低利率拆借到资金，会增大对股票的需求，造成股价上升。反之，股价则下降。

（4）利率调整中，存款利率和贷款利率之间的利差，对证券市场的金融板块会有直接的影响。在利率下调的过程中，存款利率的下调幅度没有贷款利率下调的幅度大，会对金融股构成直接的利空。因为利差减少，银行的利润空间减少。一般情况下，利率变动与股价变动成负相关关系。

2）公开市场业务

公开市场业务是指中央银行在证券市场上公开买卖各种证券以控制货币供给量和利率的活动，也是实现货币政策的一种政策措施。当政府倾向于实施较为宽松的货币政策时，中央银行会大量购进有价证券，通过乘数效应增加货币供给量，并推动利率下调，从而使得企业和个人投资的消费热情高涨，生产扩张，利润增加，这又会推动股价上涨；反之，股价将下跌。

我国中央银行的公开市场业务是于1996年4月9日正式启动的，首选14家银行为交易对象。现阶段可供公开市场业务调控的工具有限，只以短期国债为交易工具，对证券市场的影响还不大。

3）法定存款准备金率

法定存款准备金率政策是指中央银行通过调整商业银行交存的中央银行的法定存款准备金的比率，影响货币供应量，从而影响货币市场和资本市场的资金供求，进而影响证券市场。若提高法定存款准备金率，实际上是减少了一定水平基础货币所能支持的存款额，导致货币供应量减少，证券行情趋于下跌；同时，对于超额准备率很低的商业银行，提高法定存款准备金率可能引起银行流动性问题，迫使银行在不利的价位上大量抛售有价证券，使得证券价格下降。反之，证券价格将上扬。

阅读材料

存款准备金率历次调整一览表（2010.01.12～2011.03.18）

公布时间	大型金融机构			中小金融机构			消息公布次日指数涨跌	
	调整前	调整后	调整幅度	调整前	调整后	调整幅度	上证	深成
11.03.18.	19.50%	20.00%	0.50%	16.00%	16.50%	0.50%	0.08%	-0.62%
11.02.18.	19.00%	19.50%	0.50%	15.50%	16.00%	0.50%	1.12%	2.06%
11.01.14.	18.50%	19.00%	0.50%	15.00%	15.50%	0.50%	-3.03%	-4.55%
10.12.10.	18.00%	18.50%	0.50%	14.50%	15.00%	0.50%	2.88%	3.57%
10.11.19.	17.50%	18.00%	0.50%	14.00%	14.50%	0.50%	-0.15%	0.06%
10.11.09.	17.00%	17.50%	0.50%	13.50%	14.00%	0.50%	1.04%	-0.15%
10.05.02.	16.50%	17.00%	0.50%	13.50%	13.50%	0.00%	-1.23%	-1.81%
10.02.12.	16.00%	16.50%	0.50%	13.50%	13.50%	0.00%	-0.49%	-0.74%
10.01.12.	15.50%	16.00%	0.50%	13.50%	3.50%	0.00%	-3.09%	-2.73%

资料来源：东方财富网

13.2.5 财政政策分析

1. 财政政策的基本含义

财政政策是政府依据客观经济规律制定的指导财政工作和处理财政关系的一系列方针、准则和措施的总称。财政政策手段主要包括国家预算、税收、国债、财政支出、财政补贴、转移支付等。财政政策在实施过程中可分为扩张性财政政策、紧缩性财政政策和中性财政政策。

2. 财政政策与证券价格波动

以积极的财政政策为例,分析其对证券市场的影响。

(1) 扩大财政支出,加大财政赤字。政府通过购买和公共支出增加商品和劳务需求,能有效地刺激企业增加投入,提高产出水平,使得企业利润增加,股票价格和证券价格也随之上升。居民在经济复苏中的收入增加,对经济形势好转的预期也增加了投资者的信心,买气增强,推动证券市场价格上涨。但过度使用此政策,会导致财政收支出现巨额赤字,虽然需求在进一步扩大,但经济的不稳定因素也在增加,如通货膨胀加剧,物价上涨等,这些都可能致使投资者对经济的预期不乐观,反而造成股价下跌。

(2) 减少税收,降低税率,扩大减免税范围。政府采取以上措施可直接增加微观经济主体的收入,以刺激经济主体的投资需求,从而扩大社会供给,进而增加人们的收入,并带动其投资需求和消费支出。投资需求和消费支出的增加又会拉动社会总需求,总需求增加反过来刺激投资,从而使企业扩大生产规模,增加企业利润,促进股票价格上涨。因企业经营状况改善,盈利能力增强,还本付息风险降低,证券价格也将上扬。

(3) 增加财政补贴。财政补贴往往会使财政支出扩大,从而扩大社会总需求及供给,促进证券价格的总体水平上涨。

紧缩性的财政政策对证券价格的影响与上述情况相反。

13.3 行业分析

行业分析是指根据经济学原理,综合应用统计学、计量经济学等分析工具对行业经济的运行状况、产品生产、销售、消费、技术、行业竞争力、市场竞争格局、行业政策等行业要素进行深入的分析,从而发现行业运行的内在经济规律,进而预测未来行业发展的趋势,对投资者具有重要的指导意义。

13.3.1 行业周期分析

1. 增长型行业

增长型行业的运动状态与经济活动总水平的周期及其振幅无关。这些产业收入增长的速率相对于经济周期的变动来说,并未出现同步影响,因为它们主要依靠技术的进步、新产品推出及更优质的服务,从而使其经常呈现出增长状态。投资者对高增长的行业十分感兴趣，主要是因为这些行业对周期性波动来说，提供了一种套期保值的手段。但这种行业增长的状态却使得投资者难以把握精确的购买时机，因为这些行业的股票价格有时不会随经济周期的变化而变化。

2. 周期型行业

周期型行业的运动状态直接与经济周期相关。当经济处于上升时期，这些行业会紧随其扩张；当经济衰退时，这些行业也相应跌落。产生这种现象的原因是，当经济上升时，对这些行业相关产品的购买被延迟到经济改善之后。例如珠宝行业、耐用品制造业及其他依赖于需求的收入弹性的行业。

3. 防御型行业

防御型行业运动状态的存在是因为其产业的产品需求相对稳定，并不受经济周期处于衰退阶段的影响。正因为如此，投资者对防御型行业的投资便属于收入投资，而非资本利得投资。

13.3.2 行业生命周期分析

通常，每个行业要经历一个由成长到衰退的发展演变过程，这个过程即为行业的生命周期。一般将行业的生命周期分为四个阶段，即初创期、成长期、成熟期和衰退期，如图13.2所示。

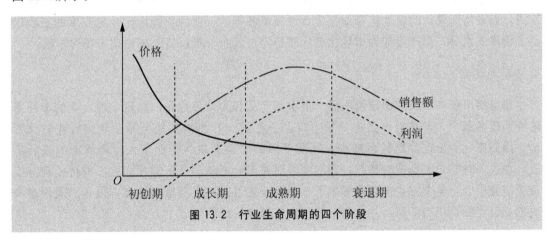

图 13.2 行业生命周期的四个阶段

1. 初创期

在这一阶段，只有为数不多的创业公司投资于这个新兴的产业。由于初创期产业的创立投资和产品研发费用较高，而产品市场需求狭小，销售收入低，因此这些创业公司财务上可能不但没有盈利，反而普遍亏损。同时，较高的产品成本和价格与较小的市场需求可能会使这些企业面临较大的投资风险，企业还可能因财务困难而引发破产危险。一般来说，在行业初创期，新产品被研制但尚未大批量生产。这时，公司的垄断利润较高但风险也很大，股价波动很频繁。因此，这类企业更适合投机者而非投资者。在初创期后期，随着行业生产技术的提高、生产成本的降低和市场需求的扩大，新行业便逐步由高风险低收益的初创期转向高风险高收益的成长期。

2. 成长期

这一阶段有时也被称为投资机会时期。在这一时期，新行业的产品经过广泛宣传和消费者的试用，逐渐以其自身的特点赢得了大众的欢迎或偏好，市场需求开始上升，新行业也随之繁荣起来。由于市场前景良好，投资于新行业的厂商大量增加，产品也逐渐多样化并向优质、低价方向发展，因而新行业出现了生产厂商和产品相互竞争的局面，这种状况会持续数年或数十年。这种状况的继续将导致生产厂商随着市场竞争的不断发展和产品产量的不断增加，市场的需求日趋饱和。生产厂商不能单纯地依靠扩大生产量、提高市场的份额来增加收入，而必须依靠追加生产、提高生产技术、降低成本以及研制和开发新产品的方法来争取竞争优势。这一时期企业的利润虽然增长很快，但所面临的竞争风险也非常大，破产率与被兼并率相当高，在成长期的后期，市场上生产厂商的数量在大幅度下降之后便开始稳定下来。

3. 成熟期

行业的成熟期是一个相对较长的时期。在这一时期，竞争中生存下来的少数大厂商垄断了整个行业的市场，每个厂商都占有一定比例的市场份额。由于彼此势均力敌，市场份额比例发生变化的程度较小。厂商与产品之间的竞争手段逐渐从价格手段转向各种非价格手段，如提高质量、改善性能和加强售后维修服务等。行业的利润由于一定程度的垄断达到了很高的水平，而风险却因市场比例比较稳定，新企业难以打入成熟期市场而较低。

4. 衰退期

衰退期出现在较长的稳定阶段后。由于新产品和大量替代品的出现，原行业的市场需求开始逐渐减少，产品销售量也开始下降，一些厂商开始向其他更易获利的行业转移资金，因而原行业出现厂商数目减少、利润下降的萧条景象。行业步入生命周期的最后阶段。在这一时期，市场逐渐萎缩，利润率停滞或不断下降。当正常利润无法维持或现有投资折旧完毕后，整个行业便逐渐解体了。在行业衰退期，产品呈现饱和，市场出现停滞和萎缩，公司股价相当平稳，并渐趋下跌，投资者应见好就收。

13.4 公 司 分 析

13.4.1 公司背景因素

一般来说，主要控股单位的实力强，有良好背景的上市公司再融资能力强，股价坚挺，市场表现好。上市公司的所有制性质主要可分为国有、民营和外资三大类型。在中国，不同所有制性质的上市公司的表现也会有一定的差异。通常来说，国有上市公司的股权结构为国有股权高度集中和国有股"一股独大"。股权结构是公司治理结构的基础，它对于公司治理结构的控制权方式、运作方式及效率等都有重要影响。我国的民营上市公司也存在"一股独大"的问题,同时民营企业上市后其规模往往迅速扩张,但面临管理瓶颈的制约,其管理水平有待提高。

13.4.2 公司行业选择

公司所属产业和行业的兴衰将直接影响到公司的赢利能力,从而影响到证券市场价格。

一般来说,国家重点扶持、发展的产业,其股票价格会被推高,而国家限制发展的产业,股票价格会受到不利影响,例如政治对社会公用事业的产品和劳务进行限价,包括交通运输、煤气、水电等,这样就会直接影响公用事业的赢利水准,导致公用事业公司股价下跌。

公司所属行业的性质对股价也有很大影响,成长型产业的发展前景比较好,对投资者的吸引力大,如电子工业、精细化工产业等。反之,夕阳产业的发展前景欠佳,投资收益就相应要低。

此外,行业发展存在周期性,分析经济景气和行业发展的关系,有助于投资者进行证券投资时机与投资对象的选择。可根据某行业景气循环的不同阶段选择不同行业的股票。例如,经济步入低谷后,最先复苏的通常为建筑业、房地产业,接着是商业、轻工业;经济进入高涨后,随着宏观经济调控措施的出台,最先出现呆滞的也往往会是建筑业、房地产业。

13.4.3 公司股利发放状况、新股发行和流通、股票分割和股票合并

股利是股价的基础,股利的发放一方面是公司向投资者的定期回报,另一方面也是投资者了解公司经营状况的窗口。一般来说,股利发放越多,股价上涨越快;而股利派发得越少或不发股利,会引起投资者对该公司的经营状况产生怀疑,对其未来的经营失去信心。

发行量和流通量太大的股票本身具有价格稳定难于炒作的特点,很难期望在短期内出现奇迹性的良好市场表现。因此大部分投资者选择发行量和流通量较小、市场表现活跃、股本扩张能力较强的股票。由于供求关系的原因,这类股票价格容易上涨。

股票分割也会对公司股票价格产生重大影响。股票分割是上市公司把大面额的股票分割成小面额的股票,其总价值保持不变。拆股后,原股东在股份公司中的控股比例及得到的股利均未改变,但由于拆股后成交单位所需金额减少,有能力购买的股民增多,可能会吸引更多的投资者,刺激股价上涨。股票合并则与之相反。

13.4.4 除息除权

当上市公司宣布上年度分红派息方案并获董事会及证监会批准后,即可确定股权登记日。在股权登记日交易(包括股权登记日)后手中仍持有这种股票的投资者均有享受分红派息的权力。如果是分红利现金,称为除息;如果是送红股或者配股,称为除权;如果是既分红利又配股,称为除权除息。这时,大盘显示的前收盘价不是前一天的实际收盘价,而是根据股权登记日收盘价与分红现金的数量、送配股的数量和配股价的高低等结合起来算出来的价格。

在除权除息后的一段时间里，如果多数人对该股看好，该只股票交易市价高于除权（除息）基准价，即股价比除权除息前有所上涨，这种行情称为填权。倘若股价上涨到除权除息前的价格水平，就称为充分填权。相反，如果多数人不看好该股，交易市价低于除权（除息）基准价，即股价比除权除息前有所下降，则为贴权。股票能否走出填权行情，一般与市场环境、发行公司的行业前景、公司获利能力和企业形象有关。上市公司在送股、派息或配股时，需要确定股权登记日，在股权登记日及此前持有或买进股票的股东享受送股、派息或配股权利，是含权（含息）股。股权登记日的次交易日即除权除息日，此时再买进股票已不享受上述权利。因此一般而言，除权除息日的股价要低于股权登记日的股价。

除权（除息）股与含权（含息）股的差别就在于是否能够享受股利、股息，这也决定了两者的市场价值之间存在差异。除权日当天开市前要根据除权除息具体情况计算出一个剔除除权除息影响后的价格作为开盘指导价，这也称为除权（除息）基准价。

13.4.5　公司的产品和市场分析

1. 公司产品的市场占有情况

产品的市场占有情况可以从两方面进行考察：一是产品的市场占有率，这是指该公司的产品在同类产品市场中所占有的份额；二是产品的市场覆盖率，指产品在各个地区的覆盖和分布情况。公司产品的市场占有率和市场覆盖率都比较高，说明该公司的产品销售和分布在同行业中占有优势地位，产品的竞争能力强；若产品市场占有率高而市场覆盖率低，说明公司的产品在某个地区受欢迎，有竞争能力，但大面积推广缺乏销售网络；产品的市场占有率低而市场覆盖率高，说明公司的销售网络强，但产品的竞争能力较弱；产品的市场占有率和市场覆盖率都低，则说明产品缺乏竞争力，公司前景堪忧。

2. 公司产品竞争力分析

产品的竞争力分析是公司分析非常重要的一个方面，它包括成本优势、技术优势、质量优势和品牌等几个方面。

成本优势是指公司的产品依靠低成本获得高于同行业中其他企业的盈利能力。在很多行业中，成本优势是决定竞争优势的关键因素，如果企业能够创造和维持成本领先地位，并创造出与竞争对手价值相等或近似的产品，那么它只要将价格控制在行业平均或接近平均的水平，就能获得优于平均水平的经营业绩。

技术优势是指企业拥有的比同行业其他竞争对手更强的技术实力及研究与开发新产品的能力，这种能力主要体现在生产的技术水平和产品的技术含量上。在现代经济中，企业新产品的研究与开发能力是决定企业竞争成败的关键因素。

质量优势是指企业的产品以高于其他企业同类产品的质量赢得市场，从而取得竞争优势。在与竞争对手成本相等或近似的情况下，具有质量优势的企业往往在该行业中占据领先地位。

品牌是生产者、经营者为了标识其企业、产品、服务，以区别于竞争对手，便于让消费者认识而采用的显著的标记。它主要包括企业名称、企业 CIS 系统、商标、产品名称、企业家等。品牌竞争是产品竞争的深化和延伸,当产业发展进入成熟阶段,产业竞争充分展开时,品牌就成为产品及企业竞争的一个越来越重要的因素。如果企业有知名的品牌,其产品的竞争力就会相对强一些,会更有利于企业快速的发展。在分析企业财务报告时,投资者需要了解企业是否有知名的产品品牌,同时还需了解行业内是否有其他的领先品牌,这些分析有利于了解企业产品的竞争力,从而判断该企业是否在行业内处于领先地位。

3. 公司产品知识产权的研究和分析

一个上市公司的产品是否拥有自主知识产权是相当重要的一项指标,它可以衡量该产品的技术含金量。有自主知识产权的上市公司的利润高,且来源稳定,在该行业中将成为龙头老大。在我国的家电生产企业中,很多生产企业都在使用外国公司的知识产权。家电行业的利润依靠大规模生产和劳动力换取,总体利润偏低就是由于缺乏自主知识产权。

自主知识产权是一个上市公司发展和壮大的基础,是稳定利润来源的保证。一个没有自主知识产权的上市公司,无论它现有的利润有多高,这个利润是不会长久的,没有自主知识产权的上市公司是不适合长线投资的。

13.4.6 公司的管理能力分析

1. 管理层素质及能力分析

管理层素质的分析应包括对公司管理层的文化素质和专业水平、内部协调和沟通能力。决策层是企业最高的权力机构,他们具备清晰的思维头脑和综合判断能力,能在复杂多变、竞争激烈的环境中运筹帷幄,是一批深谋远虑的智囊团。高素质企业的高级管理层人员应有专业,有技术,有实际工作经验,有现代管理知识,有经营头脑,有开拓精神,有良好的组织能力及应变能力。

2. 公司管理架构与监管水平

合理的组织结构是组织高效运作的前提,处于不同行业、不同规模、不同发展阶段的组织需要的组织结构是不同的。投资者通过分析上市公司的组织架构,可以初步判断该公司的运作是否有效率,是否具有应变外界环境变化的快速反应能力。除此之外,还需要对组织的决策、计划、领导、激励、控制过程,组织执行力的强弱以及组织内各要素、各部门、各环节是否有机衔接进行考察分析。

13.4.7 公司重大资产重组及公司领导机构变更

我国上市公司的资产重组方式一般有:股权转让、资产置换、收购兼并。股权转让方式的直接后果是导致大股东的变更,为上市公司注入新的资产,变更或拓宽主业,重建产业结构。资产置换方式主要是通过大股东进行资产剥离和置换,以注入优质资产,达到加强主业、改善资产结构、盘活存量资产、提高公司盈利能力的目的。

按照公司的章程,股份公司要定期进行董事、监事的改选。此时,为了控制该公司管理权的战略投资者会逐步买进该公司股票。受此影响,证券市场上该股票的价格会被抬高。投资者在审时度势、判断行情走势的同时,也要保持清醒的头脑,一旦某些大户当选无望时,会中途抛售股票,或者改选后,董监事为改选而购入的过多的股票也会在改选后通过散布利好消息的方式,乘机高价抛售。此外,投资者还需关注该公司的董事会人选、独立董事人选的变动。

13.5 公司财务状况分析

13.5.1 上市公司的主要财务报表及其分析重点

1. 资产负债表及其附表分析

(1) 建立资产负债表为重的风险防范观念。资产负债表是"存量"的概念,报表各项余额反映公司在特定日期财务状况的好坏,也代表着公司价值的高低。因此,阅读财务报告时,一定要先建立资产负债表为重的风险防范观念。

(2) 应收账款、其他应收款分析。一是要比较应收账款和营业收入的关系。当应收账款增长率大幅度高于营业收入增长率时,应注意应收账款的收现性,同时需注意是否有虚增资产和利润之嫌,尤其应关注来自于关联方交易的应收账款的增长;二是要观察其他应收款中是否存在非法拆借资金、抽逃资本金、担保代偿款和挂账费用等,尤其应关注与关联方发生的其他应收款。

(3) 长期投资分析。阅读报表时尤其应注意公司是否通过长、短期投资互转操纵利润。此外,可以通过比较长期投资和短期投资收益,根据投资的收益情况分析各项长期投资的质量。

(4) 无形资产分析。首先,对于企业突然增加的巨额无形资产,应关注是否确实符合无形资产资本化条件,并分析对企业未来盈利能力的影响。其次,应关注企业合并会计处理对商誉的影响。

(5) 递延税款分析。企业采用纳税影响法核算所得税时,如果时间性差异产生的递延税款为借方余额,应分析公司在今后转回的期限内是否可能有足够的应纳税所得额,如果没有,则应在当期直接确认为费用。递延税款常被公司当作操纵利润的"蓄水池",在阅读会计报表时尤其需要关注。

(6) 由负债比例看企业财务风险。公司营运状况不佳时,短期负债、长期负债及负债比率不宜过高。

(7) 长期负债与利息费用分析。如果利息费用相对于长期借款呈现大幅下降,应注意公司是否不正确地将利息费用资本化,降低利息费用以增加利润。

2. 利润表及其附表分析

(1) 从利润构成分析公司盈利质量。公司主营业务利润占利润总额的比重越大,说明公司更多地依靠生产经营活动取得利润,盈利能力具有较好的可持续性;如果公司利息收入、资产处置收益、投资收益等非营业利润占利润总额比重大,公司利润可能更多地依赖于风险较大的金融市场,收益的可持续性差。在分析公司盈利质量时,尤其应关注政府补贴、税收优惠、接受捐赠等偶然性质的利润以及来自关联企业的利润对公司盈利能力的影响。

(2) 主营业务收入、主营业务成本、营业费用分析。比较各报告期销货退回及折让占主营业务收入的比例、关联方交易产生的销售收入占主营业务收入的比例是否有异常变化,以分析管理当局是否有操纵利润的意图。将材料成本、人工成本、制造费用等各生产成本要素占主营业务成本的比例,以及主营业务成本占主营业务收入的比例作前后年度的趋势做对比,以发现企业是否存在将费用予以资本化以美化利润表的情况。

(3) 正确看待股利分配。通常情况下,现金股利和股票股利仅仅影响短期股票价格。净资产收益率趋势分析则是中长期股票价格的重要参考指标。因此,如果公司不断发放现金股利或股票股利,阅表人应关注公司每股收益和净资产收益率的变化。

3. 现金流量表分析

(1) 注意经营活动产生的现金流量净额与当期净利润的差异。当经营活动产生的现金流量净额大幅落后于净利润时,可能反映了公司应收账款及存货周转率低,资金周转不畅,收益质量不佳。

(2) 综合分析公司现金运用的能力。首先,分析经营活动产生的现金流量净额,如为正数,则表明公司能够通过经营活动创造现金;如果经营活动现金流量净额加上流动负债净增加额减去流动资产净增加额为正,表明公司创造的现金流量能够满足日常经营活动的需要,反之,则需要筹集短期资金;之后,进一步分析扣除利息支出、股利支出以后的现金流量。如果为正,表明公司创造的现金流量除满足日常经营活动的需要外,尚能够支付利息和股利。最后,继续扣除投资活动现金净流量,如果为负数,表明公司需要筹集资金满足投资需要,金额越大,则财务风险越大。

4. 会计报表附注分析

会计报表附注分析从以下几个方面入手。

(1) 通过观察会计报表重要项目的说明,分析会计政策前后期是否一致,观察会计估计尤其是资产减值准备计提的合理性,以判断公司是否人为操纵利润。

(2) 分析或有事项、承诺事项、资产负债表期后事项对财务报告分析结论的影响。

(3) 关注关联方交易。观察进销货交易条件、交易价格,以分析公司利润是否真实。

(4) 衍生金融商品可能蕴藏着重大风险,因此必须认真分析附注中披露的相关内容。

(5) 注意公司是否有变更会计师事务所的情形,若有,关注其更换事务所的原因。

(6) 关注重要合同的签订、完成、撤销对财务分析结论的影响。

13.5.2 上市公司财务报表分析技巧之一:横向比较和纵向比较

1. 横向比较

同行业企业之间比较,通常先要确定各项指标的标准水平,可以是行业的平均水平或最佳水平，然后将目标企业的指标与其比较，这种方法也称标准比较法，其关键是要确定反映同行业平均经营水平的标准财务数据。比较企业与同行业其他企业的财务指标可以分析企业在同行业中所处的地位，从而了解企业的相对优势和劣势，见表13-1。

表 13-1 水利建设上市公司 2009 年规模与业绩情况

公司名称	总资产/亿元	每股收益/元	净资产收益率/%
中工国际	31.23	1.080	18.31
粤水电	44.23	0.238	6.14
利欧股份	7.49	0.570	18.31
国统股份	9.17	0.520	14.03
青龙管业	9.64	1.050	23.93
新界泵业	2.91	0.740	32.63
大禹节水	5.83	0.440	6.56
先河环保	2.62	0.400	21.46
葛洲坝	42.61	0.490	16.16
新疆天业	46.45	−0.018	0.43
三峡水利	17.75	0.210	9.32
钱江水利	27.89	0.170	5.47
安徽水利	26.26	0.130	7.05
平均	21.08	0.463	13.83

资料来源：各家上市公司 2009 年年报

截至 2010 年底，国内水利建设板块共有 13 家上市公司，其中规模最大的新疆天业总资产为 46.45 亿元，13 家公司平均总资产为 21.08 亿元，新疆天业具有一定的规模优势。从净资产收益率来看，2009 年水利建设企业的总体净资产收益率为 13.83%，尽管新疆天业具有一定的规模优势，但其净资产收益率仅为 0.43%，远低于平均水平，显然不具备比较优势。规模其次的粤水电、葛洲坝和中工国际的总资产分别为 44.23 亿元、42.61 亿元和 31.23 亿元。粤水电的净资产收益率为 6.14%，低于平均水平，因而不具备比较优势；葛洲坝和中工国际的净资产收益率分别为 16.16% 和 18.31%，均高于同行业平均水平，这有助于其确立行业领先地位。

2. 纵向比较

一个企业不同时期各项财务指标的纵向比较，是指将企业连续数期的财务报表数据进行比较，以基期为标准来评价企业的财务状况。表 13-2 是根据葛洲坝集团股份有限公司 2009 年、2008 年、2007 年的利润表资料编制的比较分析表。

表 13-2 利润比较分析表　　　　　　　　　　金额单位：万元

项目	2009~2008 增减金额	2009/2008 增减百分比	2008~2007 增减金额	2008/2007 增减百分比
营业收入	723 165.32	37.34%	736 439.14	61.34%
营业成本	630 987.42	38.75%	481 575.37	41.99%
营业费用	4 847.44	24.09%	5 299.63	35.75%
管理费用	25 412.19	28.60%	20 935.54	30.82%
财务费用	11 638.65	16.48%	38 350.3	118.81%
营业利润	66 402.93	76.38%	18 977.2	27.92%
投资收益	33 073.43	387.85%	-5 882.22	-40.82%
营业外收支净额	7 798.45	143.02%	3 560.61	188.19%
利润总额	74 201.38	80.31%	17 133.24	22.77%
净利润	51 232.31	63.19%	12 005.06	17.38%

从表中各项数据的比较可清楚地看到葛洲坝集团股份有限公司两年的盈利状况。公司2009年的营业利润、利润总额和净利润都比2008年有较大增长，分别增长了76.38%、80.31%和63.19%。公司上市后规模壮大，但管理费用增幅不大。表中数据还显示，公司的投资收益和营业外收支净额大幅增加，增加幅度分别为387.85%和143.02%，公司发展趋势良好。鉴于公司主营业务收入近几年来呈逐步增加趋势，2009年度新签合同额累计人民币421.36亿元，2010年度新签合同额累计人民币556亿元，同比增长31.98%，预计2010年主营收入将有一定幅度的增长。

13.5.3　上市公司财务报表分析技巧之二：财务比率分析

财务比率分析是财务报表分析的重中之重。财务比率分析是将两个有关的会计数据相除，用所求得的财务比率来提示同一会计报表中不同项目之间或不同会计报表的相关项目之间所存在的逻辑关系的一种分析技巧。财务比率分析有一个显著的特点，那就是使各个不同规模的企业的财务数据所传递的经济信息标准化。这一特点使得各企业间的横向比较及行业标准的比较成为可能。

1. 短期偿债能力分析

短期偿债能力是指企业以流动资产偿还流动负债的能力，是衡量企业当前财务能力特别是流动资产变现能力的重要标志。短期偿债能力指标主要有流动比率、速动比率和现金比率。

1) 流动比率

流动比率是企业流动资产与流动负债的比率。这项比率是评价企业用流动资产偿还流动负债能力的指标，说明企业每一元流动负债有多少流动资产可以用作支付保证，公式为

$$流动比率 = 流动资产/流动负债$$

一般认为，流动比率为2∶1对于大部分企业来说是比较合适的比率。这是因为流动

资产中变现能力最差的存货金额约占流动资产总额的一半,剩下的流动性较大的流动资产至少要等于流动负债,企业的短期偿债能力才会有保证。对流动比率的分析应结合行业特点,行业性质不同,流动比率的实际标准也会有所不同。

2）速动比率

速动比率是从流动资产中扣除存货部分再除以流动负债的比值。由于流动资产中存货的变现速度最慢,或由于某种原因部分存货可能已报废还没做处理或部分存货已抵押给某债权人,另外,存货估价还存在着成本与合理市价相差悬殊的因素,因此把存货从流动资产总额中减去而计算出的速动比率反映的短期偿债能力更加令人可信。公式为

$$速动比率＝速动资产／流动负债$$

$$速动资产＝流动资产－存货－预付账款－待摊费用$$

一般认为,1∶1的速动比率被认为是合理的,它说明企业每一元流动负债有一元容易变现的流动资产来抵偿,短期偿债能力就有可靠的保证。如果速动比率偏高,说明企业有足够的能力偿还短期债务,同时也表示企业在速动资产上占用的资金过多,企业投资的机会成本会增大;如偏低,则表明企业的短期偿债风险较大。但这仅是一般的看法,因为行业不同,速动比率会有很大的差别。

3）现金比率

现金比率是企业现金类资产与流动负债的比率,它是衡量企业短期偿债能力的参考性指标。计算公式为

$$现金比率＝现金类资产／流动负债$$

现金类资产包括货币资金和有价证券,是速动资产扣除应收账款后的余额。因为应收账款存在坏账和不能及时收回的可能,所以速动资产扣除应收账款后的金额最能反映企业直接偿付流动负债的能力。现金比率越高,表明企业偿债能力越强,但这一比率过高,就意味着企业流动负债未能得到合理运用,因为企业一般不应具备过多的现金类资产,否则会导致企业机会成本增加。

2. 长期偿债能力分析

长期偿债能力是指企业偿还长期负债的能力,它能反映出企业的财务状况和资金安全程度。长期偿债能力指标主要有负债比率、负债与股东权益率和利息保障倍数。

1）负债比率

负债比率是企业全部负债与全部资产的比率,表明企业负债占全部资金的比重,它反映了企业偿付债务本金和支付债务利息的能力。计算公式为

$$负债比率＝负债总额／资产总额$$

负债比率对于债权人和股东来说具有不同的意义。对债权人而言,负债比率高,说明总资产中大部分是债权人的资金,其承担的风险就大;反之,债权人的保障度就越高。对股东而言,企业资产由债权人投入和股东投入起同样的作用,所以只要总资产收益率高于借款利率,负债比率越高,股东的投资收益就越大。

2）利息保障倍数

利息保障倍数又称已获利息倍数,是指企业经营的息税前利润与利息费用的比率,它

是衡量企业支付负债利息能力的指标。计算公式为

$$利息保障倍数＝息税前利润/利息费用$$

$$息税前利润＝净利润＋利息费用＋所得税$$

利息费用是指本期发生的全部应付利息，包括财务费用中的利息费用和计入固定资产成本的资本化利息。由于我国现行的财务报表中没有利息费用这一栏，而是将其计入财务费用中，所以实际计算时用财务费用替代利息费用。

利息保障倍数指标反映企业经营收益为所需支付的债务利息的多少倍。只要利息保障倍数足够大，企业就有充足的能力支付利息，倍数越大，说明企业支付利息费用的能力越强；反之相反。经验表明利息保障倍数不能低于1，如果利息保障倍数过低，企业将面临亏损、偿债的安全性与稳定性下降的风险。

3. 企业盈利能力分析

盈利能力是企业获取利润的能力，是企业内外各方都十分关心的问题，因为利润不仅是投资者取得投资收益、债权人取得利息的资金来源，同时也是企业维持扩大再生产的重要资金保障。反映企业盈利能力的财务指标主要有毛利率、总资产收益率净资产收益率和资本保值增值率等。

1）毛利率

毛利率反映企业经营的获利能力，计算公式为

$$毛利率＝（销售收入净额－销售成本）/销售收入净额$$

毛利率表明每一单位销售收入扣除销售成本后，可以用于期间费用和形成盈利的部分。毛利率高表明取得同样销售收入的销售成本低、销售利润高；毛利率低表明企业抵补各项费用支出的能力差，盈利能力低。

2）总资产收益率

总资产收益率是息税前利润与平均总资产的比率。它是衡量企业资产利用能力的指标，也是衡量企业利用债权人资金和股东权益所得盈利的重要指标，其计算公式为

$$总资产收益率＝息税前利润/平均总资产$$

$$息税前利润＝利润总额＋利息费用$$

$$平均总资产＝（期初资产总额＋期末资产总额）/2$$

总资产收益率越高，表明企业总资产利用的效率越高，企业盈利能力就越强。

3）净资产收益率

净资产收益率是反映企业股东权益的投资报酬指标，计算公式为

$$净资产收益率＝净利润/期末股东权益$$

净资产收益率是从所有者角度分析企业盈利水平的指标，所以净资产收益率越高，表明企业利用资本的能力越强，资本报酬越高，即给股东带来的投资收益越高。

4）资本保值增值率

资本保值增值率是反映股东投入企业资本完整性和增值能力的指标，计算公式为

$$资本保值增值率＝期末所有者权益总额/期初所有者权益总额$$

资本保值增值率小于1,表明资本减值;资本保值增值率等于1,表明资本保值;资本保值增值率大于1,表明股东权益增加,企业能力强。在运用此指标进行实际分析时,还应考虑企业利润分配和通货膨胀的影响。

4. 投资报酬能力分析

对于投资者而言,投资报酬是与其直接相关的、影响其投资决策的最关键的因素。企业的资产运营能力强、资产报酬率高,并不等于投资收益就高。因为,一般企业总资产报酬中都包含有债务融资报酬的部分,而只有当利用债务资本产生的利润大于其应支付的利息,产权融资的报酬才会提高。因此,投资者进行投资决策时除了要分析企业的营运能力和盈利能力,还应考察企业的投资报酬能力。投资报酬率指标主要有以下几项。

(1) 普通股权益报酬率=(税后净利润-优先股股利)/平均普通股权益。普通股权益报酬率是从普通股东的角度反映企业的获利能力,该比率越高,表明企业获利能力越强,即普通股东可获得的收益越多。

(2) 市盈率=股票市价/每股净盈利。市盈率是被广泛用于评估公司股票价值的一个重要指标,特别是对于一些潜在的投资者来说,可根据它来对上市公司的未来发展前景进行分析,并在不同公司间进行比较,以便最后做出投资决策。市盈率高表明企业盈利能力相对较低或股价相对较高;反之,市盈率低则表明股票上涨的潜力大。

(3) 股利支付率=普通股每股股利/普通股每股收益。股利支付率反映企业一定时期净利润中股利发放的比例,股利支付率高说明股东得到的股利高;反之,则表明股东得到的股利占净利润的比重少。一般而言,这一比率不能过高,因为发放股利特别是现金股利常会影响到企业的支付能力、偿债能力和营运能力。

(4) 留存利润率=(净利润-应付股利)/净利润。留存利润率高,表明企业留存的利润多,企业的发展后劲足;反之,表明企业留存的利润少,投资者获得的收益就多。一般情况下,企业在初创阶段为了经营发展,留存利润率会相对高一些,企业发展到一定阶段,有利资金积累后,留存利润率可相对降低。

(5) 普通股每股净收益=(税后净利-优先股股利)/普通股发行的股数。普通股每股净收益是投资者评估股价的重要指标,每股净收益越高,表明每一股份可得的利润越多,投资收益越好。计算每股净收益时要注意普通股股数的变化,若计算期内股数有变动,则需重新计算。

5. 发展能力分析

企业的发展能力,也称企业的成长性,它是企业通过自身的生产经营活动,不断扩大积累而形成的发展潜能。反映企业发展能力的指标主要有销售增长率、总资产增长率和资本积累率。

1) 销售增长率

销售增长率是指企业本年销售增长额与上年销售额之间的比率,反映销售的增减变动

情况,是评价企业成长状况和发展能力的重要指标,其计算公式为

销售增长率＝本期销售收入增长额/基期销售收入总额

销售增长率反映本期销售收入的相对变化,它可用来评判企业的经营状况及拓展能力。销售增长率大于零,表明企业的经营收入有所增长;若小于零,则表明企业经营萎缩,获利能力较弱。这一比率越高,表明企业经营增长速度越快,市场前景越好。这一比率越低表明企业经营增长速度越低,市场前景越不好。但销售增长率反映的是本期与基期销售收入的比较,它会受基期水平的影响,如由于自然灾害、突发事故等偶然因素的影响,可能造成基期收入偏低,这就会使本期销售增长率猛增,这并不代表企业具有较强的发展能力。因此,分析企业销售增长率时要综合历年的收入情况及同行业水平进行比较,以便得出合理的判断。

2) 总资产增长率

总资产增长率是企业本年总资产增长额与年初资产总额的比率,反映企业本期资产规模的增长情况,计算公式为

总资产增长率＝(年末资产总额－年初资产总额)/年初资产总额

总资产增长率从企业资产总量的扩张程度上反映了企业的发展能力,体现了企业规模增长水平对发展后劲的影响。总资产增长率越高,表明企业一定时期内资产经营规模扩张的速度越快。但在分析时,需要关注资产规模扩张的质和量的关系,以及企业的后续发展能力。

3) 资本积累率

资本积累率即股东权益增长率,是指企业本年股东权益增长额与年初股东权益额的比率。它反映企业当年资本的积累能力,是评价企业发展潜力的重要指标,计算公式为

资本积累率＝(年末股东权益额－年初股东权益额)/年初股东权益额

资本积累率反映企业当年股东权益的总增长,是企业发展强盛的标志,也是企业扩大再生产的源泉,展示了企业的发展潜力。资本积累率还反映了投资者投入资本的保全性和增长性,该指标越高表明企业的资本积累越多,企业资本保全性越强,应付风险、持续发展的能力越大;该指标如为负值,则表明企业资本受到侵蚀,股东权益受到损害,应予充分重视。

 案例分析

案例一 中国连续降息对证券市场的影响

一般而言,降息对股市应是利好消息。但在熊市中,投资者往往对利空消息较为敏感,对利好消息却无动于衷。2008年,受国际金融危机的影响,我国股市出现连续下挫,两市市值严重缩水,自2008年9月16日起,政府连续五次降息,试图对A股市场起到提振作用,连续降息本为利好政策,但市场的反应却出乎意料。特别是2008年11月26日,一年期存贷款基准利率下调108个基点,同时,个人住房公积金贷款利率、金融机构存款准备金利率、中央银行再贷款、再贴现等利率也分别下调54个基点、27个基点、108个基点和135个基点,此次降息为11年来最大幅度降息,但市场却反应平平,A股市场开盘后高开低走,收盘时仅微涨20点,11月28日即跌破1 900点整数关口,见表13-3。

表 13-3 2008 年五次降息及股市反应

时间	存款基准利率			贷款基准利率			股市反应
	调整前	调整后	调整幅度	调整前	调整后	调整幅度	
08-12-23	2.52%	2.25%	-0.27%	5.58%	5.31%	-0.27%	开盘后两市双双跌幅均高达4%以上，沪市跌幅达4.55%，深市下跌4.69%
08-11-27	3.60%	2.52%	-1.08%	6.66%	5.58%	-1.08%	沪指微涨20点，第二个交易日沪指跌破1 900点，跌幅为2.44%
08-10-30	3.87%	3.60%	-0.27%	6.93%	6.66%	-0.27%	10月31日沪市开盘1 754点，收盘1 728点，跌幅为1.97%
08-10-9	4.14%	3.87%	-0.27%	7.20%	6.93%	-0.27%	当日沪市跌0.84%，深市跌2.40%，第二日沪市下跌3.57%，深市下跌5.52%
08-09-16	4.14%	4.14%	0.00%	7.47%	7.20%	-0.27%	沪指跌幅达4.47%，第二日下跌2.9%

案例二 公司基本面分析——三一重工(600031)

三一重工股份有限公司是经湖南省人民政府批准，由三一重工业集团有限公司依法变更而设立的股份有限公司。公司主要从事工程机械的研发、制造、销售，产品包括建筑机械、筑路机械、起重机械等25大类120多个品种，主导产品有混凝土输送泵、混凝土输送泵车、混凝土搅拌站、沥青搅拌站、履带起重机、汽车起重机、港口机械等。经中国证券监督管理委员会核准，公司于2003年6月18日向社会公开发行人民币普通股(A股)6 000万股，每股面值1.00元，每股发行价15.56元，并于2003年7月3日在上海证券交易所上市交易，股票代码(600031)，上市首日收盘价21.3元，公司股票总市值为51.12亿元。截至2011年3月28日收盘，公司股票总市值为1 419.01亿元，上市7年多股票总市值增长了27.76倍。

三一重工是全球工程机械制造商50强，是中国工程机械行业市值最大、最赚钱、最具成长力自主品牌的民营公司。公司为中国该行业内最强的混凝土成套设备供应商，其主导产品混凝土机械为国内第一品牌，产品质量已达到国际先进水准，目前在中国混凝土机械制造领域已处于绝对优势地位。此外，桩工机械、履带起重机械也保持着市场占有率第一的品牌地位。在研发方面，公司每年的投入额为销售收入的5%～7%，目前已拥有国家级技术开发中心和博士后流动工作站，拥有授权有效专利536项和近百项核心技术。

据2010年年报披露，公司主导产品经营再上新台阶，泵送事业部销售额达217亿元，成为公司首个突破200亿规模的事业部；挖掘机销售过万台，汽车起重机、路机产品销售增长率均超过100%。2010年每股收益为1.11元，主营收入同比增长78.94%，净利润56.15亿元，同比增长112.71%，净资产收益率 54.67%。

近几年公司加快了国际化步伐,已基本完成全球产业布局,产品销至 115 个国家,在 13 个国家和地区设立了海外子公司,初步完成了国际化战略布局。2010 年中央经济工作会议提出了战略性新兴产业的发展规划,其中包括高端装备制造。2011 年 3 月 29 日《"十二五"机械工业发展总体规划》出台。受相关政策的支持,作为机械行业的龙头,三一重工在未来 5~10 年将有较快发展。

【评析】

从基本面上看,公司 2010 年每股收益为 1.11 元,主营收入同比增长 78.94%,净利润为 56.15 亿元,同比增长 112.71%,净资产收益率高达 54.67%。可以看出,公司的基本面良好。公司十分重视产品的研发,拥有 536 项专利和近百项核心技术,其产品在技术上具有绝对优势,市场占有率在行业内处于领先地位。在良好的业绩支撑下,随着公司国家化步伐的加快及中央相关政策的出台,公司面临着巨大的发展机遇,未来几年将有较快发展。在这些利好因素的刺激下,公司股价将有所表现,投资者可逢低介入并持有。值得注意的是,基本面分析只适用于中长期投资,从短期来看,很难取得良好效果。因此,投资者还需结合公司股票的技术形态等方面进行分析,以此确定买卖时机,这样才是较为理想的证券投资方法。

本 章 小 结

本章介绍了证券投资基本分析的相关内容,包括基本分析概述、宏观经济分析、行业分析、公司分析及公司财务状况分析,并结合案例分析深入介绍了相关知识。通过这些分析,投资者可了解影响证券价格的相关因素,学会分析上市公司的财务状况,从而帮助投资者做出合理的投资决策。

基本分析是利用丰富的统计资料,通过对决定证券投资价值及价格的基本要素如宏观经济指标、经济政策走势、行业发展状况、产品市场状况、公司销售和财务状况等的分析,评估证券的投资价值,判断证券的合理价位,从而提出相应的投资建议的一种分析方法。

宏观经济分析从影响证券价格变动的敏感因素出发,从经济政策、经济指标中寻找宏观经济基本面与股市之间的因果关系或数量关系,判定这些因素对证券价格的未来走势的影响,为证券的选择决策提供方向性的依据。

行业分析是指根据经济学原理,综合应用统计学、计量经济学等分析工具对行业经济的运行状况、产品生产、销售、消费、技术、行业竞争力、市场竞争格局及行业政策等行业要素进行深入的分析,从而发现行业运行的内在经济规律,进而进一步预测未来行业发展的趋势,对投资者具有重要的指导意义。

公司分析是对影响上市公司股票价格及公司发展能力等相关因素进行的分析,主要包括公司背景、公司行业、公司管理层、公司股利发放状况、新股发行上市及股票分割和合并等方面的分析。

除了以上分析之外,公司的财务状况分析也是投资者在证券投资中需要重点分析的一个内容。在分析公司财务报表时,需注意各个指标所代表的含义及其应用,并熟悉相关分析技巧。

名人名言

通过基本价值寻找被低估的股票,依据长期获利能力与股利分配水准来评估投资与否。

——柯林·麦克连[英]

一家公司的股票在今天、明天或下星期卖多少钱并不重要,重要的是这家公司在未来5至10年的表现。

——沃伦·巴菲特[美]

最安全的投资技巧,是在市场低迷时买低市盈率的股票。

——本杰明·格雷厄姆[美]

选择前景佳的成长股时,必须明白一家前途看好的公司的盛衰是由什么因素决定的。

——麦克·喜伟[美]

习 题

一、选择题

1. 在经济周期的某个时期,产出、销售、就业开始下降,直至某个低谷,说明经济变动处于( )。
   A. 繁荣阶段   B. 衰退阶段
   C. 萧条阶段   D. 复苏阶段
2. 当经济衰退至尾声,投资者已远离证券市场,每日成交稀少的时候,可以断定( )。
   A. 经济周期处于衰退期   B. 经济周期处于下降阶段
   C. 证券市场将继续下跌   D. 证券市场已经处于底部,应当可以买入
3. 下列关于通货膨胀对证券市场影响的看法中,错误的是( )。
   A. 严重的通货膨胀是很危险的
   B. 通货膨胀时期,所有价格和工资都按同一比率变动
   C. 通货膨胀有时能够刺激股价上升
   D. 通货膨胀使得各种商品价格具有更大的不确定性
4. 一般地,在投资决策过程中,投资者应选择( )行业投资。
   A. 增长型   B. 周期型
   C. 防御型   D. 初创型
5. 反映公司在一定时期内经营成果的财务报表是( )。
   A. 资产负债表   B. 现金流量表
   C. 利润表   D. 以上都不是
6. 反映企业偿付债务本金和支付债务利息能力的指标是( )。
   A. 流动比率   B. 负债比率
   C. 现金比率   D. 速动比率

二、简答题

1. 什么是基本分析?简要说明其优缺点。
2. 经济周期对证券市场价格的影响是什么?
3. 影响股票价格的基本因素主要有哪些?

4. 在不同的国内市场总值增长情况下,证券市场价格的变动主要有哪些?
5. 试析积极的财政政策对证券市场的影响。

三、论述题

1. 试析行业生命周期中各阶段的行业特点。
2. 货币政策对证券价格的影响主要包括哪几个方面?

第14章 证券投资技术分析

教学目标

通过本章的学习，了解证券投资技术分析的含义、特点与分类，掌握技术分析的假设前提及理论基础、技术分析各要素之间的关系，了解技术分析的优点及局限性，重点掌握技术分析的主要方法和指标，并能运用于实践。

教学要点

知识要点	能力要求	相关知识
技术分析概述	(1) 技术分析三大假设的理解和概括能力 (2) 技术分析四大要素的理解和掌握	(1) 技术分析的三大基本假设 (2) 技术分析的四大要素
道氏理论	(1) 道氏理论六个基本规则的概括和理解能力 (2) 对道氏理论意义的了解	(1) 道氏理论的六个基本规则 (2) 道氏理论的意义
K线理论	(1) 掌握K线的画法及主要形状 (2) K线组合的掌握和应用 (3) 典型K线形态的掌握和应用	(1) K线的画法及主要形状 (2) K线的组合应用 (3) 典型的K线形态
切线理论	(1) 支撑线和压力线的理解和实际应用 (2) 趋势线和轨道线的理解和实际应用 (3) 黄金分割线和百分比线的理解和实际应用 (4) 了解切线理论的应用中应注意的问题	(1) 支撑线和压力线 (2) 趋势线和轨道线 (3) 黄金分割线和百分比线 (4) 应用切线理论应注意的问题
形态理论	(1) 掌握反转突破形态、持续整理形态及缺口的种类 (2) 反转突破形态、持续整理形态及缺口的实际应用	(1) 反转突破形态 (2) 持续整理形态 (3) 缺口
量价关系理论	(1) 成交量变化八规律的理解和运用 (2) 成交量与股价趋势一般关系的掌握和实际应用 (3) 涨跌停板制度下量价关系的理解和应用	(1) 成交量变化八规律 (2) 成交量与股价趋势的一般关系 (3) 涨跌停板制度下的量价关系

第14章 证券投资技术分析

> 尽量简单,这是美国著名技术分析专家约翰·墨菲的《股价(期货)技术分析预测学》一书中反复强调的一句话,他的意思是使用技术分析时要"尽量简单"。所谓的尽量简单就是掌握核心思想而运用之,尽量使自己的投资理念、投资原则简单。

基本概念

技术分析 道氏理论 主要趋势 次要趋势 短暂趋势 开盘价 收盘价 吊颈 锤头 早晨之星 黄昏之星 乌云盖顶 曙光初现 支撑线 压力线 趋势线 轨道线 头肩顶(底) 双重顶(底) 三重顶(底) 圆弧形 喇叭形 V形反转 矩形整理 旗形 楔形 缺口 普通缺口 突破缺口 持续性缺口 消耗性缺口

导入案例

《华尔街日报》登过一则这样的故事:一位记者靠抛硬币在十字坐标上画线,硬币出现正面就升一格,反面就降一格,抛了几十次硬币后就画出一条曲线。他把这条曲线交给一位著名的技术分析专家研究,说是一只股票的走势图,请教他的意见。该技术分析家看图后说该股票极具上升潜力,一定要知道这只股票的名称。记者如实相告,该技术分析家听后勃然大怒,拂袖而去。这位记者便据此写了一篇报道。你读了这则故事有什么感受?其实,这位技术分析家犯了个严重的错误,他没有问交易量到哪儿去了。

点评:关注成交量,技术分析才有意义

不要把技术分析孤立起来看,分析股票的走势图时,特别要注重交易量的变化,"量是价的先行指标",只有在分析成交量的基础上,技术分析的结果才具有指导意义。

14.1 技术分析概述

技术分析是证券投资的一个重要的传统方法。它主要从市场行为本身出发,运用统计学、心理学等科学原理与方法,分析价格、成交量等已经发生的市场资料数据来预测证券市场的价格的变动趋势。由于技术分析多用图表和各种技术指标作为市场分析的工具,故又有人称之为图表分析。

14.1.1 技术分析的三大基本假设

1. 市场行为涵盖一切信息

这个假设是技术分析的基础,如果抛弃这一假设,技术分析所作出的任何结论都是无效的。其主要思想是:各种影响股票价格的内、外在因素,包括经济、政治、心理等相关的一切信息,均无一例外地反映在市场行为上,而对于影响股票价格的具体因素则无需过多关注。市场行为包括价、量、时、空等4个方面,即股票的成交价、成交量、时间和空间等因素之间的相互关系。市场行为有多种表现形式，其中股票的成交价与成交量及价量关系是市场行为最基本的表现形式。

2. 价格沿着趋势运动

这一假设是进行技术分析最根本、最核心的因素。其基本思想是：证券价格的运动或变动是按照一定规律来进行的，证券价格的运动具有保持原来方向或沿着原来方向展开的惯性，即证券价格会以某种走势存在，并按照一定方向前进，直到受到外界影响。这是技术派专家最为看重的投资原则——顺势而为。"趋势"一词是技术分析的基石，只有承认这一规律，才能正确运用技术分析这个工具，研究价格图表从而识别趋势发展的形态，以便顺应趋势进行投资。

3. 历史会重演

这条假设是从人们的心理因素考虑的，反映了市场参与者的心理反应，它是进行技术分析的社会性因素。市场中进行交易的是人，心理学研究表明，人类的天性相当固执，而且在类似的情况下会产生既定的反应。因此，在市场具备相似情况和波动态势时，投资者倾向于采取相同的心理和行为进行应对，从而使市场的各种现象表现出与历史现象类似的特征，即"历史重演"。这里的历史重演不是指历史现象的简单重演，而是指历史规律和历史本质的不断反复作用。技术分析就是以历史预知未来，结合人们的心理、行为、投资环境特征与历史上类似的情况以及市场走势，进行分析和比较，从中找出规律，由此预测价格的未来走势。

当然，这3个假设前提也有不尽合理的地方。第一个假设认为市场行为包括了全部信息，市场行为反映的信息只体现在价格的变动中，同原始信息有差异，存在信息损失的情形。第二个假设认为股票价格循趋势变化，实际上证券市场中的价格变动常常被认为是最没有规律可循的，股票价格最终要受到其内在价值的影响，不可能沿某个方向波动太长时间。此外，价格变动还会受到许多预料不到的因素的影响，这也使价格的波动表现出无规律现象。在使用第三个假设时，应该注意到股票市场变化无常，不可能有完全相同的情况重复出现。

14.1.2 技术分析的四大要素

证券市场中，价格、成交量、时间和空间（价、量、时、空）构成技术分析的基本要素，它们各自的具体情况和相互关系是进行正确分析的基础。

1. 价和量是市场行为最基本的表现

市场行为最基本的表现就是成交价和成交量。过去和现在的成交价、成交量涵盖了过去和现在的市场行为。技术分析就是利用过去和现在的成交量、成交价资料，以图形分析和指标分析工具来解释、预测未来的市场走势。在某一时点上的价和量反映的是买卖双方在这一时点上共同的市场行为，是双方的暂时均势点。随着时间的变化，均势会不断发生变化，这就是价量关系的变化。一般说来，买卖双方对价格的认同程度通过成交量的大小得到确认。认同程度大,成交量大;认同程度小,成交量小。双方的这种市场行为反映在价、量上就往往呈现出这样一种趋势规律:价升量增,价跌量减。根据这一趋势规律,当价格上升时,成交量不再增加,意味着价格得不到买方确认,价格的上升趋势就将会改变;反之,当价格下跌时,成交量萎缩到一定程度就不再萎缩,意味着卖方不再认同价格继续往下降了,价格下跌趋势就将会改变。一切技术分析方法都是以价、量关系为研究对象的,目的就是分析、预测未来的价格趋势,为投资决策提供服务。

2. 时和空体现趋势的深度和广度

在进行行情判断时,时间有着很重要的作用。一方面,一个已经形成的趋势在短时间内不会发生根本改变,中途出现的反方向波动对原来的趋势不会产生大的影响。另一方面,一个形成了的趋势又不可能永远不变,经过了一定时间又会有新的趋势出现。空间在某种意义上讲,可以认为是价格的一方面,指的是价格波动能够达到的极限。在进行实际投资活动时,时空分析能帮助投资者把握变盘时间和空间,从而找到买卖时机。

14.1.3 技术分析方法的分类

从不同的角度对市场行为进行分析,寻找和发现其中不直接显露的实质内容,是进行技术分析最基本的出发点。由于侧重点和观测角度不同,技术分析的研究方式也就不同,一般说来,技术分析方法可以分为以下六类:K线类、形态类、切线类、指标类、波浪类、周期类。

1. K线类

K线类实际上不仅限于K线,但其中以K线最为著名。其研究手法是侧重若干交易日的K线组合,推测股市多空双方力量的对比,进而判断股市中多空双方谁占优势。K线图是各种技术分析中最重要的图表。

2. 形态类

形态类是根据价格在一段时间所走过的轨迹的形态来预测股票价格未来趋势的方法。著名的形态有M头、W底、头肩顶、头肩底等。

3. 切线类

按照一定的方法和原则再由股票价格的数据所绘制的图表画出一些直线,然后根据这些直线的情况推测股票价格的未来趋势,这些直线就是切线。切线主要起支撑或压力的作用。切线的画法最为重要,画得好坏直接影响到预测的结果。目前,切线主要有趋势线、通道线、黄金分割线、甘氏线、速度线等。

4. 指标类

技术指标类要考虑市场行为的各个方面,建立一个数学模型,给出数学上的计算公式,得到一个体现股票市场的某个方面内在实质的数字,这个数字就叫指标值。指标值的具体数值和相互间的关系,直接反映了股市所处的状态,能为投资者的操作行为提供指导方向。技术指标反映的东西大多是从行情报表中无法直接看到的。目前,股票市场上的技术指标数不胜数,如相对强弱指标(RSI)、随机指标(KD)、平滑异同平均线(MACD)、能量潮(OBV)、乖离率(BIAS)等。

5. 波浪类

该理论起源于 1978 年美国人查尔斯 J. 柯林斯(Charles J. Collins)发表的专著《波浪理论》。波浪理论的实际发明者和奠基人是艾略特(Ralph Nelson Elliott),他在 20 世纪 30 年代就有了波浪理论最初的想法。波浪理论把股价的上下变动和不同时期的持续上涨、下跌看成是波浪的上下起伏。波浪的起伏遵循自然界的规律,股票的价格运动也遵循类似自然界波浪起伏的规律。

6. 周期类

循环周期理论认为,价格的高点和低点的出现在时间上存在一定的规律性。正如事物的发展兴衰有周期性一样,价格的上升和下降也存在某些周期的特征。如果投资者能够掌握价格高低出现时间上的规律性,将会帮助其在实际买卖中获得更多的收益。

以上六类技术分析方法都经过股市的实践考验。而且,这些技术分析方法可相互借鉴。比如,在指标分析时,经常使用切线和形态学派中的一些结论和手法。但是,它们考虑问题的方式不同,有的注重长线,有的注重短线;有的注重价格的相对位置,有的注重绝对位置;有的注重时间,有的注重价格。

14.1.4 技术分析的优点、局限性及应用时注意的问题

1. 技术分析的优点

(1) 技术分析同市场接近,对市场的反应比较直接,分析的结果也更接近实际市场的局部现象,通过技术分析指导证券买卖见效快,获得收益的周期短。

(2) 技术分析采用图表公式,它们是历史的继承,经长期实践修正,有一定的标准可供遵循,具有相当的稳定性和明显的规律性,有利于投资者从总体上把握市场。

(3) 技术分析是一种理性分析,其结论比较客观,图表上显示的各种买卖讯号,不可能因主观意愿而改变,使投资者在瞬息万变的证券市场保持客观冷静的态度。

2. 技术分析的局限性

(1) 技术分析所用信息都是已经发生的,它相对滞后于行情的发展,对现实走势存在一定的时间差距,由此得出的买卖信号存在超前或滞后的可能,无法指导人们长期投资。如果投资者根据某些滞后的讯号采取行动,往往会错失良机。

(2) 技术分析有可能出现"骗线"现象,即数据图表得出的结论与实际不符,投资者如照此操作,有可能掉入走势陷阱。这种现象的产生,一方面可能是大户机构有意的行为,利用人们对技术分析结论的偏信,炮制出某种明显买入或者卖出的图形走势和指标

值,从而达到自己轻松获利的目的。另一方面可能是市场各因素的相互作用而出现的异常现象,如机械地套用公式就会得出错误的结论。

(3) 技术分析虽然能判断出未来走势处于上升还是下降通道,但很难准确预测每次行情波动的最高点与最低点,也难以揭示每次行情的确切时间,让投资者早作准备。

(4) 技术分析在一定程度上具有不确定性。如同样的技术指标在某一市场适应,在另一市场却失效;同样的技术数据在牛市是微量超买,但在熊市已是严重超买。

3. 运用技术分析应注意的问题

(1) 与基本分析结合使用。我国的证券市场突发信息比较频繁,人为操纵的因素比较大,所以仅仅依靠过去和现在的图形数据来预测未来是不够的,还必须结合基本分析。

(2) 以一两种技术分析方法为主,并辅之以多个技术分析方法或指标共同判断。任何一个技术分析方法或指标都是不完美的,具有一定的片面性,缺乏可靠性。应该全面考虑各种分析方法及指标对未来进行预测、综合得到的结果,最终得出一个合理的判断结论。

(3) 理论与实践相结合。在使用技术分析方法时,要注意掌握各种分析方法的精髓,并根据实际情况做适当的调整。只有将各种方法应用于实际,并经实践检验后成功的方法才是好方法。

14.1.5 基本分析与技术分析的比较

1. 技术分析的特点

与基本分析相比,技术分析主要有以下几个特点。

(1) 技术分析运用公开的市场信息。公开的市场信息来自于市场本身,包括价格、成交量和技术指标;而基本分析则运用来自于市场之外的基本信息,包括收益、销售收入、增长率和政府规则等。

(2) 技术分析的重点在于价格变动而不是价格水平。技术分析通过对价、量、技术指标等市场信息的分析,判断价格变动的趋势,决定投资或买卖的时机,它不考虑有价证券的价格水平是否有投资价值;而基本分析侧重于分析有价证券的内在价值,根据证券的内在价值判断价格水平是否偏高或偏低,从而作出买卖决定。

(3) 技术分析侧重于投资时机的分析,帮助投资者决定何时买卖;基本分析则侧重于证券内在价值的分析,帮助投资者决定买卖何种证券。

2. 证券投资基本分析与技术分析的主要区别

(1) 对市场有效性的判定不同。以技术分析为基础的投资策略是以否定弱式有效市场为前提的,技术分析认为投资者可以通过对以往价格进行分析而获得超额利润;而以基本分析为基础的投资策略是以否定半强式有效市场为前提的,基本分析认为公开资料没有完全包括有关公司价值、宏观经济形势和政策方面的信息,通过基本分析可以获得超额利润。

(2) 分析基础不同。技术分析是以市场上历史的交易数据(股价和成交量)为研究基础，认为市场上的一切行为都反映在价格变动中；基本分析是以宏观经济、行业和公司的基本经济数据为研究基础，通过对公司业绩的判断确定其投资价值。

（3）使用的分析工具不同。技术分析通常以市场历史交易数据的统计结果为基础，通过曲线图的方式描述股票价格运动的规律；基本分析则主要以宏观经济指标、行业基本数据和公司财务指标等数据为基础进行综合分析。

14.2 道氏理论

知识链接

道氏理论是证券投资技术分析的理论基础，产生于19世纪末20世纪初的美国证券市场。其创始人是美国人查尔斯·道（Charles Dow），查尔斯·道出生在美国东部的新英格兰地区，是一位经验丰富的新闻记者，他曾在股票交易所大厅工作，后来设立道琼斯公司，出版《华尔街日报》，并于1895年创立了影响深远的股票市场平均价格指数——"道琼斯工业指数"。在1900年到1902年，查尔斯·道担任编辑，写了很多评论文章，讨论股票投机方法，逐步形成了"道氏理论"。查尔斯·道去世以后，威廉姆·皮特·汉密尔顿（William Peter Hamilton）和罗伯特·雷亚（Robert Rhea）继承了道氏理论，并在其后有关股市的评论写作过程中，加以组织与归纳而成为今天我们所见到的道氏理论。

14.2.1 道氏理论的主要内容

道氏理论利用股价平均指数，即多种具有代表性的股票价格平均数作为报告期数据，然后再确定以前的某一交易日平均股价为基数固定不变，报告期数据比上基期数据就可以得到股票价格指数，用来分析变化莫测的证券市场，从中找出某种周期性的变化规律，来识别股价变动特征，据以预测其未来的走势。

道氏理论主要有六个基本规则。

（1）一切影响价格的因素都反映在平均价格之中。

（2）价格运动可分为三种趋势，按时间长短分为三级，即主要趋势、次要趋势和短暂趋势，如图14.1所示。主要趋势是指股价广泛或全面性上升或下跌的变动情形，短则一年，长则数年；次要趋势与主要趋势的运动方向相反，是指在股价上升趋势中发生急剧的下降或者在股价下降趋势中出现的迅速上升，其持续时间通常为3个星期到3个月，是主要趋势的调整；短暂趋势是最低级的趋势运动，是次要趋势中更小级次的波动，持续时间不超过3个星期。短暂趋势的随机性很大，一般不被人们作为重要趋势分析的对象。但是，证券市场的短期波动是形成中期趋势和长期趋势的基础。

（3）主要趋势通常包括三个阶段。

① 多头市场的三个阶段，称为牛市三阶段。第一阶段是上升能量的积聚阶段。在此阶段，经过了大跌市的痛苦经历，市场气氛惨淡，股票价格水平比较低，公众对股票投资缺少信心，但是有远见的投资者开始悄悄进货，这时坏消息已经为市场所消化，价格到了跌无可跌的境地，股票价格跌幅变缓或停止下跌。第二阶段是主升阶段，公司所公布的财务报表显示经营状况逐渐好转，股市已经恢复景气，经济前景乐观，股票价格稳定上升，交易量持续增加。第三阶段也称为"猫狗阶段"，好消息铺天盖地，整个投资界都处于亢

奋，没有人相信市场将涨到头。资金大量涌入股市，交易量大幅度增加，股价暴涨；企业趁此机会，大量发行新股；投机者趁机哄抬，许多无投资价值的股票价格大幅上涨，其价格远高于其内在价值。

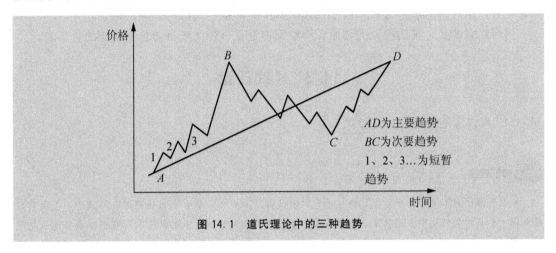

图 14.1　道氏理论中的三种趋势

② 空头市场的三个阶段。称为熊市主阶段第一阶段是出仓或分散阶段。在这一阶段，随着量价背离，股价滞涨，有远见的投资者预见到股市快要变盘，于是开始抛售持有的股票，促使股价下跌。股价开始的下跌幅度不大，成交量却逐渐减少。第二阶段称为恐慌阶段，股市前景明显趋向不利，大多数的投资者都意识到"熊市"的来临，于是加速抛售持有的股票，卖方增多而买方减少，股票价格急剧暴跌，交易量大幅减少，市场处于一片恐慌之中。第三阶段是市场低迷阶段，股市一片悲观，市场上坏消息弥漫，股票价格继续下跌，交易量大幅减少。但是，股价已经停止暴跌，绩优股的跌势趋缓，投机股的下跌幅度较大，量急剧萎缩。当这些坏消息消失时，空头市场渐趋结束。

（4）两种平均价格指数必须相互加强。道氏理论认为，工业平均指数和运输业平均指数必须在同一方向上运行才可以确认某一市场趋势的形成。

（5）成交量必须与趋势一致。在确定趋势时，交易量是重要的附加信息，交易量应该在主要趋势的方向上放大。

（6）一个趋势的终结，必须有确凿的反转信号出现才能确立。趋势一旦确立，就会持续一段时间。当趋势未曾发生反转时，最好的投资策略就是顺势而为。

道氏理论作为一种股市行情理论，主要目的在于预测股票市场变化的转折点，指出新的牛市或熊市是否已经出现，主要趋势是否还会持续，从而使投资者在一种趋势结束以前采取相应的措施，以确保自己的投资利益。

14.2.2　道氏理论的意义

查尔斯·道没有抱怨市场的不规范，而是从众多的投机事件中总结出市场中的规律，他通过基本运动是不可以被人为操纵的这一认识感悟到：市场的基本运动是以自然经济运动发展的客观规律为基础的，这是道氏理论的基础，也是市场分析的基础。

道氏理论是华尔街最悠久的股市预测理论，至今还没有一种理论能像道氏理论那样经得住考验。一百多年的历史证明，道氏理论对股市投资的指导价值是永恒的。

其实，"道氏理论"的最伟大之处在于其宝贵的哲学思想，这是它全部的精髓。道氏理论的哲学思想给技术分析体系带来了生命活力。道氏理论也不仅仅是查尔斯·道个人的理论，它以道氏为代表，由后来的几代开拓者不断总结、发展完善并创新。

值得注意的是，道氏理论的创始者声称其理论是一种反映市场总体趋势的晴雨表。

14.3 K线理论

14.3.1 K线图的画法及主要形状

K线图源于日本德川幕府时代，被当时日本米市的商人用来记录米市的行情与价格波动，后因其细腻独到的标画方式而被引入到股市及期货市场。目前，这种图表分析法在我国以至整个东南亚地区均尤为流行。

1. K线图的画法

K线又称为日本线，在欧美称之为蜡烛线。所谓K线，是将股市中每交易时间单位内开盘价、收盘价、最高价和最低价，用粗线和细线的方法记录下来，画成蜡烛一样的图形，用其阳或阴来表示开盘价与收盘价之间的关系。它由影线和实体组成。影线在实体上方的部分叫上影线，下方的部分叫下影线。实体分阳线和阴线两种，又称红（阳）线和黑（阴）线。K线的两种觉形状，如图14.2所示。

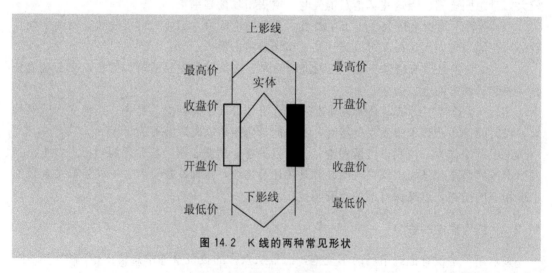

图14.2 K线的两种常见形状

日开盘价是指每个交易日以集合竞价方式产生的第一个成交价。为了克服机构庄家利用通信方式的优势，故意人为地造出一个不合实际的开盘价的弊端，目前中国市场就是采用集合竞价方式产生开盘价。

日收盘价是经过多空双方一天的实力对比和较量后最终达成的最后一笔成交价格，是供需双方当日最后的暂时平衡点，对于目前的股票价格情况具有最重要的明示功能。

开盘价与收盘价构成了K线的实体，K线实体的长短决定于收盘价与开盘价的差。最高价距离K线实体越远，则上影线越长；最低价距离实体越远，则下影线越长。K线实体的阴阳要视开盘价与收盘价的关系而定。收盘价高于开盘价的K线称为阳线，表示市场处于涨势；收盘价低于开盘价的K线称为阴线，表示市场处于跌势。

日最高价和日最低价是每个交易日股票的最高成交价格和最低成交价格。它们反映当日股票价格上下波动幅度的大小。最高价和最低价如果相差很大，说明当日证券市场交易活跃，买卖双方争执激烈。

一条K线记录的是某一只股票一天的价格变动情况。将每天的K线按时间顺序排列在一起，就构成了这只股票的日K线图，它反映了这只股票自上市以来的每天价格变动情况。

图14.2中，中间的矩形称为实体，向上、向下伸出的两条细线分别称为上、下影线。左图中，收盘价高于开盘价，则实体为阳线或红线；右图中收盘价低于开盘价，则实体为阴线或黑线。每个交易日的K线连续不断地连接下去，就构成股票价格每一天交易情况的K线图(图14.3)。如果当日收盘价与开盘价相同，则其颜色与前一交易日相同。前一交易日为阳线，当天即为阳十字线；反之，为阴十字线。

除了日K线外，还有周K线、月K线、季K线和年K线等。其画法与日K线完全一样，区别只在4个价格时间参数的选择上。随着计算机技术的普遍运用，现在还有5分钟、15分钟、30分钟和60分钟等分时K线。

2. K线的主要形状与含义

掌握了K线的基本画法后，可以根据K线图的形状研判股价未来的走势。一般来说，K线的主要形状包括有上下影线的阳线、上下影线的阴线、光头光脚阳线、光头光脚阴线、光头阳线、光头阴线、光脚阳线、光脚阴线、十字星、T字线、倒T字线、一字线等。

1) 有上下影线的阳线和阴线

有上下影线的阳线，如图14.3(a)所示，是股市中最为普遍的一种K线形状，表示多空双方之间的斗争十分激烈的盘面情形。在盘面里，双方一度都占据优势，把价格抬到最高价或压到最低价，但都遭到对方的顽强反击。到尾盘时，多方才勉强占优势，从而使收盘价站到开盘价之上。

有上下影线的阴线，如图14.3(b)所示，也是一种普遍发生的K线形状，显示空方同多方鏖战的盘势。在盘面里，双方一度都占据优势，把价格抬到最高价或压到最低价，但都遭到对方的顽强反击。到尾盘时，空方才勉强将优势保持下来，使收盘价"屈居"开盘价之下。

至于多空双方相对优势的衡量，应根据上下影线和实体的长度来进行研判。首先，从上下影线的长度对比来看，上影线长于下影线表明空方占优势；反之则表明多方占优势。其次，就实体的长度来说，阳线实体越短或阴线实体越长，反映出空方占据优势；阴线实体越短或阳线实体越长，表明多方占据优势。

2) 光头光脚阳线和光头光脚阴线

光头光脚阳线，如图 14.4(a)所示，是一种没有上下影线的纯粹上涨型 K 线形状。在盘中，当天的开盘价格即为最低价，收盘价格为最高价。这种 K 线说明多方已经取得了决定性胜利，这是一种涨势的信号。

光头光脚阴线，如图 14.4(b)所示，涵义正好与光头光脚阳线实体相反，表明空方已取得优势地位，是跌势的信号。

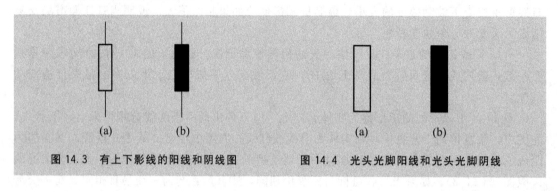

图 14.3　有上下影线的阳线和阴线图　　　图 14.4　光头光脚阳线和光头光脚阴线

3) 十字星

十字星是一种既有上影线而又带下影线的、开盘价与收盘价(几乎)相同的 K 线形状，它的出现表明多空双方力量暂时平衡，使市势暂时失去方向，是一个值得警惕、随时可能改变趋势方向的 K 线图形。十字分为两种，一种是大十字星，如图 14.5(a)所示，其上下影线均较长，表明多空双方分歧很大、争斗激烈，但最后回到开始时的均衡点。另一种为小十字星，如图 14.5(b)所示，它的上下影线较短，表明多空双方之间分歧较小，盘面交易清淡而使股价呈窄幅整理之势。

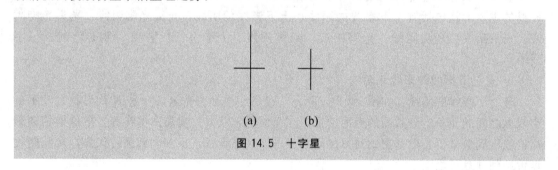

图 14.5　十字星

4) 一字线

当开盘价、收盘价、最高价和最低价都相同时，就会出现这样的 K 线，如图 14.6 所示。它是一种非常特殊的、极其罕见的 K 线形状。在实际中有两种情形：一是在发行一只事先确定好价格的证券时；二是当股票开盘后直接达到涨跌停板时。我国股市中，ST 股票和 PT 股票的走势中经常会出现一字线。一般来说，在设有"涨跌停板"制度的股市里，出现开盘涨停，并有大量买盘轧空时，表明多方占绝对优势；当出现开盘跌停，并有大量卖盘排队待售时，表明空方占绝对优势。

图 14.6 一字线

5）T 字线和倒 T 字线

T 字线是一种没有上影线而带下影线的、开盘价与收盘价相同的 K 线形状，如图 14.7(a)所示。在盘中，当天出现过最低价位，开盘价、收盘价、最高价三价合一而居于最低价之上。T 字线表明多方占优势地位，多方优势的大小与下影线的长度成正比。这种 K 线大多出现在股价的相对低位处。

倒 T 字线是一种没有下影线而带上影线的、开盘价与收盘价相同的 K 线形状，如图 14.7(b)所示。盘中出现了最高价位，开盘价、收盘价与最低价三价合一而处于最高价之下。通常地，倒 T 字线反映出空方处于优势地位，空方优势的大小与上影线的长度成正比。这种图形多出现在股价的相对高位。

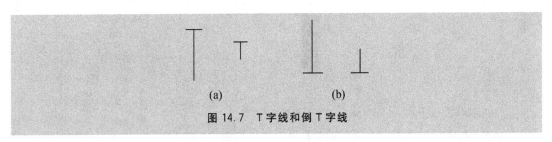

图 14.7 T 字线和倒 T 字线

以上 K 线形状的含义可简要地概括为图 14.8 所示内容。

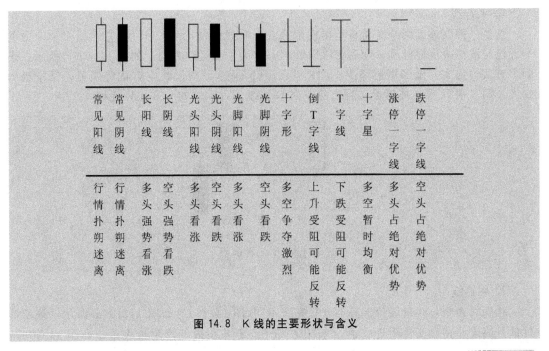

图 14.8 K 线的主要形状与含义

14.3.2 K线的应用

将两根、三根、多根K线组合起来就形成了K线图，它反映的是一段时间以来买卖双方实力对比的结果，从中可以看到买卖双方争斗中力量的增减、市场的转变等。

1. K线的组合应用

多根K线的组合情况非常多，要综合考虑各根K线的阴阳、高低上下影线等，以判断股价行情的变化。这里只列举几种特定的组合形态。

应用多根K线的组合判断行情，是以多根K线的相对位置的高低和阴阳来推测的。将前一天的K线画出，然后将这根K线按数字划分成5个区域。第二天多空双方争斗的区域越高，越有利于上涨；越低，越有利于下跌。也就是从区域1到区域5是多方力量减少、空方力量增加的过程如图14.9所示。

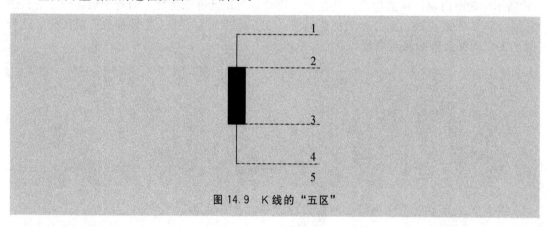

图14.9 K线的"五区"

1) 平行线

这是一种在连续两个交易日里出现阳线或者阴线的情形（图14.10）它表明多空双方的一方已经取得决定性胜利，今后将以取胜的一方为主要运动方向。如图14.10(a)所示，表明多方实力强大，做多意愿坚决。如图14.10(b)所示，则反映空方优势明显，做空动力强大。第二根K线实体越长，超出前一根K线越多，取胜的一方优势就越大。

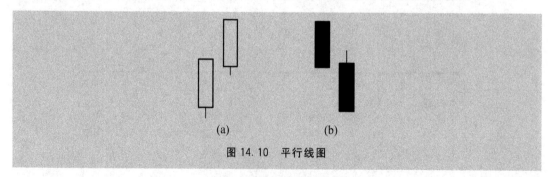

图14.10 平行线图

2) 相遇线

相遇线表明，昨日股价走势与今日完全不同（图14.11）。如图14.10(a)所示，表明昨日低开高走并在最高价附近收盘，今日则高开低走并在最低价附近收盘。如图14.10(b)

所示，则表明昨日高开低走并在最低价附近收盘，而今日低开高走并在最高价附近收盘。同时，两天的收盘价基本接近。这种 K 线组合一般预示着短线行情的反转。

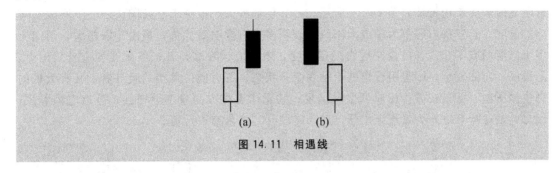

图 14.11　相遇线

3）反迫线

如图 14.12 所示，反迫线表明，继昨日收出一条大阴线后，今日开盘之初空方就一度占据优势，从而使股价低开低走，但不久就受到多方的强劲反攻，最终使今日收盘价在昨日最低价附近，形成一条光头小阳线。这种 K 线组合表明在低档处多方承接积极，是行情反弹的前兆，尤其是出现在持续下跌多日之时。但如果下一个交易日行情继续下跌，则会使行情继续看空。

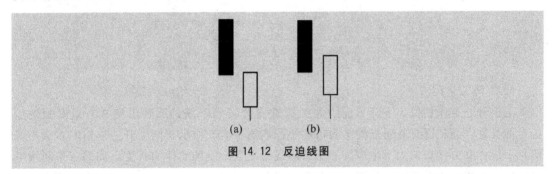

图 14.12　反迫线图

4）怀抱线

如图 14.13 所示，此 K 线组合表明，今日的最低价高于昨日，而最高价低于昨日，从而使今日 K 线被昨日 K 线犹如胸怀一样抱住，故称为"怀抱线"。这种 K 线组合包括阳抱阴、阳抱阳、阴抱阳、阴抱阴等 4 种。通常情况下，它预示着行情的反转。如果出现在相对高位，特别是在行情持续上升已久时，一般以逢高出货为主；如果出现在相对低位，尤其是股价长期处于底部运行时，则多以积极介入为操作策略。

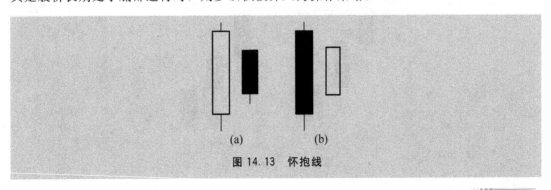

图 14.13　怀抱线

5）上升三连阳

上升三连阳表明股价连续三天上涨，显示出多方力量逐渐加强，尤其是在低档区时具有明显的多头市场特征如图 14.14 所示。多方优势的大小取决于三条阳线的上下影线和实体的长度。若三条阳线都为中或大阳线，表明多方占据明显优势，但由于涨幅大，第四天多考虑离场或不介入，可暂持短线观望态度，中线应该看涨；若三条阳线均有较长的上、下影线，实体较小，则表明行情处于粘着微升状态，既有低位承接的吸筹者，又有大量的高位抛压盘。如果在股价相对低位时出现，它意味着多方力量逐渐增强，后市应该看涨；反之，则意味着空方力量逐渐增强，后市将展开"多翻空"行情。

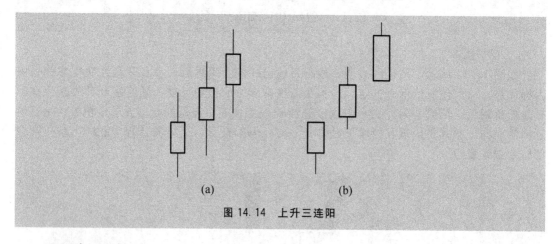

图 14.14　上升三连阳

6）下降三连阴

与上升三连阳相反，下降三连阴表明股价连续三天下跌，反映出空方力量渐强的趋势，尤其是在高档区具有明显的空头市场特征如图 14.15 所示。同上升三连阳的多头市场研判一样，空方优势的大小也取决于三条阴线的上下影线和实体的长度。如果三条阴线都是中、大阴线，表明空方优势明显，至少中线股价应该继续下跌，但在短线上，第四天一般有反弹的机会，可以在续跌的下档"抢帽子"；如果三条阴线上、下影线都较长，实体较小，表明股价处于粘着微降态势，既有高档抛盘，又有一定低档承接盘，若它出现在一段较长时间的上涨行情之后，则反转向下的趋势明显；若出现在下跌已久的行情中，则意味着行情即将稳定，底部开始形成。

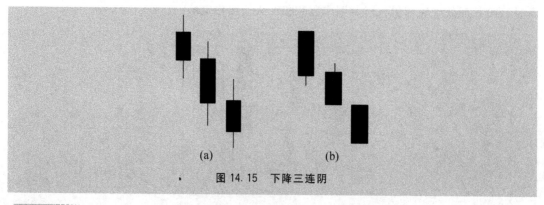

图 14.15　下降三连阴

总之，无论 K 线的组合多复杂，考虑问题的方式是相同的，都是由最后一根 K 线相对于前面 K 线的位置来判断多空双方的实力大小。K 线多的组合要比 K 线少的组合得出的结论可靠。

2. 典型的 K 线组合

1）黄昏之星

黄昏之星 K 线组合形态是一种下跌形态，预示行情见顶回落，如图 14.16 所示。该形态具有下述要点。

（1）在市势的持续上升中，出现一根大阳线。

（2）第 2 日跳空上升，但涨幅明显缩小，构成星的主体。星的主体可以是小阳线或者小阴线。

（3）第 3 日出现阴线，下跌至第 1 根阳线之内。

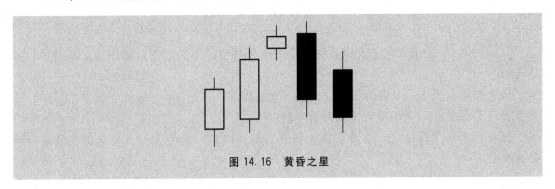

图 14.16　黄昏之星

2）希望十字星。希望十字星是一种大市见底回升的形态，如图 14.17 所示。其要点如下。

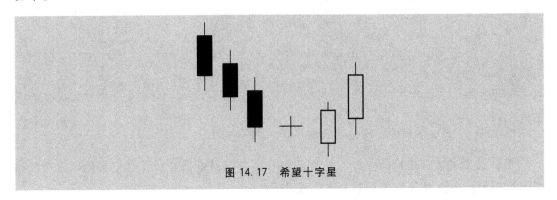

图 14.17　希望十字星

（1）在下降阴线之后，某日在低位形成十字星 K 线形态。

（2）十字星出现的第 2 日，大市以阳线收盘，且深入前一根阴线之内。

（3）十字星之前一日阴线或后一日阳线间形成缺口，形态更能确认。

3）锤头与吊颈

锤头与吊颈是完全一样的形态，即有长下影线的阳线或阴线形态，区别在于两者所处的位置不同。锤头一般出现在下跌市势中，是一种见底回升的形态，而吊颈则出现在上升市势中,是一种见顶回落的形态。

(1) 锤头。锤头出现在持续下跌的市势中,如图 14.18 所示,其要点如下。

① 市况持续下跌,某日出现长下影线图形,构成锤头部分,其下影线所达低位一般为近期的新低点。

② 下影线比实体长得多,通常是实体线的 2~3 倍。

③ 实体部分可阴可阳,没有上影线,或上影线非常短。

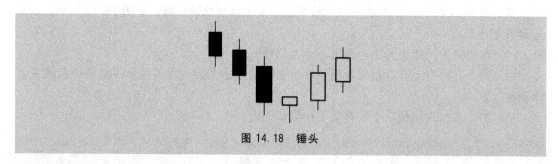

图 14.18　锤头

(2) 吊颈。吊颈出现在上升市势中,是一种较典型的下跌形态,如图 14.19 所示,其要点如下。

① 市势持续上升,某日高开后出现长下影线图形。

② 下影线较长,至少为实体部分的 2 倍以上。

③ 吊颈形态出现之后,第 2 日跳空低开,形成缺口,致使上一日买入的投资者全部被套牢。

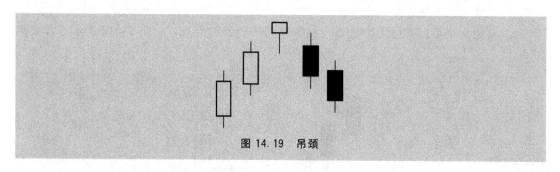

图 14.19　吊颈

3. 应用 K 线组合分析应注意的问题

尽管 K 线能表现市场的行为,但 K 线组合形态只是根据经验总结出来的,没有严格的科学逻辑。在应用 K 线的时候应该注意以下几点。

(1) 无论是一根还是多根 K 线,都是对多空博弈的一个描述。尽管它有相当的参考价值,但并不是绝对的,因为市场的变动十分复杂,实际的市场情况可能与我们的判断有距离。因此,K 线只能起一个建议参谋作用。

(2) 由于中国股市庄家众多,利用从众心理及技术分析派的力量,往往会在收市前最后几分钟乃至几秒钟拉出骗线,作出假图形,投资者对于这类 K 线组合,要多留意,警惕地加以参考。

（3）K线分析方法只能作为战术手段，不能作为战略手段，必须与其他方法结合。在从其他的途径（如技术指标等）作出了买卖决定后，再用K线组合选择具体的采取行动的时间和价格。

（4）当K线组合图形与基本分析完全对立时，当国际国内政治经济形势发生根本性变化时，放弃K线分析结果，服从基本分析结论。

14.4 切线理论

证券市场有顺应潮流的问题。"顺势而为，不逆势而动"，已经成为投资者的共识。切线理论就是帮助投资者识别大势变动方向的较为实用的方法。

14.4.1 切线理论的内容

1. 趋势分析

1）趋势的含义

趋势是指股票价格的波动方向。若确定了一段上升或下降的趋势，则股价的波动必然朝着这个方向运动。上升的行情中，虽然也有下降，但不影响上升的大方向；同样，下降行情中也可能上升，但不断出现的新低使趋势不变。一般说来，市场变动不是朝一个方向直来直去的，中间肯定要有曲折，从图形上看就是一条曲折蜿蜒的折线，每个折点处就形成一个峰或谷，由这些峰和谷的相对高度，可以看出趋势的方向。

2）趋势的方向

趋势的方向有三类：上升方向、下降方向和水平方向。

（1）上升方向。如果图形中每个后面的峰和谷都高于前面的峰和谷，则趋势就是上升方向。这就是常说的一底比一底高或底部抬高。

（2）下降方向。如果图形中每个后面的峰和谷都低于前面的峰和谷，则趋势就是下降方向。这就是常说的一顶比一顶低或顶部降低。

（3）水平方向。如果图形中后面的峰和谷与前面的峰和谷相比，没有明显的高低之分，几乎呈水平延伸，这时的趋势就是水平方向。水平方向趋势是被大多数人忽视的一种方向，这种方向在市场上出现的机会相当多。

2. 支撑线和压力线

1）支撑线和压力线的含义

支撑线又称为抵抗线，是指当股价下跌到某个价位附近时，会出现买方增加、卖方减少的情况，从而使股价停止下跌，甚至有可能回升。当股价下跌到投资者（特别是机构投资者）的持仓成本价位附近，或股价从较高的价位下跌一定程度，或股价下跌到过去的最低价位区域时，都会导致买方大量增加买盘，使股价在该价位站稳，从而对股价形成支撑。

压力线又称为阻力线，当股价上涨到某价位附近时，会出现卖方增加、买方减少的情况，股价会停止上涨，甚至回落。当股价上升到某一历史成交密集区，或当股价从较低的价位上升一定程度，或上升到过去的最高价位区域时，会导致大量解套盘或获利盘的抛出，从而对股价的进一步上升形成压力。

2）支撑线和压力线的作用

支撑线和压力线的作用是阻止或暂时阻止股价朝一个方向继续运动。由于股价的变动是有趋势的，要维持这种趋势，就必须冲破阻止其继续向前的障碍。即要维持下跌行情，就必须突破支撑线的阻力，创出新的低点；要维持上升行情，就必须突破压力线的阻力，创出新的高点。由此可见，支撑线和压力线有被突破的可能，它们不可能长久地阻止股价保持原来的变动方向，只不过使它暂时停顿而已如图14.20所示。

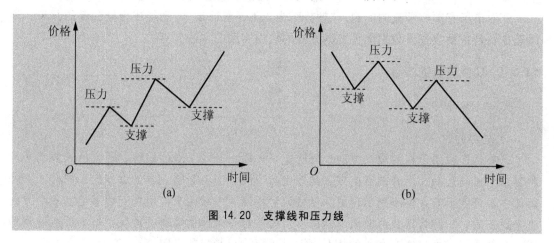

图14.20 支撑线和压力线

当然，支撑线和压力线又有彻底阻止股价按原方向变动的可能。当一个大趋势终结时，它就不可能创出新低或新高，这时的支撑线和压力线就显得异常重要。

在上升趋势中，如果下一次未创新高，即未突破压力线，这个上升趋势就已经处在很关键的位置了，如果往后的股价又向下突破了这个上升趋势的支撑线，这可能是一个强烈的警告信号，通常意味着这一轮上升趋势已经结束，大势可能反转向下。

同样，在下降趋势中，如果下一次未创新低，即未突破支撑线，这个下降趋势就已经处于很关键的位置，如果下一步股价向上突破了这次下降趋势的压力线，这就可能是趋势将要结束的强烈信号，意味着下降趋势将要结束，股价将调头向上如图14.21所示。

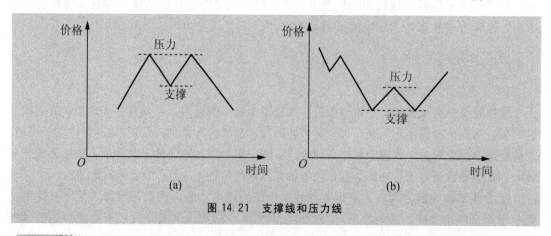

图14.21 支撑线和压力线

3)支撑线和压力线的相互转化

支撑线和压力线之所以能起支撑和压力作用,两者之间之所以能相互转化,很大程度上是由于心理因素方面的原因,这也是支撑线和压力线理论上的依据。

证券市场中主要有3种人:多头、空头和旁观者。旁观者又可分为持股者和持币者。假设股价在一个区域停留了一段时间后突破压力区域开始向上移动,在此区域买入股票的多头们肯定认为自己对了,并对自己没有多买入些股票而感到后悔。在该区域卖出股票的空头们这时也认识到自己弄错了,他们希望股价再跌回他们卖出的区域,将他们原来卖出的股票补回来。而旁观者的持股者的心情和多头相似,持币者的心情同空头相似。无论是这4种人中的哪一种,都有买入股票成为多头的愿望。这样,原来的压力线就转化为支撑线。

正是由于这4种人决定要在下一个买入的时机买入,所以股价稍一回落就会受到关注,他人会或早或晚地进入股市买入股票,这就使价格根本还未下降到原来的位置,上述4个新的买进大军自然又会把价格推上去,使该区域成为支撑区。在该支撑区发生的交易越多,就说明很多的股票投资者在这个支撑区有切身利益,这个支撑区就越重要。

再假设股价在一个支撑位置获得支撑,停留一段时间后突破支撑区域开始向下移动,此时,情况就截然相反。在该支撑区域买入的多头都意识到自己错了,而没有买入的或卖出的空头都意识到自己对了。买入股票的多头都有抛出股票逃离目前市场的想法,而卖空的空头则想进一步抛空,待股票抛压出来,再次将股价压低。这样,原来的支撑线就转化为压力线。

以上的分析过程对于压力线也同样适用,只不过结论正好相反。

可见,一条支撑线如果被跌破,那么这一支撑线将成为压力线;同理,一条压力线被突破,这个压力线将成为支撑线。这说明支撑线和压力线的地位不是一成不变的,而是可以改变的,条件是它被有效的、足够强大的股价变动突破如图14.22所示。

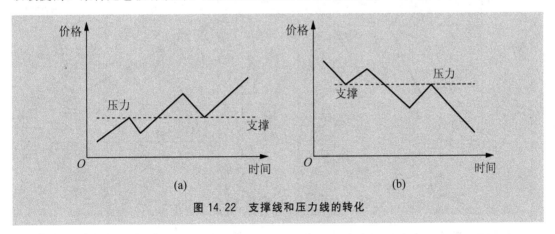

图14.22 支撑线和压力线的转化

一般来说,对支撑线或压力线的确认有3个方面:一是股价在这个区域停留时间的长短;二是股价在这个区域伴随的成交量大小;三是这个支撑区域或压力区域发生的时间距离当前这个时期的远近。很显然,股价停留的时间越长、伴随的成交量越大、离现在越近,则这个支撑或压力区域对当前的影响就越大;反之就越小。

上述3个方面是确认支撑线或压力线的重要识别手段。有时,由于股价的变动,原来确认的支撑线或压力线可能不真正具有支撑或压力的作用,比如说,不完全符合上面所述的3个条件,这时,就要对支撑线和压力线进行调整、修正。

对支撑线和压力线的修正过程其实是对现有各个支撑线和压力线的重要性的确认。每条支撑线和压力线在人们心目中的地位是不同的。股价到了这个区域，投资者应清楚，它很有可能被突破；而到了另一个区域，它就不容易被突破。这为投资者进行买卖提供了一些依据，不至于仅凭直觉进行买卖决策。

3. 趋势线和轨道线

1) 趋势线

(1) 趋势线的含义。由于证券价格变化的趋势是有方向的，因而可以用直线将这种趋势表示出来，这样的直线称为趋势线。反映价格向上波动发展的趋势线称为上升趋势线；反映价格向下波动发展的趋势线则称为下降趋势线。

由于价格波动经常变化，可能由升转跌，也可能由跌转升，甚至在上升或下跌途中转换方向，因此，反映价格变动的趋势线不可能一成不变，而要随着价格波动的实际情况进行调整。换句话说，价格不论是上升还是下跌，在任一发展方向上的趋势线都不是只有一条，而是若干条。不同的趋势线反映了不同时期价格波动的实际走向，研究这些趋势线的变化方向和变化特征，就能把握住价格波动的方向和特征。

(2) 趋势线的画法。连接一段时间内价格波动的高点或低点可画出一条趋势线。在上升趋势中，将两个低点连成一条直线，就得到上升趋势线；在下降趋势中，将两个高点连成一条直线，就得到下降趋势线，如图 14.23 所示。直线 L。标准的趋势线必须由两个以上的高点或低点连接而成。

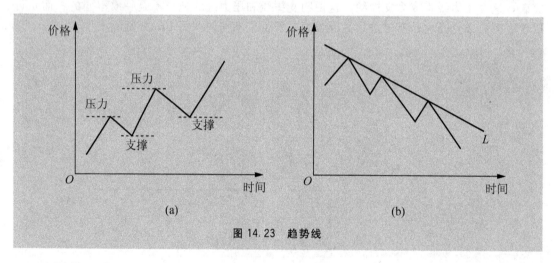

图 14.23 趋势线

由图中可看出，上升趋势线起支撑作用，是支撑线的一种；下降趋势线起压力作用，是压力线的一种。

从图上我们很容易画出趋势线，但这并不意味着我们已经掌握了趋势线。最关键的问题是正确判断趋势线的高点或低点。然而，正确判断趋势线的高点或低点并不容易，它需要对过去价格波动的形态进行分析研究。根据两点决定一条直线的基本原理，画任何趋势线必须选择两个有决定意义的高点或低点。一般来说，上升趋势线的两个低点，应是两个反转低点，即下跌至某一低点开始回升，再下跌没有跌破前一低点又开始上升，则这两个低点就是两个反转低点。同理,决定下跌趋势线也需要两个反转高点,即上升至某一高点后开始下跌,回升未达前一高点又开始回跌,则这两个高点就是反转高点。

(3) 趋势线的确认及其作用。要得到一条真正的趋势线,要经多方面的验证才能确认。首先,必须确定有趋势存在。即在上升趋势中,必须确认出两个依次上升的低点;在下降趋势中,必须确认两个依次下降的高点,才能确认趋势的存在。其次,画出直线后,还应得到第三个点的验证才能确认这条趋势线是有效的。一般说来,所画出的直线被触及的次数越多,其作为趋势线的有效性越能得到确认,用它进行预测越准确有效。另外,这条直线延续的时间越长,越具有有效性。

一般来说,趋势线有两种作用:①对今后的价格变动起约束作用,使价格总保持在这条趋势线的上方(上升趋势线)或下方(下降趋势线);②趋势线被突破后,说明股价下一步的趋势将要反转。越有效的趋势线被突破,其转势的信号越强烈。被突破的趋势线原来所起的支撑和压力作用将相互交换角色如图 14.24 所示。

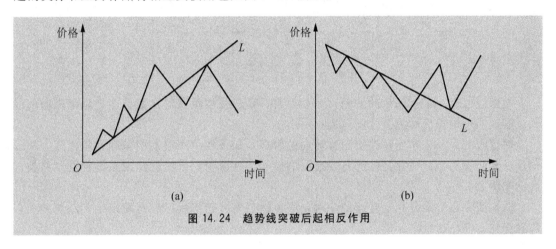

图 14.24 趋势线突破后起相反作用

2) 轨道线

轨道线又称通道线或管道线,是基于趋势线的一种方法。在已经得到了趋势线后,通过第一个峰和谷可以作出这条趋势线的平行线,这条平行线就是轨道线,如图 14.25 所示。

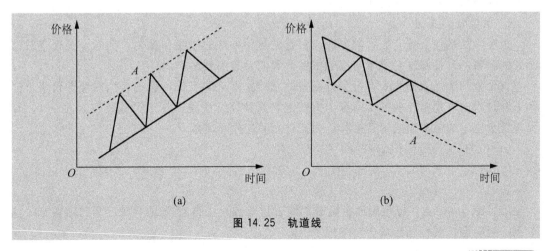

图 14.25 轨道线

两条平行线组成的一个轨道，就是常说的上升和下降轨道。轨道的作用是限制股价的变动范围，让它不能变得太离谱。一个轨道一旦得到确认，价格就将在这个通道里变动。上面或下面的直线的突破将意味着行情将会出现一个大的变化。

与突破趋势线不同，对轨道线的突破并不是趋势反转的开始，而是趋势加速的开始，即原来的趋势线的斜率将会增加，趋势线的方向将会更加陡峭如图14.26所示。

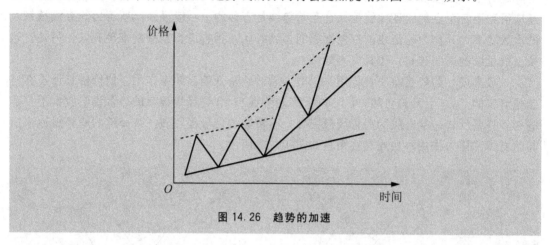

图 14.26 趋势的加速

轨道线也有一个被确认的问题。一般而言，轨道线被触及的次数越多，延续的时间越长，其被认可的程度和重要性就越高。

轨道线的另一个作用是提出趋势转向的警报。如果在一次波动中未触及轨道线，离得很远就开始掉头，这往往是趋势将要改变的信号。这说明，市场已经没有力量继续维持原有的趋势了。

轨道线和趋势线是相互合作的一对，很显然，先有趋势线，后有轨道线。趋势线可以单独存在，而轨道线则不能。

4. 黄金分割线和百分比线

黄金分割线与百分比线是两类重要的切线，在实际中得到了广泛的应用。这两类线提供了支撑线和压力线所在的几个价位。

1) 黄金分割线

黄金分割是一个古老的数学方法。对它的各种神奇的作用和魔力，数学上至今还没有明确的解释，只是发现它屡屡在实践中发挥我们意想不到的作用。

黄金分割法是依据 0.618 黄金分割率原理计算得出的点位，这些点位在证券价格上升和下跌过程中表现出较强的支撑和压力效能。其计算方法是依据上升或下跌幅度的 0.618 及其黄金比率的倍率来确定支撑和压力点位。其应用步骤如下。

(1) 记住以下若干个特殊的数字。

0.191　　0.382　　0.500　　0.618　　0.809
1.919　　1.382　　1.618　　1.809　　2.000

(2) 找到一个点，以便画出黄金分割线，这个点是上升行情或下降行情的结束点。这个点一经确定，就可画出黄金分割线了。

例如，在上升行情开始调头向下时，我们极为关心这次下跌将在什么位置获得支撑。假设这次上升的顶点价位为 6 124.04 点(2007 年 10 月 16 日沪市的最高点位)，以 2007 年 6 月 5 日最低点的该波的起涨点 3 404.15 计算，上涨了 2 719.89 点，则应用上述黄金分割的第一行数据得到

$$5\ 604.54 = 6\ 124.04 - 2\ 719.89 \times 0.191$$
$$5\ 085.04 = 6\ 124.04 - 2\ 719.89 \times 0.382$$
$$4\ 764.10 = 6\ 124.04 - 2\ 719.89 \times 0.500$$
$$4\ 443.15 = 6\ 124.04 - 2\ 719.89 \times 0.618$$

以上几个价位极有可能成为支撑，如图 14.27 所示。实际运行中，上证指数在 5 462.01、5 032.58、4 778.73 和 4 200 点位受到支撑，其中两个支撑点与按 0.382 和 0.500 计算的点位非常接近。

同样，在下降行情开始调头向上时，我们关心这次上涨到什么位置遇到压力。黄金分割线为此提供了一些价位，它由这次下跌的幅度乘以上面的第二行的数字得出。其中，以 1.382、1.618 和 2.000 的可能性最大。

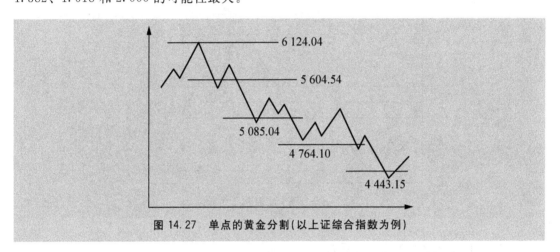

图 14.27 单点的黄金分割(以上证综合指数为例)

2) 百分比线

百分比线考虑问题的出发点是人们的心理因素和一些整数位的分界点。当股价持续向上涨到一定程度，肯定会遇到压力；遇到压力后，就要向下回撤。回撤的位置很重要，百分比线也提供了几个价位。以这次上涨开始的最低点和开始向下回撤的最高点两者之间的差，分别乘以几个特殊的百分比数，就可以得到未来支撑位可能出现的位置。

设低点是 10 元，高点是 20 元，这些百分数一共有 10 个，它们是

1/8　1/4　3/8　1/2　5/8　3/4　7/8　1　1/3　2/3

按照上面的方法可以得到如下 10 个价位，如图 14.28 所示。

这里的百分比线中，以 1/2、1/3、2/3 三条线最为重要。在很大程度上，回撤到 1/2、1/3、2/3 是人们的一种心理倾向。如果没有回撤到 1/3 以下，就好像没有回撤够似的；如果已经回撤了 2/3，人们自然会认为已经回撤够了。

上面所列的 10 个特殊数字也可以用百分比表示，之所以用分数表示，是为了突出整数习惯。

这10个数字中，1/3和3/8，2/3和5/8是比较接近的。在应用时，以1/3和2/3为主。

将百分比数字换成38.2%、50%、61.8%，就得到了两个点的黄金分割线如图14.29所示，两个点的黄金分割线是百分比线的一种特殊情况。

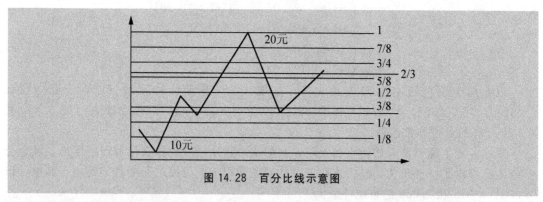

图 14.28 百分比线示意图

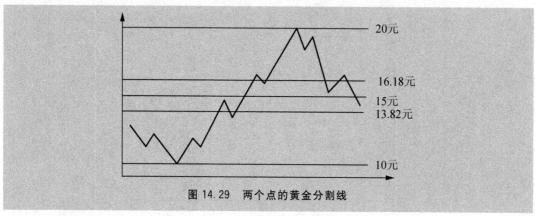

图 14.29 两个点的黄金分割线

14.4.2 应用切线理论应注意的问题

切线理论为我们提供了很多价格移动可能存在的支撑线和压力线，这些直线有很重要的作用。但是，支撑线、压力线有突破和不突破两种可能。在实际应用中会产生一些令人困惑的现象，往往要等到价格已经离开了很远的时候才能肯定突破成功和突破失败。用各种方法得到的切线提供了支撑线和压力线的位置，它们的价位只是一种参考，不能把它们当成万能的工具。

14.5 形态理论

K线理论已经告诉我们一些判断今后股价运动方向的方法，但是，K线理论更注重短线的操作，它的预测结果只适用于往后很短的时期。为了弥补这种不足，将K线组合中所包含的K线根数增加，众多的K线组成一条上下波动的曲线，这条曲线就是股价这段时间移动的轨迹。形态理论通过研究股价移动的轨迹，分析和挖掘出曲线告诉我们的一些多空双方力量的对比结果,进而指导我们的投资行动。本节主要介绍反转突破和持续整理两种常见的形态。

14.5.1 反转突破形态

反转突破形态描述了趋势方向的反转,是投资分析中应该重点关注的形态。这里将分别介绍头肩顶底、双重顶底、三重顶底、圆弧顶底、喇叭形以及V形反转等6种形态。

1. 头肩顶和头肩底形态

头肩顶和头肩底是实际股价形态中出现最多的形态,也是最为可靠的原始反转突破形态。它一般可分为头肩顶、头肩底以及复合头肩形态3种类型。

1)头肩顶形态

头肩顶是一种见顶信号,一旦头肩正式形成,后市下跌几乎成定局。一般通过连续的3次起落构成该形态的3个部分,也就是要出现3个局部的高点。中间的高点比另外两个都高,称为头;左右两个相对较低的高点称为肩如图14.30(a)所示。

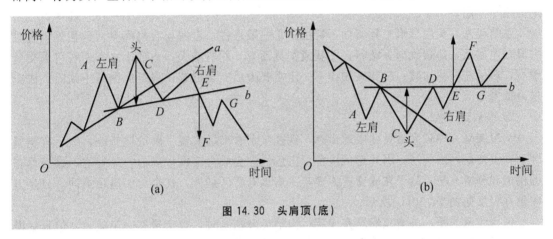

图 14.30 头肩顶(底)

头肩顶形态的形成过程大体如下。

(1)股价经过一波强势上涨后,因为获利回吐压力而使得涨势暂歇,此时的获利了结显现出成交量放大的情况,价格小幅回调,左肩形成。

(2)股价回升,行情再度延续原来的上涨趋势,突破左肩之顶点,并配合大成交量,但价位过高使持股者产生恐慌心理,竞相抛售,股价回跌到前一低点水准附近,头部完成。

(3)股价再次上升,但成交量明显缩小,涨势亦不再凶猛,价位到达头部顶点之前即告回落,形成右肩。这一次下跌时,股价急速穿过颈线,再回升时,股价也仅能达到颈线附近,然后成为下跌趋势,头肩顶形态宣告完成。

这种头肩顶反转向下的道理与支撑线和压力线的内容有密切关系。图14.30(a)中的直线a和直线b是两条明显的支撑线。从C点到D点,突破直线a说明上升趋势的势头已经遇到了阻力,E点和F点之间的突破则是趋势的转向。另外,E点的反弹高度没有超过C点,也是上升趋势出了问题的信号。

图中的直线 b 是头肩顶形态中极为重要的直线——颈线。在头肩顶形态中，它是支撑线，起支撑作用。

头肩顶形态走到了 E 点并调头向下，只能说是原有的上升趋势已经转化成为横向延伸，并不意味着已经反转向下了。只有当图形走到 F 点，即股价向下突破颈线，才能说明头肩顶反转形态已经形成。同大多数的突破一样，这里颈线被突破也有确认的问题，百分比原则和时间原则在这里都适用。

一般而言，以下两种形态为假头肩顶形态：第一，当右肩的高点比头部还要高时，不能构成头肩顶形态；第二，如果股价最后在颈线水平回升，而且回升的幅度高于头部，或者股价跌破颈线后又回升到颈线上方，这可能是一个失败的头肩顶，宜作进一步观察。

当颈线被突破，反转确认以后，大势将下跌。下跌的深度，可以借助头肩顶形态的测算功能进行。从突破点算起，股价将至少要跌到与形态高度相等的距离。

形态高度的测算方法是这样的：量出从"头"到颈线的直线距离（图 14.30(a)中从 C 点向下的箭头长度），这个长度称为头肩顶形态的形态高度。上述原则是股价下落的最起码深度，价格实际下落的位置要根据很多别的因素来确定。因此，这一原则只对我们有一定的指导作用。

总结起来，头肩顶形态具有如下特征：①一般来说，左肩与右肩高点大致相等，有时右肩较左肩低，即颈线向下倾斜；②就成交量而言，左肩最大，头部次之，而右肩成交量最小，即呈现梯状递减；③突破颈线不一定需要大成交量配合，但日后继续下跌时，成交量会放大。

2）头肩底形态

头肩底是一种较为常见的底部形态，往往预示着市场实现了阶段性止跌，此后有望展开一轮反弹走高的行情，因此形成该种形态后往往会成为支撑市场信心的标志。这一形态的构成和分析方法，除了在成交量方面与头肩顶有所区别外，其余与头肩顶类同，只是方向正好相反如图 14.30(b)所示。

值得注意的是，头肩顶形态完成后，向下突破颈线时，成交量不一定放大，但日后继续下跌时，成交量会放大；头肩底形态向上突破颈线时，若没有较大的成交量出现，可靠性将大为降低，甚至可能出现假的头肩底形态。

3）复合头肩形态

股价变化经过复杂而长期的波动所形成的形态可能不只是标准的头肩形态，会形成所谓的复合头肩形态。这种形态与头肩形态基本相似，只是左右肩部或者头部出现多于一次。其形成过程也与头肩形态类似，分析意义也和普通的头肩形态一样，往往出现长期趋势的底部或顶部。复合头肩形态一旦完成，即构成一个可靠性较大的买进或沽出的时机。

2. 双重顶和双重底形态

双重顶和双重底就是市场上众所周知的 M 头和 W 底，是一种极为重要的反转形态，它在实际中出现得也非常频繁。与头肩形态相比，就是没有头部，只是由两个基本等高的峰或谷组成。如图 14.31 所示，这种形态的简单形状。

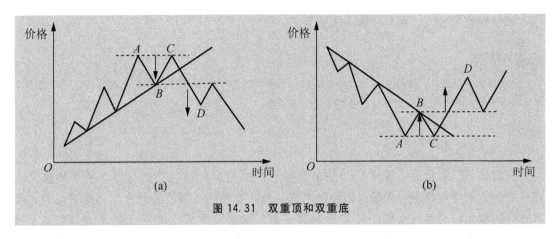

图 14.31 双重顶和双重底

从图中可以看出,双重顶(底)一共出现两个顶(底),也就是两个相同高度的高点(低点)。下面以 M 头(图 14.31(a))为例说明双重顶的形成过程。

在上升趋势过程的末期,股价急速上升到第一个高点 A,建立了新高点之后受阻回跌,成交量放大。受上升趋势线的支撑,这次回档将在 B 点附近停止,成交量随股价下跌而萎缩。往后就是继续上升,股价又回至前一峰顶附近 C 点(与 A 点几乎等高),成交量再度增加,却不能达到上一个高峰的成交量,上升遇到阻力,接着股价掉头向下,这样就形成了 A 和 C 两个顶的形状。

M 头形成以后,有两种可能:第一是未突破 B 点的支撑位置,股价在 A、B、C 三点形成的狭窄范围内上下波动,演变成下文将要介绍的矩形;第二是突破 B 点的支撑位置继续向下,这种情况才是双重顶反转突破形态的真正出现。前一种情况只能说是一个潜在的双重顶反转突破形态出现了。

以 B 点作平行于 A、C 连线的平行线(图 14.31(a)中第二条虚线),就得到一条非常重要的直线——颈线。A、C 连线是趋势线,颈线是与这条趋势线对应的轨道线,它在这里起支撑作用。

一个真正的双重顶反转突破形态的出现,除了必要的两个相同高度的高点以外,还应该向下突破 B 点支撑。

突破颈线就是突破轨道线、突破支撑线,所以也有突破被认可的问题。前面介绍的有关支撑线、压力线被突破的确认原则在这里都适用。

双重顶反转突破形态一旦得到确认,同样具有测算功能,即:从突破点算起,股价将至少要跌到与形态高度相等的距离。这里的形态高度,是从顶点到颈线的垂直距离,即从 A 或 C 到 B 的垂直距离。图 14.31(a)中右边箭头所指的将是股价至少要跌到的位置,在它之前的支撑都不足取。

总结起来,双重顶反转形态一般具有如下特征:①双重顶的两个高点不一定在同一水平,二者相差少于 3% 就不会影响形态的分析意义;②向下突破颈线时,不一定有大成交量伴随,但日后继续下跌时,成交量会扩大;③双重顶形态完成后的最小跌幅度量方法,是由颈线开始,至少会下跌从双头最高点到颈线之间的距离。

双重底走势的情形则与双重顶完全相反。需要注意的是,双重底的颈线突破时,必须有大成交量的配合，否则即可能为无效突破。

特别提示

股市中有一个铁律：颈线就是股市的生命线，当指数或股价站稳在颈线上方时，投资者可以看多做多；当指数或股价有效跌破颈线时，投资者应看空做空。

3. 三重顶(底)形态

三重顶(底)形态是双重顶(底)的扩展形态，也是头肩顶(底)的变形，从严格意义上讲，它由3个一样高或一样低的顶和度组成。与头肩形的区别是头的价位回缩到与肩差不多相等的位置，有时甚至低于或高于肩部一点。从这个意义上讲，三重顶(底)与双重顶(底)也有相似的地方，只是前者比后者多"折腾"了一次。

出现三重顶(底)的原因是由于没有耐心的投资者在形态未完全确定时，便急于跟进或跳出；走势不尽如人意时又急于杀出或抢进；等到大势已定，股价正式反转上升或下跌，仍照原预期方向进行时，投资者却犹豫不决，缺乏信心，结果使股价走势比较复杂。

图14.32是三重顶(底)的简单图形。它的颈线差不多是水平的，3个顶(底)也差不多是相等高度。

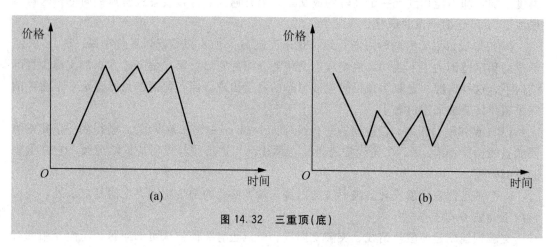

图14.32 三重顶(底)

应用和识别三重顶(底)的方法主要是用识别头肩形态的方法。头肩形态适用的方法三重顶(底)都适用，这是因为三重顶(底)从本质上说就是头肩形态。

与一般头肩形态最大的区别是，三重顶(底)的颈线和顶部(底部)连线是水平的，这就使得三重顶(底)具有矩形的特征。比起头肩形态来说，三重顶(底)更容易演变成持续形态，而不是反转形态。另外，三重顶(底)的顶峰与顶峰，或谷底与谷底的间隔距离和时间在分析时不必相等。此外，如果三重顶(底)的三个顶(底)的高度从左到右依次下降(上升)，则三重顶(底)底就演变成了直角三角形态。这些都是我们在应用三重顶(底)时应该注意的地方。

4. 圆弧顶(底)形态

将股价在一段时间的顶部高点用折线连起来，每一个局部的高点都考虑到，我们有时可能得到一条类似于圆弧的弧线，盖在股价之上；将每个局部的低点加在一起也能得到一条弧线，托在股价之下，如图 14.33 所示。

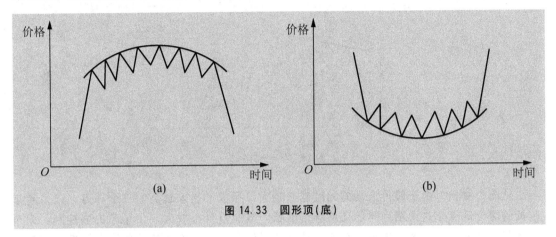

图 14.33　圆形顶(底)

圆弧形又称为碟形、圆形或碗形等，它是一种可靠的反转型态，在实际中并不常见，但是一旦出现则是绝好的机会，它的反转深度和高度是不可测的，这一点同前面几种形态有一定区别。

圆弧的形成过程与头肩形态中的复合头肩形态有相似的地方，只是圆弧形态的各种顶或底没有明显的头肩感觉。这些顶部和底部的地位都差不多，没有突出的相对高点或低点。这种局面的形成在很大程度上是一些机构大户炒作证券的产物。这些人手里有足够的股票，如果一下抛出太多，股价下落太快，手里的货也许不能全部出手，只能一点一点地往外抛，形成众多的来回拉锯，直到手中股票接近抛完时，才会大幅度打压，一举使股价下跌到很深的位置。如果这些人手里持有足够的资金，一下子买得太多，股价涨得太快，也不利于今后的买入，也要逐渐地分批建仓，直到股价一点一点地来回拉锯，往上接近圆弧缘时，才会用少量的资金一举往上提拉到一个很高的高度。因为这时股票大部分在机构大户手中，别人无法打压股价。

圆弧形态具有如下特征：①圆弧形态完成后，行情多属爆发性，涨跌急速，持续时间也不长，一般是一口气走完，中间极少出现回档或反弹。②在整个形态的形成过程中，成交量往往也会同步形成圆弧形态，成交量都是两头多，中间少；越靠近顶或底成交量越少，到达顶或底时成交量达到最少；在突破后的一段，都有相当大的成交量。③圆弧形态形成所花的时间越长，今后反转的力度就越强，越值得人们去相信这个圆弧形。一般来说，应该与一个头肩形态形成的时间相当。

5. 喇叭形

喇叭形的正确名称应该是扩大形或增大形。因为这种形态酷似一个喇叭，故得名。如图 14.34 所示，喇叭形的图形表示。

喇叭形是大跌的先兆，一般出现在投机性很强的个股上。当股价上升时，投资者受到市场炽热的投机气氛或谣言的感染，疯狂地追涨，成交量急剧放大；而下跌时，则盲目杀跌。正是由于这种原因，造成了股价的大起大落。喇叭形正是人们过度投机心理在图表上的反映，它暗示升势已经穷尽，下跌一触及发。这种形态在实际中出现的次数不多，但是一旦出现，则极为有用。

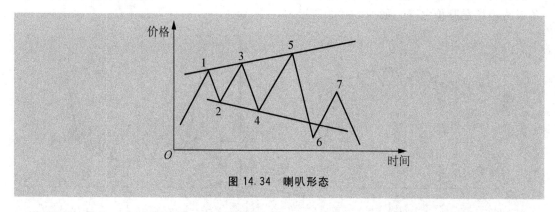

图 14.34　喇叭形态

从图中看出，由于股价波动的幅度越来越大，形成了越来越高的三个高点，以及越来越低的两个低点。这说明当时的交易异常活跃，成交量日益放大，市场已失去控制，完全由参与交易的公众的情绪决定。在这个混乱的时候进入证券市场是很危险的，进行交易也十分困难。在经过剧烈的动荡之后，人们的情绪会渐渐平静，远离这个市场，股价将逐步地往下运行。

一个标准的喇叭形态应该有三个高点，两个低点。股票投资者应该在第三峰(图 14.34 中的 5)调头向下时就抛出手中的股票，这在大多数情况下是正确的。如果股价进一步跌破了第二个谷(图 14.34 中的 4)，则喇叭形完全得到确认，抛出股票更成为必然。

股价在喇叭形之后的下调过程中，肯定会遇到反扑，而且反扑的力度会相当大，这是喇叭形的特殊性。但是，只要反扑高度不超过下跌高度的一半(图 14.34 中的 7)，股价下跌的势头还是应该继续的。

喇叭形态具有如下特征：①喇叭形一般是一个下跌形态，暗示升势将到尽头，只有在少数情况下股价在高成交量配合下向上突破时，才会改变其分析意义；②在成交量方面，整个喇叭形态期间都会保持不规则的大成交量，否则难以构成该形态；③喇叭形走势的跌幅是不可预测的，跌幅一般都会很大；④喇叭形基本上很少出现在底部，原因是在投资意愿不强、气氛低沉的市道中，不大可能出现这种冲动和不理性的行情。

14.5.2　持续整理形态

持续整理形态不改变股价运动的基本走势，市场仅仅在股价某一水平做出必要的调整，调整完成后，股价仍将沿着原来的趋势继续运动。整理形态主要有三角形、矩形、旗形和楔形等。

1. 三角形整理形态

三角形整理形态主要分为 3 种：对称三角形、上升三角形和下降三角形。第一种也称等腰三角形，后两种合称直角三角形。以下我们分别对这 3 种形态进行介绍。

1) 对称三角形

对称三角形情况大多是发生在一个大趋势进行的途中，它表示原有的趋势暂时处于休整阶段，之后还要随着原趋势的方向继续行动。见到对称三角形后，股价今后走向最大的可能是沿原有的趋势方向运动。

图 14.35 是对称三角形的一个简化的图形，这里的原有趋势是上升，所以三角形完成以后是突破向上。从图中可以看出，对称三角形有两条聚拢的直线，上面的向下倾斜，起压力作用；下面的向上倾斜，起支撑作用。正如趋势线的确认要求第三点验证一样，对称三角形一般应有 6 个转折点（图 14.35 中的 A、B、C、D、E、F 各点）。这样，上下两条直线的支撑压力作用才能得到验证。

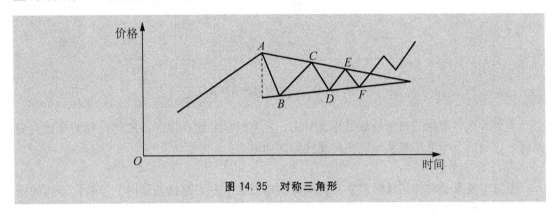

图 14.35 对称三角形

对称三角形只是原有趋势运动途中的休整状态，持续的时间不会太长。如果持续时间太长，保持原有趋势的能力就会下降。一般来说，突破上下两条直线的包围，继续既定方向的时间要尽量早，越靠近三角形的顶点，三角形的各种功能就越不明显，其投资指导意义就越弱。根据经验，突破的位置一般应在三角形的横向宽度的 1/2～3/4 的某个位置（三角形的横向宽度指三角形的顶点到底的高度），不过这有个大前提，必须认定股价一定要突破这个三角形。如果股价不在预定的位置突破三角形，那么这个对称三角形态可能会转化成别的形态。

对称三角形的突破也有真假的问题，方法与前述的类似，可采用百分比原则、日数原则或收盘原则等确认。这里要注意成交量，没有大成交量的配合，很难判断突破的真假。向上突破时，必须有较大成交量的支持，成交量增加幅度越大，突破的可信度越高，向下突破时，可以有较大成交量增量，也可以没有成交量增量，没有成交量增量突破可以成立，如有大成交量的配合，向下突破就更为有力。

对称三角形被突破后，也有测算功能。这里介绍两种测算价位的方法，以上升趋势为例。

方法一：如图 14.36 所示，从 C 点向上带箭头直线的高度，是未来股价至少要达到的高度。箭头直线长度与 AB 连线长度相等。AB 连线的长度称为对称三角形的高度。

从突破点算起，股价至少要运动到与形态高度相等的距离。

方法二：如图 14.36 所示，过 A 点平行于下边直线的平行线，即图中斜虚线，它是股价今后至少要达到的位置。

从几何学上可以证明，用这两种方法得到的两个价位绝大多数情况下是不相等的。前者给出的是个固定的数字，后者给出的是个不断变动的数字，达到虚线的时间越迟，价位就越高。这条虚线实际上是一条轨道线。方法一简单，易于操作和使用；方法二更多地是从轨道线方面考虑的。

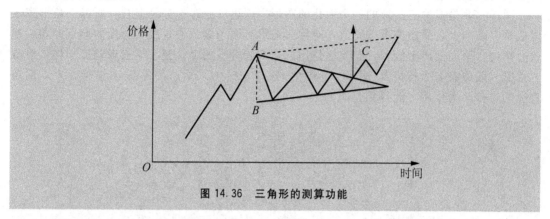

图 14.36 三角形的测算功能

另外，虽然对称三角形一般是整理形态，但有时也可能在顶部或底部出现而导致大势反转，这是三角形形态在实际应用时要注意的问题。

2）上升三角形

上升三角形是对称三角形的变形。两类三角形的下方支撑线都是向上倾斜，不同的是上升三角形的上方阻力线是一条水平直线。

在对称三角形中，压力和支撑都在逐步加强，多空双方实力相当。在上升三角形中就不同了，压力线是水平的，没有变化，而支撑线却是越抬越高。与对称三角形相比，上升三角形有更强烈的上升意识，多方比空方更为积极。通常以三角形的向上突破作为这个持续过程终止的标志。

如果股价原有的趋势是向上，遇到上升三角形后，几乎可以肯定今后是向上突破。如果原有的趋势是下降，则出现上升三角形后，前后股价的趋势判断起来有些难度，一方要继续下降，保持原有的趋势，另一方要上涨，两方必然发生争执。如果在下降趋势处于末期时（下降趋势持续了相当一段时间），出现上升三角形还是以看涨为主。这样，上升三角形就成了反转形态的底部。

上升三角形在突破顶部的阻力线时，必须有大成交量的配合，否则为假突破。突破后的升幅量度方法与对称三角形相同。图 14.37 是上升三角形的简单图形表示以及测算的方法。

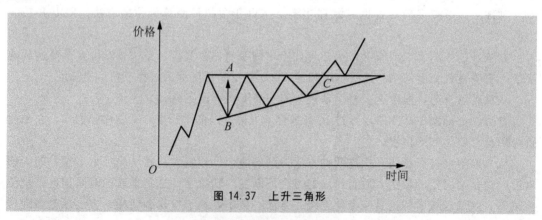

图 14.37 上升三角形

2. 矩形整理形态

矩形也被称为箱形，是一种典型的横向盘整形态，股票价格在两条横着的水平直线之间上下波动，作横向延伸的运动。形成原因是由于股价涨到某个位置时，总是遭到空方的打压而回落，股价回落到某个位置时，又获得多方的支撑而反弹，随着时间的推移，形成两条明显的压力线与支撑线。两条水平直线构成矩形，也就是箱形，股价在一段时间内会在箱体中波动，形成矩形整理。

如果原来的趋势是上升，那么经过一段矩形整理后，会继续原来的趋势，多方会占优势并采取主动，使股价向上突破矩形的上界；如果原来是下降趋势，则空方会采取行动，突破矩形下界。图14.38是矩形的简单图示。

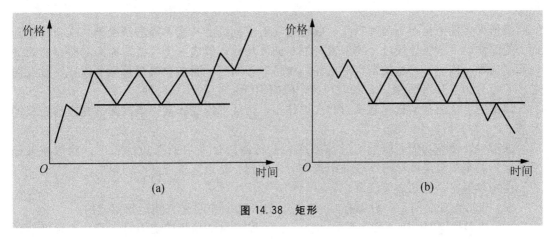

图 14.38　矩形

从图中可以看出，矩形在其形成的过程中极可能演变成三重顶（底）形态，这是我们应该注意的。在对矩形和三重顶（底）进行操作时，通常要等到突破之后才能采取行动，因为这两个形态今后的趋势方向完全相反。

矩形的突破也有一个确认的问题。当股价向上突破时，必须有大成交量配合才能确认；而向下突破则不必有成交量增加；当矩形突破后，其涨跌幅度通常等于矩形的宽度。面对突破后股价的反扑，矩形的上下界线同样具有阻止反扑的作用。

矩形为我们提供了一些短线操作的机会，投资者可在箱体内来回搏差价，在矩形的下界线附近买进，上界线附近抛出，反复高抛低吸，实施箱形操作法。

3. 旗形和楔形整理形态

旗形和楔形是两个著名的持续整理形态，出现的频率很高。它们都是一个趋势的中途休整过程，休整之后，股票价格会保持原来的走势。这两个形态的特殊之处在于，它们都有明确的形态方向，且形态方向与原有的趋势方向相反。

1）旗形

从几何学的观点看，旗形应该叫平行四边形，它的形状是一上倾或下倾的平行四边形，如图14.39所示。

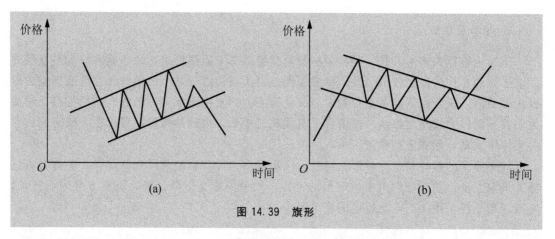

图 14.39 旗形

旗形大多发生在市场极度活跃、股价运动近乎直线上升或下降的情况下。在市场急速而大幅的波动中，股价经过一连串紧密的短期波动后，形成一个稍微与原来趋势呈相反方向倾斜的平行四边形，这就是旗形走势。旗形形态如同一面挂在旗杆顶上的旗帜，故此得名。它可分为上升旗形（图 14.39（a））和下降旗形（图 14.39（b））两种。

旗形的上下两条平行线起压力和支撑作用，两条平行线的某一条被突破是旗形完成的标志。

旗形也有测算功能。旗形的形态高度是平行四边形左右两条边的长度。旗形被突破后，股价将至少要走到形态高度的距离，大多数情况是走到旗杆高度的距离。

应用旗形时，有几点要注意。

（1）旗形出现之前，一般应有一个旗杆，这是由于价格作直线运动形成的。

（2）旗形持续的时间不能太长，时间一长，保持原来趋势的能力将下降。旗形持续的时间通常短于 3 周，短的可能是 5 天，长的可达 3～5 周。

（3）旗形形成之前和被突破之后，成交量都很大。在旗形的形成过程中，成交量是显著地渐次递减的。

2）楔形

将旗形中上倾或下倾的平行四边形变成上倾或下倾的三角形，就会得到楔形，如图 14.40 所示。楔形可分为上升楔形和下降楔形两种。

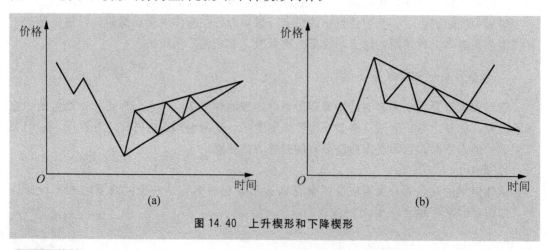

图 14.40 上升楔形和下降楔形

上升楔形如图 14.40(a)所示,是指股价经过一次下跌后产生强烈技术性反弹,价格升至一定水平后又掉头下落,但回落点比前次高,然后又上升至新高点,再回落,在总体上形成一浪高于一浪的势头。如果把短期高点相连,则形成一向上倾斜直线,且两者呈收敛之势。下降楔形则正好相反,股价的高点和低点形成一浪低于一浪之势,如图 14.40(b)所示。

同旗形一样,楔形也有保持原有趋势方向的功能,股价运动趋势的途中会遇到这种形态。上升楔形表示一个技术性反弹逐渐减弱的市况,常在跌市中的回升阶段出现,显示股价尚未见底,只是一次跌后技术性的反弹,一般以向下突破告终。下降楔形常出现于中长期升市的回落调整阶段,向上突破居多。

楔形形成所花费的时间较长,一般需要 2 周以上的时间方可完成。

在楔形形成过程中,成交量渐次减少;在楔形形成之前和突破之后,成交量一般都很大。

楔形偶尔也出现在顶部或底部而作为反转形态,这种情况一定是发生在一个趋势经过了很长时间、接近于尾声的时候。

14.5.3 缺口

缺口,通常又称为跳空,是指由于受到利好或利空消息的影响,股价大幅上涨或下跌,致使股价的日线图出现当日成交最低价超过前一交易日最高价或成交最高价低于前一交易日最低价的现象,从而在股价趋势图上留下一段没有任何交易的真空区域。

缺口的出现往往伴随着向某个方向运动的一种较强动力。缺口的宽度表明这种运动的强弱。一般来说,缺口愈宽,运动的动力愈大;反之,则愈小。不论向何种方向运动所形成的缺口,都将成为日后较强的支撑或阻力区域,不过这种支撑或阻力效能依不同形态的缺口而定。通常情况下,如果缺口不被迅速回补,表明行情有延续的可能;如果缺口被回补,表明行情有反转的可能。

缺口分析是技术分析的重要手段之一。有关的技术分析著作常将缺口划分为普通缺口、突破缺口、持续性缺口和消耗性缺口 4 种形态,如图 14.41 所示。

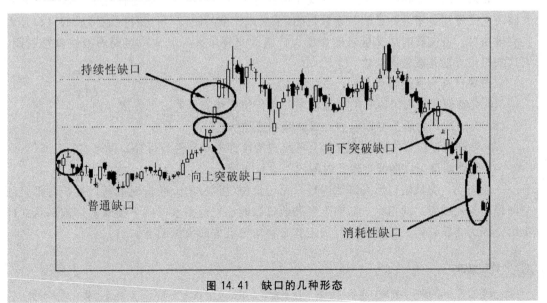

图 14.41 缺口的几种形态

1. 普通缺口

普通缺口经常出现在股价整理形态中，特别是出现在矩形或对称三角形等整理形态中。由于股价仍处于盘整阶段，因此在形态内的缺口并不影响股价短期内的走势。普通缺口有一个比较明显的特征：它一般会在3日内回补，且成交量很小，很少有主动的参与者。如果不具备这些特点，就应该考虑它是否属于普通缺口形态。普通缺口的支撑或阻力效能一般较弱。

普通缺口的这种短期内必补的特征，给投资者短线操作带来了一个简便机会，即当向上方向的普通缺口出现之后，在缺口上方的相对高点抛出证券，待普通缺口回补之后买回证券；而当向下方向的普通缺口出现之后，在缺口下方的相对低点买入证券，待普通缺口回补之后再卖出证券。这种操作方法的前提是必须判明缺口是否为普通缺口，且证券价格的涨跌是否达到一定的幅度。

普通缺口的市场含义如下。

（1）普通缺口表明买卖双方力量暂时均衡，但这种短暂的均衡随时可能会被市场买卖双方力量的重新分配所打破。

（2）普通缺口无规律可循，可以散布在任何一种形态之中的任何一个区域。

（3）普通缺口短期内必定会被封闭。

（4）普通缺口的支撑或阻力效能较弱。

2. 突破缺口

突破缺口是证券价格向某一方向急速运动，跳出原有形态所形成的缺口。突破缺口蕴含着较强的动能，常常表现为激烈的价格运动，具有极大的分析意义，一般预示行情走势将要发生重大变化。

突破缺口的形成在很大程度上取决于成交量的变化情况，特别是向上的突破缺口。若突破时成交量明显增大，且缺口未被封闭（至少未完全封闭），则这种突破形成的缺口是真实突破缺口。若突破时成交量未明显增大，或成交量虽大，但缺口短期内很快就被封闭，则这缺口很可能是假突破缺口。

突破缺口具有下述特点。

（1）突破缺口打破了原有的平衡格局，使行情走势有了明显的发展方向。

（2）突破缺口的股价变动剧烈，成交量明显增大。

（3）突破缺口出现之后，一般都会再出现持续性缺口和消耗性缺口的形态。

（4）突破缺口一旦形成，较长时间内不会被封闭。

一般来说，突破缺口形态确认以后，无论价位（指数）的升跌情况如何，投资者都必须立即作出买入或卖出的指令，即向上突破缺口被确认立即买入；向下突破缺口被确认立即卖出，因为突破缺口一旦形成，行情走势必将向突破方向纵深发展。

特别提示

在大势回暖后，当某个股票出现第一个向上跳空缺口，且成交量随之放大时，及时追进将有较大的胜算。

3. 持续性缺口

持续性缺口是在证券价格向某一方向有效突破之后,由于急速运动而在途中出现的缺口,它是一个趋势的持续信号,表明证券价格的变动将沿着既定的方向发展变化。缺口产生的时候,交易量不一定会增加,如果增加的话,则通常表明一个强烈的趋势。持续性缺口一般不会在短期内被封闭,因此投资者可在持续性缺口附近买入或卖出证券,而不必担心是否会套牢或者踏空。

持续性缺口在技术分析中意义很大,它可以用来测算获利空间,其度量方法是,持续性缺口开始上涨或者下跌的幅度等于突破缺口到持续性缺口之间的距离。

持续性缺口具有下述特点。

(1) 持续性缺口是一种二次形态的缺口。由于持续性缺口是在证券价格向某一方向发生突破之后中途出现的缺口,因而是一种二次形态的缺口,它只能伴随突破缺口的出现而出现。换言之,若证券价格未发生突破,则不存在持续性缺口形态,因此持续性缺口形态比较容易辨别。

(2) 持续性缺口能衡量证券价格未来的变动方向和变动距离。

(3) 持续性缺口一般不会被封闭。

(4) 持续性缺口具有较强的支撑或阻力效能。一般来说,向上的持续性缺口具有较强的支撑效能,而向下的持续性缺口具有较强的阻力效能。这种支撑或阻力效能在日后仍旧能够得到体现。

4. 消耗性缺口

消耗性缺口一般发生在行情趋势的末端,表明股价变动的结束。若一轮行情走势中已出现突破缺口与持续性缺口,那么随后出现的缺口就很可能是消耗性缺口。判断消耗性缺口最简单的方法就是考察缺口是否会在短期内封闭,若缺口封闭,则消耗性缺口形态可以确立。消耗性缺口容易与持续性缺口混淆,它们的最大区别是:消耗性缺口出现在行情趋势的末端,而且伴随着大的成交量。

由于消耗性缺口形态表明行情走势已接近尾声,市场进入整理或反转的可能性大增。因此,投资者在上升行情出现消耗性缺口时应及时卖出证券,而在下跌趋势中出现消耗性缺口时买入证券。

消耗性缺口具有下述特点。

(1) 消耗性缺口是一种二次或者三次形态的缺口。消耗性缺口是一种伴随突破缺口与持续性缺口出现而出现的缺口,因而是一种二次或三次形态的缺口。一般来说,在突破缺口与消耗性缺口之间总会要出现一个或几个持续性缺口,紧接着突破缺口而出现的消耗性缺口比较鲜见。

(2) 消耗性缺口的产生一般伴随有巨大的成交量。消耗性缺口产生于市场的疯狂或恐慌之中。在上升或下跌趋势的末端,投资者由于投资获利或投资亏损的示范效应,拼命挤进购买者与抛售者的行列,使成交量急剧增大。

(3) 消耗性缺口在短期内必会封闭。由于消耗性缺口的产生主要缘于投资者的不理智冲动，当这种不理智冲动得到市场的启示之后很快就会有所纠正。这样，消耗性缺口就会在这种纠正中得以完全封闭。

（4）消耗性缺口是一种表明市场将要转向的缺口形态。消耗性缺口的产生，表明市场买方（或卖方）的力量已经消耗殆尽，已无力再维持证券价格的上升或压迫证券价格下跌。市场多空力量对比也开始发生转换，市场也因之孕育出反转的契机。

14.6 量价关系理论

知识链接

量价理论，最早见于美国股市分析家葛兰碧（Joe Granville）所著的《股票市场指标》。葛兰碧认为成交量是股市的元气与动力，成交量的变动，直接表现股市交易是否活跃，人气是否旺盛，而且体现了市场运作过程中供给与需求间的动态实况，没有成交量的发生，市场价格就不可能变动，也就无股价趋势可言，成交量的增加或萎缩都表现出一定的股价趋势。

在技术分析中，研究量与价的关系占据了极重要的地位。成交量是推动股价上涨的原动力，市场价格的有效变动必须有成交量配合，量是价的先行指标，是测量证券市场行情变化的温度计，通过其增加或减少的速度可以推断多空战争的规模大小和指数股价涨跌之幅度。这里分别介绍成交量变化的规律及常用的量价关系理论。

14.6.1 成交量变化八规律

成交量是价格变化的原动力，K线分析只有与成交量的分析相结合，才能真正读懂市场的语言，洞悉股价变化的奥妙。下面介绍成交量变化的根本规律——八阶律。

将一个圆周八等份，依次直线连接圆周上的八个点，将最下面的一根线段标记1，然后再逆时针依次将线段标记2至8，加上横坐标"成交量"纵坐标"股价"，这样我们就得到一个完整的成交量变化八个阶段的规律图如图14.42所示。

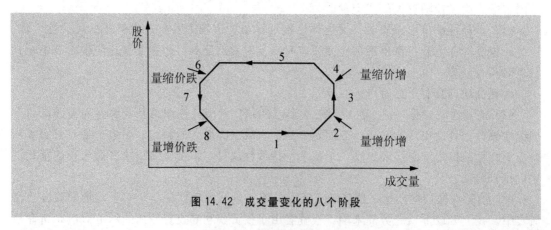

图14.42 成交量变化的八个阶段

成交量变化八个阶段的"八阶律"具体内容如下。

（1）量增价平，转阳信号：股价经过持续下跌的低位区，出现成交量增加股价企稳现象，此时一般成交量的阳柱线明显多于阴柱，凸凹量差比较明显，说明底部在积聚上涨动力，有主力在进货为中线转阳信号，可以适量买进持股待涨。有时也会在上升趋势中途也出现"量增价平"，则说明股价上行暂时受挫，只要上升趋势未破，一般整理后仍会有行情。

(2) 量增价升，买入信号：成交量持续增加，股价趋势也转为上升，这是短中线最佳的买入信号。"量增价升"是最常见的多头主动进攻模式，应积极进场买入与庄共舞。

(3) 量平价升，持续买入：成交量保持等量水平，股价持续上升，可以在期间适时适量地参与。

(4) 量减价升，继续持有：成交量减少，股价仍在继续上升，适宜继续持股，即使锁筹现象较好，也只能是小资金短线参与，因为股价已经有了相当的涨幅，接近上涨末期了。有时在上涨初期也会出现"量减价升"，则可能是昙花一现，但经过补量后仍有上行空间。

(5) 量减价平，警戒信号：成交量显著减少，股价经过长期大幅上涨之后，进行横向整理不再上升，此为警戒出货的信号。此阶段如果突发巨量天量拉出大阳大阴线，无论有无利好利空消息，均应果断抛出。

(6) 量减价跌，卖出信号：成交量继续减少，股价趋势开始转为下降，为卖出信号。此为无量阴跌，底部遥遥无期，一直跌到多头彻底丧失信心斩仓认赔，爆出大的成交量（阶段8），跌势才会停止，所以在操作上，只要趋势逆转，应及时止损出局。

(7) 量平价跌，继续卖出：成交量停止减少，股价急速滑落，此阶段应继续坚持及早卖出的方针。

(8) 量增价跌，弃卖观望：股价经过长期大幅下跌之后，出现成交量增加，即使股价仍在下落，也要慎重对待极度恐慌的"杀跌"，所以此阶段的操作原则是放弃卖出空仓观望。低价区的增量说明有资金接盘，说明后期有望形成底部或反弹的产生，适宜关注。有时若在趋势逆转跌势的初期出现"量增价跌"，那么更应果断地清仓出局。

14.6.2 成交量与股价趋势的一般关系

在量价理论里，成交量与股价趋势的关系可归纳为以下八种。

(1) 价升量增，价格反映市场方向，成交量反映市场对这一方向的认同程度，价升量增则是市场认同后市上升，投资者大量参与，后市向好。

(2) 价升量减，股价随成交量递减而回升，显示出股价上涨原动力不足，缺乏成交量的配合，股价随时可能下跌。

(3) 股价创新高，但成交量却没有创新高，则此时股价涨势较可疑，股价趋势中存在潜在的反转信号。

(4) 股价随着成交量递增而逐渐上升，然后成交量剧增，股价暴涨（井喷行情），之后是成交量大幅萎缩，股价急速下跌，这表明涨势已到末期，趋势即将反转。反转的幅度将视前一轮股价上涨的幅度大小及成交量的变化程度而定。

(5) 股价随成交量的递增而上涨的行情持续数日后，出现大的成交量，而股价没有同时向上，表明股价在高档卖压沉重，此为股价下跌的先兆。股价连续下跌后，在低档出现大成交量，股价却并未随之下跌，则表明行情即将反转上涨，是买进的机会。

(6) 在一段长期下跌形成"波谷"后，股价回升，成交量却并没因股价上升而放大，股价上涨乏力。之后，股价再度跌落至先前"波谷"附近，若此时的成交量低于前一个

"波谷",则表明股价即将上涨。

(7)股价下跌相当长的一段时间后,会出现恐慌性抛盘。随着日益增加的成交量,股价大幅度下跌。继恐慌性卖出后,预期股价可能上涨,同时因恐慌性卖出后所创的低价不可能在极短时间内突破,故随着恐慌性抛盘后,往往标志着空头市场的结束。

(8)股价向下跌破股价形态趋势线或移动平均线,同时成交量急剧增加,是股价下跌的信号。

知识链接

成交量的五种形态具体如下。

(1)市场分歧促成成交。成交必然是一部分人看空后市,另外一部分人看多后市,造成巨大的分歧,又各取所需,才会成交。

(2)缩量。缩量是指市场成交极为清淡,大部分人对市场后期走势十分认同,意见十分一致。这里面又分两种情况:一是市场人士都十分看淡后市,造成只有人卖,却没有人买,所以急剧缩量;二是市场人士都对后市十分看好,只有人买,却没有人卖,所以又急剧缩量。

(3)放量。放量一般发生在市场趋势发生转折的转折点处,市场各方力量对后市分歧逐渐加大,在一部分人坚决看空后市时,另一部分人却对后市坚决看好,一些人纷纷把家底甩出,另一部分人却在大手笔吸纳。

(4)堆量。当主力意欲拉升时,常把成交量做得非常漂亮,几日或几周以来,成交量缓慢放大,股价慢慢推高,成交量在近期的K线图上,形成了一个状似土堆的形态,堆得越漂亮,就越可能产生大行情;相反,在高位的堆量表明主力已不想玩了,在大举出货。

(5)量不规则性放大缩小。这种情况一般是没有突发利好或大盘基本稳定的前提下,妖庄所为,风平浪静时突然放出历史巨量,随后又没了后音,一般是实力不强的庄家在吸引市场关注,以便出货。

14.6.3 涨跌停板制度下量价关系分析

涨跌停板制度限制了股票的单日涨跌幅度,使多空的能量得不到彻底的宣泄,容易形成单边市。很多投资者存在追涨杀跌的意愿,而涨跌停板制度下的涨跌幅度比较明确,在股票接近涨幅或跌幅限制时,很多投资者可能经不起诱惑,挺身追高或杀跌,形成涨时助涨、跌时助跌的趋势。涨跌停板的幅度越小,这种现象就越明显。

在实行涨跌停板制度下,涨停和跌停的趋势继续下去,是以成交量大幅萎缩为条件的。拿涨停板时的成交量来说,一般而言,价升量增,投资者会以为量价配合好,涨势形成会继续,可以追涨或继续持有;如上涨时成交量不能有效配合放大,说明追高意愿不强,涨势难以持续,投资者应不买或抛出股票。若股票在涨停板时没有成交量,那是卖主目标更高,想今后卖出好价,因而惜售,买方买不到,自然就没有成交量。第二天,买方会继续追买,股价会出现续涨。然而,若涨停板中途打开,且成交量放大,说明卖方数量增加,买卖力量发生变化,下跌有望。

类似地,价跌量缩说明空方惜售,抛压较轻,后市可看好;若价跌量增,则表示跌势形成或继续,应观望或卖出手中的筹码。但在涨跌停板制度下,若跌停,买方希望以更低价格买入,因而缩手,结果在缺少买盘的情况下,成交量小,跌势反而不止;反之,如果收盘仍为跌停,但中途曾被打开,成交量放大,说明有主动性买盘介入,跌势有望止住,盘升有望。

在涨跌停板制度下，量价分析基本判断如下。

（1）涨停量小，将继续上扬；跌停量小，将继续下跌。

（2）涨停中途被打开次数越多、时间越久、成交量越大，反转下跌的可能性越大；同样，跌停中途被打开的次数越多、时间越久、成交量越大，则反转上升的可能性越大。

（3）涨停关门时间越早，次日上涨可能性越大；跌停关门时间越早，次日跌势可能越大。

（4）封住涨停板的买盘数量大小和封住跌停板时卖盘数量大小说明买卖盘力量大小。这个量越大，继续当前走势的概率越大，后续涨跌幅度也越大。

另外，要注意在庄家借涨跌停板制度反向操作。比如，他想卖，先以巨量买单挂在涨停位，因买盘量大集中，抛盘措手不及而惜售，股价少量成交后收涨停。自然，原先想抛的就不抛了，而这时有些投资者以涨停价追买，此时庄家撤走买单，填卖单，自然成交。当买盘消耗差不多了时，庄家又填买单接涨停价位处，以进一步诱多；当散户又追入时，他又撤买单再填卖单……如此反复操作，以达到高挂买单虚张声势诱多，在不知不觉中悄悄高位出货。反之，庄家想买，他先以巨量在跌停价位处挂卖单，吓出大量抛盘时，他先悄悄撤除原先卖单，然后填写买单，吸纳抛盘；当抛盘吸纳将尽时，他又抛巨量在跌停价位处，再恐吓持筹者，以便吸纳……如此反复。所以，在此种场合，巨额买卖单多是虚的，不足以作为判断后市继续先前态势的依据。判断虚实的根据为是否存在频繁挂单、撤单行为，涨跌停是否经常被打开，当日成交量是否很大。

案例分析

案例一　切线理论运用实例：中国人寿(601628)技术分析——支撑线的应用

如图14.43所示，中国人寿在2009年3月底到10月初之间出现一波连续的主力波段建仓，成交量较高。但在股价上涨到25.10元附近后，开始遇到卖盘压制，形成压力线。但在经过两个月的横盘整理后，6月份开始向上突破，一直上涨到7月底的34.68元高位。但8月份随着市场大跌，一直跌到8月31日的25.10元，遇到前期建仓主力的成本支撑后才止住了下跌势头，出现反弹，形成了重要支撑。

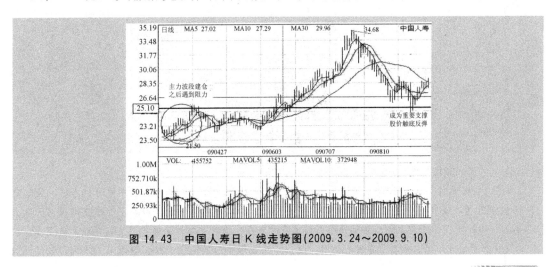

图14.43　中国人寿日K线走势图(2009.3.24～2009.9.10)

案例二 反转形态和整理形态的运用实例

1. 建研集团(002398)技术分析——头肩顶形态理论应用

如图 14.44 所示,股价在 2010 年 10 月中旬开始上涨,在经过一段加速上行后,于 2010 年 11 月末至 2011 年 1 月中旬,近两个月的时间构筑了一个头肩顶形态。该形态不但宣告了该股的上涨行情暂告一段落,还具有良好的涨跌幅预测功能。由图可见,在股价向下突破颈线后,其下降幅度与头肩顶高度基本一致。

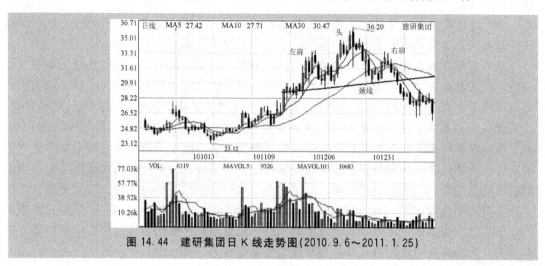

图 14.44 建研集团日 K 线走势图(2010.9.6~2011.1.25)

2. 晨鸣纸业(000488)技术分析——双重顶形态理论应用

图 14.45 显示的是 2010 年 8 月 13 日至 2010 年 12 月 30 日的日 K 线图。该图显示,公司股价自 2010 年 8 月以来进入了上升通道,在经过了一段上升趋势后后,于 2010 年 10 月中旬至 2010 年 11 月中旬,构筑了一个典型的双重顶形态。该形态宣布了该股上涨行情暂告一段落,股价突破颈线反转向下,于 2010 年 12 月 30 日跌至最低点 6.84 元。

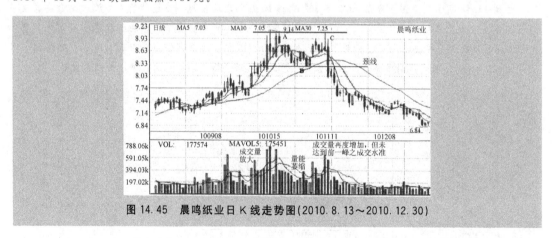

图 14.45 晨鸣纸业日 K 线走势图(2010.8.13~2010.12.30)

3. 二六三(002467)技术分析——矩形整理形态理论应用

如图 14.46 所示,该股 2010 年 9 月 8 日至 2011 年 1 月 18 日的股价走势,从图中可以看出,从 2010 年 10 月底开始,该股价格在 a、b 两条直线之间的区域波动,形成矩形整理形态,价格波动区间大致为 32.46 元~37.09 元。多空双方经过近两个月的反复拉锯后,最终空方占优势,股价刺穿矩形的下界,随后,股价有所回升,但在矩形下界附近受阻。此后,该股股价持续走低,最低跌至 27.84 元。该形态被突破后,同样具有测算意义,由图可见,在股价突破矩形下界后,其下跌幅度与矩形高度基本一致。

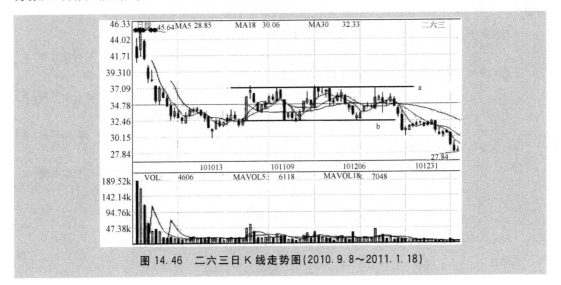

图 14.46　二六三日 K 线走势图(2010.9.8~2011.1.18)

本 章 小 结

本章主要介绍了技术分析及其相关理论,包括技术分析概述及道氏理论、K 线理论、切线理论、形态理论和量价关系理论,并重点介绍了它们的应用,同时通过实际案例分析了相关典型形态。

技术分析有三大基本假设:市场行为涵盖一切信息;价格沿着趋势运动;历史会重演。其四大基本要素为价、量、时、空。

道氏理论是证券投资技术分析的理论基础,它主要有六个基本规则,其基本目的在于通过分析变化莫测的证券市场,从中找出某种周期性的变化规律,来识别股价变动特征,据以预测其未来的走势。道氏理论的最伟大之处在于其宝贵的哲学思想,这是它全部的精髓。

K 线反映的是股票的价格变动情况,多根 K 线的组合就构成了各种形态。

切线理论是帮助投资者识别大势变动方向的较为实用的方法,它主要包括压力线与支撑线、趋势线与轨道线、黄金分割线与百分比线。

形态理论通过研究股票价格的轨迹,分析和挖掘出多空双方力量的对比结果,对投资者具有一定的指导意义。在形态理论中,主要介绍了反转突破形态、持续整理形态和缺口。

在技术分析中,量价关系研究具有重要意义。量价关系理论介绍了成交量与价格趋势的一般关系,及涨跌板制度下的量价关系分析。

技术分析只是前人的经验总结,也有其局限性。因此,对技术分析不要寄予厚望,应综合运用各种分析方法和指标对行情进行研判,得出合理的判断结论。

名人名言

市场头部和底部是极端情绪下的产物,它们超越所有理性的预期。

——安东尼. 贾利亚[美]

要想获得成功的投机,一定要在理性的投资分析之后。

——乔治. 索罗斯[美]

技术因素涵盖了一切信息,不管是已知的还是未知的,内幕的还是公开的。

——拉里. 威廉姆斯[美]

由股市造成的错误迟早都会由股市自身来纠正。

——本杰明. 格雷厄姆[美]

习 题

一、选择题

1. 技术分析适用于( )。
   A. 短期的行情预测　　　　　　　　B. 周期相对比较长的证券价格预测
   C. 相对成熟的证券市场　　　　　　D. 适用于预测精确度要求不高的领域
2. 基本分析的优点有( )。
   A. 能够比较全面地把握证券价格的基本走势,应用起来相对简单
   B. 同市场接近,考虑问题比较直接
   C. 预测的精度较高
   D. 获得利益的周期短
3. 与头肩顶形态相比,三重顶形态更容易演变成( )。
   A. 反转突破形态　　　　　　　　　B. 圆弧顶形态
   C. 持续整理形态　　　　　　　　　D. 其他各种形态
4. 进行证券投资技术分析的假设中,( )是从人的心理因素方面考虑的。
   A. 市场行为涵盖一切信息　　　　　B. 历史会重演
   C. 价格沿趋势移动　　　　　　　　D. 投资者都是理性的
5. ( )认为收盘价是最重要的价格。
   A. 形态理论　　　B. 波浪理论　　　C. 切线理论　　　D. 道氏理论
6. 和黄金分割线有关的一些数字中,有一组最为重要,股价极容易在由这组数字产生的黄金分割线处产生支撑和压力,这一组即( )。
   A. 0.382、0.618、1.191　　　　　　B. 0.618、1.618、2.618
   C. 0.618、1.618、4.236　　　　　　D. 0.382、0.809、4.236

二、简答题

1. 如何理解技术分析的三大假设?
2. 试述道氏理论的主要内容。
3. 应用K线组合分析应注意哪些问题?
4. 试析在涨跌停板制度下量价分析的基本判断。

三、论述题

1. 与基本分析相比,技术分析有哪些特征?在运用技术分析时,应注意哪些问题?
2. 试析头肩顶形态的形成过程及特征。

四、案例分析题

运用形态理论对如图 14.47 所示的精工钢构(600496)的日 K 线走势图(2010.6.30~2010.11.10)进行分析。

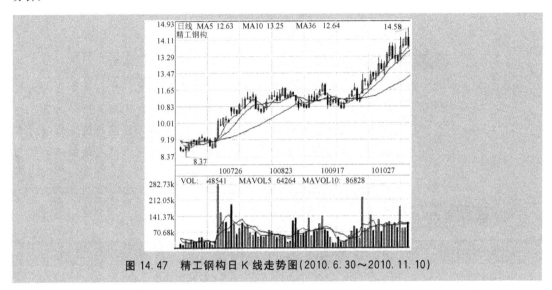

图 14.47　精工钢构日 K 线走势图(2010.6.30~2010.11.10)

第15章 证券投资技术指标分析

教学目标

通过本章的学习，了解技术指标的含义，掌握主要技术指标的含义、应用法则，并能熟练运用于实际行情的解读和研判。理解证券投资过程中的心理行为分析，并指导自身的投资活动。掌握一些较为实用的投资策略、技巧及江恩理论的相关知识，将之有效应用于实践。

教学要点

知识要点	能力要求	相关知识
主要技术指标	(1) 主要技术指标含义的理解 (2) 主要技术指标的实际应用	(1) 移动平均线（MA） (2) 平滑异同移动平均线（MACD） (3) 相对强弱指标（RSI） (4) 威廉指标（W%R） (5) 随机指标（KDJ） (6) 动向指数（DMI） (7) 乖离率指标（BIAS） (8) 能量潮指标（OBV）
证券投资的心理行为误区与调节	(1) 常见证券投资心理行为误区的概括和理解 (2) 投资心理行为误区调节的理解和应用	(1) 常见的证券投资心理行为误区 (2) 投资心理行为误区的调节
证券投资策略与技巧	(1) 常见证券投资策略与技巧的掌握和应用 (2) 江恩理论主要内容及其买卖法则的理解和应用 (3) 选股与选时技巧的理解和应用	(1) 常见的证券投资策略与技巧 (2) 江恩理论 (3) 选股与选时

第15章 证券投资技术指标分析

投资纪律是通往财富之门的密匙。没有投资纪律的人,即便某一时期在股市中莫名其妙的获利,也很难有机会保持业绩、赢得最终的胜利。成功的投资大师们对投资纪律坚定不移地执行。

基本概念

技术指标　移动平均线　黄金交叉点　死亡交叉点　平滑异同移动平均线　威廉指标　随机指标
相对强弱指标　动向指数　乖离率指标　能量潮指标　羊群心理　江恩理论

导入案例

奥德原是一家企业的管理人员,但2008年金融危机使他下了岗,在拿失业救济金之际,他以当时拥有的全部现金1.98万元投身股市,买入第一只股票——金螳螂。买入的理由是,这只股票是奥德从几只已有涨势的股票中精心挑选的。通过几天的操作,他以盈利18%告终。首战告捷后,奥德从此步入了全职炒股的道路。入市仅两年多的他自创了一套方法,从来不看基本面,却把技术面练得炉火纯青。他曾缔造过操作44天达到1166%收益的奇迹。他说:"按照技术指标炒股,基本上不会亏,而且盈利很可观。"

点评: 熟练运用技术指标,搏取短期收益

与成熟的欧美股市不同,在中国股市,由于上市公司整体业绩欠佳,不重视现金分红,现金分红的收益普遍不及银行存款利率与债券利率,且现金分红还需缴纳10%的所得税,股市投资者获利的主要途径是搏取买卖差价。因此,长线投资和价值投资并不一定适合中国股市的普通投资者。中国股市的大赢家绝大部分都精通技术指标分析,并以此确定买卖时机。

15.1 投资运作的主要技术指标

所谓技术指标分析,就是应用一定的数学公式,对原始数据进行处理,得出指标值,将指标值绘成图表,从定量的角度对股市进行预测的方法。这里的原始数据指开盘价、最高价、最低价、收盘价、成交量和成交金额等。其本质是通过数学公式产生技术指标。这个指标反映了股市的某一方面深层次的内涵,这些内涵仅仅通过原始数据是很难看出的。技术指标是一种定量分析方法,它克服了定性分析方法的不足,极大提高了具体操作的精确度。尽管这种分析不是完全准确的,但至少能在采取行动前给予我们数量方面的帮助。本节主要介绍一些常用的技术指标。

特别提示

对技术指标最好的应用方式不是看指标本身,而是看市场对这些指标的反应。

15.1.1 移动平均线(MA)

1. 移动平均线的基本含义

移动平均线(Moving Average,MA),是由美国人葛兰威尔(Granville)根据道氏原理而创立的,用以预测未来股价的运动趋势。简言之,移动平均线就是连续若干个交易日的收盘价格的算术平均值。"若干个交易日"就是常说的时间参数,在运用中可以取5日、10日、20日、30日等,也就是所谓的5日均线或MA(5)、10日均线或MA(10)、20日均线或MA(20)、30日均线或MA(30)等。移动平均线的作用在于取得一段时期的平均股价的移动趋势,以避免人为的股价操作。其移动趋势虽然较慢,但比较能反映真实的股价变动。

2. 移动平均线的特点

MA的基本出发点在于消除股票价格随机波动的影响,用来描述价格运动的趋势。它具有以下特点。

(1) 相对稳定性和滞后性。MA是股价几天变动的平均值,因此其结果会使某天大的价格变动"摊小"、某天小的价格变动"摊大",于是MA表现出相对稳定的特点。这种特性的优点是不被暂时的小波动所迷惑,但缺点是价格在原有趋势已经反转时,反应迟缓,速度落后于大趋势,又具有滞后性。

(2) 追踪趋势性。MA描述的是价格运动的趋势,这决定了它将与股价图形中的趋势线在方向上保持一致,从而表现出追踪趋势的性质。

(3) 助涨助跌性。当股票价格突破了MA时,无论是向上还是向下突破,价格都有继续向突破方向发展的愿望。

(4) 支撑压力性。MA在股价走势中起支撑线和压力线的作用。MA被突破,就是支撑线和压力线被突破。

3. 移动平均线的运用法则

1) 葛氏八大法则

关于MA的运用法则,最有名的是葛兰威尔法则,通常简称葛氏八大法则。八大法则中有四条是买入法则,有四条是卖出法则(图15.1)。其具体内容如下。

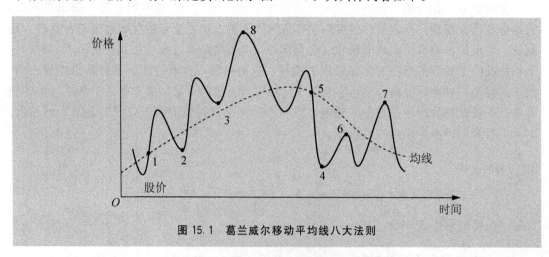

图15.1 葛兰威尔移动平均线八大法则

(1) 关于买入信号的四种情形,具体如下。

① 当MA从下降开始趋于平缓,股价自下而上穿越MA时(1点处)。

② 当股价位于 MA 下方，但 MA 仍保持上升趋势，不久股价又向上突破 MA 时(2 点处)。
③ 当股价持续上涨而远离 MA，然后突然下跌，但是在 MA 附近再度上涨时(3 点处)。
④ 当股价跌破 MA，并持续暴跌而远离 MA 时(4 点处)。

(2) 关于卖出信号的四种情形，具体如下。
① 当 MA 从上升开始趋于平缓，股价自上而下穿越 MA 时(5 点处)。
② 当股价持续下跌而远离 MA，然后突然上涨，但是在 MA 附近再度下跌时(6 点处)。
③ 当股价位于 MA 上方，但 MA 仍保持下降趋势，不久股价又向下突破 MA 时(7 点处)。
④ 当股价上穿 MA，并持续暴涨而远离 MA 时(8 点处)。

2) 金叉死叉法则

在实际运用中还有基于 MA 的两个重要概念，即黄金交叉和死亡交叉。

当短期移动平均线从下方穿过中期移动平均线，接着又穿过长期移动平均线。随着短期移动平均线移至长期移动平均线的上方，中期移动平均线也穿越长期移动平均线，穿破的这一点称为黄金交叉点。坚挺的上升行情持续一段时间后，各条线涨势趋缓，首先是短期线从停滞状态的高点出现下降倾向，短期线从上向下先跌破中期线，接着又跌破长期线。随着短期线移至长期线的下方，中期线也跌破长期线，这一跌破的点称为死亡交叉点，意味着上涨行情的结束(图 15.2)。

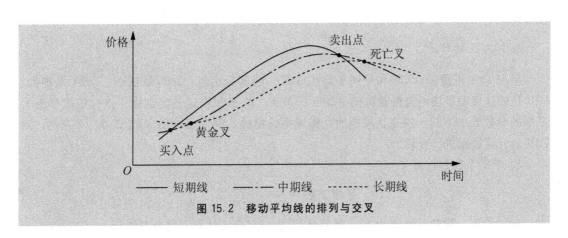

图 15.2 移动平均线的排列与交叉

根据前人的研究成果，黄金交叉与死亡交叉的运用法则如下。

(1) 出现黄金交叉即为买进信号，出现死亡交叉即为卖出信号。

(2) 时间参数越大的两条 MA 出现黄金交叉时，股价发生回档的可能性及回档幅度将会越大；时间参数越大的两条 MA 出现死亡交叉时，股价发生反弹的可能性及反弹幅度也将越大。

(3) 一般地说，当 MA(5)、MA(10)、MA(30) 三线出现黄金交叉时，就可以判断目前行情为多头市场，可以积极买进；当 MA(5)、MA(10)、MA(30) 三线出现死亡交叉时，可以判断目前行情为空头市场，可大胆卖出。

(4) 当出现黄金交叉时，股价经常发生回档现象，此为买进时机；当出现死亡交叉时，股价经常会发生反弹现象，此为卖出时机。

特别提示

在较长的一段时期内，分析大盘是否见底，观察平均股价比观察大盘指数往往更加有效，更能反映真实情况。

15.1.2 平滑异同移动平均线(MACD)

平滑异同移动平均线(Moving Average Convergence Divergence MACD)是一种中、长线技术指标，利用两条速度快慢不同的指数平滑异同移动平均线来计算二者之间的离差状况(DIF)，据此作为研判行情的基础，然后求其 DIF 之 9 日平滑移动平均线，即 MACD 线。MACD 实际就是运用快速与慢速移动平均线聚合与分离的征兆来研判买入与卖出的时机。

1. MACD的构造原理

MACD 同 MA 类似，也是对价格进行平均处理，消除小的和次要的内容，体现和保留价格趋势的本质性的东西。快慢两条指数平滑线之差体现了价格与平均价格之间的相对关系。与 MA 相比，MACD 除掉了 MA 所面临的信号出现频繁的问题，增加了发出信号的要求和限制，从而降低了假信号出现的机会，因此其信号更可靠，是一种较好的判别走势的技术分析手段。

2. MACD的计算

MACD 由正负差(DIF)和异同平均数(DEA)两部分组成。DIF 是核心，DEA 是辅助。DIF 是快速移动平均线与慢速移动平均线的差值。快速和慢速的区别在于进行指数平滑时采用的参数大小不同，快速是短期的，慢速是长期的。现以通行的参数 12 和 26 为例，对 DIF 的计算过程进行介绍。

1) 平滑系数的计算

$$平滑系数 = \frac{2}{1+时间周期}$$

时间周期一般快速线取为 12，慢速线取为 26，由此计算平滑系数可得

$$12 \text{ 日 EMA 的平滑系数} = \frac{2}{12+1} = 0.153\,8$$

$$26 \text{ 日 EMA 的平滑系数} = \frac{2}{26+1} = 0.074\,1$$

2) EMA 值的计算

EMA 是指数平滑移动平均值，它的计算公式为

今日 EMA = 平滑系数 ×(今日收盘指数－昨日的指数平均值)+昨日的指数平均值

$$12 \text{ 日 EMA} = \frac{2}{13} \times (今日收盘价 - 昨日的 EMA) + 昨日的 EMA$$

$$= \frac{2}{13} \times 今日收盘价 + \frac{11}{13} \times 昨日的 EMA$$

$$26\text{日 EMA} = \frac{2}{27} \times \text{今日收盘价} + \frac{25}{27} \times \text{昨日的 EMA}$$

3) DIF 及 DEA 值的计算

DIF＝12 日 EMA－26 日 EMA

DEA 为 DIF 的平滑值，即 MACD 值，通常计算 DEA 值（即 MACD 值）取 9 天的平滑移动值。

$$\text{此时的平滑系数} = \frac{2}{9+1} = 0.2$$

DEA 值＝今日的 DIF 值×平滑系数＋昨日的 DIF×（1－平滑系数）
　　　　＝今日的 DIF 值×0.2＋昨日的 DIF×0.8

3. MACD 的运用法则

(1) 从 DIF 和 DEA 的取值和这两者之间的相对取值对行情进行预测。

DIF 与 DEA 均为正值，则属多头市场。DIF 向上突破 DEA 是买入信号；DIF 向下跌破 DEA 只能认为是回档，可暂时卖出获利。

DIF 和 DEA 均为负值，则属空头市场。DIF 向下突破 DEA 是卖出信号；DIF 向上突破 DEA 只能认为是反弹，可暂时补空逐利。

(2) DIF 向上突破 MACD（DEA）与 0 轴均为买入信号，若在 0 轴以下交叉，则适宜空头平仓。若 DIF 在 0 轴之下连续两次向上突破 MACD 时，意味着行情可能会出现大涨，可伺机买进。

(3) DIF 向下突破 MACD（DEA）与 0 轴均为卖出信号，若在 0 轴以上交叉，则仅适宜多头平仓。若 DIF 在 0 轴之上连续两次向下跌破 MACD 时，意味着行情可能会出现大跌，应当注意及早卖出。

(4) 背离原则：若股价连续两次或三次创出新低，但 DIF 并不配合创新低时，行情可能由此企稳而筑底，即所谓的"正背离"或"牛背离"，可逢低买进；若股价连续两次或三次创出新高，但 DIF 并不配合创新高时，行情可能由此为止做头，即所谓的"负背离"或"熊背离"，可逢高卖出。

特别提示

为了避免因为过早抄底遭受亏损，不妨把目光转移到月线 MACD 上，当月线 MACD 在 0 轴上方出现金叉，或在 0 轴下方出现金叉，之后上穿 0 轴，在 0 轴上方运行时，再开始积极做多，这样能有效避免因盲目抄底导致被套的现象发生。在具体运用 MACD 时，高手说："逃顶看 MACD 周线，锁定风险看 MACD 月线。"这不仅是对持股的投资者说的，也是对持币的投资者讲的。

15.1.3 相对强弱指标(RSI)

相对强弱指标（Relative Strength Index，RSI）是通过比较一定时期内相邻两天之间收盘价格的平均上涨数值与平均下跌数值来分析市场买、卖盘的方向和实力，进而判断未来市场的走势。它是短中线操作的先行指标。在股价技术图形中，RSI 指标设有两条线，即快线和慢线。一般地，快线的时间参数取为 6 日，即 6RSI；而慢线的时间参数则取为 12 日，即 12RSI。

1. RSI的计算公式

$$\text{RSI}(n) = \frac{A}{A+B} \times 100$$

式中：RSI为相对强弱指标，一般有6RSI、12RSI两个；A为连续n日内所有上涨日价差的和；B为连续n日内所有下跌日价差的和；n为时间参数，一般取6日、12日。

2. RSI的构造原理

从数学上看，A表示n天中价格向上波动的大小；B表示向下波动的大小；A+B表示价格总的波动大小。从公式上看，RSI的取值在0~100之间。实际上，RSI表示向上波动在总的波动中所占的百分比。占的比例大就是强市；比例小就是弱市。RSI从一段时间内价格的变动情况，根据价格涨跌幅度显示市场的弱强，进而推测价格未来的变动方向。

3. RSI的运用法则

(1) RSI大于80，表示市场已经出现超买现象，价格随时会因买势减弱而回跌，此时卖出。

(2) RSI小于20，表示市场已经出现超卖现象，价格随时会因为卖势减弱而回升，此时应该买入。

(3) RSI大于50，表示市场买方力量强于卖方力量，后市看强；RSI小于50，表示市场卖方力量强于买方力量，后市看弱。

(4) RSI连续在50附近上下波动，表示市场买卖双方力量均衡，局势不明，多为市场盘整期。

(5) 当6RSI在高档自上而下跌破12RSI时，为卖出信号；当6RSI在低档自下而上突破12RSI时，为买入信号。

(6) 如果在高档股价连续两次创出新高而RSI并未相应创新高时，出现顶背离现象，此为卖出信号；如果在低档股价连续两次创出新低而RSI并未创出新低时，出现底背离现象，此为买进信号。

(7) 若RSI在形态上出现低点位置一波比一波高的情形，则表明行情将处于一段上升趋势之中，此时的每一次回档都可以买入；若RSI在形态上出现高点位置一波比一波低，则表明行情将处于一段下降趋势之中，此时的每一次反弹都是卖出时机。

(8) 在极强势市场中，当RSI在高档出现指标钝化现象而连续"碰顶"（即向上限100逼近)，且碰顶次数达到3次以上时，应当逢高清仓。

(9) 在RSI发生指标钝化现象时，应结合其他技术指标加以综合研判。

特别提示

当日K线中的相对强弱指标(RSI)出现了持续一个月的下降通道，而大盘仍为上升通道，这种长时间的背离形态表明大盘短期头部即将出现。

15.1.4 威廉指标(W％R)

1. W％R基本涵义

威廉指标是利用摆动点来度量股市的超买超卖现象，可以预测循环期内的高点或低点，它是着重分析市场短期行情走势的技术指标。与相对强弱指标不同的是，前者重视累计值的比较；而后者则直接以当日收市价与 n 日内高低价位之间的比较，来判断短期内行情变化的方向，因此，它是一种更为敏感的指标。在实际股价图形中，W％R值分布在 0～100 之间，以 50 为中界线；0 在顶部形成天线；100 在底部形成地线。

2. W％R的计算公式

假设，C 为当日收市价，L_n 为 n 日内最低价，H_n 为 n 日内最高价，则有

$$n 日\ W\%R = \frac{H_n - C}{H_n - L_n} \times 100\%$$

式中 n 为所选时间参数，一般设为 10 日或 20 日。现具体以下例说明对于威廉指标的计算(见表 15－1)。

表 15－1 威廉指标的计算

日期	收盘价	最高价	H_3	最低价	L_3	W％R(3)
1	9.30	9.35	—	9.25	—	—
2	9.20	9.28	—	9.18	—	—
3	9.23	9.25	9.35	9.20	9.18	70.59
4	9.25	9.27	9.28	9.13	9.13	70.20
5	9.37	9.37	9.37	9.22	9.13	0

3. W％R的应用法则

威廉指标计算结果与强弱指标、随机指标一样，计算出的指标值在 0 与 100 间波动。不同的是，威廉指标的值越小，市场的买气越重；反之，其值越大，市场卖气越重。具体运用的基本法则如下。

(1) 当 W％R 线达到 80 时，市场处于超卖状况，股价走势随时可能见底。因此，80 线一般称为买入线，投资者可以伺机买入；相反，当 W％R 线达到 20 时，市场处于超买状况，走势可能即将见顶，20 线也称为卖出线。

(2) 当 W％R 指标从超卖区向上爬升时，表示行情趋势可能转向，一般情况下，当 W％R 突破 50 的中轴线时，市场由弱市转为强市，是买进的讯号；相反，当 W％R 线从超买区向下跌落，跌破 50 的中轴后，可确认由强市转为弱市，是卖出信号。

(3) 当 W％R 向上触及天线(W％R＝0)达到三次以上时，为卖出信号；当 W％R 向下探及地线(W％R＝100)时，为买进信号。

(4) 由于股市气势的变化，超买后还可更超买，超卖后迹可更超卖。因此，当 W％R

进入超买或超卖区,行情并非一定立刻转变。只有确认W%R线明显转向,跌破卖出线或突破买入线,方为正确的买卖讯号。

(5)在使用威廉指标对行情进行判断分析时,可同时使用RSI配合验证。一般地,当RSI自下而上突破50中界线时,若W%R同步向上突破中界线,则表明行情转势是可信的,否则需要结合其他技术指标进行研判;当RSI自上而下跌破中界线时,研判方法同此。

15.1.5 随机指标(KDJ)

1. KDJ的基本含义

随机指标是由美国人乔治·拉恩首先提出的。它综合了相对强弱指标(RSI)、移动平均线(MA)等的优点,结合快速移动均线(K)、慢速移动均线(D)和辅助线(J)等来研判短期行情的趋势。在计算过程中主要研究高低价位与收市价的关系,即通过计算当日或最近数量的最高价、最低价及收市价等价格波动的真实波幅,反映价格走势的强弱和超买超卖现象。在实际图表中,KDJ指标表现为3条曲线,即K线、D线和J线。其中,K线移动快速,对股价变动十分敏感;D线移动缓慢,对股价波动的反映较为迟缓;而J线则是对买卖信号进行确认的反应线。随机指标对于研判中长期行情作用不大,但它却是颇为有效的短期技术分析工具。

2. KDJ的计算公式

1) 非成熟随机值RSV的计算

$$n 日 RSV = \frac{P_t - L_n}{H_n - L_n} \times 100$$

式中:P_t为今日收盘价格;H_n为最近n日内的最高价格;L_n为最近n日内的最低价格;n为时间参数,一般取为9。

RSV值说明当日收盘价处于n日内最高、最低价位幅度内的位置百分比,该数值越大说明越接近最高价。

2) 随机快速线K值和随机慢速线D值的计算

今日K值 = $\frac{2}{3}$ × 昨日K值 + $\frac{1}{3}$ × 今日RSV

今日D值 = $\frac{2}{3}$ × 昨日D值 + $\frac{1}{3}$ × 今日K值

K、D的初始值一般定为50。

3) 计算附加值J线

J值 = 3 × D值 − 2 × K值

3. KDJ的运用法则

(1) KDJ指标中3个指标的取值范围都是0~100,可以划分为3个区域。一般而言,K、D取值在20以下为超卖区,在80以上为超买区,其余范围则为徘徊区;J的取值在0

以下为超卖区,在100以上为超买区,其余范围则为徘徊区。

(2) 当K线由上升趋于走平时,是卖出警告信号;反之,K线由下降趋于走平时,是买进信号。

(3) 当K值大于D值,表明价格处于上涨趋势;当K线向上突破D线,则为买入信号。

(4) 当K值小于D值,表明价格处于下跌趋势;当K值向下突破D线,则为卖出信号。

(5) 当KD处于高档(至少50以上),并连续两次形成依次向下的峰,而股价却继续上涨时,即为"顶背离"现象,是卖出信号;当KD处于低档(至少50以下),并连续两次形成依次向上的谷,而股价却继续下跌时,即为"底背离"现象,是买进信号。

(6) 当J值小于0时,股价将会形成底部,应伺机买进;当J值大于100时,股价将会形成头部,应逢高卖出。由于J线的买卖信号不常出现,因此一旦出现,其技术可靠度相当高。

(7) KD指标用于发行量与成交量均较大的股票,可靠性更高。

(8) 当KD指标出现高位钝化现象,而K线又两次穿越D线时,可视为明显的卖出信号;当KD指标出现低位钝化现象,K线两次穿越D线时,可视为明显的买进信号。K线和D线在50左右交叉时为盘整行情,此时指标不能当成明显的买卖信号。

(9) 在平衡市或箱体震荡行情中,随机指标只要进入超买区,就需要准备卖出。一旦出现高位钝化,就应该坚决清仓出货。但是在主升浪行情中,随机指标的应用原则恰恰相反,当随机指标反复高位钝化时,投资者可以坚定持股,最大限度地获取主升浪的利润。而当随机指标跌入超卖区,投资者要警惕主升浪行情即将结束。

15.1.6 动向指数(DMI)

1. DMI的基本含义

动向指数(DMI)是美国技术分析大师威尔斯·威尔德(Wells Wilder)所创造的一种中长期股市技术分析方法。它通过分析股票价格在涨跌过程中买卖双方力量均衡点的变化情况,即多空双方的力量的变化受价格波动的影响而发生由均衡到失衡的循环过程,从而提供对趋势判断依据的一种技术指标。它包括+DM、-DM、ADX、ADXR 4个指标值。+DM表示上涨动向值;-DM表示下跌动向值;ADX表示平均动向值;ADXR表示平均动向值评估值。动向指数的功能是通过指标交叉时发出的买卖信号来研判行情是否开始启动。

2. DMI的计算公式

今日 ADXR=(今日 ADX+7 日前 ADX)/2

今日 ADX=(今日 DX+昨日 ADX×6)/14

DX=100×DI 差/DI 和

DI 和=+DI(7)+(-DI(7))

DI 差 = +DI(7) − (−DI(7))
+DI(7) = 100 × [+DM(7)/TR(7)]
−DI(7) = 100 × [−DM(7)/TR(7)]

式中：ADXR 为平均动向值评估值，一般从第 14 天开始计算；ADX 为平均动向值，一般从第 8 天开始计算；+DI 为上涨动向值，一般以连续交易日数 7 为参数；−DI 为下跌动向值，一般以连续交易日数 7 为参数；+DM(7) 为连续 7 个交易日的 +DM 值之和；−DM(7) 为连续 7 个交易日的 −DM 值之和；TR(7) 为连续 7 个交易日的 TR 值之和。

+DM = $P_1 − P_1'$
−DM = $P_2 − P_2'$
TR = max($|P_1 − P_2|$, $|P_1 − P_0|$, $|P_2 − P_0|$)

式中：+DM 为上涨动向变动值，且当 +DM 小于 0 时，+DM = 0；−DM 为下跌动向变动值，且当 −DM 小于 0 时，−DM = 0；TR 为真实的价格波动值；max 为若干个数字中最大的一个；P_0 为昨日收盘价；P_1 为今日最高价；P_2 为今日最低价；P_1' 为昨日最高价；P_2' 为昨日最低价；$|X−Y|$ 为 X 与 Y 之差的绝对值。

3. DMI 的应用法则

（1）+DM 越大，表示买盘积极，上涨势头强烈；−DM 越大，表明做空力量强大，下跌势头明显。

（2）当 +DM 自下而上突破 −DM 时，为买进信号，此时，若 ADX 也向上攀升，则上升趋势更为强劲。

（3）当 +DM 自上而下跌穿 −DM 时，为卖出信号，此时，若 ADX 也向下续探，则下跌趋势较为凶悍。

（4）使用 DX 进行研判时，投资者应注意以下事项。

DX 活动区间在 0~100 内，如果 DX 趋向 100，表明多空某一方的力量趋于零；如果 DX 趋向零，表明多空双方的实力近似相等。

DX 值越大，表明多空双方实力相差越悬殊；DX 值越小，表明多空双方实力越接近。

一般讲，DX 值在 20 至 60 间，表明多空双方实力大体相等，轮换主体位置的可能性大。投资者此时易把握自己的位置，看准时机，空头转多头，或相反。

DX 值穿破 60，表明多空双方力量拉开，多头或空头各方渐渐主动，或超卖，或超买。DX 值穿破 20，表明多空双方力量均衡，多空双方都主动回撤。此二种情况下，投资者既不可过于急躁，又不可过于谨慎，要择机而动，胆大心细。

（5）使用 ADX 进行研判时，投资者应注意以下事项。

① 单一动向：股市行情以明显的动向单一向一方发展，不论是上升还是下降，ADX 值此时会逐渐上升并持续一段时间。面对这种单一动向，投资者可顺其操作，即加入多头，或加入空头。但需注意，长时间的跟风也会造成损失。

② 牛皮动向：当股市指数新高、新低点反复交叉，忽升忽降时，ADX 会表现为递减态势。当 ADX 逐降到 20 以下时，+DI 和 −DI 呈现横向走势，投资者应暂停交易，伺机而动。此时，DMI 动向指标只能参考，不能完全依此入市。

③ 反转动向：当 ADX 由升转降，高于 50 以上时说明行情反转来临，如果在涨势中，ADX 在高点由升转降时，表明顶部到顶，涨势将收场。投资者应调整多头行动；反之，在跌势中，ADX 也在高点由升转降时，表明底部到底，跌势将收场，投资者应调整空头。

15.1.7 乖离率指标(BIAS)

BIAS 是测算股票价格与移动平均线偏离程度的指标，其基本原理是：如果股价偏离移动平均线太远，不管是在移动平均线上方或下方，都有向平均线回归的要求。

1. BIAS的计算公式

$$\text{BIAS}(n) = \frac{C_t - \text{MA}(n)}{\text{MA}(n)} \times 100\%$$

式中：C_t 为 n 日中第 t 日的收盘价；MA(n) 为 n 日的移动平均数；n 为 BIAS 的参数。分子表示价格与移动平均价的绝对距离，可正可负，除以分母后就是相对距离。一般说来，参数选得越大，允许股价远离 MA 的程度就越大。

2. BIAS的应用法则

(1) 从 BIAS 的取值大小和正负考虑。一般来说，正的乖离率愈大，表示短期多头的获利愈大，获利回吐的可能性愈高；负的乖离率愈大，则空头回补的可能性也愈高。在实际应用中，一般预设一个正数或负数，只要 BIAS 超过这个正数，就应该感到危险而考虑抛出；只要 BIAS 低于这个负数，就感到机会可能来了而考虑买入。问题的关键是找到这个正数或负数，它是采取行动与静观的分界线。这条分界线与 3 个因素有关，即 BIAS 参数、所选择股票的性质以及分析时所处的时期。表 15-2 给出这些分界的参考数字。

表 15-2 BIAS 分界的参考数字

	买入信号(%)	卖出信号(%)
5 日	-3	3.5
10 日	-4.5	5
20 日	-7	8
60 日	-10	10

据有关人员的经验总结，如果遇到由于突发的利多或利空消息而产生股价暴涨暴跌的情况时，可以参考如下的数据分界线。

对于综合指数：BIAS(10)＞30% 为抛出时机；BIAS(10)＜-10% 为买入时机。
对于个股：BIAS(10)＞35% 为抛出时机；BIAS(10)＜-15% 为买入时机。

(2) 从 BIAS 的曲线形状方面考虑。BIAS 形成从上到下的两个或多个下降的峰，而价格却在继续上升，是抛出的信号；BIAS 形成从下到上的两个或多个上升的谷，价格却在继续下跌，是买入的信号。

(3) 从两条 BIAS 线结合方面考虑。当短期 BIAS 在高位下穿长期 BIAS 时，是卖出信号；短期 BIAS 在低位上穿长期 BIAS 时是买入信号。

15.1.8 能量潮指标(OBV)

1. OBV的含义及计算公式

能量潮指标(OBV)是由美国著名技术大师葛兰威尔在继"葛氏八大法则"之后创立的又一大技术指标。它根据每天价格的变化情况，将每日的成交量按照正负方向进行累计，从而预测未来行情的演变趋势。若当天收盘价高于前一日的收盘价，总成交量为正值；反之，为负值；若平盘，则为零。在实际应用时，OBV用来判断大盘或个股的顶背离或底背离现象较好。在实际股价图形中，OBV曲线经常出现N字波。

能量潮OBV的计算公式为

$$今日OBV = 前一交易日OBV + sgn \times 今日成交量$$

式中：sgn是符号函数，其数值由下式决定；sgn＝＋1，今日收盘价≥昨日收盘价；sgn＝－1，今日收盘价＜昨日收盘价。

2. OBV的构造原理

OBV的构成，是根据潮涨潮落的原理。把股市比喻成潮水涨落的过程，如果多方力量大，则向上的潮水就大，中途回落的潮水就小。潮涨潮落反映多空双方力量对比的变化和潮水的最终去向。衡量潮水大小的标准是成交量，成交量越大，潮水的力量就越大；反之，潮水的力量就越小。可以将每天的成交量理解为潮水，潮水的方向由当天的收盘价与前一日的收盘价的比较而决定。

若今收盘价≥前收盘价，则这一潮水是属于多方的潮水；若今收盘价＜前收盘价，则这一潮水是属于空方的潮水。

3. OBV的运用法则

(1) 一般来说，若OBV线呈上升趋势，表明股价将会出现一波上涨行情，其间如果出现股价回档现象，应采取买进策略；若OBV线呈下降趋势，则表明股价将会出现一波下跌行情，其间如果出现股价反弹现象，应采取卖出策略。

(2) 当股价上涨而OBV线下降时，表明能量不足，预示行情可能发生反转，应是卖出信号。

(3) 当股价下跌而OBV线上升时，表明买气旺盛，股价可能将止跌回升，是买进信号。

(4) 当股价上涨而OBV线同步缓慢上升时，表明股市继续看好。

(5) 当OBV线暴涨，无论股价是暴涨或回跌，表明能量即将耗尽，股价可能反转。

(6) 当股价进入盘整状态，OBV线将会率先发出突破信号，一旦发生突破，其有效性较强。

(7) 一般地，OBV线经常以N字波作为分析中介，结合背离原理来研判未来行情的发展。

(8) 当OBV显示累计出现5个逐渐上升(下降)的N字波时，视为短期回档(反弹)信号。

（9）当 OBV 显示累计出现 9 个逐渐上升（下降）的 N 字波时，视为中期回档（反弹）信号。

（10）当 OBV 线显示出现不规则小型 N 字波，且小型 N 字波持续横向盘行达到 21 天之后，一般意味着股价将会向上突破，为买进信号。

15.2 证券投资的心理行为误区与调节

15.2.1 证券投资心理行为误区

投资心理行为误区是指在投资活动中，面对市场大量的信息，一些投资者不能对信息进行正确的分析和判断，从而产生错误的投资选择，做出错误的投资决策。

在实际的投资中，投资心理行为误区主要表现在以下几个方面。

1. 赌博心理

有些投资者没有正确的投资理念，总把股票投资等同于赌博，带着赌博的心理来参与证券投资。此类投资者发迹心切，渴望把握住几种股票，以便摇身变成百万富翁。他们一旦在股市获得小利即欣喜若狂，想把所有资本都投到股票上；而当在股市失利时，往往失去理智，孤注一掷，最后倾家荡产。这一类投资者经常赔钱，因为他们是完全根据直觉行事的，往往把"宝"押在特定的品种和时段上，事实上这种认识是错误的。股市的特点就是高风险、高收益，想要获利就需要经得起时间的考验，投资者如果以赌博心理入市和购买股票，肯定很难获利，而且还可能会被股市的高风险所击倒。

2. 羊群心理

在证券投资中，羊群心理主要是指在股市实战操作过程中，个体投资者在市场上受环境诱导、气氛的影响，以及来自于其他投资者的情绪和心理上的感染，而放弃自己已制定的计划和主张，并采取与其他投资者相同或相似的操作方式进行投资活动。在大盘持续上涨、其他投资者购股踊跃时，形成一种过分乐观的心理，在热情高涨之中盲目追涨；在大盘持续性下跌、其他投资者看空后市时，形成某种极端恐慌的心理，在情绪低落之中盲目做空，进一步跌杀而卖出所持股票，这类投资者往往会为别人抬轿而自蒙损失。上海证券交易所发布的《中国证券投资者行为研究》显示，即使在行情上升 130% 的 2006 年 A 股大牛市中，仍然有 30% 左右的投资者是亏损的，这其中的重要原因是盲目从众、短线疯狂投机所致。

3. 过度贪婪

贪婪是一般投资者在股市实战过程之中的共同心理，是对利润最大化的追逐。过度贪婪在市场中的具体表现是：投资者在欲买进某一支自己看好的股票之时，仅仅是因为贪图几分钱的便宜价格，却因之而没有能成交，而股票的价格随后马上涨升了许多，因此错失了投资获利的机会；投资者在欲卖出某一支自己已看坏的股票之时，仅仅是因为为了多卖几分钱,结果却因之而未能成交,股票的价格也随即下跌了许多,因此失去了避险的良机。正是因为投资者的过度贪婪心理,以致常常在实战中,因为错失良机而方寸大乱,心焦气躁,匆忙之中,极容易产生错误的分析判断结果。

4. 过度自信

心理学家通过实证观察发现,人们在形成自己的判断时,经常对自己的判断过于自信,高估自己成功的机会,这种心理现象称为过度自信。投资者在连续经历几次成功之后,很容易产生过度自信的现象。过度自信的投资者有如下一些表现:①过度自信使投资者低估了风险,从而持有较高风险的投资组合;②过度自信使投资者对基础信息做出错误定价,从而造成股票市价远离其基础价值;③过度自信使投资者对自身的能力确信无疑,其交易相当频繁,他们更倾向买入(卖出)过去的赢者组合(输者组合),从而犯下经验主义错误。在证券市场中,过度自信是投资失败的主要原因。

5. 犹豫心理

许多投资者尽管可能熟悉证券投资的技巧,有必要的经验,也制订了投资计划和策略,但一旦置身证券市场却往往犹豫不决,结果使计划流产。例如,他可能已经分析到股价会转升为跌,准备抛出股票,但准备出手时却被别人的乐观情绪所感染,又认为股价还要继续上涨,于是放弃行动;相反,当股票下跌已接近波谷,计划买入时,因见市场抛售风暴正盛,可能又停止行动。一般而言,犹豫心理会改变投资者的理性行为,使其作出错误决策,从而丧失良机。

15.2.2 投资心理行为误区的调节

在投资市场上,真正的敌人其实是自己。要战胜自己,就必须不断地培养和锻炼自己的心理素质,培养独立的判断力,走出投资心理中的误区。投资者可从以下几方面对投资心理行为误区进行调节。

1. 制订详细的投资计划和明确的投资目标,并坚决执行

要想保证自己的投资取得成功,制订一个详细的计划是保证不发生失误的首要条件。正如彼得·林奇在《战胜华尔街》一书中所指出的那样:"如果你能执行一个固定的投资计划,而不理睬市场所发生的变化,你会得到丰厚的回报的。"制订投资计划的最大好处在于,它可以使投资者提高投资的客观性,减少情绪性,从而在变幻莫测的市场中不随波逐流,而始终坚持自己的投资理念。而且一旦写出投资计划,投资就很容易评估各方面的情况,比如投资计划是否符合市场逻辑,是否存在个人偏见,在发生意外情况时应该采取哪些对策。

在证券投资中,投资者还需建立明确的投资目标。明确的投资目标有助于投资者把自己的精力从外部转向自身,这样在投资出现问题时,就不会仅仅从外部寻找原因,怨天尤人,而会更好地审视自己,从自身寻找原因,分析总结自己的经验教训,更好地完善自己,以使自己更加成熟,投资行为更加理性。

特别提示

投资高手与一般投资者在操作上的一个重要区别是:前者有严密、周到的计划,并能严格按照计划进行操作,而后者大多没有计划,即使有了计划也不会按照计划进行操作,随意性很强。

2. 保持平常心态,克服过度贪婪和狂热

股市如潮,有涨有跌,涨多了就要回调,跌多了就要反弹。虽然介入投资市场的目的都是为了赚取投资收益,但投资毕竟有风险,因此投资者在购买股票时,除了需要了解证券投资的知识和成功经验、具备某些会计上和数学上的技巧,更重要的是保持良好的心态,善于控制自己的情绪,避免过度贪婪和狂热,以理智来衡量一切,逐步达到处惊而不乱的境界。在对各种资料、行情走势的客观认识的基础上,经过细心比较、研究,再决定投资对象并且入市操作。这样既可避开许多不必要的风险,少做一些错误决策,又能增加投资获利机会。

3. 培养独立的分析与判断能力

对于理性投资,精神态度比技巧更重要,每位投资者的潜意识和性格里,存在着一种投机的冲动,而投资者必须具备自我决断力,不应盲从他人建议。约翰特里思在《金钱的主人》一书中反复强调——"在市场中获得成功没有什么秘诀,对于成功的投资者来说,有个显著的投资态度也就是说在关键时刻会相当仔细地进行研究,甚至可以说是在显微镜底下进行研究"。在证券市场,投资是一项高度技巧性的行为,投资者不要被周围环境左右,不要因为未证实的流言而改变决心,要有自己的分析与判断,决不可随波逐流。如果投资者没有根据地作出判断、决策,并固执己见,他在市场中往往会遭遇失败。

 阅读材料

战胜市场或战胜自我

对于投资者而言,"战胜市场"这四个字一定不会陌生,它意味着"赢",意味着超越市场中的大多数参与者获取更高额的回报,也因而成为许多投资者趋之若鹜的目标。

不过,战胜市场也并不容易,往往需要付出更多代价。就连被誉为"全球投资之父"的约翰·邓普顿爵士也曾表示:"战胜市场是个非常有野心的目标,追求它的时候我们要小心为上。"这正是因为,追求高收益的过程往往伴随着高风险,需要投资者了解自己对收益的预期和风险承受能力而慎下决定。

在投资中,谁都想实现收益的最大化,但这并非绝对,而是相对的。好的投资,正需要在"市场"和"自我"之间寻求良好的平衡。正如巴菲特说过的——不要用属于你,并且你也需要的钱去赚那些不属于你,你也不需要的钱。用本属于自己的钱去赚一些并不很需要的钱,即用最重要的东西去冒险赢得对你并不重要的东西,简直是不可理喻的。不管成功比例有多高。

太平洋投资管理公司的创始者和投资总监比尔·格罗斯也曾经用自己的情绪来衡量投资风险,他说:"如果因为担心自己的投资而不能安然入睡,就说明你持有的筹码太多了,或者你承付的风险太大了。如果你能在夜里安然入睡,而且第二天清晨醒来时丝毫不担心当天的市场如何开盘,那就说明你持有的头寸是适当的。"

实际上，不能理性地看待市场，清楚地了解自己，盲目追求"战胜市场"，最终也往往欲速而不达。冒着超出自己承受能力的风险，更容易在投资中失去良好的心态而导致投资失利，乃至形成恶性循环。

简而言之，做自己能够承担的投资，赚自己能赚的钱，就像做自己能够胜任的工作，力所能及，安心愉快。而长期坚持正确的投资理念，了解并战胜自己对市场的贪婪与恐惧，也往往能够在长跑中获胜。

（资料来源：上海证券报 2009 年 11 月 25 日　作者：兴业全球基金　李小天）

15.3　证券投资策略与技巧

15.3.1　常见的证券投资策略与技巧

证券投资是一项技巧性很强的投资活动。投资者要想获得丰厚的投资利润，除了自身的素质外，还需要掌握一些投资策略与技巧，下面介绍不同市况中的证券投资策略与技巧。

1. 弱市证券投资策略与技巧

（1）买进超跌股，以搏差价。在弱市中，要选一些跌无可跌的低价股，个股近一个月从高点起总跌幅至少 30%，最好配合最近半年以内从最高点计算跌幅达到 50%，这样的股票一般会走出反弹或补涨行情，建仓的时间要选在急跌后。投资者在这里要防止崩盘股，若个股急跌后若没有企稳迹象，则不宜介入。

（2）买入低位窄幅整理中放量突破的股票。运用这一条，可考察 3 个要素：量比、短期均线、价位。首先要看量比指标，当日成交量放大，最好是突破最近一段时期最大量；其次要看 5 日线和 10 日线的方向，如果这两条均线同时抬头向上，且两条均线值的差价不大，个股出现短、中线爆发行情的概率非常大；最后要分析个股价位，看价格是否处于低位或相对低位，因为这样的股票上涨空间相对较大。

（3）基于强者恒强的道理，重视连续暴涨型股票。这是一种短线思路，当连续大涨（最好是连续涨停）的股票，出现速度快、幅度大的快速回落的时候，往往是个不错的买点。投资者运用此法操作时，需注意个股涨跌的速度和幅度，做短线切忌涨跌缓慢、涨跌幅不大、走势凝重的股票。

（4）看准时机抢反弹。这是专门对基本上已经空仓且技术水平较高的中小投资者而言的，实际上是用少数资金参与抢反弹。需要说明的是，反弹是有前提的，无论大盘还是个股，最有希望形成反弹的条件就是放量急跌，而无量的盘跌只会越盘越跌，所以在没有把握或者把握不大的情况下，宁可不抢反弹。

（5）不宜频繁换股。摸清几只股票的股性、最高价和最低价，集中精力只做这几只股票。

（6）控制仓位，轻仓为宜。在弱市中，风险往往较大，因此不宜重仓持股。即使看好某只股票，也要善于规避风险，可采取分批吃进的方法，不能轻易满仓。投资者若对后市走势不确定，可暂时离场，等待反转时机。

特别提示

永远保持你的账户上有多余的现金，那是你应付突如其来的暴跌时唯一的弹药。

2. 震荡市证券投资策略与技巧

(1) 波段操作，获取短期收益。股指在某个区间反复震荡，形成箱形整理，投资者可根据这种特征，在这个区间的底部积极买入，在顶部则可逢高了结。需要注意的是，在震荡盘整个格局中，不宜进行过短时间的波段操作，这种波段在盘整中的频率不宜超过两次，否则失误的概率极大。

(2) 控制仓位，主动应对风险。具体来说，大盘处在箱体震荡中或调整初期，保持四成至六成仓位为宜，手中股票逢高及时减仓，急跌时果断买进，见好就收。大盘稳步上升时可保持七成仓位，待手中股票都获利时，可增加仓位。在大盘阴跌处于低迷时，不要抱有侥幸心理，要忍痛割肉，落袋为安，轻仓或空仓等待时机。

(3) 顺应大势，调整持仓结构。投资者可以将一些股性不活跃、盘子较大、缺乏题材和想象空间的个股逢高卖出，选择自己熟悉的、有新庄建仓、股性活跃、是目前市场热点、未来有可能演化成主流的板块和领头羊的个股。

特别提示

在震荡市中投资，首先要排除杂念，选准个股；其次要敢于买卖；再次是控制持仓比例，留有余地。

3. 多头市场投资策略与技巧

一般来讲，一个多头市场通常包括 4 个阶段。因此，在不同阶段应采取不同的投资策略。

(1) 在多头市场的第一阶段，大多数股票的价格会摆脱空头市场的过度压抑而急剧上涨，整个股市的指数升幅较大，通常占整个多头市场行情的 50% 左右。对应的投资策略是，迅速地将留存的观望资金投入股市，特别是投向一些高风险股票和领涨股。高风险股由于有走向破产的可能性，因而在空头市场可能被打击得最为惨重，股价极易跌到极低的、非正常的水准，而一旦多头市场出现，投资者信心恢复，这类高风险股就会恢复正常水平。此外，在多头市场行情展开之时，往往会涌现出领涨个股或领涨板块，它有时就是大盘走势的风向标，投资这些个股的收益会远远大于市场的平均水平。

(2) 在多头市场的第二阶段，市场指数的升幅往往超过多头市场行情的 25%，股票选择变得更为困难。在此阶段，大多数风险股已涨到接近其实际应有的价格水平，与其他股相比，已不再具有投资价值。此时选股必须基于长期展望来考虑，相应的投资策略是，将资金主要投资于成长股，特别是小额资本的成长股。因为此时人们普遍看好市况并对经济前景持乐观态度，而小额资本企业具有更大的成长性，极易吸引大量买盘介入，在此刺激下其股价会出现较快的攀升。

(3) 在多头市场的第三阶段，股价的涨幅往往少于整个多头市场行情的 25%，而且只有极少数股票在继续上升。对应的投资策略是，慢慢卖出次等成长股，将部分资金转移到具有多头市场里维持价位能力的绩优成长股；或将部分资金抽出转现。因为在此行情中，股市涨落大部分已告结束，这时买卖股票必须具有选择性，只能买进绩优成长股，以及那些在未来经济困境中仍能获益的顺应大势股。

（4）在多头市场的最后一个阶段，该涨的股票已经基本上涨得差不多了，因此能赚到一两成就算很幸运了。此时只有绩优成长股和少数可在经济困境中获利的股票才能继续上升。对应的投资策略是，最好将持有的股票全部脱手以观变化，将其投放在收益较安稳的各种债券和存款上，以便在空头市场完结时再进行新一轮的投资。

 知识链接

"鞋童定律"

据了解，2007年8、9月份，沪深股市一片莺歌燕舞。但是一些嗅觉敏感的投资者依据"鞋童定律"嗅到了当时股市的危机。于是，他们在股市见顶之前就陆续撤离了股市，实现了胜利大逃亡。那么，什么是鞋童定律呢？这里有一个故事：美国总统肯尼迪的父亲Joseph Kennedy是华尔街的一位投资大师，在1929年华尔街大崩盘前，有一天，他请一位鞋童帮他擦鞋。这位鞋童一边擦鞋，一边对股票侃侃而谈。老肯尼迪发现连鞋童都对股市这么热衷，这正是市场过热的信号。于是他回家后的第一件事就是卖出手中的全部股票，从而躲过了那场世纪股灾。此后，"鞋童定律"被奉为经典，意思是当人人都高谈阔论买股票之时，正是沽货离场之日。

 阅读材料

成功投资者应具备的素质与不亏的战法

李兵(化名)是浙江宁波某企业的一名普通工人，他学历不高，没有上过正规大学，只有一张自学经济管理专业毕业的文凭。他1997年入市，从第一笔投资400股宇通客车(600066)开始，至2000年陆续投入本金约4万元。他交易不多，每年只操作三五笔，涉及品种仅二三个，甚至因为上夜班连看盘的时间都难以保证。但他是个股市奇才，自2003年起连续8年保持盈利，即使是在指数暴跌的2008年也不例外。其中，2003年、2004年获利一倍以上，2005年盈利8%，2006年30%，2007年130%，2008年35%，2009年100%，2010年70%。投入的4万元本金至去年年底已增至140多万元，累计上涨了34倍。

一个周末的下午，李兵欣然接受了记者的专访。

成功投资者应具备的素质

记者：在我接触过的投资者中，你是一位选股有眼力、操作有定律、结果较成功的投资者。在充满变数的股市里，要做一名合格的投资者你认为应具备哪些素质？

李兵：我认为，一个合格的投资者至少应具备以下四项基本素质：一是要会分析大盘，这是对投资者技术面要求非常高的素质要求。投资股票最关键的是要学会趋势投资，在大势不好或方向不明的情况下进行个股投资显然是冒险行为。二是要会挑选个股，重点在于学会对个股基本面的研究和把握，尽可能选择成长性好的上市公司进行长期投资。三是要会及时止损，要在综合考虑大盘和个股的具体情况后确定是否止损。一般来说，当个股运行到前期盘整区域的低点时就要及时止损，当股价低于买入价的12%时也要止损。一个不合格的散户割肉大体都有这样"四部曲"：一开始觉得亏得厉害下不了手，亏损加大后内心的痛苦逐渐加深，麻木不仁后放任亏损扩大，极度绝望后再一刀下去能剩多少就多少。四是要有良好的心态。投资股市的钱占家庭总资产的比例原则上要低于50%。当盈利达到一定程度后最好撤出本金，只剩下盈利部分留在股市，千万不要把坏心情带给你的家人。上述四条我自己做得也不够好，就当和大家共勉吧。

成功投资者的不亏战法

记者：除了拥有合格投资者应具备的素质外，你在投资实践中还原创了一套适合自身实际的"不亏战法"。能否介绍一下这一"战法"的核心内容，以及与"必备素质"之间的关系？

李兵：拥有合格投资者应具备的素质是成功投资者的共同特点，但不同的投资者还需要有一套适合自己的具体投资方法。我的投资方法是自己原创的"不亏战法"，主要内容包括：一是顺势而为，这是绝大多数散户的弱项。二是要善抓热点。学会把握板块轮动节奏，善于观察和研究各分类指数和相关指数，且能辩证看待，总结彼此之间的关系和规律，及时抓住其中的龙头品种。三是要研究公司。途径有很多，投资者可以从上市公司的路演资料着手，了解上市公司的基本资料，包括公司发展规划、产品竞争力等。此外，可通过网络上的路演中心、证券交易分析软件、上市公司网站、有关部门发布的相关信息以及上市公司公告和财务报表等去具体研究上市公司。四是要建立自己的交易系统和估值评价体系，要做到这一点很难很复杂。五是要把握主力思维模式，克服自身心理障碍。一个健康从容的投资心理同样是战胜市场的必备条件。六是要掌握必要的技术分析方法，并善于思考和总结。以上6条归结成一句话，那就是：要想在股市投资中保持"不亏"，必须做到趋势投资和价值投资的有机结合。

点评：成功的投资者之所以能取得成功，起基础作用的其实也正是因为他们较好地具备了应有的素质。"必备素质"和"不亏战法"作为成功投资者的两大"利器"相辅相成，缺一不可。"必备素质"是"不亏战法"的基础和前提，如果没有"必备素质"这一基础作为支撑，再好的"不亏战法"恐也难以付诸实施；如果仅有"必备素质"而无适合自身实际的"不亏战法"，同样难以取得超额的收益。

（资料来源：选编自中国证券报2011年4月7日《一个天才小散的不亏战法》 作者：谢宏章）

大师策略

吉姆·罗杰斯的投资三条法则

吉姆·罗杰斯，一个600美元入场，1400万美元退出的投资家；一个被股神巴菲特誉为对市场变化掌握无人能及的趋势家；一个两度环游世界，一次骑车、一次开车的梦想家。

面对风云莫测的市场，这投资界的重量级人物有什么独门妙计吗？我们可以从中学到什么？

1. 独立思考法则

"我总是发现自己埋头苦读很有用处。如果我只按照自己所理解的行事，既容易又有利可图，而不是要别人告诉我该怎么做。"罗杰斯的投资理念就是寻找一些不被关注的股票："当年我来中国的时候，所有的人都劝说我千万不要买B股，我当时就毫不犹豫地买了，事实证明并没有错。"每个人应该有自己的投资方式和理念，不管是投资股票还是货币或其他，当然独立思考的前提是要建立在对市场客观、深入研究的基础上。大部分人会随大流，而事实上很少有人能靠随大流发财。"我可以保证，市场永远是错的。必须独立思考，必须抛开羊群心理。"罗杰斯如是说。

无论市场如何波动，投资者都应根据自身的风险承受能力、财务状况，选择适合的基金，而不是在"赚钱效应"的影响下盲目地追从并不适合自己的投资品种。

2. 绝不赔钱法则

"除非你真的了解自己在干什么，否则什么也别做。所以，我的忠告就是绝不赔钱，做自己熟悉的事，等到发现大好机会才投钱下去。"

根据这点法则，我们可以得出这样的结论：要充分地了解自己的财富管理人，比如所选择的基金公司是否值得托付，基金经理是否经历过熊市及牛市的全面洗礼，基金产品长期的历史业绩是否优良，这些都是做好投资的重要前提。

3. 静若处子法则

"投资的法则之一是袖手旁观,除非真有重大事情发生。大部分的投资人总喜欢进进出出,找些事情做。他们可能会说'看看我有多高明,又赚了3倍'。然后他们又去做别的事情,就是没有办法坐下来等待大势的自然发展。"罗杰斯对"试试手气"的说法很不以为然,"这实际上是导致投资者投资失败的重要因素。"

面对变化莫测的市场,投资者应该心平气和,理性投资,坚持自己的投资纪律。

(资料来源:中国证券网 2010 年 3 月 19 日)

15.3.2 江恩理论

1. 基本概念

江恩理论是以研究监测股市为主的理论体系,它是由 20 世纪最著名的投资大师威廉·江恩(Willian D. Gann)大师结合自己在股票和期货市场上的骄人成绩和宝贵经验提出的,是通过对数学、几何学、宗教、天文学的综合运用建立的独特分析方法和测市理论,包括江恩时间法则、江恩价格法则和江恩线等。

江恩理论认为股票、期货市场里也存在着宇宙中的自然规则,市场的价格运行趋势不是杂乱的,而是可通过数学方法预测的。其实质是在看似无序的市场中建立了严格的交易秩序,可以用来发现何时价格会发生回调和将回调到什么价位。

2. 主要内容

(1) 股价波动是支配市场循环的重要法则,股价波动的形式是上升与下跌。当股市由上升转为下跌时,25%、50%、75%等是重要的支撑位。当股市从低位启动时,1.25、1.5、2 等是股价重要的阻力位。

(2) 时间是循环周期的参考点。20 年、30 年、60 年以上为长期循环。1 年、2 年、3 年、……15 年等为中期循环。其中 30 年最重要,因为含有 360 个月,是一个完整圆形的度数。短期循环为 24 小时、12 小时、……甚至可缩小到 4 分钟,因为一天有 1 440 分钟,地球自转一度为 1 440 除以 360,得出 4 分钟。

(3) 10 年是一个重要的循环。由 10 年前的顶部(底部)可预测 10 年后的顶部(底部)。此外,7 年也是一个转折点,因为 7 天、7 周、7 个月都很重要。

(4) 在 5 年的升势中,先升 2 年,跌 1 年,再升 2 年。到第 59 个月注意转折。在 5 年的跌势中,先跌 2 年,升 1 年,再跌 2 年。处于长期上升(下跌)时,一般不会超过 3 年。

(5) 在上升的趋势中,如果以月为单位,调整不会超过 2 个月。如果以周为单位,调整一般在 2~3 周。在大跌时,短期的反弹可以维持 3~4 个月。

(6) 将 360 度圆形按月份(和中国历法巧合)分割,来计算股市循环。

3. 造成投资损失的因素

江恩认为有三大原因可以造成投资者遭受重大损失。

(1) 在有限的资本上过度买卖,即操作过分频繁。在市场中的短线和超短线是要求有很高的操作技巧的,投资者没有掌握这些操作技巧之前,频繁做短线常会导致不小的损失。

(2) 投资者没有设立止损点以控制损失。很多投资者遭受巨大损失就是因为没有设置合适的止损点，结果任其错误无限发展，损失越来越大。因此学会设置止损点以控制风险是投资者必须学会的基本功之一。还有一些投资者，甚至是市场老手，虽然设了止损点，但在实际操作中并不坚决执行，结果因一念之差，遭受巨大损失。

(3) 缺乏市场知识，是在市场买卖中损失的最重要原因。一些投资者并不注重学习市场知识，而是凭主观意识进行投资决策，不会辨别消息的真伪，结果被误导，遭受巨大的损失。还有一些投资者仅凭书本知识来指导实践，照本宣科，造成巨大损失。江恩强调的是市场的知识，实践的经验，而这种市场的知识往往要在市场中摸爬滚打相当时间才会真正有所体会。

4. 江恩二十一条买卖法则

(1) 每次入市买卖，损失不应超过资金的十分之一。
(2) 永远都设立止损位，减少买卖出错时可能造成的损失。
(3) 永不过量买卖。
(4) 永不让所持仓位转盈为亏。
(5) 永不逆市而为，市场趋势不明显时，宁可在场外观望。
(6) 有怀疑，即平仓离场。入市时要坚决，犹豫不决时不要入市。
(7) 只在活跃的市场买卖，买卖清淡时不宜操作。
(8) 永不设定目标价位出入市，避免限价出入市，而只服从市场走势。
(9) 如无适当理由，不将所持仓平盘，可用止损位保障所得利润。
(10) 在市场连战皆捷后，可将部分利润提取，以备急时之需。
(11) 买股票切忌只望分红收息（赚市场差价第一）。
(12) 买卖遭损失时，切忌赌徒式加码，以谋求摊低成本。
(13) 不要因为不耐烦而入市，也不要因为不耐烦而清仓。
(14) 赔多赚少的买卖不要做。
(15) 入市时设下的止损位，不宜胡乱取消。
(16) 做多错多，入市要等候机会，不宜买卖太密。
(17) 做多做空自如，不应只做单边。
(18) 不要因为价位太低而吸纳，也不要因为价位太高而看空。
(19) 永不对冲。
(20) 如无适当理由，避免胡乱更改所持股票的买卖策略。
(21) 尽量避免在不适当的时候金字塔式加码。

15.3.3 正确选股与选时

1. 选股

证券市场投资，选择恰当的投资对象对投资者而言十分重要，选择恰当的股票往往会得到比大市提供的时机更多的获利机会。但是，选择合适的股票要求投资人具有丰富的知识、智慧和经验，其难度较大。下面从短线及中长线投资两方面介绍如何选股。

1) 短线选股

短线投资者一般持股时间不长，短则一两天，长则一两周。一般不太关心个股的业绩和潜质，只关心个股近期会不会涨，会涨多少。所以短线炒手的选股方法更倾向于技术分析，尤其是盘面分析。短线选股应注重以下几个方面。

(1) 走势较强。所选择的个股走势要比大盘强，即涨幅高于大盘，但下跌时抗跌性强，回落慢，而且会脱离大势，走出自己的独立行情。结合均线来研判，应选择出现金叉或多头排列的个股。

(2) 有强主力介入，成交量大。如果个股在盘中有经常性大手笔买单，关键处有护盘迹象，成交活跃，短线投资者则可介入，对底部放量的股票尤其应加以关注。

(3) 有潜在题材。短线炒手喜欢炒朦胧题材，至于是否真实并不考虑，只要市场认同。

(4) 是目前市场的炒作热点。做短线最忌买冷门股，市场中总是不乏一些短期热点和相对强势板块，如 2011 年 3 月 11 日，由于日本地震导致的核泄漏危机使得抗辐射类药物成为市场热点，相关股票的短期表现十分强势。又如利比亚战争带来的资源类股票、黄金股等板块的短期投资机会。投资者选股时若能抓住股市热点，则可获得较好的收益。

(5) 是强势板块中的龙头股。在某一热点板块走强的过程中，有些个股通常有大资金介入背景，有业绩提升为依托，它们在上涨时冲锋陷阵在先，回调时走势抗跌，是板块中的龙头，投资这类股票的短期收益也会比较可观。

(6) 注意上市公司公告中蕴藏的个股机会。投资者可以从上市公司不定期的公告中找出对该公司重大经营活动、股权重组等对个股价格有重大利好的信息内容。值得注意的是，在决定是否根据相关信息买入股票前，必须结合该股最近一段时期的走势分析，因为不少个股的股价已经提前反映了公开公布的利好信息，这时就要相当谨慎。

(7) 娴熟运用各种技术分析工具以帮助优化买入时机。将各种技术分析工具结合起来使用，能有效识别技术陷阱。可结合技术指标、形态理论进行选股。从技术指标来看，应回避出现见顶和卖出信号、已进入超买区的股票，尽量选择技术指标刚刚发出买入信号的股票。从形态上来看，可高度关注 W 底、头肩底、圆弧底等。W 底、头肩底、圆弧底放量突破颈线位时，应是买入时机。

阅读材料

发掘短线黑马股的六点诀窍

(1) 流通市值小，基本处于流通盘在 5 000 万元以下，流通市值 3 亿元以内，主要是便于中小资金做盘。例如 2009 年 4 月的高淳陶瓷、成飞集成以及现在的广晟有色等都是小盘股中爆发的精英。

(2) 股票价格相对低廉，基本面情况不是很坏，投机、投资两适宜的品种，主力即使一次坐庄失败，长期投资也适合。例如 2007 年 2 月的青海三普(现名"三普药业")。

(3) 远离历史套牢盘或者说是套牢资金相对较少的次新股，便于敢死队资金发挥短期攻势，像 2009 年 12 月的吉峰农机、2010 年 8 月底的壹桥苗业等。

(4) 离中短期技术指标甚远，偏离平均线太多，技术反抽和反弹能力强烈。

(5) 在可以预见的前后 3 个月时间里，没有多大的大小非减持和限售股筹码抛售压力。

(6) 众人普遍不看好，各种渠道都有唱空声，主力利于搜集筹码。

2) 中长线选股

股谚曰"炒股就是炒未来"，它道明了中长线选股的关键在于成长性。因此，与短线选股不同的是，中长线选股注重的是基本面。中长线选股可从以下几方面考虑。

(1) 上市公司所属行业。中长线投资应选择有拐点出现或发展前景良好、国家政策重点支持等行业，如"十二五规划"提出的七大新兴产业中的新能源、新材料、高端装备制造、节能环保等行业。对所属行业有垄断性、科技附加含量高、在细分市场上占有很大份额、市场进入有封闭性壁垒的上市公司，应尤其加以关注。

(2) 市盈率高低。一般而言，选股时市盈率越低越好。但对于朝阳行业，由于对未来业绩的高预期使其市盈率普遍偏高。若目光放长远些，该高市盈率会随业绩的迅速提高而大幅降低，则当前市盈率并不为高。因此，对朝阳行业的市盈率高低可适当放宽。

(3) 上市公司业绩增长情况。上市公司业绩增长情况可从每股收益、净资产收益率、毛利率等方面进行考察。一般而言，这些指标值越大、增长越快，越表明公司业绩增长状况良好，发展潜力大，值得中长线投资。

(4) 主营业务情况。中长线投资应选择主营业务清晰、突出的上市公司，且利润主要来源于主营业务，而非出让资产或股权收益等偶然所得。偶然所得带来的业绩大幅增长是不持久的，不值得中长线持有。

(5) 上市公司管理层素质。一个成功的长线投资者在选股的时候，除了要对上市公司所属行业、业绩状况、公司产品及市场等基本面进行分析外，通常还要考察管理层素质。管理层是公司的掌舵者，他们决定着公司的战略发展方向和内部资源配置。在同样条件下，优秀的企业管理者可以使企业发展得更快，利润增长得更多，这样的上市公司股票才是中长线投资者应选择的。

(6) 可选择机构重仓股建仓，如基金重仓股、QFII重仓股、社保重仓股等。因为机构在买入这些股票时，都有研究团队对上市公司基本面进行过研究，是准备长期持有的，投资者买这些股票是利用他们的研究成果来指导自己投资，另一方面，普通投资者因为资金小，在与机构博弈中，具有进出股市快的优点。

中长线投资一定要立足成长性，而不仅仅是绩优。应关注未来业绩，而非现在业绩。

巴菲特和查理·芒格的四过滤器选股方法

巴菲特和查理·芒格在1977年致股东的信中清晰地表述了他们的选股方法，他们选择证券股票的方式和在收购企业时整体评估企业的方式相同，其选股方法有4个。

(1) 可以理解的；
(2) 有良好的长期前景；
(3) 由诚实和能干的人经营；
(4) 处在一个非常有吸引力的价格。

特别提示

随着股票市场的大扩容，当前中国的上市公司已经有2 000多家，选股的难度也越来越大。其实，选股最好只选"自己最熟悉的一些股票"。

2．选时

投资股票，选股固然是很重要的一环，不过即便是好股票，也有下跌的时候。由于股票价格每个交易日都在变化，所以如何把握买卖的时机就显得尤为重要。选时技巧包括买卖两个方面。

1) 选时买进的技巧

(1) 绩优股的股价低于同类其他股票时，应买进。

(2) 当上市公司扭亏为盈时，应买进。

(3) 在上市公司增资时，应买进。

(4) 在股票市价跌至公司净资产额的一半时，应买进。

(5) 公司即将处理闲置资产或被兼并时，应买进。

(6) 股价跌至谷底，再也难以下跌时，应买进。

(7) 利好消息在股市盛传时，应买进。

(8) 预期利空全部兑现之时，应买进。

(9) 盘整多时，浮筹已基本消化之时，应买进。

(10) 不确定消息造成股价暴跌之时，应买进。

(11) 政策及股市外围条件（即经济复苏，政府将出台重大利好政策）有利于股市发展之时，应买进。

(12) 股市清淡，证券营业网点门可罗雀之时，应买进。

2) 选时卖出的技巧

(1) 股市中有50％的股票上涨，有30％的股票下跌，其余20％的股票价格平稳时，应卖出。

(2) 上市公司的股票市价升至其公司资产额的两倍时，应卖出。

(3) 股市涨势呆滞或停止时，应卖出。

(4) 股市升势放缓或由升转跌之时，应卖出。

(5) 股价到达最高峰时，成交量却萎缩，意味着暂时没有买气。在此价位卖出的压力会到来，应卖出。

(7) 股价上涨后，成交量加大而价位并没有继续上涨，应卖出。

(8) 如果某热门股票大幅上涨8～20天，这叫热门的极点顶部，要立即卖出。

(9) 如果某股票宣布分股后，已经上涨1～2个星期，约上涨20％～30％，则要考虑卖出。

(10) 当每个人都知道一个股票会继续上升，情绪极度兴奋时，要考虑卖出。

(11) 如果某股票上涨，而同行业的其他重要股票没有同步上扬，要考虑卖出。

(12) 当你的股票在上涨的第三波或第四波上创新高时，要考虑卖出。

特别提示

在证券投资领域里,时机只偏爱那种有准备的头脑。投资者应关注市场变化,对各种事态保持高度的专业敏感性,时刻准备对市场变化作出反应。

案例分析

案例一　移动平均线(MA)运用实例

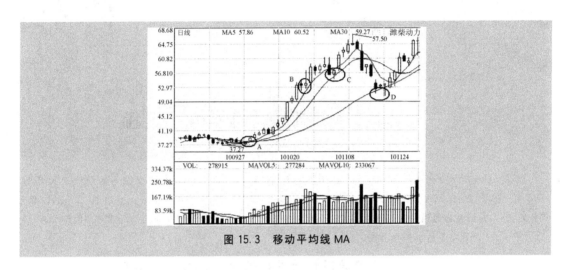

图15.3　移动平均线 MA

如图15.3所示为潍柴动力(000338)在2010年9月7日至2010年11月30日期间的股价日K线图,这里以5日MA为例,A(10月8日)、B(10月27日)、C(11月5日)、D(11月22日)四点是对应于葛氏八大法则中买进法则的买入点。图中以5日均线为例,故A、B、C、D四点均为短线操作的买入时机。

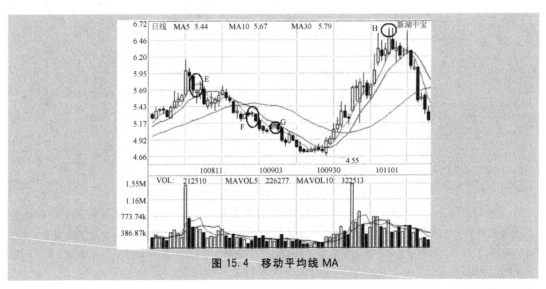

图15.4　移动平均线 MA

如图 15.4 所示为新湖中宝(600208)在 2010 年 7 月 21 日至 2010 年 11 月 17 日期间的股价日 K 线图，这里以 5 日 MA 为例，E(8 月 9 日)、F(8 月 27 日)、G(9 月 8 日)、H(11 月 3 日)四点是对应于葛氏八大法则中卖出法则的卖出点。图中以 5 日均线为例，故 E、F、G、H 四点均为短线操作的卖出时机。

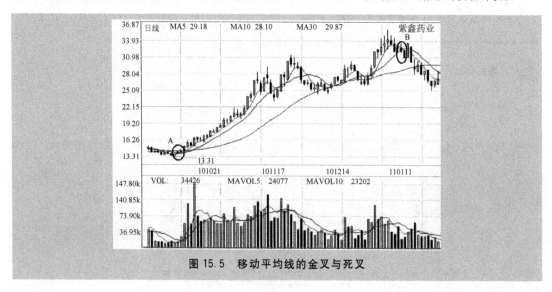

图 15.5　移动平均线的金叉与死叉

如图 15.5 所示为紫鑫药业(002118)在 2010 年 9 月 15 日至 2011 年 1 月 27 日期间的股价日 K 线图，以 5 日 MA 和 10 日 MA 为例，在 A 点处(2010 年 10 月 12 日)，5 日 MA 自下而上穿越 10 日 MA，称为"金叉点"，是明显的短线买进点；在 B 点处(2011 年 1 月 13 日)，5 日 MA 自上而下跌破 10 日 MA，称为"死叉点"，是明显的短线卖出点。

案例二　平滑异同移动平均线(MACD)运用实例

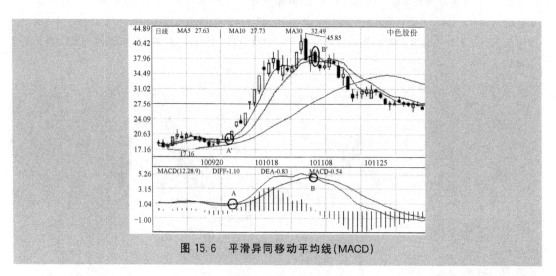

图 15.6　平滑异同移动平均线(MACD)

如图 15.6 所示为中色股份(000758)在 2010 年 9 月 3 日至 2010 年 12 月 9 日期间的股价日 K 线图，以此为例来说明 MACD 指标的运用。其中 A 点，在低档区域 DIF 向上突破 DEA，发出买进信号，对应 A'点(9 月 30 日)为买入点；B 点，在高档区域 DIF 向下跌破 DEA，发出卖出信号，对应 B'点(11 月 5 日)为卖出点。

案例三 相对强弱指标(RSI)运用实例

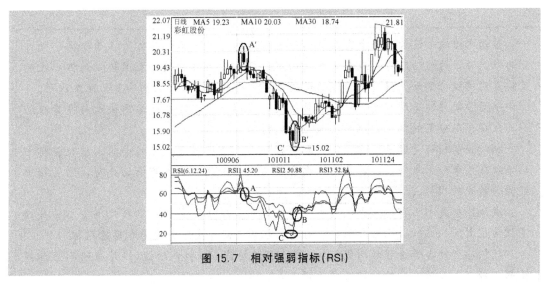

图 15.7 相对强弱指标(RSI)

如图 15.7 所示为彩虹股份(600707)在 2010 年 8 月 16 日至 2010 年 12 月 2 日期间的股价日 K 线图,以此为例来说明 RSI 指标的运用。图中 A 点处,6RSI 在高档自上而下跌破 12RSI,发出卖出信号,对应的 A'点为卖出点;在 B 点,6RSI 在低档自下而上突破 12RSI,发出买入信号,则对应地在 B'点可以买进加仓;图中 C 处,6RSI 小于 20,市场处于超卖状态,对应的 C'处(10 月 15 日和 10 月 18 日)均为买进点。

案例四 随机指标(KDJ)运用实例

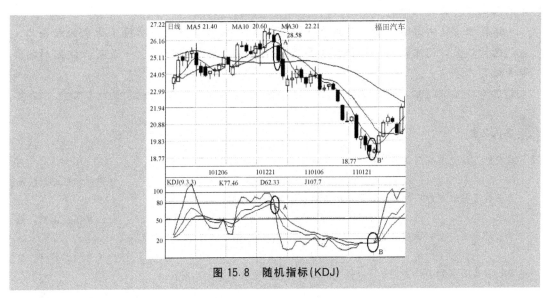

图 15.8 随机指标(KDJ)

如图 15.8 所示为福田汽车(600166)在 2010 年 11 月 23 日至 2011 年 2 月 10 日期间的股价日 K 线图,以此为例来说明 KDJ 指标的使用。图中 A 点处,K 线从 80 以上自上而下跌破 D 线,发出卖出信号,对应 A'点(2010 年 12 月 24 日)为卖出点;B 点,K 值和 D 值均在 20 以下,处于超卖区域,且 K 线自下而上突破 D 线,发出买进信号,对应 B'点(2011 年 1 月 26 日)为买入点。

本 章 小 结

移动平均线是连续若干个交易日的收盘价格的算术平均值,作用在于取得一段时期的平均股价的移动趋势,以避免人为的股价操作。其移动趋势虽然较慢,但比较能反映真实的股价变动。移动平均线的运用法则主要有葛氏八大法则和金叉死叉法则。

平滑异同移动平均线是一种中、长线技术指标,它实际就是运用快速与慢速移动平均线聚合与分离的征兆来研判买入与卖出的时机。

相对强弱指标是通过比较一定时期内相邻两天之间收盘价格的平均上涨数值与平均下跌数值来分析市场买、卖盘的方向和实力,进而判断未来市场的走势,它是短中线操作的先行指标。

威廉指标是利用摆动点来度量股市的超买超卖现象,直接以当日收市价与 n 日内高低价位之间的比较,来判断短期内行情变化的方向,是一种更为敏感的指标。

随机指标结合快速移动均线(K)、慢速移动均线(D)和辅助线(J)等来研判短期行情的趋势,是较为有效的短期技术分析工具。

乖离率指标是价格与移动平均的偏离程度,其基本原理是:如果股价偏离移动平均线太远,不管是在移动平均线上方还是下方,都有向平均线回归的要求。

能量潮指标是由美国著名技术大师葛兰威尔在继"葛氏八大法则"之后创立的又一大技术指标。它根据每天价格的变化情况,将每日的成交量按照正负方向进行累计,从而预测未来行情的演变趋势。在实际应用时,能量潮指标用来判断大盘或个股的顶背离或底背离现象较好。

江恩理论是由著名投资大师威廉·江恩大师提出的以研究监测股市为主的理论体系,包括江恩时间法则、江恩价格法则和江恩线等,他提出的二十一条买卖法则对投资者极具指导意义。

名人名言

我会把注意力放在那些已知且重要的事情上,而不是大盘下一步的走势。

——雪拜.戴维斯[美]

价值投资最重要的,就是能以最低的价格,买到潜在价值最高的东西。

——罗伯.山朋[美]

如果你没有持有一种股票10年的准备,那么连十分钟都不要持有这种股票。

——沃伦.巴菲特[美]

你必须设定长期的投资目标,以避免因短期的失利使挫折感油然而生。

——肯尼斯.李[美]

习 题

一、选择题

1. OBV线表明了量与价的关系,最好的买入机会是( )。
   A. OBV线上升,此时股价下跌
   B. OBV线下降,此时股价上升
   C. OBV线从正的累积数转为负数
   D. OBV线与股价都急速上升
2. 下面指标中,根据其计算方法,理论上所给出买、卖信号最可靠的是( )。
   A. MA   B. MACD   C. OBV   D. KDJ
3. 某股上升行情中,KD指标的快线倾斜度趋于平缓,出现这种情况,则股价( )。
   A. 需要调整
   B. 是短期转势的警告讯号
   C. 要看慢线的位置
   D. 无参考价值
4. 股市中常说的黄金交叉,是指( )。
   A. 短期移动平均线向上突破长期移动平均线
   B. 长期移动平均线向上突破短期移动平均线
   C. 短期移动平均线向下突破长期移动平均线
   D. 长期移动平均线向下突破短期移动平均线
5. MACD指标出现顶背离时应( )。
   A. 买入   B. 观望   C. 卖出   D. 无参考价值
6. 表示市场处于超买还是超卖状态的技术指标是( )。
   A. KDJ   B. BIAS   C. RSI   D. W%R

二、简答题

1. 简述葛兰威尔法则的具体内容。
2. 试述平滑异同移动平均线(MACD)的运用法则。
3. 相对强弱指标(RSI)的运用法则有哪些?
4. 简述随机指标(KDJ)的运用法则。
5. 简述江恩理论的主要内容。

三、论述题

1. 投资者在证券投资中如何对心理行为误区进行调节?
2. 如何进行中长线选股?

四、案例分析题

试运用MACD指标对如图15.9所示的北京利尔(002392)的股价日K线图(2010.9.14~2010.12.24)进行分析,找出该股的买卖点。

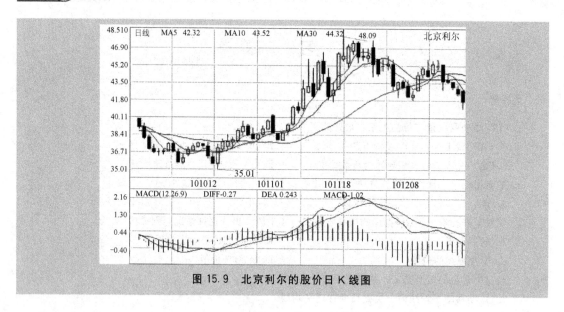

图 15.9 北京利尔的股价日 K 线图

参 考 文 献

[1] 李扬，王国刚. 资本市场导论[M]. 北京：经济管理出版社，1998.
[2] 曹凤岐. 证券投资学[M]. 2版. 北京：北京大学出版社，2000.
[3] 贺强. 证券投资教程[M]. 北京：中国经济出版社，1998.
[4] 霍文文. 证券投资学[M]. 北京：高等教育出版社，2005.
[5] 陈志武. 金融的逻辑[M]. 北京：国际文化出版公司，2009.
[7] 祁斌. 资本市场：中国经济的锋刃[M]. 北京：中信出版社，2010.
[8] [美]戈登·亚历山大. 证券投资原理[M]. 成都：西南财经大学出版社，1992.
[9] [美]罗伯特·A·哈根. 现代投资学[M]. 北京：中国财政经济出版社，1992.
[10] [德]马克思，恩格斯. 共产党宣言[M]. 3版. 中共中央马恩列斯著作编译局，译. 北京：人民出版社，1997.
[11] [德]马克思. 资本论（第1~3卷）[M]. 北京：人民出版社，1975.
[12] [美]约翰·S·戈登. 伟大的博弈：华尔街金融帝国的崛起[M]. 祁斌，译. 上海：中信出版社，2004.
[13] [美]本杰明·格雷厄姆. 聪明的投资者[M]. 王中华，黄一义，译. 北京：人民邮电出版社，2010.
[14] [美]乔治·索罗斯. 金融炼金术[M]. 孙忠，侯纯，译. 海口：海南出版社，1999.
[15] [美]彼得·林奇. 战胜华尔街——全美头号职业炒手的股票经[M]. 刘建位，译. 北京：机械工业出版社，2007.
[16] [美]查理斯·P·金德尔伯格. 经济过热、经济恐慌及经济崩溃：金融危机史[M]. 朱隽，叶翔，译. 北京：北京大学出版社，2000.
[17] [美]兹维·博迪，[美]罗伯特·C·莫顿. 金融学[M]. 伊志宏，译. 北京：中国人民大学出版社，2000.
[17] [美]安托尼·阿格迈依尔. 发展中国家和地区的证券市场[M]. 北京：中国金融出版社，1988.
[18] 钟瑛. 中国股票市场发育、发展的历史考察：1990—2008，当代中国研究所网站：http://www.iccs.cn/contents/301/8263.html.
[19] 尚晓娟. 回首中国证券市场20年，想起那些事[J]. 投资与理财，2010(6).
[20] 鲁晨光. 沪吉河德和深桑丘——戏说中国股市二十多年[M]. 北京：清华大学出版社，2010.
[21] [日]青木昌彦，[美]休·帕特里克. 日本主银行体系及其与发展中国家经济转轨中的相关性研究[M]. 张橹，译. 北京：中国金融出版社，1998.
[22] 胡海欧，宣羽畅. 证券投资分析[M]. 2版. 上海：复旦大学出版社，2003.
[23] 王明涛. 证券投资分析[M]. 上海：上海财经大学出版社，2004.
[24] 林俊国. 证券投资学[M]. 3版. 北京：经济科学出版社，2006.
[25] 中国人民银行上海总部. 中国金融市场发展报告 2005~2010[EB/OL]. http://www.ce.cn/macro/more/201104/08/t20110408_22352829_1.shtml.
[26] 王炜. "3·27"国债期货事件九周年之祭[EB/OL]. 2004-2-1. http://finance.sina.com.cn.
[26] 韩志国. 20年中国股市的命运交响[EB/OL]. 2010-10-15. http://www.sina.com.cn.
[27] 胡昌生，熊和平，蔡基栋. 证券投资学[M]. 武汉：武汉大学出版社，2002.
[28] 胡昌生，熊和平，蔡基栋. 证券投资学[M]. 2版. 武汉：武汉大学出版社，2009.
[29] 陈志军. 证券投资学[M]. 济南：山东人民出版社，2005.

[30] 邓威帝,方旭. 证券投资学[M]. 上海：立信会计出版社,2008.
[31] 史建平. 金融市场学[M]. 北京：清华大学出版社,2007.
[32] 陈信华,叶龙森. 金融衍生品[M]. 上海：上海财经大学出版社,2007.
[33] 施兵超. 金融衍生产品[M]. 上海：复旦大学出版社,2008.
[34] 邢天才,王玉霞. 证券投资学[M]. 大连：东北财经大学出版社,2003.
[35] 邢天才,王玉霞. 证券投资学[M]. 2版. 大连：东北财经大学出版社,2007.
[36] 中国证券业协会. 证据市场基础知识[M]. 北京：中国财政经济出版社,2010.
[37] 上海久恒期货经纪有限公司. 股指期货[M]. 上海：复旦大学出版社,2007.
[38] 中国证券业协会. 证券投资分析[M]. 北京：中国财政经济出版社,2009.
[39] 张中华. 投资学[M]. 北京：高等教育出版社,2006.
[40] 阎志鹏. 反思华尔街[M]. 北京：商务印书馆,2009.
[41] 陆家骝. 现代金融经济学[M]. 大连：东北财经大学出版社,2004.
[42] 吴晓求. 证券投资分析[M]. 2版. 北京：中国人民大学出版社,2001.
[43] 吴晓求,季冬生. 证券投资学[M]. 北京：中国金融出版社,2004.
[44] 朴明根,邹立明,王春红. 证券投资学[M]. 北京：清华大学出版社,2009.
[45] 谢百三. 证券投资学[M]. 北京：清华大学出版社,2005.
[46] 中国证券业协会. 证券投资分析[M]. 北京：中国财政经济出版社,2009.
[47] 庄新田,高莹,金秀. 证券投资分析[M]. 北京：清华大学出版社,2008.
[48] 陈守东. 证券投资理论与分析[M]. 北京：科学出版社,2008.
[49] Brennan, M. J., Kraus, A.. *Efficient financing under Asymmetric Information*[J]. *Journal of finance*, 42：1225－1243. 1987.
[50] Fama, E. *Efficient Capital Markets：A Review of Theory and Empirical Work*[J]. *Journal of finance*, 25：383－417. 1970.
[51] Modigliani, F., M. Miller. *The cost of capital, corporate finance and the theory of corporation finance*[J]. *American Economic Review*, 48：261－297. 1958.
[52] Modigliani, F., M. Miller. *Taxes and The Cost of Capital：A Correction*[J]. *American Economic Review*, 53：433－443. 1963.
[53] Markowitz, H. *Portfolio selection*[J]. *Journal of finance*, 7：77－91. 1952.
[54] Pye, G. *Portfolio selection and security prices*[J]. *Review of Economic and statistics*, 49：111－115. 1967.
[55] 和讯网 www.hexun.com.
[56] 百度百科 www.baidu.com.
[57] MBA智库百科 www.mbalib.com.
[58] 中华证券学习网 www.1000zq.com.
[59] 世界经济学人网 www.economist.icxo.com.
[60] 上海证券报.
[61] 中国证券报.
[62] 中国证券网.
[63] 中央电视台《新闻调查》.
[64] 中央电视台《经济半小时》.

北京大学出版社本科财经管理类实用规划教材(已出版)

财务会计类

序号	书名	标准书号	主编	定价	序号	书名	标准书号	主编	定价
1	基础会计	7-301-24366-4	孟铁	35.00	23	中级财务会计习题集	7-301-25756-2	吴海燕	39.00
2	基础会计(第2版)	7-301-17478-4	李秀莲	38.00	24	高级财务会计	7-81117-545-5	程明娥	46.00
3	基础会计实验与习题	7-301-22387-1	左旭	30.00	25	高级财务会计	7-5655-0061-9	王奇杰	44.00
4	基础会计学	7-301-19403-4	窦亚芹	33.00	26	企业财务会计模拟实习教程	7-5655-0404-4	董晓平	25.00
5	基础会计学学习指导与习题集	7-301-16309-2	裴玉	28.00	27	成本会计学	7-301-19400-3	杨尚军	38.00
6	基础会计	7-301-23109-8	田凤彩	39.00	28	成本会计学	7-5655-0482-2	张红漫	30.00
7	基础会计学	7-301-16308-5	晋晓琴	39.00	29	成本会计学	7-301-20473-3	刘建中	38.00
8	信息化会计实务	7-301-24730-3	杜天宇	35.00	30	税法与税务会计实用教程(第2版)	7-301-21422-0	张巧良	45.00
9	会计学原理习题与实验(第2版)	7-301-19449-2	王保忠	30.00	31	初级财务管理	7-301-20019-3	胡淑姣	42.00
10	会计学原理(第3版)	7-301-26239-9	刘爱香	35.00	32	财务会计学	7-301-23190-6	李柏生	39.00
11	会计学原理	7-301-24872-0	郭松克	38.00	33	财务管理学实用教程(第2版)	7-301-21060-4	骆永菊	42.00
12	会计学原理与实务(第2版)	7-301-18653-4	周慧滨	33.00	34	财务管理理论与实务(第2版)	7-301-20407-8	张思强	42.00
13	初级财务会计模拟实训教程	7-301-23864-6	王明珠	25.00	35	财务管理理论与实务	7-301-20042-1	成兵	40.00
14	初级会计学习题集	7-301-25671-8	张兴东	28.00	36	财务管理学	7-301-21887-7	陈玮	44.00
15	会计规范专题(第2版)	7-301-23797-7	谢万健	42.00	37	公司财务管理	7-301-21423-7	胡振兴	48.00
16	会计综合实训模拟教程	7-301-20730-7	章洁倩	33.00	38	财务分析学	7-301-20275-3	张献英	30.00
17	预算会计	7-301-22203-4	王筱萍	32.00	39	审计学	7-301-20906-6	赵晓波	38.00
18	会计电算化	7-301-23565-2	童伟	49.00	40	审计理论与实务	7-81117-955-2	宋传联	36.00
19	政府与非营利组织会计	7-301-21504-3	张丹	40.00	41	现代审计学	7-301-25365-6	杨茁	39.00
20	管理会计	7-81117-943-9	齐殿伟	27.00	42	财务会计	7-301-26285-6	李巧巧	38.00
21	管理会计	7-301-21057-4	彤芳珍	36.00	43	财务管理	7-301-26267-2	刘辉	45.00
22	中级财务会计	7-301-23772-4	吴海燕	49.00					

管理类

序号	书名	标准书号	主编	定价	序号	书名	标准书号	主编	定价
1	管理学	7-301-17452-4	王慧娟	42.00	14	统计学	7-301-24750-1	李付梅	39.00
2	管理学	7-301-21167-0	陈文汉	35.00	15	统计学	7-301-25180-5	邓正林	42.00
3	管理学	7-301-23023-7	申文青	40.00	16	统计学(第2版)	7-301-23854-7	阮红伟	35.00
4	管理学原理	7-301-22980-4	陈阳	48.00	17	应用统计学(第2版)	7-301-19295-5	王淑芬	48.00
5	管理学原理	7-5655-0078-7	尹少华	42.00	18	统计学实验教程	7-301-22450-2	裴雨明	24.00
6	管理学原理	7-301-21178-6	雷金荣	39.00	19	管理运筹学(第2版)	7-301-19351-8	关文忠	39.00
7	管理学原理与实务(第2版)	7-301-18536-0	陈嘉莉	42.00	20	现场管理	7-301-21528-9	陈国华	38.00
8	管理学实用教程	7-301-21059-8	高爱霞	42.00	21	企业经营ERP沙盘应用教程	7-301-20728-4	董红杰	32.00
9	现代企业管理理论与应用(第2版)	7-301-21603-3	邱彦彪	38.00	22	项目管理	7-301-21448-0	程敏	39.00
10	新编现代企业管理	7-301-21121-2	姚丽娜	48.00	23	项目管理	7-301-24823-2	康乐	39.00
11	统计学原理(第2版)	7-301-25114-0	刘晓利	36.00	24	公司治理学	7-301-22568-4	蔡锐	35.00
12	统计学原理	7-301-21061-4	韩宇	38.00	25	企业经营ERP沙盘模拟教程(第2版)	7-301-26163-7	董红杰	45.00
13	统计学原理与实务	7-5655-0505-8	徐静霞	40.00					

市场营销类

序号	书名	标准书号	主编	定价	序号	书名	标准书号	主编	定价
1	市场营销学	7-301-21056-7	马慧敏	42.00	4	市场营销学(第2版)	7-301-19855-1	陈阳	45.00
2	市场营销学:理论、案例与实训	7-301-21165-6	袁连升	42.00	5	市场营销学	7-301-21166-3	杨楠	40.00
3	市场营销学实用教程(第2版)	7-301-24958-1	林小兰	48.00	6	市场营销理论与实务(第2版)	7-301-20628-7	那薇	40.00

序号	书名	标准书号	主编	定价	序号	书名	标准书号	主编	定价
7	市场营销学(第2版)	7-301-24328-2	王槐林	39.00	14	消费者行为学	7-5655-0057-2	肖 立	37.00
8	国际市场营销学	7-301-21888-4	董 飞	45.00	15	客户关系管理实务	7-301-09956-8	周贺来	44.00
9	营销策划	7-301-23204-0	杨 楠	42.00	16	客户关系管理理论与实务	7-301-23911-7	徐 伟	40.00
10	营销策划	7-301-26027-2	张 娟	38.00	17	社交礼仪	7-301-23418-1	李 霞	29.00
11	市场营销策划	7-301-23384-9	杨 勇	40.00	18	商务谈判(第2版)	7-301-20048-3	郭秀君	49.00
12	广告策划与管理：原理、案例与项目实训	7-301-23827-1	杨佐飞	48.00	19	消费心理学(第2版)	7-301-25983-2	臧良运	40.00
13	现代推销与谈判实用教程	7-301-25695-4	凌奎才	48.00	20	零售学(第2版)	7-301-26549-9	陈文汉	39.00

工商管理类

序号	书名	标准书号	主编	定价	序号	书名	标准书号	主编	定价
1	企业文化理论与实务(第2版)	7-301-24445-6	王水嫩	35.00	10	创业基础：理论应用与实训实练	7-301-24465-4	郭占元	38.00
2	企业战略管理实用教程	7-81117-853-1	刘松先	35.00	11	公共关系学实用教程(第2版)	7-301-25557-5	周 华	42.00
3	企业战略管理	7-301-23419-8	顾 桥	46.00	12	公共关系学实用教程	7-301-17472-2	任焕琴	42.00
4	生产运作管理(第3版)	7-301-24502-6	李全喜	54.00	13	公共关系理论与实务	7-5655-0155-5	李泓欣	45.00
5	运作管理	7-5655-0472-3	周建亨	25.00	14	东方哲学与企业文化	7-5655-0433-4	刘峰涛	34.00
6	运营管理实验教程	7-301-25879-8	冯根尧	24.00	15	跨国公司管理	7-5038-4999-2	冯雷鸣	28.00
7	组织行为学实用教程	7-301-20466-5	冀 鸿	32.00	16	企业战略管理	7-5655-0370-2	代海涛	36.00
8	质量管理(第2版)	7-301-24632-0	陈国华	39.00	17	跨文化管理	7-301-20027-8	晏 雄	35.00
9	创业学	7-301-15915-6	刘沁玲	38.00	18	**公共关系理论与实务**	7-301-26341-9	王志敏	33.00

人力资源管理类

序号	书名	标准书号	主编	定价	序号	书名	标准书号	主编	定价
1	人力资源管理(第2版)	7-301-19098-2	颜爱民	60.00	5	员工招聘	7-301-20089-6	王 挺	30.00
2	人力资源管理实用教程(第2版)	7-301-20281-4	吴宝华	45.00	6	人力资源管理：理论、实务与艺术	7-5655-0193-7	李长江	48.00
3	人力资源管理原理与实务(第2版)	7-301-25511-7	邹 华	32.00	7	人力资源管理实验教程	7-301-23078-7	畅铁民	40.00
4	人力资源管理教程	7-301-24615-3	夏兆敢	36.00					

服务管理类

序号	书名	书号	编著者	定价	序号	书名	书号	编著者	定价
1	会展服务管理	7-301-16661-1	许传宏	36.00	4	服务性企业战略管理	7-301-20043-8	黄其新	28.00
2	非营利组织管理	7-301-20726-0	王智慧	33.00	5	现代服务业管理原理、方法与案例	7-301-17817-1	马 勇	49.00
3	服务营销	7-301-21889-1	熊 凯	45.00					

经济、国贸、金融类

序号	书名	书号	编著者	定价	序号	书名	书号	编著者	定价
1	宏观经济学(第2版)	7-301-19038-8	塞令香	39.00	6	外贸函电(第2版)	7-301-18786-9	王 妍	30.00
2	西方经济学实用教程	7-5655-0302-3	杨仁发	49.00	7	国际贸易理论与实务(第2版)	7-301-18798-2	缪东玲	54.00
3	管理经济学(第2版)	7-301-24786-0	姜保雨	42.00	8	国际贸易(第2版)	7-301-19404-1	朱廷珺	45.00
4	管理经济学	7-301-24573-6	钱 津	42.00	9	国际贸易实务(第2版)	7-301-20486-3	夏合群	45.00
5	矿业经济学	7-301-24988-8	李 创	38.00	10	国际贸易结算及其单证实务(第2版)	7-301-25733-3	卓乃坚	42.00

序号	书 名	书号	编著者	定价	序号	书 名	书号	编著者	定价
11	政治经济学原理与实务(第2版)	7-301-22204-1	沈爱华	31.00	24	货币银行学	7-301-21345-2	李 冰	42.00
12	政治经济学	7-301-24891-1	巨荣良	38.00	25	国际结算(第2版)	7-301-17420-3	张晓芬	35.00
13	国际商务(第2版)	7-301-25366-3	安占然	39.00	26	国际结算	7-301-21092-5	张 慧	42.00
14	国际贸易实务	7-301-20919-6	张 肃	28.00	27	金融工程学	7-301-18273-4	李淑锦	30.00
15	国际贸易规则与进出口业务操作实务(第2版)	7-301-19384-6	李 平	54.00	28	金融工程学理论与实务(第2版)	7-301-21280-6	谭春枝	42.00
16	国际贸易实训教程	7-301-23730-4	王 茜	28.00	29	国际金融	7-301-23351-6	宋树民	48.00
17	国际经贸英语阅读教程	7-301-23876-9	李晓娣	25.00	30	国际商务函电	7-301-22388-8	金泽虎	35.00
18	中国对外贸易概论	7-301-23884-4	翟士军	42.00	31	保险学	7-301-23819-6	李春蓉	41.00
19	国际贸易理论、政策与案例分析	7-301-20978-3	冯 跃	42.00	32	财政学(第2版)	7-301-25914-6	盖 锐	39.00
20	证券投资学	7-301-19967-1	陈汉平	45.00	33	财政学	7-301-23814-1	何育群	45.00
21	金融风险管理	7-301-25556-8	朱淑珍	42.00	34	兼并与收购	7-301-22567-7	陶启智	32.00
22	证券投资学	7-301-21236-3	王 毅	45.00	35	东南亚南亚商务环境概论(第2版)	7-301-25823-1	韩 越	42.00
23	货币银行学	7-301-15062-7	杜小伟	38.00					

法律类

序号	书 名	书号	编著者	定价	序号	书 名	书号	编著者	定价
1	经济法原理与实务(第2版)	7-301-21527-2	杨士富	39.00	4	劳动法和社会保障法(第2版)	7-301-21206-6	李 瑞	38.00
2	经济法	7-301-24697-9	王成林	35.00	5	国际商法	7-301-20071-1	丁孟春	37.00
3	国际商法理论与实务	7-81117-852-4	杨士富	38.00	6	商法学	7-301-21478-7	周龙杰	43.00

如您需要更多教学资源如电子课件、电子样章、习题答案等,请登录北京大学出版社第六事业部官网 www.pup6.cn 搜索下载。

如您需要浏览更多专业教材,请扫下面的二维码,关注北京大学出版社第六事业部官方微信(微信号:pup6book),随时查询专业教材、浏览教材目录、内容简介等信息,并可在线申请纸质样书用于教学。

感谢您使用我们的教材,欢迎您随时与我们联系,我们将及时做好全方位的服务。联系方式:010-62750667, wangxc02@163.com, pup_6@163.com, lihu80@163.com, 欢迎来电来信。客户服务 QQ 号:1292552107, 欢迎随时咨询。